삼국 시대의 원자들

| 일러두기 |

1. 이 논문들이 발표된 시기와 실린 학술지들은 다음과 같다.

  (1) 2013년 12월, 「모죽지랑가」의 시대적 배경 재론, 『한국고대사탐구』 15, 한국고대사
     탐구학회, 35~94면.

  (2) 2014년 12월, 효소왕의 출생 시기 관련 기록 검토, 『진단학보』 122, 진단학회, 25
     ~48면.

  (3) 2015년 4월, 『삼국유사』의 '정신왕', '정신태자'에 대한 재해석, 『한국고대사탐구』
     19, 한국고대사탐구학회, 319~366면.

  (4) 2015년 12월, 『삼국사기』의 '원자'의 용법과 신라 중대 왕자들, 『한국고대사탐구』
     21, 한국고대사탐구학회, 121~238면.

  (5) 2016년 12월, 입당 구법승 교각[지장], 무상, 무루의 정체와 출가 계기, 서강인문논
     총 47, 서강대 인문과학연구소, 361~392면.

2. 발표된 논문을 그대로 싣는 것을 원칙으로 하였다. 그러나 경우에 따라 학술지에서 요
  구하는 분량 때문에 제외되었던 내용을 (초고 살림)으로 원래의 초고대로 살린 데도 있
  다. 내용에 대한 책임은 이 책으로 지고자 한다.

3. 글들의 성격상 사료가 반복되어 인용되는 경우가 많다. 책의 분량 때문에 원문을, 나올
  때마다 다 싣지는 못하였다. 반복되는 사료 가운데 원문을 생략한 경우 그 원문이 있는
  면을 참조로 표시하였다. *( )* 속에 든 이탤릭체 내용은 원전의 세주(細註)이거나 필
  자가 붙인 주석이다.

4. 4년 동안 진행된 연구에서 앞에 발표한 논문의 내용이 뒤에 발표한 글에 의하여 수정
  된 경우도 더러 있었다. 그런 경우 (보충주)를 해당 자리에 표시하였다. 원 논문에서
  번역이 정확하지 않거나 틀린 것은 별도 표시 없이 이 책 발간 시점의 필자의 인식 수
  준에서 고쳤다.

5. 참고문헌은 맨 뒤에 제시하였다. 국문 초록은 결론과 중복되어 생략하였다.

서정목 사론집 01

삼국 시대의
원자들

역락

서론과 결론을 겸한 머리말

신라 제31대 신문왕의 '원자'는 누구일까? 그리고 그 '원자'와 관련된 사연이 민족사에 던지는 의미, 나아가 21세기 초반의 한민족에게 주는 교훈은 무엇일까?『삼국사기』권 제8「신라본기 제8」은 687년[신문왕 7년] 2월에 그 방대한 책 전체에서 딱 한 번 볼 수 있는 유일한 예 '元子生(원자생)'을 적었다. 그리고 691년 3월 1일에 '왕자 이홍'을 책봉하여 태자로 삼았다고 적었고, 692년 7월에 '태자 이홍'이 제32대 효소왕으로 즉위하는 기사를 적었다. 여기서 '원자'와 '왕자 이홍'을 동일인이라고 보고 '효소왕이 692년에 6세로 즉위하여 702년에 16세로 승하하였다.'는 통설이 현대 한국 학계에 자리 잡은 지 30여 년이 지났다.

그러나『삼국유사』권 제3「탑상 제4」의「대산 오만 진신」조에는 '효소왕이 692년에 16세로 즉위하여 702년에 26세로 승하하였다.'고 되어 있다. 그리고『삼국유사』권 제2「기이 제2」「만파식적」조에는 682년 5월에 6세 정도의 태자[효소대왕]이 궁을 지키고 있다가 말을 타고 함월산 기림사 옆 용연 폭포에 아버지를 마중하러 온다. 또『삼국유사』권 제5「신주 제6」의「혜통항룡」조에는 692년에 효소왕의 딸[王女]가 병이 들어 승려 혜통이 치료했다는 기록이 나온다. 이 기록들은 그 동안, 그리고 지금도 현대 한국 학계에서는『삼국유사』의 다른 기록들과 함께 믿을 수 없는 것으로 간주되고 있다. 북한, 일본의 학계도 그렇게 하는지 어떤지는 아직 모른다. 필자는 그들은 이렇게까지 『삼국유사』를 불신하지는 않을 것으로 짐작한다.

첫 단락의 현대 한국 학계의 통설과 둘째 단락의 『삼국유사』 기록 사이의 10년의 간극을 어떻게 메울 것인가? 도대체 '원자'는 무엇이고 '왕자'는 무엇인가? 그것을 모르고 왕조 시대의 역사를 연구할 수 있을 것인가? 결론은 '첫 단락의 통설이 옳으면 둘째 단락의 『삼국유사』의 기록들이 틀리고, 둘째 단락의 『삼국유사』의 기록들이 옳으면 첫 단락의 통설이 틀렸다.'로 날 수밖에 없다. 이것은 일연선사가 틀렸는가 아니면 현대 한국 학계가 틀렸는가의 재판이 되는 것이고, 그러면 이미 결판은 나 있는 것 아니겠는가? 그러나 모든 재판에는 증거가 필요하다. 그 증거를 찾아 역사의 진실을 밝히는 것이 이 책의 목표이다.

이것은 『삼국사기』의 기록과 『삼국유사』의 기록 사이에 어느 것이 옳은가를 논의하는 것이 아니다. 현대 한국 학계의 통설과 『삼국유사』의 기록 가운데 어느 것이 옳은가를 따지는 문제이다. 『삼국사기』는 '원자생'과 '왕자 이홍=태자', '태자 이홍=효소왕'이라 했으므로 신문왕의 원자와 왕자 이홍이 같은 사람이라 한 적이 없고, 따라서 '효소왕이 6세에 즉위하여 16세에 승하하였다.'고 기록한 곳이 없다. 그러므로 『삼국사기』의 기록도 옳고, 『삼국유사』의 기록도 옳다. 틀린 것은, 놀랍게도 현대 한국 학계의 통설이다.

1961년의 일석 『국어대사전』에는 '원자: 임금의 맏아들로서 아직 왕세자로 책봉되지 않았을 때의 일컬음'이라고 뜻풀이가 되어 있다. 그리고 가장 최근에 나온 2009년의 고려대 『한국어대사전』에도 '원자: 아직 왕세자에 책봉되지 않은 임금의 맏아들을 이르던 말'이라고 되어 있다. 그러나 필자가 모든 용례를 다 살펴서 내린 결론은 '국어사전의 이 뜻풀이는 2% 부족하다.'는 것이다. 가장 중요한 조건인 '정식 혼인한 원비나 정비의 맏아들'이 빠져 있다. 국어사전은 이를 반영하여야 한다.

필자는 이 작은 두 사실을 밝히는 일에 이 만년의 아까운 4년여의 세월을 몽땅 다 바쳤다. 향가를 재해석하고 신라 중대 정치사를 다시 쓰겠다는 거창한 야심은 어디로 갔는지 알 수 없고 결국 남은 것은 '원자란 무엇이고, 신문왕의 원자는 누구인가?'로 귀결되었다.

이 책은 최근에 발표한 역사 관련 논문들 가운데 삼국 시대의 '원자'와 관련된 글들을 모은 것이다. 『삼국사기』에는 원자라는 단어가 20번 나온다. 이 중에서 중복되는 경우와 후백제의 신검이 자신을 가리킨 것을 제외하면 삼국 시대에는 모두 14명의 원자가 존재했던 것으로 기록되어 있다. 이 14명의 원자를 나라별로 나누면 신라 3명, 고구려 4명, 백제 7명이다. 그런데 백제의 원자들에 관해서는 자료도 부족하고 백제사에 어두워서 아직 공부하지 못 하였다. 할 수 없이 고구려, 신라의 원자들과 그 주변 왕자들에 대하여 논의한 것으로 제한할 수밖에 없었다.

필자가 이런 논문들을 쓰게 된 것은 오로지 향가 「모-죽지랑-가」와 「찬-기파랑-가」, 「원가」, 「안민가」 등이 지어진 시대의 정치적 배경을 구명하면서 마주한 681년 8월의 '김흠돌(金欽突)의 모반' 때문이었다. 이 모반은 통일 신라 시대의 정치적 지형을 통째로 바꾼 사건으로서 이 노래들의 정치적 배경을 설명하는 단초를 여는 사건이다. 그런데 이 모반의 원인이 밝혀져 있지 않았다. 불과 1336년 전 일인데, 그 많은 화랑들이 죽어나간 끔찍한 내전(內戰)이 왜 일어났는지 아무 데도 밝혀져 있지 않은 것이었다. 이것을 몰라도 될 것인가?

처음 필자는 「모죽지랑가」가 지어진 시대를 탐구하다가 효소왕이 신문왕의 원자인가 아닌가 하는 문제에 부딪혔다. 앞의 현대 한국 학계의 통설에 따라 그 향가의 창작 배경을 밝히려 하니 앞뒤 모순점이 너무 많았다. 그리하여 여러 사서들과 논저들을 검토하여 추적한 결과 효소왕이 신문왕의 원자가 아니라는 결론에 이르렀다. 효소왕은 677년에 태어났고 그의 어머니 신목왕후는 683년 5월 7일에 신문왕과 혼인하였다. 그러면 효소왕은 신문왕과 신목왕후가 혼인하기 전에 낳은 아들이라는 진실에 이르게 된다. 이제 원자의 자격 요건 가운데 하나로 정식 혼인한 왕비인 원비나 정비의 맏아들이어야 한다는 조건이 붙게 된다.

이 효소왕의 출생 연대와 출생의 비밀이 바로 '김흠돌의 모반'의 원인이다. 왜냐하면 665년 8월 정명태자와 혼인한 태자비, 그리고 681년 7월 7일 신문왕의 즉위와 함께 왕비가 된 여인이 바로 김흠돌의 딸이기 때문이다. 그런데 그녀에게는 16년 동안 아들이 없었다. 김흠돌로서는 앞으로의 권세 유지가 불안하기 짝이 없는 상황이 되었다. 왜냐하면 신문왕에게는 다른 여인과의 사이에서 아들들이 태어나 있었기 때문이다.

효소왕의 어머니 신목왕후는 김흠운의 딸이다. 김흠운의 딸은 681년 7월 신문왕 즉위 시에 최소 2명, 최대 3명의 아들을 이미 낳았다. 김흠운은 655년 정월 백제, 고구려 연합군과의 전쟁에서 전사하였다. 그는 태종무열왕의 사위였다. 그러면 그의 아내는 공주이다. 그 공주는 요석궁의 홀로 된 공주일 수밖에 없다. 신목왕후는 태종무열왕의 외손녀인 것이다. 요석공주 처지에서는 김흠돌의 딸이 왕비로 있는 한 자신의 딸의 처지가 외로웠고 외손자들의 미래가 위태로웠다.

김흠돌과 김흠운은 둘 다 김유신의 누이 정희와 김달복의 아들들이다. 김흠돌은 김유신의 딸 진광과 혼인하였고 김흠운은 태종무열왕의 딸 요석공주와 혼인하였다. 김흠돌에게는 죽은 아우의 아내인 요석공주가 눈엣가시였고 요석공주에게는 시숙 김흠돌이 원수였다. 미래의 왕위 계승권을 두고 이 두 세력은 목숨을 건 싸움을 벌일 수밖에 없었다. 그것이 『삼국사기』에는 681년 8월 8일 신문왕 즉위 직후의 '김흠돌의 모반'으로 기록되어 있다. 이 모반을 진압한 사람은 북원 소경[원주]를 지키던 김오기였다. 그는 자의왕후의 여동생 운명의 남편이고 김대문의 아버지이다. 이때는 요석공주와 자의왕후가 손잡았음을 알 수 있다. 공동의 적이 있을 때 올케와 시누이가 손을 잡은 것이다. 서라벌은 문무왕의 양장 현신들의 피로 물들었다. 「찬기파랑가」는 이때 죽은 문무왕의 상대등 겸 병부령 김군관을 애도한 祭歌(제가)로 보인다.

『한비자(韓非子)』가 말한 나라가 망하는 47가지 징조, 즉 망징(亡徵)에는 '관직이 몇 사람의 수중에 장악되어 있고 ---', '임금이 왕위를 정당하게 이을 적자(嫡子)를 가볍게 여기고 서자를 대등하게 대접하고 ---', '임금이 대신들을 가볍게 대우하거나 욕을 보여 원한을 품게 하고 ---', '세력 있는 두 대신이 권력 다툼을 하고 임금의 형제들이 세력이 강해 당파가 생겨나고 ---' 등등이 있다. 필자는 여기서 신라의 이성(二聖) 문무왕과 김유신이 합심하여 이룬 통일 신라가, 신문왕 즉위 후 99년 만에 혜공왕이 고종사촌 형에게 시해당함으로써 허망하게 멸망한 원인을 찾았다. 지도층이 권세를 탐하여 서자 지지와 적자 지지로 분열하여 서로 싸우면 멸망하는 수밖에 더 있겠는가? 그것도 형제, 제수, 시숙, 올케, 시누이, 사촌들끼리. 그러나 어쩌리오. 인간의 탐욕은 끝이 없고 가장 가까운 사람과도 재물과 사랑과 권력을 나눌 수는 없는 것을.

그 후엔 당연히 687년 2월에 태어난 것으로 기록된 신문왕의 원자는 누구인가 하는 문제가 제기된다. 그 신문왕의 원자는 726년[성덕왕 25년] 5월 당나라에 사신으로 가는 왕의 아우 김근{흠}질(金釿{欽}質)이다. 그는 당나라에서 무루(無漏)라는 고승(高僧)이 되었다. 그의 형은 684년에 태어난 김사종(金嗣宗)이다. 사종은 효소왕 때에 부군으로 책봉되어 있었으나 700년 5월의 '경영{현}(慶永{玄})의 모반'에 연루되어 폐위되었다. 이 모반에서 효소왕의 어머니 신목왕후가 죽었고 효소왕도 아마 다쳐서 2년 후에 승하하였다. 요석공주는 이 모반에 연좌된 중시 김순원을 파면하였다. 김순원은 자의왕후의 친정 동생이다. 이제 요석공주 세력과 자의왕후 세력이 원수가 되었다. 사종은 728년[성덕왕 27년] 7월에 당나라에 사신으로 갔다. 당나라 사천성(四川省) 성도(成都)에서 정중종(淨衆宗)을 창시한 무상선사(無相禪師)가 그 사종이다. 그의 아들은 733년 12월에 당나라로 가는 성덕왕의 조카 김지렴(金志廉)이다.

이렇게 하여 신문왕과 신목왕후의 첫아들은 효소왕, 둘째 아들은 보천, 셋째 아들은 성덕왕, 넷째 아들은 사종, 다섯째 아들은 근{흠}질로 확정되었다. 이 가운데 셋째까지는 혼전 아들이므로 원자의 자격이 없다. 넷째와 다섯째 가운데 처음에는 사종이 원자였을 것 같으나 폐위되어 최종적으로 687년 2월생 근{흠}질이 신문왕의 원자로 역사에 '원자생'이라는 기록을 남긴 것이다.

안휘성(安徽省) 지주시(池州市) 청양현(青陽縣) 구화산(九華山)에는 지장보살(地藏菩薩)의 화신 김교각(金喬覺)의 육신불(肉身佛=등신불)이 있고, 그의 99세 입적을 기념하는 99미터 높이의 동상이 세워져 있다. 김교각은 714년[성덕왕 13년] 2월에 당나라에 숙위로 가는 왕자 김수충(金守忠)이다. 그는 717년 9월 귀국하였다. 그 후 719년쯤 다시 당나라로 간 것으로 보인다. 그의 어머니가 716년 3월에 쫓겨나는 성정왕후인 것은 확실하다. 그러나 그의 아버지가 누구인지는 불분명하다. 제반 정황으로 보아 아마도 수충은 효소왕의 아들인 것 같다. 그리고 성정왕후는 효소왕의 왕비로 보인다. 그러나 『삼국사기』는 '효소왕이 무자하여 아우인 성덕왕이 즉위하였다.'고 적고 있다. 이것은 성덕왕의 즉위를 정당화하기 위한 역사 조작이거나, 아니면 『구당서』, 『신당서』, 『자치통감』 등에 성덕왕대에 숙위로 온 '왕자 수충'을 그대로 성덕왕의 왕자로 간주한 것으로, 『삼국사기』의 편자도 수충이 누구의 친아들인지를 정확하게 몰랐음을 보여 준다 할 것이다.

중국 기록은 하나같이 김교각이 성덕왕의 아들인 것처럼 적고 있다. 그러나 김교각은 절대로 성덕왕의 친아들이 아니다. 692년이나 693년경부터 702년 7월까지 오대산에서 승려가 되어 수도하고 있던 효명이 언제 696년생인 김교각을 낳을 수 있었겠는가? 어떻게 중국에 이런 기록들이 남았을까? 여기에는 '형사취수(兄死娶嫂[형이 죽으면 아우가 형수를 아내로 삼는다]).'는 북방 유목민 고유의 전통이 작용하고 있다. 고구려에 이 제도가 있었음은 널리 알려져 있다. 신라에도 이 제도가 있었던 것이다.

702년 7월 효소왕이 26세로 승하하였을 때 그의 아들 수충이 왕위에 오르는 것이 정상이었을 것이다. 그러나 696년생인 수충은 그때 7세밖에 되지 않았다. 요석공주는 이 어린 외증손자가 난국을 헤쳐 나가기 어려울 것으로 판단하고 오대산에 가 있던 외손자 보천과 효명을 데려오게 하였다. 679년생일 가능성이 큰 보천은 울면서 도망갔다. 아마도 681년 8월에 벌어진 서라벌의 유혈 궁중 정변에 대한 트라우마 때문에 그는 서라벌로 가는 것을 거부하였을 것이다. 그리하여 681년생 효명이 서라벌로 와서 성덕왕으로 즉위하였다. 요석공주는 성덕왕에게 효소왕의 왕비 성정왕후를 형사취수하게 하였을 것이다. 형 효소왕이 죽었으니 그 왕비와 아들을 아우인 성덕왕이 책임질 수밖에 없지 않는가? 요석공주는 훗날 셋째 외손자 성덕왕의 아들이 태어나면, 그 외증손자와 장외손자의 큰 아들 수충, 그 사촌형제 사이에 피비린내 나는 권력 투쟁이 일어나게 되어 있다는 사실을 몰랐을까?

성덕왕대에 당나라에 왕자라는 타이틀로 숙위 온 수충에 대하여, 중국 기록이 성덕왕이 생부가 아니고 양부라고 따져서 기록할 수는 없는 일이다. 그냥 왕자로만 적었는데 후세의 사람들이 그때의 왕인 성덕왕의 아들인 줄로 착각하고 그렇게 해석하였을 따름이다. 역사에 남은 기록 읽기가 얼마나 면밀하게 이루어져야 하는지 보여 준다 할 것이다. 어떻게 보아도 수충은 성덕왕의 친아들은 아니다.

성덕왕은 702년 즉위 후 704년에 엄정왕후와 혼인하였고 그 사이에서 둘째 아들 중경과 셋째 아들 승경이 출생하였다. 첫째 아들인 원자는 7세 이전에 무복상으로 죽었는지 기록에 남지 않았다. 그리고 715년 12월에 중경을 태자로 책봉하였다. 716년 3월에 성정왕후가 쫓겨났고 717년 9월에 수충이 귀국하였다. 수충이 귀국했을 때 이미 태자 중경은 717년 6월에 죽어 있었다. 그의 시호가 효상태자(孝殤太子)이다. 이 상(殤) 자는 '일찍 죽을 상'이다. 성덕왕은 720년 3월에 다시 김순원의 딸 소덕왕후와 혼인하였다. 엄정왕후는 어떻게 했는지 아무 기록이 없다.

경덕왕 헌영은 소덕왕후의 아들이다. 엄정왕후의 아들 승경과 헌영이 성덕왕 후의 왕위를 놓고 싸우게 되어 있다. 724년 봄 승경이 태자로 책봉되고 12월에 소덕왕후가 죽었다. 외가가 막강한 이복동생 헌영에게 세가 밀려 즉위하기 어려웠던 태자 승경은, 736년 가을 고위 관리 김신충에게 즉위 후에 잊지 않겠다고 사철 변하지 않는 잣나무를 증거로 맹약하고[他日若忘卿 有如栢樹] 신충의 도움을 받아 737년 2월 효성왕으로 즉위하였다. 그러나 논공행상에 불만을 품은 신충이 배신하여 헌영의 편으로 붙었다. 「원가」는 이 배신의 정치적 책략을 담은 시이다.

효성왕은 신충에게 배신당하여, 박 씨 왕비에 관한 아무런 기록도 없이, 739년 3월 헌영의 외사촌 누이인 혜명왕비와 재혼하였다. 혜명왕비는 순원의 손녀이고 진종(眞宗)의 딸이다. 그의 오빠들이 당나라에 오래가 있었던 충신과 국내에 있었던 효신으로 보인다. 혜명왕비에게 정을 못 붙인 효성왕은 후궁에게 빠져 왕비의 투기를 사게 되었다. 왕비가 족인인 친정 오빠 효신과 모의하여 후궁을 죽였다. 740년 8월 후궁의 아버지 영종(永宗)이 모반하였다. 효성왕은 재위 5년 만인 742년 5월에 원인 모르게 죽었다. 널을 화장하여 동해에 유골을 흩었다고 『삼국사기』는 기록하였다. 그런 후에 이복동생 헌영이 경덕왕으로 즉위하였다.

경덕왕은 즉위한 후 왕비인 이찬 순정의 딸[삼모부인, 사량부인]을 무자하다고 내쫓고 의충의 딸인 만월부인을 새 왕비로 들였다. 김의충은 735년 정월 당나라에 사신으로 갔다가 현종으로부터 대동강 이남 땅을 신라에 준다는 말을 받아왔다. 이 의충이 739년[효성왕 3년] 정월에 중시로 있을 때 죽어서 이찬 신충이 중시가 되었다. 신충과 의충은 형제이고 김대문의 아들들로 보인다.

만월부인도 15년 동안 아들을 낳지 못하여 경덕왕은 표훈대덕을 천제에게 보내어 딸로 점지된 아이를 아들로 바꾸어 달라고 하였다. 표훈대덕은 천제로부터 '그러면 나라가 위태로울 것이다.'는 경고를 받았고, 그 말을 전해 들은 경덕왕은 '비록 나라가 위태로워져도 아들 하나 얻어 후사를 이으면 그만이다[國雖殆得男而爲嗣足矣].'고 답하였다. 이것이 이복형을 죽였는지, 어찌했는지 모르지만 골육상쟁을 치르며 왕위에 오른 자가 한 말이다. 나라가 위태로워져서 망하게 되어 있는 것이다. 이런 일이 약 1260년 전 750년대에 이 땅에서 김 씨들이 벌인 일이다. 주변의 부족들을 정복하며 삶을 이어온 유목민의 잔인한 피가 우리 민족에게 흐르고 있음을 잊어서는 안 된다.

이 설화가 시사하듯이 경덕왕은 아들 하나 낳기 위하여 많은 무리를 한 것으로 보인다. 불국사, 석굴암 창건, 특히 에밀레종 설화가 암시하는 학정(虐政)은 이 시대의 어두운 정치적 상황을 반영한 것이다. 그런 망해 가는 왕조의 마지막 무렵 충성을 이야기하는 충담사(忠談師)는 '임금이 임금답고, 신하가 신하다워야 백성이 사랑을 알리라.'는 의미심장한 「안민가(安民歌)」, 백성을 편안하게 하는 노래를 남겼다.

그리하여 758년 7월 23일에 태어난 아이가 혜공왕이 되는 경덕왕의 적자 건운이다. 만 2세인 760년 7월에 태자로 책봉되어 765년 6월에 8세로 즉위하였다. 왕이 너무 어려 만월부인[=경수태후]가 섭정을 하였다. 이 혜공왕과 섭정한 만월부인이 정사를 그르쳐서 조정의 처사가 조리에 맞지 않아 도적이 벌떼 같이 일어나고 96명의 뿔칸[角干]이 서로 싸워 걷잡을 수 없이 나라가 혼란해져 갔다. 결국 고종사촌형 김양상이 혜공왕을 죽이고 스스로 왕위에 올라 37대 선덕왕이 되었다. 태종무열왕의 후손이 나라를 다스린 신라 중대는 이렇게 하여 막을 내리고 신라 하대는 38대 원성왕 김경신의 후예들이 죽고 죽이는 골육상쟁을 벌이며 서서히 기울어 갔다. 『삼국유사』는 이에 대하여 '표훈대덕 후로 신라에 성인이 나지 않았다[自表訓後聖人不在於新羅云].'고 사평(史評)을 하였다.

『삼국사기』는 철저히 이긴 자의 편에 서서, 백제, 고구려가 아닌 신라의 편에 서서, 신문왕의 편에 서서, 성덕왕의 편에 서서, 경덕왕의 편에 서서, 자의왕후, 소덕왕후, 혜명왕비, 김순원, 김오기, 김대문의 편에 서서 쓴 사서로 느껴졌다. 아니 역사 자체가 그렇게 흘러갔다. 그 가운데에서 희생된 자가 효소왕, 효성왕, 그리고 수충, 무상, 무루 등이고, 요석공주, 성정왕후, 엄정왕후, 박 씨 왕비, 김흠돌, 김진공, 김군관 등이다. 이것이 관변, 어용학자들에 의하여 왜곡되게 마련인 정사(正史)의 숙명이다.

일연선사의 『삼국유사』는 그런 것을 넘어선 민간의 역사 책이다.

어찌 하리오? 모든 시는 시대의 아픔을 반영한다. 시인은 남보다 먼저, 더 예리하게 시대의 아픔을 느낀다. 그리하여 자기도 모르게 피를 토하는 언어를 구사한다. 신라 시대의 이 시들도 이렇게 시대의 아픔을 반영하고 있다. 이 글들도 먼 훗날 우리 시대의 아픔을 반영한 언어로 읽힐 수 있을까? 어차피 누구나 자신의 시대에 발을 딛고 과거를 바라보게 된다. 일연선사도 몽고의 정복 통치에 짓밟히던 고려의 현실에 발을 딛고 『삼국유사』를 집필하였다. 필자도 오늘의 관점에서 과거, 통일 신라의 멸망 과정을 관찰하고 있다. 통일 신라는 왜 멸망했을까? 모든 왕국은 멸망하게 되어 있으니까. 그러니 이것은 질문도 아니고 답도 아니다. 통일 신라는 왜 그렇게 허망하게 무너졌을까? 거기에는 인간의 실수가 있었다. 태종무열왕과 그의 딸 요석공주의 실수가. 그러나 그 실수는 피할 수 없는 것이었다. 마치 오늘 날의 그것이 그러했던 것처럼.

2017년 5월 12일
심원재에서
필자 적음

차례

제2장 효소왕의 출생 시기 관련 기록 검토

제3장 『삼국유사』의 '정신왕', '정신태자'에 대한 재해석

제4장 『삼국사기』의 '원자'의 용법과 신라 중대 왕자들

제5장 입당 구법승 교각[지장], 무상, 무루의 정체와 출가 계기

제1장

「모죽지랑가」의 시대적 배경 재론

「모죽지랑가」의 시대적 배경 재론

- 효소왕의 출생 시기에 대한 새로운 추론 -

1. 서론

이 글은 「모죽지랑가」의 창작 동기와 시대적 배경에 대하여 재논의하는 것을 목적으로 한다.[1] 서정목(2013b)에서 미처 생각이 미치지 못했던 내용을 보완하여 그 논의를 정밀화하고자 한다. 보완된 핵심 내용은 효

---

[1] 이 글은 2013년 11월 23일 서강대에서 열린 '한국고대사탐구학회'에서 "「모죽지랑가」의 창작 동기와 시대적 배경 재론"이라는 제목으로 발표한 글의 일부를 새로 정리한 것이다. 효소왕의 출생 시기에 대한 혼란스러운 논의를 새롭게 정리한 논리를 세운 부분이 이 글의 핵심 내용이다. 이 글은 2013년 8월에 공간된 '「모죽지랑가」의 창작 동기와 정치적 배경'이라는 제목의 서정목(2013b)의 후속 작업이다. 서정목(2013b)를 읽어본 분으로부터 그 글에 대한 발표를 의뢰받은 후, 그 발표를 준비하면서 새로이 세우게 된 원자와 왕자의 구별, 원자와 효소왕이 동일인이 아니라는 가설이 아이디어로 떠올랐다. 학회 발표 시에 토론을 맡으신 박남수 선생(국사편찬위원회)의 지적과, 익명의 세 분의 심사위원들의 심사 의견 덕분에 훨씬 더 역사학에 가까이 다가가는 글이 되었다. 심사 의견을 최대한 반영하였지만 충분히 수정하지는 못하였다. 요석공(궁)주의 역할을 크게 보고 사종(嗣宗)을 원자로 보는 문제에 대하여 많은 비판이 있었다. 본문에서는 요석공(궁)주라는 말을 쓰지 않고 신목왕후의 어머니, 효소왕의 외할머니로 표현하는 것으로 심사위원의 의견을 반영하였다. 각주에서는 신목왕후의 어머니가 요석공(궁)주일 가능성이 있음을 밝혀 두었다. 원자가 사종일 것이라는 가설은 충분히 논증되었다고 보고 논리를 보강하여 본문에 두었다. 역사학계에서 철저한 논증으로 반증하여 이런 상상력이 역사 해석에 통하지 않는다는 것을 밝혀 주기를 기다리고자 한다.

소왕의 출생 연도의 혼란을 정리하는 논리의 개발이다. 논의하는 내용은 다음과 같다.

'죽만랑지도(竹曼郞之徒)'의 낭도 득오가 이 노래를 지은 시기의 효소왕은 16살에 왕위에 올라 26살에 승하하였다.[2] 여기에 관한 한 『삼국유사』의 기록이 정확하고 『삼국사기』의 기록은 오해하기 좋게 되어 있다. 『삼국사기』 권 제8 「신문왕」 조의 687년 2월의 '원자 출생'과 691년 3월 1일의 '왕자 이홍(理洪)의 태자 책봉' 기록은 신중하게 검토할 필요가 있다. 이 원자와 태자 이홍을 동일시한 것이 그 동안의 모든 연구가 범한 오류이다. 물론 서정목(2013b)에서 필자도 이 오류에서 벗어나지 못하고, 효소왕이 16살에 즉위하여 26살에 승하하였다는 『삼국유사』의 기록이 올바르고, 6살에 즉위하여 16살에 승하한 것으로 해석되는 기록을 남긴 『삼국사기』의 신빙성이 떨어진다고 서술하는 오류를 범하였다. 역사의 연구에서 기록에 대한 존중과 기록 해석의 엄밀함이 얼마나 중요한지를 깨닫게 하는 교훈이 되었다. 그리하여 필자는 어쩔 수 없이 새로운 글을 또 초(草)하지 않을 수 없는 처지에 놓였다.

---

2) '竹曼郞之徒'가, 김유신 장군의 '龍華香徒(용화향도)'처럼 죽지랑이 이끌던 화랑도의 한 '徒(도)'이었음을 논하고, '徒'가 어렸을 때부터 함께 '遊(유)'하여 청년기에 군사 조직처럼 운용되고 출사(出仕)한 후에는 그 지도자 화랑을 따라 관직에 나아갔으며 이 '徒'를 이루는 선후배 화랑과 낭도를 묶은 단위가 '門(문)'일 것이라는 논의는 서정목(2013c)를 참조하기 바란다. 그 논문을 2013년 10월 29일 서강대 언어정보연구소 월례발표회에서 발표한 후에 그 발표를 들은 조범환 교수로부터 조범환(2008)을 얻어 볼 수 있었다. 그 속에서 '화랑은 진골 출신이 맡았다. 낭도는 진골 낭도와 육두품, 평민 낭도로 나누어진다. 동시기에 여러 화랑도가 존재하였다. 낭도가 화랑을 선택하였다. 화랑과 낭도의 관계는 카리스마적 관계가 아니었다. 화랑도는 공동체나 이익집단 성격을 띤다. 등등'의 신라 중기 화랑도의 중요 사항들을 확인할 수 있었다. 막연히 『삼국사기』, 특히 「열전」을 보면서 머릿속으로 그려 보았던 화랑 제도의 조직이나 운영 등에 대한 상상이 어느 정도는 구체적으로 밝혀져 있었다. 소속 화랑도와 달리 출신 영역에 따라 일정한 부역을 부과 받을 수도 있고, 은퇴 낭도들끼리 모여서 활동할 수 있는 여지까지 있으면 '익선의 죽지 장군 모욕 사건'은 더 사실에 가깝게 재생될 수 있을 것으로 보인다.

687년 2월에 출생한 원자는 691년 3월 1일에 태자로 봉해진 왕자 이홍이 아니다. 왕자 이홍은, 정명태자와 683년 5월 7일에 신목왕후가 된 김흠운의 딸 사이에서 677년에 태어났다. 『삼국유사』의 봇내태자[寶叱徒太子], 효명태자[＝성덕왕(聖德王)]에 대한 기록도 정확한 것으로 보인다. 『삼국사기』「신라본기」에 신목왕후의 아버지로 기록된 일길찬[7등관위명] 김흠운(金欽運)은 『삼국사기』 권 제47 「열전 제7」의 김흠운(金歆運)과 동일인이다. 김흠운은 태종무열왕의 반자(半子[＝사위])로서 백제와의 양산(陽山[충북 옥천[조천성(助川城)]으로 가는 길목]) 아래 전투에서 야습한 백제군의 공격을 받아 용감하게 싸우다가 전사하였다. 전사할 때 그는 어린 딸 하나를 남겼다. 이 어린 딸이 자라서 28살도 더 되었을 683년[신문왕 3년] 5월 7일에 왕비[신목왕후]가 되었는데, 그들에게는 이미 이홍, 봇내, 효명의 세 아들이 있었다.

681년 7월 1일 문무왕이 승하하고 7월 7일 신문왕이 즉위할 때 일어난 신문왕의 빙부 '김흠돌(金欽突)의 모반'의 1차적 원인은 바로 이 왕자들이다. 『삼국사기』「신라본기」「신문왕 원년」 조에 의하면 태자비로 있는 동안 오랫동안[16년간] 아들이 없는 왕비[김흠돌의 딸]와 이미 세 아들을 두고 있는 김흠운의 딸[태종무열왕의 외손녀] 사이에 왕위 계승권을 둔 다툼이 있었을 것이다. 왕실은 이미 태어난 아들들로 후사를 이을 방침을 세웠을 것이고 김흠돌은 이에 이의를 제기하였을 것이다. 여기서 왕실은 김흠돌을 모반으로 규정하고 그를 지지하는 많은 화랑도 출신 귀족들을 주륙(誅戮)하거나 권력으로부터 축출(逐出)하였다. 이 사건이 신라 귀족 사회 분열의 원인이 되어 이후 신라가 쇠락하는 데에 크게 영향을 미쳤다. 이 사건 후 권력은 태종무열왕의 아들들을 비롯한 소수 왕실 직계 후손들에게 집중되어, 신라라는 국가는 귀족 연합체 성격의 지도 체제가 퇴색하고, 혈연 중심의 소집단 특수 계층에 국가 운영이 독점되는 전제 왕족 국가적 성격을 띠게 된다. 멸망의 길로 들어선 것이다.

죽지(竹旨) 장군은 함께 통일 전쟁에 참가하였던 많은 동료들이 죽임을 당하고 축출되는 불우한 정치적 상황에서 만년을 보내고 효소왕 초반에 이승을 떠났을 것이다. 화랑도 활동 시절 죽지랑과 돈독한 사이였던 '죽만랑지도'의 낭도 득오(得烏)는, 죽지 장군이 사망한 후에 초상(初喪) 때나 소상(小祥) 때, 또는 그 사이 어느 추모 의식에서 만가(輓歌)로 이 노래를 지었다.[3] 이것이 나라의 흥망성쇠를 교훈하는 『삼국유사』 권 제2 「기이 제2」에 이 설화와 노래가 실려 있는 까닭이다.

그러므로 이 노래의 창작 동기는 '죽지 장군의 사망을 애도하고 그 덕을 추모하는 것'이며, '젊었던 시절의 죽지랑과의 신의와 충정을 지키겠다는 다짐'을 나타내는 것이다. 현재 대부분의 연구서에 보이는 '죽지랑 생시의 노쇠함을 안타까워하는 흠모와 사모의 노래'라는 해석은 노래의 내용과 동떨어져 있으므로 재고할 필요가 있다.

2. 「모죽지랑가」와 배경 설화

『삼국유사』 권 제2 「기이 제2」의 「효소왕대 죽지랑」 조에는 (1)과 같

---

3) 이 노래의 창작 시기, 『삼국유사』 기록의 검토와 노래가 실려 있는 외형상의 특징, 노래의 형식, 내용, 해독상의 문제 등은 서정목(2013a)에서 논의하였고, 창작 시기에 대하여는 서정목(2013c)에서 논의하였다.

은 내용의 기록이 있다.

(1)

a. 부산성에 도착하여 문지기에게 '득오실이 어디에 있는가?' 하고 물으니 그 사람이 말하기를 '지금 익선의 밭에 있는데 전례에 따라 부역을 하고 있습니다.'고 하였다[到富山城 問闍人得烏失奚在 人曰 今在益宣田 隨例赴役]. 낭이 밭에 가서 가지고 간 술과 떡을 먹이고 익선에게 휴가를 청하여 함께 돌아가려 하였으나 익선이 굳이 금하고 허락하지 않았다[郎歸田 以所將酒餠饗之 請暇於益宣 將欲偕還 益宣固禁不許]. 그때 사리 간진이 추화군[밀양] 능절조 30석을 징수, 관장하여 성 안으로 운반하던 중에, 낭의 사[선비, 병사]를 중히 여기는 풍미를 아름답게 여기고 익선의 꽉 막히어 통하지 않음을 비루하게 여기어, 거두어 가던 30석을 익선에게 주면서 청을 거들었으나 오히려 허락하지 않았다[時有使吏侃珍 管收推火郡 能節租三十石 輸送城中 美郎之重士風味 鄙宣暗塞不通 乃以所領三十石 贈益宣助請 猶不許]. 또 진절 사지가 기마와 안구를 주니 이에 승낙하였다[又以珍節舍知騎馬鞍具貽之 乃許].

b. 조정 화주가 듣고 심부름꾼을 보내어 익선을 잡아오게 해서 그 때끼고 더러운 것을 씻기려 하였으나 익선이 도망가 숨어서 그 장자를 잡아갔다[朝廷花主聞之 遣使取益宣 將洗浴其垢醜 宣逃隱 掠其長子而去]. 때는 한겨울 매우 추운 날이어서 성 안의 못 속에서 씻기다가 얼려 죽였다[時仲冬極寒之日 浴洗於城內池中 仍令凍死].

c. 대왕이 듣고 모량리인으로서 관직에 있는 자는 모두 쫓아내고 다시는 관공서에 발붙이지 못하게 하고, 승려도 되지 못하게 하였으며 만약 승려가 된 자라면 종고사에 들어가지 못하게 하였다[大王聞之 勅牟梁里人從官者 並合黜遣 更不接公署 不著黑衣 若爲僧者 不合(令)入鐘鼓寺中].

d. 이때 원측법사는 해동의 고덕이었지만 모량리인인 까닭으로 승직을 주지 않았다[時圓測法師是海東高德 以牟梁里人故 不授僧職].

e. 장성하여 벼슬길에 나아가 유신공과 더불어 부수가 되어 삼한을 통

일하고, 진덕, 태종, 문무, 신문 4대에 걸쳐 총재가 되어 그 나라를 안정시켰다[壯而出仕 與庾信公爲副帥 統三韓 眞德大(太)宗文武神文四代爲冢宰 安定厥邦].

f. 처음에 득오실이 낭을 (추)모하여 노래를 지었으니, 왈 □□□□□ □□□□□□□□□□[初得烏谷 慕郎而作歌曰 □□□□□□□□□ □□□□(14자 공백)……].

<『삼국유사』 권 제2 「기이 제2」 「효소왕대 죽지랑」>

「모죽지랑가」는 (1d)의 뒤에 죽지랑의 탄생설화가 나오고 (1e)의 일대기가 나온 뒤에 (1f)처럼 '처음에 득오곡이 낭을 모(慕)하여[이 모가 사모인지 추모인지가 논의의 대상이 된다.] 노래를 지었으니, 왈 ---' 한 뒤에 14자가 들어갈 만한 공백을 비우고 면을 바꾸어 (2)와 같이 실려 있다.4)

(2)

去隱春皆理米	[간 봄(1980) 다 다스리매(2008)]
毛冬居叱沙哭屋尸以憂音	[모둘 기스사(1980) 울ㅁ롤(1985) 이 시름 (1980)]
阿冬音乃叱好支賜烏隱	[두던ᄃ롭곳 됴ᄒ시온(1985)]
兒史年數就音墮支行齊	[즈싀 히 혜나삼 헐니져(1980)]
目煙廻於尸亡史伊衣	[눈니 도롫(2008) 업시 뎌옷(1980)]
逢烏支惡知作乎下是	[맛보기 엇디 일오아리(1980)]
郎也 慕理尸心未 行乎尸道尸	[낭여 그릴 ᄆᅀᆞ미 (좇) 녀올 길(1980)]
蓬次叱巷中宿尸夜音有叱下是	[다보짓 굴헝희 잘 밤 이샤리 (이다)(1980)]

4) 이 노래의 여러 해독과 그에 대한 논의, 그리고 빈 공백 14자는 원래 이 노래가 10구체였음을 뜻한다는 논제에 대해서는 서정목(2013a)를 참고하기 바란다. 여기에 소개한 해독은 김완진(1979/1980, 1985, 2008)을 거쳐 발전해 온 해독의 내용을 그대로 수용한 것이다. 현대 한국어로의 해석은 이 해독을 토대로 필자가 정리한 것이다.

이 노래는 현대 한국어로 바꾸면 (3)과 같은 내용의 '서글프고 애잔한 애도와 추모, 그리고 그대에 대한 신의와 충정을 지키려 하는 비장한 마음가짐'으로 해석된다.5)

(3)
간 봄 다 지나갔으므로[우리 곁을 떠났으므로]/ 간 봄 장례 치렀으므로
[필자]
이 세상에 없어 울어마를 이 시름
두덩이 좋으신
모습이 해를 헤아려감에 따라 헐어져 가리니/ 모습이 해를 헤아려감에
따라 희미해져 가리니[필자]
눈 안개 두름 없이 저 분/ 눈 물 고임 없이 저 분을[필자]
맞보기 어찌 일우아리(오)/ 회상하여 떠올리기 어찌 이루리오[필자]
낭이여 그리워할 마음의 (모습) 갈 길
다봊쑥 우거진 굴헝에서 자는 밤도 있을 것입니다.

이 설화에 등장하는 대왕이 바로 효소왕이다. 이 '익선의 죽지 장군 모욕 사건'은 효소왕이 왕위에 있을 동안 일어났고,6) 죽지 장군도 효소

---

5) 이 노래의 내용에 대한 소개와 평설, 그리고 창작 시기에 대해서는 서정목(2013c)에서 자세히 논의하였다.

6) '익선의 죽지 장군 모욕 사건'이 죽지랑과 득오가 화랑도 활동을 하던 어린 시절인 진평왕대 말이나 선덕여왕 초에 일어난 일이라는 학설이 있다(이종욱(1986)). 이 논문은 필자에게 「모죽지랑가」를 유심히 들여다보게 한 가장 강한 자극이 되었던 논문이다. 익명의 심사자는 이 종욱(1986)의 논지가 정설이므로, 이 사건이 효소왕 때 일어난 일이라는 것을 논증할 것을 요구하였다. 필자는 서정목(2013c)에서 두 가지 논거를 들었다. 첫째는 원측법사의 나이이다. 원측법사는 15살에 당나라에 유학 가서 효소왕 5년[696년]에 85세로 입적하였다. 만약 이 사건이 선덕여왕 초[632년 즉위]에 일어났다면, 원측법사의 사망 시기로부터 64년 전에 21살의 젊은 그를 해동 고덕이라고 불렀다고 보아야 한다. 그것은 불가능한 일이다. 그리고 그 때는 원측법사가 당나라에 가 있을 때이다. 이 사건으로 당나라에 가 있는 (해동 고덕인) 21살의 원측법사에게 승직을 안 주었다는 말이 성립되지 않는다. 나아가 『삼국사기』를 보면 부산성은 문무왕 3년에 축성되었다. 득오가 부산성 창직으로 차출되어 간 시기는 무조건 문

왕대에 이승을 떠났고, 「모죽지랑가」도 효소왕대에 지어졌다고 하는 것이 가장 기록과 부합할 것이다. 그러지 않으면 「효소왕대 죽지랑」이라는 설화의 제목 자체가 성립할 수 없다.

이 대목에서 필자의 머릿속에는 다음과 같은 의문들이 떠올랐다. 첫째, 효소왕 몇 년쯤에 (1a)의 '익선의 죽지 장군 모욕 사건'이 발생한 것일까? 둘째, (1b)의 조정 화주는 누구이기에 멀쩡한 젊은이를 얼려 죽이고도 아무 탈이 없는가? 셋째, 효소왕은 몇 살에 (1c)와 같은 큰 결정을 내렸을까? 넷째, (1d)의 원측법사는 어떤 분이기에 해동의 고덕이라 불렸으며, 승직을 받지 못했다면 무슨 일을 하면서 고덕의 지혜를 펼쳤을까?[7] 다섯째, (1e)에서 진덕, 태종, 문무, 신문왕 4대에 걸쳐 총재[높은 재상]을 지낸 죽지 장군이 왜 효소왕대에는 아간[6등관위명] 급의 익선에게 옛 부하의 휴가도 마련해 주지 못하는 수모를 당하는가? 여섯째, 도대체 문무왕대와 대비하여 신문왕, 효소왕대에는 무슨 일이 있었기에

무왕 3년 이후에 일어난 일이어야 한다. 이 사건은 절대로 진평왕대나 선덕여왕대에 일어난 일이 아니다. 『삼국사기』의 기록이든 『삼국유사』의 기록이든 1차적으로는 기록을 그대로 존중해 주기 바란다. 정녕 기록이 오류라고 논증이 되면 왜 그런 오류가 생겼는지까지 역사학은 해명해 주어야 할 것이다. 이종욱(1986)은 30년을 가르치고 나서 수많은 착종을 합리적으로 해결하려는 차원에서 써진 논문이 아니다. 우리 사학계가 선학들의 학설을 묵수하려는 인습으로부터 벗어나기를 간절히 바란다. 이 문제는 별고에서 더 자세히 논의하겠다.

7) 모량리 출신 '익선 아간[6등 관위]의 죽지 장군 모욕 사건'을 조정은 상당히 큰 사건으로 취급하였음을 볼 수 있다. 원측법사는 당나라에서 활약한 고승으로 측천무후로부터 부처같이 존숭을 받았다[如佛尊崇]. 신문왕이 여러 번 표(表)를 올려 환국을 요청하였음에도 불구하고 측천무후는 귀국을 허락하지 않았으며, 효소왕 5년[696년]에 당나라에서 세상을 떠났고 85세의 수를 누렸다(조명기(1949) 참고). 신문왕 승하 시[692년]에 당나라 조위 사절단과 함께 원측법사를 대신하여 신라에 온 그의 제자 도증(道證)을 통하여 효소왕은 원측법사에게 승직을 주고 싶었다. 그러나 모량리인 승직 금지 칙령 때문에 원측법사에게까지도 승직을 줄 수 없었다. 그만큼 모량리인에 대한 승직 금지 원칙은 큰 원칙이었던 것이다. 비록 '김흠돌의 모반'으로 왕실이 화랑도 출신 귀족들을 핍박하였지만, 모량리인인 익선이, 아마도 왕실 출신이었을 술종공, 죽지 장군계의 세력을 핍박하는 것까지는 용인할 수 없었던 왕실 입장을 표명한 것이다.

최고위 권력층의 죽지 장군이 중간 계급일 아간 급에게도 영향력을 미치지 못하는가? 일곱째, 이 사건과 노래는 어떤 연관을 맺는 것일까? 이에 대한 필자의 의문은 30년도 더 된 참으로 오래 묵은 것이었다.[8]

이 글은 이 의문들 가운데 효소왕의 나이와 출생의 경위에 대하여 집중적으로 논의하고자 한다. 그리고 그의 출생의 비밀로부터 통일 신라의 모든 비극적 사건들을 설명하는 핵심 열쇠를 찾아내고자 한다. 효소왕은 10년 동안 재위하고 이승을 떠났고, 그의 아버지인 신문왕도 재위한 지 11년만에 세상을 버렸다. 효소왕이 왕위에 있은 10년 사이에 '익선의 죽지 장군 모욕 사건'이 일어나고 「모죽지랑가」이 지어졌어야 한다. 효소왕은 몇 살에 모량리 출신들을 모두 관직과 승직에서 축출하는 무시무시한 칙령을 내린 것일까?

그런데 『삼국사기』의 「신라본기」를 살펴보니 놀랍게도 효소왕은 불

---

8) 필자는 문학 작품으로서의 향가들을 1967년 고3 때 정재관 선생님께 처음 배운 뒤, 1969년 백영 정병욱 선생님께 다시 배웠다. 그리고 1970년 심악 이승녕 선생님께 신라시대 표기법을 배웠고, 1970년대 중반부터 1980년대 초반 대학원을 마칠 때까지 김완진 선생님께 내내 향가에 대한 국어학적 해독에 대하여 배웠다. 1979년 봄 강원대학교에 가서 그때 막 향가로 박사학위를 받으신 연세대의 최철 교수, 한양대의 박노준 교수와 함께 근무하면서, 그분들이 의존하고 있는 양주동(1942)의 해독이 국어학적 관점에서는 무리가 많으므로, 김완진(1980)의 새 해독을 고려하는 것이 어떨까 하는 의견을 피력하곤 하였다. 그분들이 20여 년 동안에 걸쳐 세운 논리들이, 향찰 해독에서 문제가 생기면, 흔들릴 수 있다는 염려에서였다. 그분들은 그 일은 다음 세대가 할 일이라는 뜻의 말씀을 하셨다. 1983년에 서강대학교에 왔는데 여기에는 또 김열규, 정연찬, 이재선(1972)가 있었고, 이재선(1979)가 있었으며, 김진국 교수, 양희철 교수 등이 향가로 박사학위 논문을 쓰고 있었다. 그리고 이종욱 교수가 이종욱(1986)을 건네 주었다. 1990년대에 서강에 송효섭 교수와 성호경 교수가 부임하였는데 그분들에게는 또 나름대로의 체계를 세운 향가론이 자리 잡고 있었다. 그런데도 30년 동안 서강대 국어국문학과에서 향가 해독과 배경 설화에 대하여 가르치는 '원전판독/고전문헌해독' 과목은 필자가 맡아 왔다. 향가 연구가 얼마나 오리무중에서 여러 학설이 난무하는 상태에 있는지를 절감할 수 있는 상황에 필자는 놓였던 것이다. 그 진흙탕 속에서 필자가 세운 목표는, 국어학적으로 타당한 해독을 토대로, 역사적 사실에 부합하는 내용의 가사를 놓고, 거기에 대하여 문학적으로 주제와 구조와 표현법을 설명하는 향가 해설서를 쓰는 것이었다.

과 6살에 왕위에 올라 16살에 이승을 떠나는 것처럼 파악되었다.9) 그 어린 나이에 무엇을 안다고 모량리 출신들을 전원 관직에서 내쫓고 승직도 주지 않고 승려가 된 사람도 종고사(鐘鼓寺)에 들지 못하게 했을까? 누가 뒤에 있는 것일까? 모후인 신목왕후가 한 일이 아닐까? 신목왕후는 틀림없이 조정 화주와 더불어 익선의 장남을 못에서 씻기다가 얼려 죽이는 일에 관련되었을 것이다.10) 이런 상상들이 꼬리를 물고 이어졌다.

3. 신문왕의 즉위와 혼인

문무왕으로부터 신문왕, 효소왕으로 넘어오는 시기의 가장 큰 사건은 '김흠돌의 모반'이다. 문무왕이 승하한 직후, 신문왕의 빙부 김흠돌은 사위가 왕이 되고 딸이 왕비가 되는 바로 그 때, 반란을 일으켜서 통일 전쟁에서 생사를 함께 했던 동지들과 함께 주륙되었다. 다른 사람도 아닌 왕의 빙부, 왕비의 아버지가 모반을 하다니, 이 일은 예삿일이 아니다. 거기에는 비상한, 특별한 문제가 들어 있을 것이다. 그 문제는 무엇이었을까?

그런데 죽지랑이 어떤 인물인가를 추적하는 가운데 필자는 (4), (5)에

---

9) 『삼국사기』에는 신문왕 7년[687년] 2월에 원자가 태어나고 11년[691년] 3월 1일에 왕자 이홍이 태자로 봉해졌으며, 12년[692년] 7월에 효소왕이 즉위한 것으로 기록되어 있었다. 그런데 『삼국유사』의 「대산 오만 진신」 조에는 효소왕이 16살에 왕위에 올라 26살에 승하하였고, 동생인 22살의 효명태자[성덕왕]이 오대산에서 서라벌로 와서 효소왕을 이어 왕위에 올랐다고 되어 있었다.

10) 효소왕대에 신목왕후가 섭정하였으리라는 논의는 조범환(2010)을 참고하기 바란다.

서와 같이『삼국사기』「신라본기」「문무왕」시기의 기록에 죽지 장군과 김흠돌의 이름이 함께 나오고 있음을 볼 수 있었다.

(4)

a. 문무왕 원년(661년) 가을 7월 17일 김유신을 대장군으로 삼고[秋七月十七日 以金庾信 爲大將軍] …… 김인문, 진주, 흠돌을 대당장군으로 삼고[仁問眞珠欽突 爲大幢將軍] …… 천존, 죽지, 천품을 귀당총관으로 삼고[天存竹旨天品 爲貴幢摠管] …… 군관, 수세, 고순을 남천주 총관으로 삼고[軍官藪世高純 爲南川州總觀] …… 11)

b. 문무왕 3년(용삭 3년, 663년, 계해년)에 백제의 여러 성에 있는 무리들이 몰래 회복을 도모하여 그 거수는 두솔성에 웅거하여 왜국에 원병을 청하였다[龍朔三年癸亥 百濟諸城潛圖興復 其渠帥據豆率城 乞師於倭爲援助]. 대왕은 친히 유신, 인문, 천존, 죽지 등 장군을 거느리고 7월 17일에 토벌을 나서[大王親率庾信仁問天存竹旨等將軍 以七月十七日征討] ……,

c. 문무왕 8년(668년) 6월 21일, 대각간 김유신을 대당대총관으로 삼고[八年六月二十一日 以大角干金庾信 大幢爲*{爲가 信의 뒤로 가야 함}*大摠管] …… 각간 김인문, 흠순, 천존, 문충과 잡찬 진복과 파진찬 지경과 대아찬 양도, 개원, 흠돌을 대당총관으로 삼고[角干金仁問欽純天存文忠 迊湌眞福 波珍湌智鏡 大阿湌良圖愷元欽突爲大幢摠管], 이찬 진순*{춘으로 적기도 함}*, 죽지를 경정총관으로 삼고[伊湌陳純*{一作春}*竹旨爲京停摠管], 이찬 품일, 잡찬 문훈, 대아찬 천품을 귀당총관으로 삼고[伊湌品日 迊湌文訓 大阿湌天品 爲貴幢摠管], 이찬 인태를 비열도총관으로 삼고[伊湌仁泰 爲卑列道摠管], 잡찬 군관, 대아찬 도유, 아찬 용장을 한성주행군총관으로 삼

---

11)『삼국사기』「열전」「김유신 중」에는 이때 백제의 여적을 토벌하러 간, 이찬 품일, 소판 문왕, 대아찬 양도 등의 군대가 이기지 못하므로[以伊湌品日 蘇判文王大阿湌良圖等爲將軍 往伐之不克], 또 이찬 흠순*{또는 흠춘}*, 진흠, 천존, 소판 죽지 등을 보내어 군사를 구원하게 하였다[又遣伊湌欽純*{一作欽春}*眞欽天存蘇判竹旨等濟師]고 하여 죽지 장군이 문무왕 원년(661년)에 이미 소판(3등관위명)에 올라 있음을 알려 준다.

고[迊湌軍官大阿湌都儒 阿湌龍長 爲漢城州行軍摠管] …… 아찬 일원과 홍원을 계금당총관으로 삼았다[阿湌曰原興元 爲罽衿幢摠管]. …… 22일 …… 왕은 일길찬 진공을 파견하여 하례하였다[王遣 一吉湌眞功 稱賀]. …… 6월 27일 왕은 서울을 출발하여 당의 군영으로 향하였는데, 6월 29일에는 제도총관이 모두 출발하였다[二十七日 王發京赴唐兵 二十九日 諸道摠管發行].

(5)

a. 문무왕 10년(670년) 7월, …… 품일, 문충, 중신, 의관, 천관 등이 공격하여 63성을 취하고 그곳의 사람들을 내지로 옮기고[品日文忠衆臣義官天官等攻取城六十三徙其人於內地], 천존, 죽지 등은 7성을 공취하여 2,000명을 참수하였고[天存竹知等取城七斬首二千], 군관, 문영은 12성을 공취하고 적병을 쳐서 7,000명을 참수하였는데 말과 병기구 등을 노획한 것이 심히 많았다[軍官文穎取城十二擊狄兵斬首七千給獲戰馬兵械甚多].

<『삼국사기』 권 제6 「신라본기 제6」 「문무왕 상」>

b. 문무왕 11년(671년) 6월, 장군 죽지 등을 파견하여 군사를 거느리고 백제 가림성의 벼를 밟아 버리고 드디어 당나라 군사와 석성에서 싸워 5,300명의 목을 자르고 백제 장군 두 사람과 당의 과의 여섯 사람을 사로잡았다[六月 遣將軍竹旨等領兵 踐百濟加林城禾 遂與唐兵戰於石城 斬首五千三百級 獲百濟將軍二人 唐果毅六人].

<『삼국사기』 권 제7 「신라본기 제7」 「문무왕 하」>

특히 (4a)에서 백제를 멸한 후에 김흠돌과 죽지 장군이 나란히 김유신 장군의 부하로 승진 임명되는 것을 볼 수 있다. (4b)에서는 문무왕이 김유신, 김인문, 죽지 등을 거느리고 직접 전쟁에 나서고 있다. (4c)에서는 고구려 정벌에 나서는 부대 편성에 김흠돌과 죽지 장군이 나란히 출전하고 있는 것을 볼 수 있다. 그리고 이 출전자 명단 속에 있는 홍원, 진공은 '김흠돌의 모반' 때 삼간(三奸)으로 몰려서 복주되었으며, 군관은

병부령이었으나 모반을 알고도 조치를 취하지 않았다고 하여 적자 1명과 함께 자진할 것을 명 받았다.[12]

이들과 죽지 장군이 전우였던 것이다. 그리고 (5)처럼 문무왕 10년과 11년까지 기록에 나타난 죽지 장군은 그 뒤로는 기록에 등장하지 않다가 『삼국유사』 권 제2 「기이 제2」, 「효소왕대 죽지랑」 조에 갑자기 등장한다. 이 사이에 있었던 일이 '김흠돌의 모반'이다.[13]

'김흠돌의 모반'으로 많은 화랑도 출신 장군들이 주륙 당하고 축출되는 정변이 벌어졌을 때, 죽지 장군도 권력으로부터 축출되었을 가능성이 크다. 이 '김흠돌의 모반' 사건은 죽지 장군의 지위에 큰 변화를 일으켜, 총재로부터 6등 관위인 아간에게도 무시당할 만큼의 쇠락한 처지에 놓이게 만들었다고 볼 수밖에 없다.[14]

신문왕은 빙부의 모반을 빌미로 그에 연좌시켜 왕비를 폐비시킨다. 그리고 신문왕은 즉위 3년[683년] 5월 7일에 김흠운의 딸을 새로 왕비로 맞이한다. 이 왕후가 신목왕후이다. 이 혼인은 무엇이 특별하였던지 왕실에서 보낸 예물이 『삼국사기』에 (6)처럼 상세히 기록되어 있다.

그리고 (7a)에서 보듯이 신문왕 7년[687년] 2월에 원자가 탄생하였고 (7b)처럼 신문왕 11년[691년]에 왕자 이홍을 태자로 책봉하였다. 그러나 혼인한 해로부터 8년 후 (8)에서 보듯이 신문왕은 태자를 봉한 다

---

12) 『삼국사기』 신문왕 원년의 기록을 참고하였다.

13) 죽지 장군은 문무왕 11년 이후 10여 년 동안 조정의 중요 직책을 맡았을 것으로 추정된다. 그리고 '김흠돌의 모반' 때 축출되어 신문왕 12년 동안 조정을 떠나 은퇴한 화랑으로 보내다가 효소왕 초에 이 사건으로 다시 기록에 등장한 것이다.

14) 죽지랑은 김흠돌의 모반에 직접 연루되지는 않은 것 같다. 그것이 효소왕대까지 명을 유지할 수 있었던 이유이다. 그러나 김흠돌의 모반에 직접 참여한 여러 장군들과 함께 전장에 나간 것은 틀림없는 사실이다. 김흠돌의 모반에 직접 연루된 흥원, 진공, 군관 등 고위 장군들은 모두 문무왕 8년[668년]의 대고구려 전쟁에 김유신 장군의 휘하로 죽지 장군과 나란히 참전하였다. 신문왕 즉위에 반대했을 수도 있는 세력의 윤곽을 알 수 있다.

음 해인 즉위 12년[692년]에 승하하였다. 이어서 태자 효소왕이 32대 왕으로 즉위하게 된다.

결혼식 내용은 지나치게 자세하고 불필요한 사항을 너무 많이 기록하였다.15) 이에 반하여, 원자의 출생이나 그 어머니, 그의 형제들에 대한 기록은 너무 소략하다. 이 원자의 어머니가 신목왕후인지 아닌지조차 알 수 없다. 이 기록대로라면 신문왕은 외동아들 하나를 누구에게서인지 모르게 원자로 얻었다고 보아야 한다.

> (6) 신문왕 3년[683년] 봄 2월 순지를 중시로 삼고[三年春二月以順知爲中侍] …… 일길찬[7등관위명] 김흠운 소녀를16) 들여 부인으로 삼기로 하고, 먼저 이찬[2등관위명] 문영과 파진찬[4등관위명] 삼광을 보내 기일을 정하고,17) 대아찬[5등관위명] 지상으로 하여금 납채를 보냈는데, 비단이 15수레이고 쌀, 술, 기름, 꿀, 간장, 된장,

---

15) 조범환(2010:12~14)는 이 성대한 의식이 신라사에서 유례가 없는 일이라 하고 왕비 집안의 위상과 신장된 왕권을 드러내려는 의도가 내재해 있을 것이라고 해석하였다. 물론 그러한 뜻도 있을 것이다. 필자는 이미 아들을 셋이나 두고 있어 실질적인 왕비 행세를 하고 있던 태종무열왕의 외손녀를 맞이해 오는 과정이라고 본다. 이 예물들은 30여 년 전 전사한 김흠운의 미망인, 태종무열왕의 딸이자 문무왕의 누이인, 신목왕후의 어머니가 안방을 지키고 있었을 고모집에 신문왕이 하사한 특별한 예물인 것이다. (보충주: 이 기록은 왕실에서 요석 공주 집으로 보낸 예물 단자에 들어 있었을 것이다. 그 집은 설총의 집이다. 설총의 집안에 할머니 요석공주의 딸인 고모 신목왕후가 대궐로 시집가는 절차를 자세히 적어 둔 것이 전해져 왔을 것이다.)

16) 김흠운의 졸년 655년과 관련지으면 신문왕과 혼인한 683년에 28살 이상이어야 하는데 『삼국사기』는 왜 이 세 아이가 딸린 나이 많은 처녀를 '少女'라 했는지 후인들을 당혹스럽게 한다. 통일 신라 시기 폐비 사건의 기록을 보면 모든 왕비에 대하여 '妃는 ○○ ○○○之女'라고 적고 있는 관행을 볼 수 있다. 이 '少'자는 '之'자의 오각(誤刻)임이 틀림없다.

17) '김흠돌의 모반'에 연루된 화랑도의 파가 가야계라고 하기에는 좀 어려운 문제가 있다. 김유신 장군의 아들 김삼광이 김흠돌의 모반 뒤에도 건재하기 때문이다. 여기서도 김유신 장군의 아들 파진찬 김삼광이 날을 받으러 간다. 김삼광이 이 일을 맡은 이면에는 김유신 장군을 중심으로 김흠운, 김흠돌이 어떤 관련을 맺고 있음을 암시한다. 이 혼인의 중요한 연결 고리 하나가 김삼광이었음을 알 수 있다. 이는 김흠운 집안과 김삼광 집안 사이에도 모종의 관계가 있었음을 암시한다.

말린고기, 젓갈이 135수레이고, 조곡이 150수레였다[納一吉湌金欽
運少女爲夫人 先差伊湌文穎波珍湌三光定期 以大阿湌智常納采 幣帛
十五興米酒油蜜醬鼓脯醯一百三十五興租一百五十車]. …… 5월 7일
에 이찬 문영과 개원을 그 집으로 파견하여 부인으로 책봉하고[18]
그날 묘시에 파진찬 대상, 손문과 아찬[6등관위명] 좌야, 길숙 등
을 파견하여 각기 그 처랑과 함께 급량부, 사량부 두 부의 부녀 30
명씩으로 부인을 모셔오게 하였는데, 부인은 수레를 타고 좌우에서
시종하는 관인과 부녀자 등으로 아주 성황을 이루었다[五月七日 遣
伊湌文穎愷元抵其宅 冊爲夫人 其日卯時 遣波珍湌大常孫文阿湌坐耶
吉叔等 各與妻娘及梁沙梁二部嬪各三十人迎來 夫人乘車 左右侍從官
人及娘嬪甚盛].

(7)

a. 신문왕 7년[687년] 봄 2월, 원자가 출생하였다. 이 날 날이 음침하
   고 어두우며 큰 우레와 번개가 쳤다[七年 春二月 元子生 是日 陰沈
   昧暗 大雷電].

b. 신문왕 11년[691년] 봄 3월 1일에 왕자 이홍을 태자로 봉하고 13일
   에 죄수를 대사하였다[十一年 春三月一日 封王子理洪爲太子 十三日
   大赦].

(8) 신문왕 12년[692년] 가을 7월, 왕이 돌아가시므로 신문이라 시호
    하고 낭산 동쪽에 장사지냈다[秋七月 王薨諡曰神文葬狼山東].

<『삼국사기』 권 제8 「신라본기 제8」 「신문왕」>

이 (7a, b)의 기록에 대해서 연구자들이 깊이 생각해 볼 여유가 없었
던 것으로 보인다. (7b)의 기록은 아마도 실제와 같을 것이다. 신문왕이
그 다음 해에 승하할 정도의 처지였으면 서둘러 태자를 책봉해야 했을
것이다. 그렇다면 (7a)의 원자 탄생 기록은 (7b)를 위하여 꼭 필요한 기
록이다. 탄생한 기록도 없이 왕자가 태자로 봉해질 수는 없는 일이다.

---

18) 개원은 태종무열왕의 아들로 신문왕의 숙부이다. 전통 혼례에서 집안의 어른으로서 신부의
    집으로 신랑과 함께 갔던 상객(上客)과 같은 역할을 하고 있다.

일관되게 『삼국사기』는 효소왕의 나이에 대해서는 말하고 있지 않다.

4. 『삼국사기』 : 효소왕 6살(?) 즉위 16살(?) 승하

효소왕이 즉위한 해는 692년이다. (7a)에서 본 대로 원자가 687년 2월에 태어났으므로 이 원자가 효소왕이라면 6살에 즉위한 것이 된다. 효소왕이 6살에 즉위하였다고 『삼국사기』가 말하고 있는 것이 아니다. 다만 현대 한국의 연구자들이 원자를 이홍으로 간주하고 이홍이 태자가 되고 이어서 효소왕이 되었다고 해석하였을 뿐이다. 이 원자가 이홍이라는 기록은 『삼국사기』에도 『삼국유사』에도 없다. 『삼국사기』 효소왕 대의 이 대목 기록은 (9)와 같다.

> (9) (692년), 효소왕이 즉위하였다[孝昭王立]. 왕의 이름은 이홍*{洪은 恭(공)으로 적기도 함}*이다[諱理洪*{一作恭}*]. 신문왕의 태자이다[神文王太子]. 어머니의 성은 김 씨로 신목왕후인데 일길찬 김흠운*{運은 雲이라고도 함}*의 딸이다[母姓金氏 神穆王后 一吉飡金欽運*{一云雲}*女也].
> <『삼국사기』 권 제8 「신라본기 제8」 「효소왕」>

이 기록에서도 효소왕이 신문왕의 '태자'라고 하고 그 어머니가 신목왕후 김 씨로 일길찬 김흠운의 딸이라고 하고 있다. 『삼국사기』의 편찬자는 이러면 효소왕이 6살에 왕위에 오른 것이 된다는 것을 몰랐을까? 알았다면 좀 더 자세한 기록을 남겨야 하는 것 아닌가? 적어도 '나이가 너무 어려 모후가 섭정하였다.' 정도는 알려 주어야 할 것이다.19)

(10) 효소왕 9년[700년], …… 여름 5월에 이찬 경영*{영은 현으로 적기도 함}*이 모반하여 목 베어 죽였다[九年 …… 夏五月 伊湌慶永*{永一作玄}*謀叛伏誅]. 중시 순원이 연좌되어 파면되었다[中侍順元緣坐罷免].

<『삼국사기』 권 제8 「신라본기 제8」의 「효소왕」>

(10)을 보면 이때 '이찬[2등관위명] 경영의 모반'이 있었다. 이 모반 사건은 자세히 밝혀져 있지 않지만 상당히 중요한 사건이다. 왜냐하면 1942년에 해체 복원된 황복사 석탑 속에서 발견된 '황복사 석탑 금동사리함기'에는 신목왕후(神睦王后[여기서는 穆 대신에 睦이 쓰였다.])가 700년 6월 1일에 이승을 떠난 것으로 적혀 있기 때문이다. 6월 1일 날짜까지 밝혀진 이 명문(銘文)은 성덕왕 5년[706년]에 조성되었고 성덕왕의 어머니의 제삿날로 기록된 것으로 의심할 수 없는 날짜이다. 그렇다면 신목왕후는 700년 5월 29~30일쯤에 일어난 이 '경영의 모반'에서 시해되었거나, 아니면 5월 하순쯤에 시작되어 며칠 간 계속된 이 모반 사건에서 다쳐서 며칠 후에 승하한 것으로 이해해야 한다.

이 '경영의 모반'에 중시(中侍) 김순원이 연좌되어 그를 파면하였다.[20] 김순원은 나중에 33대 성덕왕의 빙부, 34대 효성왕의 외조부 겸 빙부, 35대 경덕왕의 외조부로서 오랫동안 권력을 전횡한다. 여기서 경영과

---

19) 『삼국사기』의 혜공왕 즉위년의 '왕이 즉위하였다. 나이가 8살이어서 태후가 섭정하였다.[王卽位年八歲太后攝政.]'이라는 기록이 참고 된다.

20) 김순원은 모반에 연좌되었으나 죽임을 면하고 파면된 후에, 나중에 성덕왕 때 재등장한다. 김순원은 두 번씩이나 왕비를 폐비시키고 자신의 두 딸 성덕왕의 2비 소덕왕후와 효성왕의 2비 혜명왕후를 들이는 힘을 발휘한다. 그러나 경영과 순원이 김흠돌과 같은 세력권이라 하기는 어렵다. (보충주: 이 글을 쓸 때는 혜명왕비의 친정 아버지가 순원이라고 보고 있었다. 효성왕이 이모와 혼인했다는 국사학계의 통설을 믿고 있었다. 2016년 봄 『요석』을 쓸 때 혜명왕비가 순원의 손녀라는 것을 알았다.)

순원이 하나의 세력권을 형성하고 있었다는 가설이 도출된다. 이들은 신목왕후 세력과 대립하였을 가능성이 크다. 그러나 그들이 무엇을 두고 대립하였는지 알 수 없다.

(보충주: 여기서 김순원을 효성왕의 외조부 겸 빙부라고 한 것은, 효성왕이 소덕왕후의 아들이고 효성왕의 2비 혜명왕비가 김순원의 딸이라고 생각할 때의 잘못된 판단이다. 효성왕의 생모는 엄정왕후이고, 소덕왕후는 법적 어머니이다. 그리고 혜명왕비는 김진종의 딸이고 김순원의 손녀로 파악된다. 『삼국사기』 권 제9 「신라본기 제9」, 「효성왕」 조가 효성왕의 모가 소덕왕후라고 한 것은 법적 어머니를 적은 것이고, 혜명왕비가 순원의 딸이라고 적은 것은 진종의 딸이라고 적을 것을 오식을 낸 것이다. 『삼국유사』는 진종의 딸이라고 하였다. 그러므로 김순원은 효성왕에게 2비의 친정 할아버지이다. 이에 대한 자세한 논증은 서정목(2016a, b, c)를 참고하기 바란다.)

이 모반으로 김순원이 파면되었다면, 이는 그 당시 왕실에 김순원을 견제할 만한 인물이 있었다는 것을 의미한다. 효소왕이 687년생이라면 700년에 그는 14살쯤 된다. 14살 어린 왕이 혼자서 김순원을 상대로 파면까지 한다는 것은 쉽게 이해되지 않는다. 신목왕후는 이 모반 뒤에 바로 승하하였으므로 '경영의 모반'의 뒤처리, 김순원의 파면에까지 관여하지는 못했을 것이다. 그렇다면 14살쯤 된 어린 왕을 보필하여 이 난을 수습하는 인물은 누구일까? 그리고 14살이 아니라 좀 더 나이가 든 왕이 이 일을 주관하였을 가능성은 없을까? 이때의 상대등은 효소왕의 작은 할아버지인 개원(愷元)이다.[21]

이 글의 주장은 효소왕이 14살 어린 나이에 김순원을 파면시킨 것이

---

21) 이 시기의 권력 구도는 태종무열왕의 아들들이 중요 직책을 차지하여 개원(愷元)이 상대등으로 있는 등 혈족 중심의 전제왕권이 수립되어 있는 시기이다. 사건의 배경이 되는 시대의 전체 정국을 고려하도록 조언해 준 박남수 선생(국사편찬위원회)에게 감사한다.

아니라는 것이다. 후술하는 대로 그의 나이는 687년생이기보다는 10살이 더 많아서 677년생이다. 그는 24살의 나이에 이 난의 뒤처리를 한 것으로 보인다. 그렇다 하더라도 24살 된 왕 혼자서 이 일을 감당할 수 있었을까? 할머니 자의왕후도, 모후 신목왕후도 승하한 이 시점에 효소왕은 누구에 의지하여 이 '경영의 모반'과 김순원의 파면을 다스렸을까? 보이지 않는 강력한 권력의 소유자가 왕실에 있었을 것으로 볼 수밖에 없다. 그리고 그 사람은 바로 효소왕의 외할머니일 가능성이 크다는 것이 이 글의 기본 논지 가운데 하나이다. 효소왕의 외할머니, 신목왕후의 어머니가 누구인지가 관심의 대상이 되는 것이다.

이로부터 2년 후인 702년 7월에 (11)에서 보듯이 효소왕이 승하하였다. 사인이 밝혀져 있지 않지만 '경영의 모반'의 후유증을 앓다가 승하하였을 가능성이 크다.

> (11) 효소왕 11년[702년], 가을 7월에 왕이 승하하였다[十一年 秋七月
> 王薨]. 시호를 효소라 하고 망덕사의 동쪽에 장사지냈다[諡曰孝
> 昭 葬于望德寺東]. *{『구당서』에 이르기를 장안 2년[702년]에 이
> 홍이 승하했다 하고 여러 『고기』에는 이르기를 임인년[702년] 7
> 월 27일에 승하했다 하였는데 『자치통감』에 대족 3년[703년]에
> 승하했다 하였으니 이는 곧 『통감』의 오류이다[觀*{舊}*唐書云
> 長安二年 理洪卒 諸古記云 壬寅 七月二十七日卒 而通鑑云 大足三
> 年卒 則通鑑誤].}*
>
> <『삼국사기』 권 제8 「신라본기 제8」 「효소왕」>

『삼국유사』 권 제3 「탑상 제4」 「명주 오대산 봇내태자 전기」 조에는 효소왕이 왕위 쟁탈전에 휩싸여 승하한 것으로 기록되어 있다. 이 '왕위를 다툰' 일이 '경영의 모반'과 관련이 있을 것이다(후술함).

나아가 『삼국사기』 권 제8 「성덕왕」 조의 (12)를 보면 신목왕후는 효소왕의 동생 성덕왕을 낳은 것으로 된다. 언제 낳았을까? 기록은 없다. 만약 원자가 효소왕이라면 효소왕이 태어난 때[687년 2월]로부터 1년 뒤와 신문왕이 승하한 때[692년 7월]로부터 10개월 안에 낳았어야 한다. 현재대로라면 성덕왕은, 효소왕 탄생인 687년 2월 더하기 1년쯤 하여 688년 2월에서부터 693년의 3월까지, 한 5년 정도의 기간 안에 출생해야 한다.

> (12) 702년, 성덕왕이 즉위하였다[聖德王立]. 이름은 흥광이다[諱興光].
> …… 신문왕의 둘째 아들이고(보충주: 차자와 제2자를 구분하지
> 못했을 때의 번역이다. 차자는 원래부터 둘째 아들이란 뜻이고
> 제2자는 형들이 죽고 살아 있는 아들들 가운데 둘째라는 뜻이다.)
> <u>효소왕과 같은 어머니에서 난 아우이다</u>[…… 神文王第二子 孝昭
> 同母弟也]. <u>효소왕이 승하하고 아들이 없으므로</u> 나라 사람들(보충
> 주: 국인을 잘 모를 때의 번역이다.)이 (왕으로) 세웠다[孝昭王薨
> 無子 國人立之]. <u>당의 측천무후는 효소왕이 승하했다는 말을 듣
> 고는 그를 위하여 애도식을 거행하고(보충주: 거애는 상제가 머
> 리를 풀고 곡을 하여 초상을 알리는 것을 말한다. 여기서의 거애
> 는 정확하게 어떤 뜻인지 알기 어렵다.) 정사를 이틀 동안이나 그
> 만두고 사신을 파견하여 조위하고, 왕을 신라왕으로 책봉하고 형
> 의 장군도독 호를 이어받게 하였다[唐則天聞孝昭薨 爲之擧哀 輟
> 朝二日 遣使弔慰 冊王爲新羅王 仍襲兄將軍都督之號].
> <『삼국사기』 권 제8 「신라본기 제8」 「성덕왕」>

그렇다면 성덕왕의 즉위 시의 나이도 10~15살 정도에 불과하다. 그런데 성덕왕도 오대산에 가 있다가 효소왕이 승하한 후에 왔으므로 15살 이전에 왕위에 오를 정도로 어린 것으로 보이지 않는다. 성덕왕의

졸년은 『삼국사기』와 『삼국유사』 모두 737년으로 일치한다. 그러면 성덕왕은 많아야 15세에 즉위하여 35년간 재위하고 50세에 승하한 것으로 된다.[22]

5. 『삼국유사』: 효소왕 16살 즉위, 26살 승하

앞에서 본 대로 효소왕과 성덕왕의 출생 기록과 즉위에 관한 『삼국사기』의 기록은 매우 소략하고 오해하기 쉽게 되어 있다. 이에 비하여 『삼국유사』는 이 두 왕의 출생에 대하여 비교적 자세한 기록을 보이고 있다.

『삼국유사』 권 제1 「왕력」에는 효소왕의 즉위 연대를 0진년으로 기록하고 재위 10년이라 했고, 성덕왕의 즉위년이 임인[702년]으로 되어 있으니 0은 壬으로, 효소왕의 즉위년은 임인년보다 10년 전의 임진년[692년]임이 틀림없다. 이는 『삼국사기』의 기록과도 일치한다. 두 왕의 즉위 연대와 몰년은 두 사서 모두 일치한다. 다만, 불분명한 것은 두 왕이 언제 태어나 몇 살에 왕위에 올랐고, 몇 살에 승하하였는가 하는 것이다. 즉, 나이가 문제인 것이다.

그런데 『삼국사기』가 일관되게 기록하지 않고 있는 이 두 왕의 나이를, 신중하게 생각하여 기록하고 있는 것이 『삼국유사』이다. 『삼국유사』 권 제3 「탑상 제4」 「대산 오만 진신」 조에는 세주(細註) 속에 (13)과 같

---

22) 뒤에서 보듯이 실제로 그는 681년에 출생하였으므로 57세에 승하한 것이 된다. 성덕왕이 몇 살에 승하하였는지가 이 논의의 결론을 지을 중요한 요소가 된다. 아직 그러한 기록은 발견하지 못하였다.

은 기록이 있다.

> (13) 생각하건대 효조*{또는 효소(보충주: '조는 소로 적기도 한다.'가
> 가장 정확한 내용으로 보인다.}*는 천수 3년 임진(692)에 왕위에
> 올랐는데 그때 나이 16세였으며 장안 2년 임인(702)에 세상을 떠
> 났는데 누린 나이가 26살이었다[按孝照*{一作昭}*以天授三年壬辰
> 卽位時年十六 長安二年壬寅崩壽二十六]. 성덕왕이 이 해에 왕위에
> 올랐으니 나이 22살이었다[聖德以是年卽位年二十二].
> <『삼국유사』 권 제3 「탑상 제4」 「대산 오만 진신」>

익명의 심사자는 『삼국유사』의 (13), (14), 즉 「대산 오만 진신」 조를
믿을 수 없다고 하고 이 기록의 신빙성을 증명해야 논의가 진행된다고
하였다.[23] 그럴 것이다.

그러나 이 세주는, 「고기」라는 자료에 '성덕왕이 태화 원년[진덕여왕
원년, 45년 전(보충주: 실제보다 45년 전이라는 뜻이다.)]에 산으로 갔다.'고
하였으나 그 기록을 믿을 수 없다고 하고, 그 근거로 효소왕의 즉위 시,
승하 시의 나이와 성덕왕의 즉위 시의 나이를 제시한 것이다. 일연선사
가 믿을 수 없다고 한 것은 두 왕의 즉위 시의 나이와 효소왕의 승하
시의 나이가 아니라, 「고기」의 '태화 원년에 왕이 산으로 갔다.'는 기록
이다. 「대산 오만 진신」 조 모두를 불신할 것이 아니라 불신할 기록과

---

23) 토론을 맡은 박남수 선생도 「대산 오만 진신」 조는 여러 기록이 혼재되어 있고 일연선사
자신도 45년 차이나는 「고기」의 기록을 믿을 수 없다고 하는 것 등으로 보아 신뢰하기 어
려우므로 (13), (14)와 같은 기록은 사료 비판을 거쳐야 하는데, 그런 기록에서 주장을 뒷받
침하는 자료만 뽑아서 사용하고 반증이 되는 기록은 무시하는 것이 올바른 역사 기술 태도
가 아님을 지적하였다. 본문에서 이에 대하여도 답하였다. 문제의 핵심은 '태화 원년'이라
는 연호이다. 「고기」가 무슨 책인지 모르지만 그 책의 오류가 『삼국유사』의 신빙성을 떨어
뜨리는 요인이 되어서는 아니 된다.

믿을 기록을 분별하는 안목이 있어야 한다. 믿을 수 없음의 대상이 된 기록 때문에, 그 기록의 믿을 수 없음을 증명하는 기준으로 제시한 나이에 관한 기록을 믿을 수 없다고 하는 것은 옳지 않다. 이 기록에서 이 두 왕의 나이는 다른 기록의 오류를 지적하는 기준이 되었다. 그러므로 이 나이에 관한 기록이야말로 오히려 가장 신빙성 있는 사실(史實) 중의 사실(事實)이라고 보아야 한다.[24]

(13)의 세주 바로 위에는 (14)와 같은 세주가 또 있다.

(14) 국사를 살펴보면, 신라에는 정신, 보천,[25] 효명의 세 부자에 대해 명문이 없다[按國史新羅無淨神寶川孝明三父子明文]. 그러나 이 기록의 아래 글에는 신룡 원년[705년]에 터를 닦고 절을 세웠다고 했다[然此記下文云神龍元年開土立寺]. 신룡이란 성덕왕이 왕위에 오른 지 4년 되는 을사이다[則神龍乃聖德王卽位四年乙巳也]. 왕의 이름은 흥광이고 본명은 융기로서 신문왕의 둘째 아들이다(보충주: 제2자는 형이 죽고 살아 남은 아들들 가운데 둘째라는 뜻이다.)[王名興光 本名隆基 神文之第二子也]. 성덕왕의 형 효조의 이름은 이공인데, 이홍이라고도 하며(보충주: 공을 홍으로도 적는다는 뜻임) 역시 신문왕의 아들이다[聖德之兄孝照名理恭*{一作洪}* 亦神文之子]. 신문왕 정명(政明)의 자는 일조이니 정신(淨神)은 아마도 정명(政明), 신문(神文)이 잘못 전해진 것 같다[神文政明字日照則淨神恐政明神文之訛也]. <u>효명은 효조 또는 효소가(보충주: 조는 소로도 적는다는 뜻임) 잘못 전해진 것이다[孝明乃孝照*{一作昭}*之訛也].</u> 기록(보충주: 「고기」라 해야 옳다.)에 효명이 왕위에

24) 물론 필자는 곧 효소왕과 관련된 『삼국유사』의 모든 설화에 대하여 정밀 분석한 글을 발표할 것이다. 필자는 어떠한 경우에도 이 두 왕의 나이에 관한 이 기록은 변하지 않는 진실임을 확인하였다.

25) '보천(寶川)'은 '봇내[寶叱徒]'의 다른 표기이다. '내 川'과 '무리 徒'가 복수 접미사 '-네'(보충주: '-내'가 옳다.)를 통하여 연결된다면 이 왕자의 이름은 '봇내'일 가능성이 있다. (보충주: '보ㅅ도'라 하던 것을 '봇내'로 고쳤다.)

올라 신룡 연간에 터를 닦고 절을 세웠다고 한 것도 역시 분명치 못한 말이다[記云孝明卽位 而神龍年開土立寺者云者 亦不細詳言之尒]. 신룡 연간에 절을 세운 이는 바로 성덕왕이다[神龍年立寺者 乃聖德王也].

<『삼국유사』 권 제3 「탑상 제4」 「대산 오만 진신」>

『삼국유사』의 편찬 시기에도 「국사」 등에 신문왕과 보천[=봇내] 태자, 성덕왕의 세 부자에 관한 기록이 드물다고 하여 사료에 문제가 있음을 보여 주고 있다. 신룡 원년[705년]이 702년에 즉위한 성덕왕의 즉위 4년이라는 것은 옳다. 성덕왕이 신문왕의 제2자라는 것은 옳지 않다.

(보충주: 제2자가 옳다. 효소왕이 승하하고 살아남은 아들들 가운데 보천 다음이므로 제2자이다.)

오대산에 가 있는 왕자는 보천[=봇내] 태자와 효명태자 두 사람이고 효명태자가 아우이다. 제1자 효소왕, 제2자 봇내태자, 제3자 성덕왕[=효명태자]로 보는 것이 옳다. 여기서 효소왕이 이홍/이공이고 성덕왕의 형으로서 신문왕의 아들이라고 한 것도 옳다. 아버지야 뻔한데 그 어머니를 밝혔으면 더 좋았을 것이다. 정신(淨神)은 아마도 정명(政明), 신문(神文)이 잘못 전해진 것 같다는 기록은 이상하긴 하지만 이는 『삼국유사』의 잘못이 아니다. '此記下文'이라고 한 이 기록이 '정신'이라고 한 것이 문제인 것이다. 밑줄 그은 곳의 효명이 효조, 효소가 잘못 전해진 것이라는 것은 옳지 않다. 효명은 곧 성덕왕이다. 효명이 바로 성덕왕이기 때문에 효명이 신룡 연간에 절을 세운 것은 분명치 않은 말이 아니라 옳은 말이다.

(7a, b)와 (9)의 『삼국사기』의 기록과 (13)의 『삼국유사』의 기록은 왜

이렇게 서로 다를까? 이 모순적인 두 기록을 어떻게 보아야 하는가? 이에 대하여 두 가지 가능한 해석이 있을 수 있다. 하나는 『삼국사기』가 옳고 『삼국유사』가 효소왕의 나이를 10살 올렸다고 설명하는 것이다. 다른 하나는 『삼국유사』가 옳고 『삼국사기』가 효소왕의 출생년도를 10년 내렸다고 하는 것이다.26)

6. 元子(원자)와 王子(왕자)

『삼국사기』는 원자가 687년 2월에 태어났다고 기록하였다. 그에 따라 효소왕이 6살에 즉위하고 16살에 승하하였다는 계산이 나온 것이다. 이 기록이 옳고, 『삼국유사』가 효소왕의 나이를 10살 올린 것이라고 하려면, 여기에는 원자가 태자가 되고 효소왕이 되었다는 전제가 있어야 한다. 이 전제가 부정되면, 즉 원자가 태자가 된 것도 아니고 효소왕이 된 것도 아니라면, 효소왕이 6살에 즉위하였다는 가설은 성립되지 않는다. 『삼국사기』는 효소왕의 나이에 대해서는 일언반구도 언급하지 않고 있다.

『삼국유사』는 언제 태어났다는 기록은 없고, 깊이 생각하고 따져본 뒤에 적은 것처럼 "살피건대, 생각하건대[按]"라고 한 뒤에 효소왕이 16살에 즉위하여 26살에 승하하였다고 하였다. 그렇다면 692년에 16살

---

26) 필자는 2013년 11월 15일 이전에는 여러 정황을 고려할 때 『삼국사기』가 효소왕의 나이를 10년 내렸다고 생각하였다. 이는 『삼국유사』 권 제3 「탑상 제4」의 「대산 오만 진신」 조의 기록이 『삼국사기』 「신라본기」의 기록보다 더 신뢰할 수 있는 기록이라는 것을 의미하는 것이었다. 그리고 그렇게 조절한 이유가 효소왕의 출생의 비밀을 숨기기 위한 장치였다고 보았다. 그러나 2013년 11월 15일 이후부터는 그것이 그른 생각이었음을 알았다.

로 즉위한 효소왕은 677년생이고, 702년에 22살로 즉위한 성덕왕은 681년생이 된다. 이 기록이 옳고, 『삼국사기』가 효소왕의 나이를 10살 낮추었다고 하려면, 『삼국사기』에서 687년 2월에 태어났다고 한 원자를 태자, 나아가 효소왕과 동일시해야 한다는 전제가 따른다.

『삼국사기』를 신뢰하든 『삼국유사』를 신뢰하든, 이 두 가지 가능성에 모두 들어 있는 전제는 『삼국사기』가 687년 2월에 태어났다고 한 원자가, 691년 3월 1일에 태자로 책봉되어 692년 7월에 즉위한 효소왕과 동일 인물이어야 한다는 것이다. 그러나 어디에도 이 전제를 충족시키는 근거는 없다. 정말로 이 두 사서의 기록은 서로 다른 것일까? 그리고 어느 한쪽이 그릇된 것일까?

효소왕이 직접 등장하는 다음의 두 설화는 아무리 『삼국유사』가 이야기를 적은 것이라 하더라도 효소왕의 나이에 대하여 심사숙고할 필요가 있음을 보여 준다.

『삼국유사』권 제2 「기이 제2」 「효소왕대 죽지랑」 조 바로 앞에 있는 「만파식적(萬波息笛)」 조에는 (15)와 같은 이야기가 실려 있다. 『삼국유사』에 의하면 이 일이 일어난 시기는 신문왕 즉위 이듬해인 682년이다.[27]

---

27) 박남수 선생은 이 『삼국유사』권 제2 「기이 제2」 「만파식적」 조도 신문왕대의 일화와 효소왕대 만파식적 봉작(封爵) 기사가 습합되어 생성된 설화이므로 그 설화에 나오는 태자를 기준으로 효소왕이 677년에 태어났다고 하는 것은 근거가 되기 어렵다고 하고, 687년에 태어난 元子와 太子를 동일시하여 설명하는 것이 순리적이라고 하였다. 「만파식적」 조의 자세한 검토와 그 속의 태자가 누구인지에 대하여 더 깊이 생각해야 할 여지가 있음을 인정한다. 그러나 문제는 687년에 태어난 원자를 효소왕과 동일시해서는 설명할 수 없는 일이 너무 많다는 것이다. 태종무열왕대부터 혜공왕대에 이르기까지의 통일 신라의 역사를 재편성하려는 필자의 계획에서 보면 원자와 태자가 동일 인물이 아니라는 것은 기본적인 토대가 된다. 양보하기 어려운 토대라 할 것이다. 강호제현(江湖諸賢)의 심도 있는 논의가 이어지기를 기대한다.

(15) 태자 이공*{즉, 효소대왕*}이 대궐을 지키다가 이 소식을 듣고 말
을 달려와 축하하며 천천히 살펴보고 아뢰기를 '이 옥대에 달린
여러 개의 장식 쪽은 모두 진짜 용입니다.'라고 하였다[太子理恭
*{卽孝昭大王}*守闕聞此事走馬來賀徐察奏曰 此玉帶諸窠皆眞龍也].
왕이 말하기를 '네가 어찌 아느냐?'[王曰 汝何知之]. 태자가 아뢰
기를 '장식 쪽 하나를 떼어내어 물에 넣어 보소서.'[太子曰 摘一
沈水示之]. 이에 왼편 두 번째 장식 쪽을 떼어 계곡 물에 담그니
즉시 용이 되어 하늘로 날아가고 그 땅은 못이 되었다[[乃摘左邊
第二沈溪 卽成龍上天其地成淵]. 이로 인하여 용연이라 부른다[因
號龍淵]. <『삼국유사』권 제2「기이 제2」「만파식적」>

(15)는 매우 이상하다. 『삼국사기』「신라본기」에서는 신문왕 11년
[691년] 3월 1일에 태자로 봉해졌다는 태자가, 태자로 봉해지기 10년
전인 682년 5월 17일에 이미 태자로서 말을 타고 월성에서 기림사(祇林
寺) (옆 함월신 용연)까지 달려와 옥대에 새겨진 장식 쪽[窠]의 용들을 진
짜 용이라고 하는 신통한 지혜를 발휘한 것으로『삼국유사』는 기록하고
있다. 만약 이 태자가 신문왕 7년[687년] 2월에 태어났다고 한 원자라
면, 그는 태어나기보다 5년 전인 682년에 이미 태자의 자격으로 말을
타고 서라벌에서 기림사까지 왔다는 말이 된다.

태자로 봉해지기 전의 이홍에게 태자라 지칭한 것은 후세의 관점에서
그렇게 부른 것이라 할 수 있다. 그러나 687년 2월에 태어난 원자가 이
태자이라면 이 기록은 성립할 수 없다.

만파식적이 신문왕 2년[682년]에 얻어진 것이 사실이라면, 그리고
'만약' 그 태자가 687년 2월에 태어난 원자이라면, 『삼국사기』의 기록
이 잘못된 것이다. 신문왕의 원자가 687년 2월에 태어난 것이 사실이라
면, 그리고 '만약' 그 원자가 태자이라면 682년의 「만파식적」 조에 등

장하는 태자[효소왕]는 잘못된 기록이 된다.

여기서 '만약'이라는 말이 매우 중요한 암시를 던진다. '만약' 이 원자가 효소왕이라면 양쪽 기록 가운데 하나가 신빙성이 떨어진다. 그렇지만 '만약' 이 원자가 효소왕이 아니고 다른 사람이라면, 양쪽 기록 다 아무 문제가 없다. 이 원자는 태자도 되지 않았고 효소왕도 되지 않았어야 한다. 그리고 태자가 되었고 효소왕이 된 왕자는 687년 2월에 태어난 이 원자가 아닌 다른 사람이어야 한다.

『삼국유사』 권 제5 「신주 제6」 「혜통항룡」 조에는 신문왕 승하 직후 효소왕이 왕위에 오른 해[692년]의 신문왕의 장례와 관련된 일을 보여주고 있다. 이 설화 속에는 매우 중요한 정보들이 들어 있다. 이 설화의 핵심은 (16)과 같다.

(16) 신문왕이 세상을 떠나고 효소왕이 즉위하여 산릉을 닦고 장례 길을 만드는 데 이르러 정씨의 버드나무가 길을 가로막고 섰으므로 유사가 베어내려 하였다[及神文王崩 孝昭卽位 修山陵除葬路 鄭氏之柳當道 有司欲伐之]. 공이 말하기를, '차라리 내 목을 벨지언정 이 나무는 베지 말라.' 하였다[恭曰 寧斬我頭 莫伐此樹]. 유사가 들은 바를 아뢰니 왕이 크게 노하여 사구에게 명하기를, '정공이 왕화상의 신술을 믿고 장차 불손을 도모하려고 왕명을 모욕하여 거스르고는 제 목을 베라 하니 마땅히 그 좋아하는 대로 하리라.' 하고는 이에 베어 죽이고 그 집을 묻어 버렸다[有司奏聞 王大怒 命司寇曰 鄭恭恃王和尙神術 將謀不遜 侮逆王命 言斬我頭 宜從所好 乃誅之 坑其家]. ——왕녀가 갑자기 병이 들어 혜통을 불러 치료를 부탁하였더니 병이 나았다[王女忽有疾 詔通治之 疾愈]. 왕은 크게 기뻐하였다[王大悅]. 그러자 혜통이 말하기를 '정공은 독룡의 더러움을 입어 애매하게 나라의 벌을 받았습니다[通因言 恭被毒龍之汚 濫膺國刑]. <『삼국유사』 권 제5 「신주 제6」 「혜통항룡」>

(16)에서 효소왕은 어린이가 아니다. '노하여 정공(鄭恭)을 베어 죽이고 집을 파묻는 일'은 6살 어린 왕이 할 수 있는 일이 아니다. 어머니가 섭정하였다면 '태후가 어찌하였다.'로 기록될 만한 일이다. 그리고 이 설화 전체에서 6살에 갓 즉위한 효소왕이 금방 돌아가신 부왕 신문왕의 장례를 치른다는 느낌이 안 든다. 적어도 15세 이상 되어 어느 정도 철이 들어 사리 분별이 분명하여 왕릉을 짓는 데 방해가 되는 버드나무 한 그루 베는 일에 목숨을 걸고 반대하는 정공이라는 사람의 비합리적 행동에 대하여 분노하고 명쾌한 처결을 내릴 정도의 나이는 된다고 보아야 한다.28)

왕녀(王女)도 정상적으로는 왕의 딸일 터이다. 그런데 6살짜리 효소왕에게 딸이 있다는 것이 말이 안 된다. 효소왕은 어린 딸을 두었을 정도의 나이라고 상정되어야 옳다. 이 '왕녀'에 대하여 왕의 어머니인 신목왕후를 지칭한 것이라고 보는 견해가 있다(조범환(2010) 참조). 여기서의 '왕녀'라는 기록에 조금만 의아심이 갔어도, '효소왕이 어려서 딸이 없으므로 이 왕녀는 왕후나 태후의 오(誤)일 것이다.' 하고 주를 붙였을 것이다. 일연선사는 이 '왕녀'에 대하여 추호의 의심도 없이 그냥 효소왕의 어린 딸로 받아들인 것이다. 그러므로 효소왕은 6살에 즉위한 것이 아니다. 15살 이상으로서 조그마한 젖먹이 공주 하나를 둔 꼬마 새 신랑 같은 왕인 것이다.

이 (16) 설화의 끝 부분에 이어지는 이야기 (17)에서 신문왕은 전생에 신충(信忠)이라는 인물에 대하여 잘못 판결하여 그 보복을 당하고 있는

---

28) 손자가 읽는 만화 『삼국유사』에서는 이 왕을 수염이 하얀 할아버지 왕으로 그리고 있었다. 6살짜리 어린 왕이라고 생각할 여지가 없는 이야기인 것이다. 6살짜리 왕이 아니라 16살짜리 왕이었다고 말해 주어도 그 만화가는 '에이, 농담하지 마슈.' 할 것이다.

괴로운 인물로 묘사되어 있다. 이 괴로움도 자신이 저지른 잘못으로 인하여 생기는 것이다. '김흠돌의 모반'으로 인한 수많은 화랑도 출신 장군들의 주살과 축출 등으로 말미암아 생긴 원귀들이 서라벌 하늘을 가득 메우고 있다고 보는 것이 그 당시의 민심이었을 것이다. 어떻든 신문왕, 효소왕 대를 증언하는 몇몇 기록은 음산한 구름이 짙게 드리운 암울한 서라벌의 어두운 하늘을 넌지시 보여 주고 있는 것이다.

(17) 처음에 신문왕이 등창이 나서 혜통에게 보아 주기를 청하였다[初神文王發疽背 請候於通]. 혜통이 와서 주문을 외우니 일어나서 움직였다[通至 呪之立活]. 이에 혜통이 말하기를, '폐하께서 전생에 재상의 몸으로서 양민 신충을 그릇 판결하여 종으로 삼았으므로 신충이 원망이 있어 환생할 때마다 보복하는 것입니다[乃曰 陛下昔爲宰官身 誤決臧人信忠爲隷 信忠有怨 生生作報]. 지금 이 나쁜 등창도 신충이 일으키는 것이니 마땅히 신충을 위하여 절을 세우고 명복을 빌어 원한을 풀게 하소서.' 하였다[今玆惡疽亦信忠所祟 宜爲忠創伽藍 奉冥祐以解之]. 왕이 깊이 그렇다고 여겨 절을 세우고 신충봉성사라 이름하였다[王深然之 創寺號信忠奉聖寺]. 절이 낙성되자 하늘에서 노래 소리가 들리기를, '왕이 절을 세워 주시어 고통에서 벗어나 하늘에 태어났으니 원이 이미 풀렸도다.' 하였다[寺成 空中唱云 因王創寺 脫苦生天 怨已解矣]. *{어떤 책에는 이 사실이 「진표전」에 기재되어 있으나 잘못이다[或本載此事於眞表傳中 誤].}* 그리하여 그 노래 들린 땅에 절원당을 세웠는데 당과 절은 지금도 남아 있다[因其唱地 置折怨堂 堂與寺今存].
<『삼국유사』 권 제5 「신주 제6」 「혜통항룡」>

이런 분위기에서 「모죽지랑가」는 탄생하는 것이다. 그러므로 이 노래의 문학적 해석에는 이 분위기와 이 민심이 필수적으로 반영되어 있어

야 한다. 지금으로부터 1320년쯤 전에 지어졌을, 그리하여 1320년 이상의 세월을 견디면서 오늘날까지 우리에게 전해져 온 이 노래가 깊은 뜻을 지닌 의미 있는 노래가 아니라면 그 세월이 아깝다 할 것이다.

'정공의 버드나무 절단 반대 사건'은 신문왕의 왕릉 조성과 관련되므로 무조건 신문왕 승하 후 효소왕이 즉위한 692년에 일어난 일이다. 모량리인이라는 이유로 원측법사에게 승직을 주지 못한 때가 692년 8월 이후인 원측법사의 제자 도증(道證)이 귀국한 뒤이므로[12월경이었을 것이다], '익선의 죽지 장군 모욕 사건'도 효소왕 즉위 후, 도증을 통한 원측법사 승직 수여 검토 이전에 일어났어야 한다.

이 두 사건은 신문왕 승하 후 효소왕이 즉위한 직후 692년의 후반기에 일어난 일이고, 그때 효소왕이 한 일은 6살의 어린 아이가 한 일이 아니라 16살쯤의 소년이라야 할 수 있는 일인 것이다. 이 두 사건은 다 공교롭게도 효소왕의 즉위 초에 일어나서 그의 왕위 계승의 정통성에 시비를 거는 듯한 인상을 주고 있다.

(보충주: 그 밖에도 『삼국유사』 권 제3 「탑상 제4」, 「백률사」, 『삼국유사』 권 제5 「감통 제7」, 「진신수공」 등에도 효소왕이 나온다. 이 기록들도 효소왕이 6세에 즉위하여 16세에 승하한 어린 왕이라는 생각은 상상할 수 없게 되어 있다. 특히 뒤에서 보는 대로 『삼국유사』 권 제3 「탑상 제4」, 「대산 오만 진신」, 「명주 오대산 봇내태자 전기」에서는 성덕왕의 즉위 과정을 말하면서 효소왕이 아우인 부군과 왕위를 다투다가 사망하였고, 국인이 부군을 폐위시키고 오대산에서 효명태자를 데려와 성덕왕으로 즉위시켰다고 적고 있다. 이 기록은 왕위를 두고 골육상쟁이 벌어졌음을 알 수 있게 해 준다.)

왜 신문왕 사후 효소왕 즉위 시에 이렇게 상식을 초월하는 일이 발생한 것일까? '익선의 죽지 장군 모욕 사건'이나 '정공(鄭恭)의 버드나무 절단 반대 사건'의 공통점은 왕의 권위에 대한 무시라 할까, 정상적인 왕위 계승에서라면 있기 어려운 기이한 일이라는 점이다. 효소왕이 왕위를 승계할 적통 원자(嫡統 元子)라면 이런 일이 일어났을까? 왜 효소왕은 부군(父君)인 신문왕의 장례 절차까지 도움을 받지 못하는 처지에 놓였을까? 신문왕, 효소왕은 왕권의 정당성 면에서 심각한 결격 사유를 지니고 있었던 것으로 보인다.[29] 도대체 효소왕이 지닌 결격 사유는 어떤 것이었을까?

7. 효소왕: 원자 아닌 왕자

효소왕의 즉위 시의 나이는 6살보다는 더 되었어야 한다. 효소왕의 즉위 시와 승하 시의 나이에 관한 한 『삼국유사』의 기록이 옳다. 그렇다면 『삼국사기』가 효소왕의 출생 연대를 일부러 10년 늦추어 잡았다는 말인가? 그렇지 않다. 『삼국사기』는 효소왕의 출생에 대하여 말한

---

[29] 이와 관련하여 신문왕의 치세에 대하여 알려 주는 가장 적절한 사료는 『삼국사기』 권 제46 「열전 제6」 「설총」 조의 「화왕계」이다. '장미' 같은 간사하고 아첨하는 신하를 곁에 둘 것인가, '할미꽃' 같은 경험 많고 직언하는 신하를 곁에 둘 것인가? 이 말을 듣고 '쓸쓸하고도 근심스러운 표정'을 지으며 글로 써서 '왕 되는 자를 경계하라는 말을 하는 신문왕의 아픈 마음이 짐작이 되고도 남는다. 이런 말을 왕에게 아무나 할 수 있을까? 불가능하다. 설총은 요석공주와 원효대사의 아들이다. 요석공주는 태종무열왕의 딸이다. 신목왕후의 어머니인 김흠운의 부인도 태종무열왕의 딸이다. 김흠운은 655년 정월 양산 아래 전투에서 전사하였다. 655년 경 원효대사는 '자루 빠진 도끼'를 구하였다. 설총은 655년 이후에 태어난 것으로 보인다. 태종무열왕의 두 딸이 거의 동시에 남편을 잃어 홀로 되었을까? 아닐 것이다. 신목왕후의 어머니와 설총의 어머니인 요석공주는 동일인일 가능성이 있다. 요석공주가 신목왕후의 어머니라면 신문왕과 설총은 자형과 손아래 처남 사이이다. 그리고 내외종간[고종사촌, 외사촌 사이]이다. 둘 사이에 무슨 말을 못하겠는가? 그러나 이 둘이 동일인이라는 가설은 입증되기 어렵다. 근거가 없다. 요석공주는 이 시대에 어떤 위치에서 무슨 일을 하면서 설총이라는 '학문의 조종'으로 불리는 걸출한 인물을 배출하였을까?

것이 아닐 수도 있다.

여기서 필자는 지금까지 많은 연구자들이 빠져든 687년 2월에 태어난 원자가 691년 3월 1일에 태자로 봉해지고 692년 7월에 효소왕으로 즉위한다는 기존의 설명 틀을 벗어나야 한다는 생각에 이르렀다. 그리고 필자는『삼국사기』의 이 두 조항을 다시 꼼꼼히 살펴보았다.

> (18) a. 신문왕 7년[687년] 봄 2월, 원자가 출생하였다[七年 春二月 元子生]. 이 날 날이 음침하고 어두우며 큰 우레와 번개가 쳤다 [是日陰沈昧暗大雷電].
>
>   b. 신문왕 11년[691년] 봄 3월 1일에 왕자 이홍을 태자로 봉하고 13일에 죄수를 대사하였다.[十一年 春三月一日封王子理洪爲太子十三日大赦.]
>
> (19) 신문왕 12년[692년], 가을 7월, 왕이 돌아가시므로 신문이라 시호하고 낭산 동쪽에 장사지냈다.[秋七月 王薨謚曰神文葬狼山東].
>
>   <『삼국사기』 권 제8「신라본기 제8」「신문왕」>
>
> (20) (692년), 효소왕이 즉위하였다[孝昭王立]. 이름은 이홍*{洪은 恭(공)으로 적기도 함*이다[諱理洪*{一作恭}*]. 신문왕의 태자이다[神文王太子]. 어머니의 성은 김 씨로 신목왕후인데 일길찬 김흠운*{運은 雲(운)으로 적기도 함*의 딸이다[母姓金氏 神穆王后一吉湌金欽運*{一云雲}*女也]. <『삼국사기』 권 제8「신라본기 제8」「효소왕」>

(18a, b)를 얼른 보면, 687년에 태어난 원자가 691년에 태자로 책봉되고, 이어서 (19)의 692년에 신문왕이 승하한 후에 왕위에 올라 효소왕이 되었다고 보일 것이다. 그러하다면 효소왕은 6살에 즉위한 것이 된다.

그러나 자세히 보면 (18a)에서는 '元子(원자)'가 출생하였다고 하였다.

반면에 (18b)에서는 '王子(왕자)' 이홍을 태자로 봉했다고 하였다. '원자' 이홍이라고 하지 않고 '왕자' 이홍이라고 하였다. 그리고 (20)에서도 '태자'라 하였다. 이홍은 691년에 태자로 봉해졌기 때문에 신문왕의 태자는 이홍, 즉 효소왕이 맞다. 그러면 '원자'는 '태자'에 봉해지지 않았다는 말일 수 있다.

'원자'란 태자로 책봉되기 전의 왕의 맏아들을 일컫는 말이라는 것이 국어사전의 뜻풀이다. 여기서는 신문왕이 즉위한 후에 태어난 첫 번째 왕자라는 뜻으로 해석된다. 687년에 태어난 원자가 이홍[효소왕]이라는 보장이 없다.

(보충주: '원자란 태자로 책봉되기 전의 원비의 맏아들을 일컫는 말이다.'가 정확한 뜻풀이다. 신문왕 즉위 후가 아니라 신목왕후가 정식 혼인한 후 그 원비에게서 태어난 첫 번째 왕자로 수정된다.)

이 (18a)는 일기의 불순함을 기록하고 있다. 이에 주목한 것은 조범환(2010)이다. 태어날 때 일기가 불순한 것이 태어난 사람의 팔자가 사나울 것을 예징하는 징조라면, 이 원자의 팔자처럼 기구한 인생도 드물 것이다. 그는 신문왕의 원자로 태어났지만, 왕이 되기 전 태자이던 아버지가 태자비가 아닌 어머니와의 사이에 둔 동부동모(?)의 형에게 왕위를 내어 줄 수밖에 없었기 때문이다. 이 일기의 불순은 이 원자의 앞날이 순탄하지 않을 것임을 예고한 것이다. 만약 이 원자가 왕위 계승의 1순위 권한을 가진다고 주장하는 사람들이 있으면 이 원자는 모반의 주동 인물로 몰려서 참혹한 죽음을 맞이할 수밖에 없을 것이다.

6살의 어린 왕자가 왕위에 올라 16살까지 재위하면서 모후의 섭정을 받았을 거라거나, 모후가 모왕의 역할을 했을 거라거나, 『삼국유사』가 효소왕의 나이를 10살 올렸을 거라거나 하는 것은 모두, 현대의 연구자들이 스스로 원자와 효소왕이 동일인이라는 전제에 얽매였기 때문이다.

두 사서는 정확하게 사실(史實)을 기록하였을 따름이다. 『삼국유사』는 나이를 확실하게 말하였다. 『삼국사기』는 687년에 태어난 원자의 출생을 있은 그대로 기록한 것이고, 691년에 왕자 이홍이 태자로 책봉된 사실을 있은 그대로 기록하였을 뿐이다. 682년의 「만파식적」조에 등장하는 태자는 691년에 태자로 봉해져서 692년에 효소왕이 되는 왕자이고, 687년에 태어난 원자는 신문왕의 네 번째 아들이라는 가설이 성립할 수 있다.[30]

그러면 『삼국사기』는 이 시기의 왕자들과 관련된 기록에서 '원자'와 '왕자'를 분명하게 구분하여 사용하고 있는가? 필자의 조사에서는 '그렇지 않다.'는 결론이 나왔다. 『삼국사기』가 신라 중대의 기록에서 원자와 왕자, 서자를 구분하여 기록하고 있는 것은 이 경우를 포함하여 두 번뿐이다.

『삼국사기』「신라본기」에서 이 시기의 왕자 관련 기록을 뽑아 보면 (21)과 같다. 태종무열왕 2년 3월의 문무왕이 태자로 봉해지던 때의 기록은 (21a)와 같다. 문무왕의 경우 태종무열왕이 즉위하기 전에 태어났지만 『삼국사기』는 태종무열왕 2년의 기사에서 '원자 법민을 책립하여 태자로 삼았다.'고 하여 그를 원자라고 부르고 있다. 그 밖의 아들들은 서자라 부르고 있다. 신문왕은 '왕자 정명을 태자로 봉했다.'고 하였다. 신문왕 이후 687년에 태어난 이 신문왕의 '원자'만 원자로 부르고 원성

---

30) 원자가 왕 신분의 아버지와 왕비 신분의 어머니 사이에서 태어난 아들을 말하는 것이라면 이 원자의 어머니는 신목왕후이다. 그러나 아버지만 왕 신분이고 어머니는 그렇지 않을 수도 있다면 이 원자의 어머니가 신목왕후라는 보장은 없다(보충주: 원자는 어머니가 원비, 정비이어야 하므로 이것은 틀린 것이다. 이 원자의 어머니는 무조건 신목왕후이다. 이런 생각은 뒤에 수정된다).

왕 때까지 그 외의 모든 경우에 원자라는 말이 사용되지 않고 있다. 혜공왕은 경덕왕의 외동아들이고 재위 중에 태어났지만 '왕자생'이라고 적고 있다. 왜 이 두 경우에만 '원자'라는 말을 사용했는지 알 수 없는 일이다.31)

(21)
a. 태종무열왕 2년 3월, 원자 법민을 책립하여 태자로 삼았다[立元子法敏爲太子]. 서자 문왕을 이찬, 노차*{차는 『삼국유사』와 『자치통감』에는 단이라 적음}*를 해찬, 인태를 각찬, 지경과 개원을 각각 이찬으로 삼았다[庶子文王爲伊飡 老且*{且遺事及通鑑作旦}*爲海飡 仁泰爲角飡 智鏡愷元各爲伊飡].

b. 문무왕 5년, 왕자 정명을 태자로 책립하고[立王子政明爲太子].

c. 성덕왕 13년[714년] 2월 —— 왕자 김수충을 당으로 보내어 숙위하게 하니 현종은 주택과 의복을 주고 총애하여 조당에서 연회를 베풀었다[遺王子金守忠入唐宿衛 玄宗賜宅及帛以寵之 賜宴于朝堂].

d. 성덕왕 14년[715년] 12월, 왕자 중경을 책봉하여 태자로 삼았다[封王子重慶爲太子].

e. 성덕왕 16년[717년] 6월, 태자 중경이 죽어 시호를 효상이라 하였다[六月 太子重慶卒 謚曰孝殤]. —— 가을 9월, 당으로 들어갔던 대감 수충이 돌아왔는데 문선왕[공자] 제자 10철과 72 제자 도를 바쳐서 태학에 두었다[秋九月 入唐大監守忠廻 獻文宣王十哲七十二弟子圖 卽置於大學].

f. 성덕왕 23년[724년] 봄, 왕자 승경을 책립하여 태자로 삼고 대사하였다[立王子承慶爲太子 大赦].

g. 효성왕 원년[737년] 2월, 효성왕이 즉위하였다[孝成王立]. 이름은 승경으로 성덕왕의 둘째 아들(보충주: 제2자는 형이 죽고나서 살아 있는 아들 가운데 둘째라는 뜻이다.)이고 어머니는 소덕왕후이다

---

31) 이 '원자'라는 술어의 용례는 신라사 전체를 보아야 할 뿐더러, 고려 시대 김부식의 관념까지 고려해야 하는 측면이 있다. 자세한 논의는 다른 기회로 미룬다.

(보충주: 효성왕의 생모는 엄정왕후이다. 소덕왕후는 법적 어머니이다.)[諱承慶 聖德王第二子 母炤德王后].

h. 효성왕 3년[739년] 5월, 파진찬 헌영을 책봉하여 태자로 삼았다[封波珍湌憲英爲太子].

i. 경덕왕 원년[742년], 경덕왕이 즉위하였다[景德王立]. 왕의 이름은 헌영으로 효성왕의 동모(보충주: 동모가 아니다. 헌영은 소덕왕후의 아들이고 효성왕은 엄정왕후의 아들이다. 소덕왕후를 법적 어머니로 보아 동모라고 쓴 것이다.) 아우이다[諱憲英 孝成王同母弟]. 효성왕이 아들이 없으므로 헌영을 세워 태자(보충주: 이 경우 태자라기보다는 부군에 가깝다.)로 삼았다[孝成無子 立憲英爲太子]. 고로 왕위를 이어받았다[故得嗣位]. 비는 이찬 순정의 딸이다[妃伊湌順貞之女也].

j. 경덕왕 17년[758년] 가을 7월 23일, 왕자가 출생하였다[王子生]. 큰 벼락이 쳤다[大雷電]. 절 16개소에 벼락이 떨어졌다[震佛寺十六所].

k. 경덕왕 19년[760년] 가을 7월, 왕자 건운을 책봉하여 왕태자로 삼았다[封王子乾運爲王太子].

l. 혜공왕 원년[765년] 6월, 혜공왕이 즉위하였다[惠恭王立]. 왕의 이름은 건운으로 경덕왕의 적자이다[諱乾運 景德王之嫡子]. 그 어머니 김 씨 만월부인은 서불한 의충의 딸이다[母金氏滿月夫人舒弗邯義忠之女]. 왕이 즉위할 때의 나이가 8세였으므로 태후가 섭정하였다[王卽位年八歲 太后攝政].

m. 원성왕 원년[785년], 아들 인겸을 책립하여 왕태자로 삼고[立子仁謙王太子].

691년에 태자를 정할 때 누구를 태자로 하는 것이 옳은가 하는 시비가 있었을 것이다. 이홍, 봇내태자, 효명, 그리고 687년에 태어난 원자 네 사람 가운데 누구를 후계자로 할 것인가? 687년에 태어난 원자가 태자로 책봉되는 것이 옳다는 주장도 있었을 것이다. 그 원자를 제치고 왕자 이홍이 태자로 책봉되었다는 것이 이 기록의 원 뜻이다.

왜 원자를 태자로 책봉하지 않았을까? 원자를 태자로 책봉하기에는 너무 어렸기 때문이었을까? 그는 겨우 5살인 것이다. 그러나 불가능한 것은 아니다. 여기에는 어떤 강력한 힘의 작용이 느껴진다. 그 힘은 어디에도 기록되어 있지 않지만 필자는 당연히 신목왕후의 어머니이었을 것으로 본다.[32]

신목왕후의 어머니는 누구일까? 태종무열왕의 딸로서 김흠운의 부인이 되었다가 젊어서 홀로 된 공주, 태종무열왕, 문무왕, 신문왕, 효소왕까지 4대를 아우를 수 있는 인물, 그는 누구일까.[33]

신문왕-효소왕-성덕왕 초반까지는 신목왕후의 어머니가 권력의 중심에 있었을 것이다. 그는 올케 자의왕후와 손잡고 '김흠돌의 모반'을 통하여 김흠돌의 세력을 거세하고 자신의 딸과의 사이에 아들을 셋이나 두고 있는 정명태자를 신문왕으로 즉위시켰다. 그 후 왕비 김흠돌의 딸을 폐비시키고 자신의 딸을 신목왕후로 들였고, 신문왕 승하 후에는 외손자 효소왕의 후견인 역할을 하였을 것이다. 그러던 중 효소왕 9년

---

32) 원자를 제치고 이홍이 태자로 책봉되는 데에는, 딸이 정명태자와 혼인 전에 낳은 불쌍한 첫 외손자 이홍에게 깊은 정이 든 신목왕후의 어머니의 힘이 작용하였을 수 있다.

33) 『삼국사기』 권 제46 「열전 제6」 「설총」 조와 『삼국유사』 권 제4 「의해 제5」 「원효불기」 조를 참고하기 바란다. 투고한 원고의 이 자리에는 신목왕후의 어머니가 요석공주이라는 가설이 들어 있었다. 심사위원들은 요석공주가 김춘추의 딸인가, 누이인가? 요석공주가 김흠운에게 시집갔다는 증거는 무엇인가를 물었다. 필자는 태종무열왕의 딸로 보았다. 누이라면 공주라 할 수 없을 것이다. 이 추정은 김흠운이 대왕의 반자(半子[=사위])라는 『삼국사기』 권 제47 「열전 제7」 「김흠운」 조의 기록과 『삼국사기』 권 제46 「열전 제6」 「설총」 조의 「화왕계」, 그리고 신문왕과 설총의 관계 등을 고려한 것이었다. 신목왕후의 어머니가 요석공주라는 인물 설정은 논거가 불충분한 것임에 틀림없다. 이 인물 설정은 상상력의 소산이므로 논거를 찾는 것은 앞으로의 과제로 삼겠다. 그러나 신목왕후의 어머니인 김흠운의 부인이 중요한 인물인 것은 틀림없다. 김흠운이 일길찬[7등관위명]이기 때문에 태종무열왕의 공주의 배필이 될 수 없다는 지적도 고려해야 할 요소라고 본다. 또 다른 심사자의 요석공주라 할 수 없고 요석궁주라 해야 한다는 의견도 존중한다.

[700년] 5월에 일어난 '경영의 모반'으로 딸 신목왕후가 700년 6월 1일에 이승을 떠난 후 순원을 파면시켰다. 효소왕이 702년에 승하하고 성덕왕이 즉위하는 과정, 성덕왕 3년[704년]에 성덕왕의 첫째 왕비 김원태(金元泰)의 딸 성정왕후를 들이는 과정에도 효소왕의 외할머니는 힘을 발휘한 것으로 보인다.34) 그러면 성정왕후의 부친 김원태는 효소왕, 신목왕후, 효소왕의 외할머니와 같은 세력으로 분류된다.

(보충주: 이 단락의 성정왕후는 틀린 것이다. 이때까지는 성정왕후와 엄정왕후 (嚴貞王后)가 동일인이라 생각하고 있었다. 그러나 이 둘은 다른 사람이다. 성정왕후는 효소왕의 왕비로서 성덕왕에게 형사취수된 것으로 보인다. 성덕왕의 정식 왕비는 엄정왕후이다. 물론 효소왕의 왕비 선택도 요석공주가 하였을 것이다.)

그러나 성덕왕 15년[716년]에 성정왕후가 폐비되는 것과 성덕왕 19년[720년]에 순원의 딸 소덕왕후(炤德王后)가 둘째 왕비로 들어오는 것을 보면, 716년쯤에는 왕실에 중대한 변화가 있었음을 알 수 있다. 그로부터 5년 후에는 김순원이 권력을 장악한 것으로 보인다.

(보충주: 효소왕비 성정왕후가 쫓겨나는 것이다. 『삼국사기』는 '出成貞王后[성정왕후를 쫓아내었다.]'고 적었다. 폐비가 아니다. 성덕왕의 왕비 엄정왕후는 어떻게 되었는지 기록이 없다.)

『삼국사기』는 687년에 태어난 원자가 태자로 봉해져서 효소왕이 되

---

34) 토론자 박남수 선생(국사편찬위원회)은 '효소왕대 중요 사안에 대한 결정권자를 신목왕후의 어머니인 요석공주로 파악하였는데, 중대에는 무열왕의 아들과 그 지손들이 정권을 장악한 시기였다. 효소왕대에는 동왕 4년[695년]에 상대등이 된 개원, 곧 무열왕과 문명태후의 다섯째 아들이 상대등으로서 왕권을 보좌하고 있었음을 생각해야 할 것이다.'고 요석공주의 역할을 지나치게 크게 보는 것이 적절하지 않다고 지적하였다. 필자도 동의한다. 그러나 신목왕후의 어머니도 태종무열왕의 딸로서 형제들의 도움을 받아서라도 일정한 역할을 하였다고 볼 수 있을 것이다. 필자는 우리 역사의 이면에 공주, 왕후(비), 태후(대비), 대왕대비 등 궁중의 여인들이 강력한 영향력을 행사하고 있었다는 사관을 가지고 있다. 앞으로 구체적 사례로써 논의를 실증화시킬 기회가 있기를 바란다.

는 것이 아니라는 것을 (18b)의 '왕자 이홍을 책봉하여 태자로 삼았다.'의 '왕자'라는 말로써 다 표현하고 있다. 687년보다 10년 전인 677년, 신문왕이 정명태자이던 시절에 태어난 이홍이 태자로 봉해졌고 이어서 효소왕이 되었음을 명시하고 있는 것이다. 왕자 이홍은 신문왕이 태자이던 시절에 태어났으므로 원자일 수는 없다.

원자는 임금의 맏아들을 가리키는 말이라는 사전적 해석에 따르면 정명태자가 왕이 되기 전에 낳은 아들을 제치고 687년에 태어난 왕자를 원자라고 불러야 한다. 그러면 691년에 태자를 책봉할 때 5살밖에 되지 않은 이 원자를 제치고, 정명태자가 김흠운의 딸과 혼인하기 전에 낳은 15살의 맏아들 이홍을 태자로 책봉했다는 결과가 나온다. 이것이 『삼국사기』의 687년에 태어난 원자가 692년에 6살이었고, 『삼국유사』의 효소왕의 즉위 시[692년]의 나이가 16살이라는 기록 사이에 10살 차이가 난 까닭이다. 692년의 효소왕의 즉위 시 나이는 16살이고, 687년에 태어난 원자는 이때 6살인 것이다. 원자와 효소왕이 동일인이라고 오해하면 효소왕의 나이에 대하여 두 사서가 서로 다르게 기록하고 있다는 잘못된 인식에 도달한다.

(보충주: '원자'는 임금의 맏아들이라는 정의는 문제가 있다. 임금의 맏아들이라기보다는 임금과 정식 혼인한 원비나 정비의 맏아들이라는 것이 더 정확하다. 이 사실은 나중에야 밝혀진다.)

태자로 봉해진 왕자 이홍은 이미 혼인 전의 김흠운의 딸이 정명태자와의 사이에서 낳은 첫째 아들이다. 원자는 정명태자가 신문왕이 되어 왕의 신분으로서 낳은 첫 번째 왕자인 것이다.

(보충주: 신목왕후가 정식 왕비가 된 뒤에 낳은 첫 번째 아들이라는 말이 더 정확하다.)

687년에 태어난 원자가 효소왕이 아니라 신문왕의 네 번째 아들이라는 생각에 이르고 나서부터 필자는, 『삼국사기』도 정확하고 『삼국유사』도 정확하다는 새삼스러울 것도 없는 당연한 결론에 도달하였다.[35]

필자는 오랫동안 『삼국사기』의 원자 출생 기록을 불신하였다. 그러나 이는 원자가 바로 태자이고 또 효소왕인 것으로 판단하고 있었던 오해로부터 비롯된 것이다. 687년에 태어난 원자는 효소왕이 아니다. 효소왕은 687년에 태어난 것이 아니고, 『삼국유사』의 증언대로 692년에 16살의 나이로 즉위하였으니 그로부터 환산하면 그는 677년에 태어난 것이다. 그는 6살의 아이 왕이 아니라 16살의 소년 왕이었으며 702년 승하할 때는 26살의 청년 왕이었다.

그러면 원자는 어떻게 되었을까? 알 수 없다. 다만, 『삼국사기』「성덕왕」 조의 (22a)에서 보듯이 왕제(王弟)가 있었고 그의 이름이 '종(宗)을 이어받았다[嗣]'는 뜻의 '사종(嗣宗)'인 것을 보면, 성덕왕이 신문왕의 막내아들이 아니라는 것을 알 수 있고, 혹시 '사종'이 그 원자일까 하는 추측을 할 수 있을 따름이다.[36] 그리고 (22b)에서 보듯이 성덕왕의 조

---

35) 서정목(2013a, b, c)에서 일관되게 『삼국사기』의 신빙성을 지나치게 낮추어 보았던 필자의 단견을 반성하고 수정한다. 선조들이 남긴 기록을 존중해야 하며 후세인들의 해석을 조심스럽게 재검토하는 것이 옳다는 것을 알게 되었다.

36) 한 심사위원은, 신라 시대 인명은 우리 말을 한자음을 빌려 적은 것으로 한자의 뜻으로 풀이하여 의미를 부여하는 것은 옳지 않고, 또 종(宗)으로 끝나는 이름이 많다고 지적하였다. 옳은 말이다. 황종(荒宗[=居柒夫(거칠부)]), 태종(苔宗[=異斯夫(이사부)])가 있고 입종(立宗), 세종(世宗), 영종(永宗), 진종(眞宗)도 있다. 그러나 우리 말을 한자로 적는 데에는 훈차 표기(訓借表記)와 음차 표기(音借表記)가 있다. 居柒(夫), 異斯(夫) 등의 '夫'를 제외한 부분은 음차 표기로서 한자의 뜻과 연결시켜서는 안 된다. 그러나 荒[거칠 황]宗, 苔[잇 태]宗 등은 훈차이다. 훈차는 한자의 음과는 관계가 없고 의미와 직결된다. 사종(嗣宗)은 훈차이지 음차가 아니고 따라서 한자의 의미와 직결된다. 심지어 '월명사(月明師)', '희명(希明)', '광덕(廣德)', '충담사(忠談師)', '서동(薯童)' 등 향가 작가들의 이름은 설화의 내용과 이름 자(字)의 의미가 일치한다. '사종(嗣宗)'을 '종을 이어받았다'로 해석하지 못할 이유가 없다. 사학계도 향찰과 이두에 관한 문제는 국어학계와 의견을 교류하는 것이 도움이 될 것이다.

카 '지렴(志廉)'이 있었다고 되어 있다. 성덕왕의 이 조카도 무자한 효소
왕의 아들일 리는 없고, 스님이 된 봇내태자의 아들도 아닐 것이다. 그
는 사종의 아들일 것이다. 성덕왕은 이 원자와 그 아들을 당나라로 보
낸 것이라 할 수 있다.[37]

(22)

a. 성덕왕 27년[728년] 7월, 왕의 아우 김사종을 당에 파견하여 방물
    을 바치고——(당 현종이) 사종에게 과의 벼슬을 주었다[遣王弟金嗣
    宗入唐獻方物——授嗣宗果毅].
b. 성덕왕 32년[733년] 12월, 왕의 조카 지렴을 당에 보내어 사은하였
    다[遣王姪志廉朝唐謝恩]. <『삼국사기』 권 제8 「신라본기 제8」 「성
    덕왕」>

그런 원자가 있었다면 그도 효소왕 9년이면 14살이 되었고, 충분히
왕위 계승의 정당성에 시비를 걸 수 있는 빌미가 되었을 것이다.

---

37) 이 추정에 대하여 조범환 교수는 '그 시기에 당나라에 보내는 사신은 실제로 왕의 친동생
   이 아닌 사촌이나 재종형제도 왕제(王弟)라고 하였으므로 적절한 추정이 아니다.'고 지적하
   였다. 참고: 성덕왕 25년 4월 김충신을 당나라에 보내어 하정하고, 5월 왕제 김근*{『책부원
   구』에는 흠으로 적었다}*질을 보내어 입당하여 조공하였다. (당에서는) 낭장을 주어 돌려
   보내었다.[四月 遣金忠臣入唐賀正 五月 遣王弟金釿*{冊府元龜作鈫}*質入唐朝貢 授郎
   將還之]. 필자도 그럴 가능성을 염두에 두고 있어서 '다만 —— 추측을 할 수 있을 따름이
   다.'고 표현하였다. 그러나 이 사람의 이름이 '사종(嗣宗)'이라는 것은 만만하게 볼 사항이
   아니다. 종을 이어받았다는 이름을 아무나 쓸 수는 없는 일이다. 사종이 아들 지렴(志廉)을
   서라벌에 두고 당나라로 갈 때 그의 나이는 40세이다. 왕위에 대한 미련을 버릴 만한 나이
   이다. 45세쯤 된 733년에는 아들도 보고 싶어졌을 것이다. 모든 미련을 다 버리고 당나라에
   서 아들과 함께 사는 것이 노년의 이 원자에게 남은 마지막 소원이었을지도 모른다. 성덕
   왕은 이 불쌍한 원자 동생을 위하여 아들을 당나라로 보내어 준 것으로 이해된다. (보충주:
   여기서의 사종의 나이 계산은 그가 687년생이라고 보고 한 것이다. 그러나 실제 그는 684
   년생이므로 733년에 50세이다. 그의 나이를 5살쯤 더 올려야 한다.)

8. 오대산 사적에 대한 검토

이 원자와 관련하여 유심히 살펴보아야 하는 기록은 성덕왕의 즉위라
는 역사적 사건을 소재로 한 『삼국유사』의 설화들이다. 이 설화들 전체
에 대한 검토는 다른 자리에서 하기로 하고 여기서는 이 원자와 직결되
는 사항에 대해서만 살펴보기로 한다. 앞에서 언급한 『삼국유사』 권 제
3 「탑상 제4」의 「대산 오만 진신」 조에는 (23)과 같은 기록이 있다.

(23)
a. 두 공(寶川과 孝明)이 매일 동중의 물을 길어와 차를 달여 올리고
   밤이 되면 각자 암자에서 수도하였다[二公每汲洞中水 煎茶獻供 至
   夜各庵修道].
b. 정신왕의 동생이 왕과 더불어 왕위를 다투었는데 나라 사람들(보충
   주: 국인이 옳다. 나라의 실세를 뜻한다.)이 폐하고 장군 4명을 보
   내어 산에 가서 맞아오게 하였다[淨神王之弟 與王爭位 國人廢之 遣
   將軍四人 到山迎之]. 먼저 효명암 앞에 이르러 만세를 부르니 이때
   오색 구름이 7일 동안 드리워 덮여 있었다[先到孝明庵前呼萬歲 時
   有五色雲 七日垂覆]. 나라 사람들이 그 구름을 찾아 마침내 여기에
   이르러 임금의 수레를 벌려서 열을 짓고 두 태자를 맞이하러 가니
   보천은 울면서 사양하였다[國人尋雲而畢至 排列鹵簿 將邀兩太子而
   歸 寶川哭泣以辭].
c. 이에 효명을 받들어 모시고 돌아와서 왕위에 오르게 했다[乃奉孝明
   歸卽位]. 나라를 다스린 지 몇 해 뒤인*{「기」에 이르기를 재위 20
   여 년이라 했는데 대개 승하할 때 나이가 26세였다는 것이 잘못 전
   해진 것이다. 왕위에 있은 것은 단지 10년뿐이다. 또 신문왕의 아
   우가 왕위를 다툰 일은 『국사』에 없으므로 자세히 알 수 없다.}*
   신룡 원년*{당나라 중종이 복위한 해로서 성덕왕 즉위 4년 되는
   해이다.}* 을사 삼월 초나흘에 비로소 진여원을 고쳐 지었다[理國

有年*{記云 在位二十餘年 蓋崩年壽二十六之訛也 在位但十年尒 又神
文之弟爭位事國史無文 未詳}* 以神龍元年*{乃唐中宗復位之年 聖德
王卽位四年也}*乙巳三月初四日 始改創眞如院].

<『삼국유사』 권 제3 「탑상 제4」 「대산 오만 진신」>

(23a)는 보천, 효명 두 태자가 오대산에서 수도하는 모습을 보여 준
다. 이들이 하서부(河西府)에 와서 세헌(世獻) 각간의 집에서 하루를 묵
고 그 다음날 큰 고개(보충주: 대관령)를 넘어 각각 무리 천 명을 거느리
고 성오평(省烏坪)으로 가서 여러 날 유람하다가, 어느 날 저녁 형제가
속세를 떠날 생각을 하고 오대산으로 숨어든 이후의 모습이다.

(23b)는 '정신왕['정신'이 정명과 신문의 와전이라 치면, 신문왕이다]
의 아우가 있었고 그가 신문왕과 왕위를 다투었다.'는 말이 된다. 『삼국
사기』나 『삼국유사』에는 신문왕의 아우가 있었다는 기록이 없다. 그러
나 문무왕이 아들 하나만 두었다는 것은 그의 오랜 재위 기간과 활동의
왕성함에 비추어 상식에 어긋난 것으로 보인다. 만약 신문왕의 아우가
있었다면 '신문왕의 그 아우가 신문왕과 왕위를 다투었다.'가 되므로 이
기록은 신문왕의 즉위에 반대하는 세력이 있었음을 암시한다. 그것은
바로 '김흠돌의 모반'을 말한다. '김흠돌의 모반'의 전모가 『삼국사기』
와 『삼국유사』에는 정확하게 기록되어 있지 않지만, 김흠돌이 정명태자
의 아우를 즉위시키려고 정명태자의 즉위에 맞서 다투었다는 추리가 가
능하다. 아니면 이 기록으로부터 그러한 가설이 도출되어 나온다.

그러나 뒤에 이어지는 기록은 장군 4명을 보내어 효명태자를 데려오
는 이야기이니, 효소왕이 왕위에 오르는 내용이 아니라, 성덕왕이 왕위
에 오르는 내용이다. 그러므로 '정신왕[=신문왕]의 아우'가 왕위를 다

투었다는 기록은 여기에 해당되지 않는다. 이 기록은 신빙성이 떨어진다. 세주에서 정신왕의 아우가 왕위를 다툰 일이 『국사』에 없다고 한 것이 주목된다. 『국사』에 없다고 실제로도 없었다는 것을 보장하지는 않는다. 그러나 신문왕 즉위 시의 일인 '김흠돌의 모반'은 이 시기에 논의될 일이 아니므로 이 구절이 여기에 와 있는 것은 이상한 일이다. 이 기록에는 오류나 오각이 있을 수 있다. 이 정신왕은 잘못된 것이다.

이 정신왕이 효소왕의 오류 또는 오각일 가능성은 없을까? 이 '정신왕'이 '효소왕'의 오류라면 모든 것은 해결된다. 효소왕의 아우가 효소왕과 왕위를 다투다가 (효소왕이거나 그 아우가) 폐위되고, 효소왕의 이 아우가 아닌 다른 아우 효명태자가 오대산에서 와서 성덕왕으로 즉위하기 때문이다. 이것이 가장 정확한 역사 해석이다. 필자는 여기서의 '정신왕'을 '효소왕'의 오류로 본다.

(보충주: 사실은 정신왕 뒤에 태자가 결락된 것이다. 뒤에 수정된다).

원고 작성자가 혼란을 일으키고 있었거나 각수(刻手)가 오각하였을 수도 있다. 그러나 원전의 기록을 존중한다는 의미에서 아직은 사계의 반응을 기다리기로 하겠다.

(23c)의 세주에서 말하는 '「기」에 이르기를 재위 20여 년이 붕어(崩御) 시 나이가 26세였다는 것의 와전이고, 재위는 10년뿐이라고 한 것'은 중요한 사료(史料)가 된다. 승하할 때 나이가 26세였던 왕은 효소왕이다. 그리고 그는 10년간만 재위하였다. 그러므로 이는 효소왕에 관한 정확한 자료이다. 다만 이 대목이 성덕왕이 진여원을 세운 일을 기술하므로 이 세주에 효소왕의 나이와 재위 기간이 들어 있어서는 안 된다. 효소왕과 성덕왕[효명태자]를 혼동하고 있다는 것을 알 수 있다. 저 앞

의 (14)에서 본 세주에서 '효명은 효조 또는 효소가 잘못 전해진 것'이라 한 것과 같다. 신룡 원년[705년]이 성덕왕이 왕위에 오른 지 4년 되는 해라는 것은 정확한 기록이다. 그는 702년에 즉위하였다.

단지 「기」에 재위 20여 년이라는 것이 성덕왕의 재위 기간이 되어야 하는데, 그는 실제로는 35년간 재위하였으므로 이것은 이상한 기록이다. 그리고 성덕왕은 나라를 다스린 지 4년 뒤인 705년에 진여원을 세웠으므로 20여 년이라는 수치는 여기에 들어올 필요가 없다. 앞의 세주에서 밝힌 대로 「고기」에 '태화 원년 무신[648년] 8월 초에 왕이 산중에 숨었다.'고 한 것이 크게 잘못된 것이듯이 여기서도 「기」가 문제인 것이다. 그러므로 「고기」와 「기」의 기록은 신빙성이 떨어지지만 그 외의 모든 기록은 정확한 사실을 적고 있다. 『삼국유사』가 문제가 아니라 「고기」가 문제인 것이다.

(23)에서 가장 중요한 것은 '정신왕[=신문왕]'은 여기에 들어와서는 안 된다는 것이다. 정신왕 자리에 들어와야 하는 왕은 효소왕이다. 효소왕은 아우와 왕위를 다투다가 승하하였을 가능성이 크다. 「대산 오만 진신」 조의 주인공은 효명태자, 즉 성덕왕이다. 성덕왕은 형인 효소왕을 이어서 왕위에 올랐다. 신문왕은 효소왕과 성덕왕의 아버지이지만, 성덕왕이 즉위하기 10여 년 전에 이미 승하하였다. 성덕왕이 오대산에서 형 보천태자[=봇내태자]와 수도 생활을 하다가 갑자기 장군들, 국인들에게 모셔져 와서 왕위에 오르는 그 시점에 신문왕이 등장하여서는 안 되는 것이다.[38)]

---

38) 정신왕이 신문왕을 가리키는 것이 아니라 효소왕을 가리키는 말이라고 보는 것은 불가능하다. 다른 데서의 정신은 효소로 바꿀 수가 없다. 원고에서 오류가 났거나 오각이 있었다고 보는 것이 가장 타당하다.

그리고『삼국유사』권 제3「탑상 제4」의 「대산 오만 진신」조에 이어서 나오는 「명주 오대산 봇내태자 전기」조에는 (24)와 같은 기록이 있다. (24c)를 보면 이 기록도 효명태자가 오대산에서 와서 성덕왕으로 즉위하는 역사적 사건을 기술하고 있는 것이다.

(24)

a. 신라 정신왕의 태자 봇내가 그의 아우 효명태자와 함께 하서부에 있는 각간 세헌의 집에서 하룻밤을 자고 이튿날 큰 재(보충주: 대관령)를 넘었다[新羅 淨神太子 寶叱徒 與弟孝明太子 到河西府 世獻 角干家一宿 翌日踰大嶺]. 각기 1천명을 거느리고 성오평에 이르러 며칠을 유람하다가 태화 원년 8월 5일에 형제가 함께 오대산에 숨어들어 버렸다[各領一千人 到省烏坪累日遊翫 太和元年八月五日 兄弟同隱入五臺山].

b. 정신 태자 아우 부군 신라[=서라벌]에서 왕위를 다투다가 주멸하였다[淨神太子弟副君在新羅爭位誅滅]. 나라 사람들이 장군 4명을 보내어 오대산에 도착하여 효명태자 앞에서 만세를 부르니 즉시 오색구름이 오대산으로부터 신라[=서라벌]까지 7일 밤낮 빛이 떠 있었다[國人遣將軍四人 到五臺山 孝明太子前 呼萬歲 卽時有五色雲 自五臺至新羅 七日七夜浮光].

c. 국인이 빛을 찾아 오대산에 이르러 두 태자를 모시고 나라[서울]로 돌아오려 했으나 봇내태자가 울면서 돌아가지 않으므로 효명태자를 모시고 나라로 돌아와 즉위하였다. 재위 20여 년이었다. 신룡 원년 3월 8일에 진여원을 처음 세웠다.(라고 한다)[國人尋光到五臺 欲陪兩太子還國 寶叱徒太子涕泣不歸 陪孝明太子歸國卽位 在位二十餘年 神龍元年三月八日 始開眞如院(云云).] <『삼국유사』권 제3「탑상 제4」「명주 오대산 봇내태자 전기」>

(24a)는 (13), (14)에서 본 「대산 오만 진신」조의 세주가 있는 본문과

정확하게 일치한다. 정신왕은 신문왕이고 그의 두 아들이 속세를 등지고 오대산에 들어간 것이다. '태화 원년 8월 5일에 형제가 오대산에 숨어들었다.'를 보면 (14)에서 '태화 원년[648년]의 연대가 (실제 입산 시기보다) 45년 전이므로 잘못된 것'이라는 지적이 있었던 그 「고기」가 이 기록이었을 가능성이 크다.[39]

(24b)의 첫 문장은 '弟'와 '副君'이 이상하게 사용되었다. 이 문장은 '淨神太子, 弟, 副君'의 세 명사구가 동격으로서 주어가 되는 것처럼 되어 있다. 그런데 (24c)에서 효명태자를 모시고 와서 왕위에 오르게 했으므로 이는 성덕왕 즉위 시의 상황을 말한 것이다. 그러면 그때 사망한 사람은 정신(명)태자[=신문왕]이 아니므로 '정신태자'는 '정신의 태자'가 되어 신문왕의 태자인 효소왕을 가리키게 된다. 그러면 '왕위를 다투다가' 사망한 사람은 효소왕이 된다. 이는 정확한 기록이다. 그런데 왜 '정신의 태자'인 효소왕을 '弟'라 하고 또 '부군'이라 하여 동격으로 기술하였는지 모를 일이다. 이 문제점은 이 세 명사구를 동격으로 보는 데서 생긴 문제점일 가능성이 크다. 동격으로 보지 않는 길을 찾아야 한다.

1990년대 중반까지 필자는 봇내태자와 효명태자가 전 왕비 김흠돌의 딸의 소생으로 효소왕의 이복형들이고, 이 '弟'는 성덕왕의 아우 효소왕을 가리키는 '제'라고 가르쳤다. 그리하여 이 사건을 '신목왕후와 효소왕 세력'이 '경영의 모반'으로 거세되고 효소왕 사후 전 왕비 김흠돌의 딸의 아들인 성덕왕이 와서 즉위하는 것으로 추리하였다.[40] 그러면 '경

---

39) 이 태화는 진덕여왕의 연호이다. 태화 원년[648년]은 진덕여왕의 시대이므로 전혀 이 자리에 어울리지 않는 연대이다.

40) 2013년 여름 서정목(2013a, b)를 탈고한 뒤에서야 조범환 교수의 도움으로 신종원(1987)에

영과 순원은 김흠돌의 딸 편으로 김흠돌의 세력권'으로 분류된다.

그러나 1990년대 중반 이후에는 성덕왕을 효소왕의 동모제로 보는 것이 더 합리적이라고 가르치게 되었다. 그 이유는 첫째『삼국사기』가 말한 정명태자의 태자비가 오랫동안 무자하였다는 기록을 존중하고, 둘째『삼국사기』와『삼국유사』가 명언하는 효소왕이 형이고 성덕왕이 아우이며 이들이 동모 형제라는 기록을 존중하며, 셋째 성덕왕이 성정왕후를 폐비시키고 순원의 딸인 소덕왕후를 새 왕비로 들이는 일을 원활하게 설명하기 위해서는 경영과 순원이 김흠돌의 세력권이 아니라, 이 원자 사종을 지원한 세력으로 보아야 한다는 것 등이다.

김순원이 원자 사종을 지지한 세력이라는 것은 성덕왕 27년에 사종이 당나라로 가는 것과도 밀접히 관련된다. 성덕왕은 성정왕후를 폐비시키고 순원의 사위가 되어 순원과 밀착하였다. 그러면 이제 순원은 더이상 사종의 편이 될 수 없다. 이미 성덕왕의 편이 되어 사종을 배신한 것이 된다. 사종은 '경영의 모반'이나 성덕왕 즉위 시에는 순원의 지원을 받았겠지만, 소덕왕후가 들어선 이후로는 성덕왕, 소덕왕후, 김순원과 서라벌 하늘 아래 함께 있는 것이 껄끄러운 관계가 되었을 것이다.

(보충주: 성정왕후의 폐비가 아니고 형수 성정왕후를 내쫓은 것이다. 성덕왕의 원비 엄정왕후는 어떻게 되었는지 기록이 없다. 이 단계에서는 필자도 성정왕후와 엄정왕후가 동일인이라고 보고 있었다.)

여기서의 '弟(제)'는 이러한 설명을 하기 위해서는 꼭 극복하여야 할 대상이다. 필자는 혹시 (24b)를 (25)와 같이 달리 해석할 길이 없을지 조심스러운 물음을 던진다.

이와 같은 논지가 전개되어 있는 것을 보았다. 그러나 그 주장이 성립될 수 없음은 효소왕이 성덕왕의 동생이 아니라 형이라는 데서 명백히 드러난다.

(25) 淨神太子弟副君在新羅爭位誅滅[정신왕의 태자가, 아우인 부군과 신
　　라[=서라벌]에서 왕위를 다투다 주멸되었다].

　'爭'은 우리말로 '다투다, 싸우다'이다. 이 말은 자동사가 아니다. 그
러므로 보충어가 있어야 한다. '누가 누구와 (무엇을) 다투다/싸우다.'가
되어야 한다. 그런데 (24b)의 번역에서 보면 이 문장에서 '태자'는 주어
이고 '왕위를'은 목적어이다. '누구와'에 해당하는 말이 없다. 그 말이
될 만한 것은 '제, 부군'이다. '제, 부군'이 보충어인 구조가 되어야 한
다. 정확하게는 (23b)에서 '王'의 앞에 '與'가 있듯이 '弟'의 앞에 '與'
가 있어야 하는 것이다. 즉 '정신왕의 태자, 제, 부군' 세 명사구가 모두
동격으로 주어가 되는 것이 아니라, '정신왕의 태자'만 주어가 되고,
'제'와 '부군'은 주어가 아닌 '누구와'에 해당하는 보충어가 되어야 하
는 것이다. '제'와 '부군'은 동격으로 보인다.
　그러니까 이 기록에도 오류가 있다. 필자는 결자(缺字)가 있는 것으로
본다. '弟' 자 앞에 '與' 자만 있으면 모든 것은 사실(史實)과 정확하게
일치한다. 효소왕이 아우인 부군['왕에게 아들이 없을 때 태자의 역할
을 하는 왕의 아우'라는 해석에 의지할 때]과 왕위를 다투다가 죽임을
당한 것이 되기 때문에 정확하게 사실과 일치한다. (24b)는 효소왕이 승
하하기 전에 왕위를 놓고 어떤 다툼이 있었음을 보여 준다. 효소왕의
승하와 관련된 난은 '경영의 모반'이다. '경영의 모반'에서 신목왕후와
효소왕이 사망한 것은 앞에서 본 바와 같다.

9. '경영의 모반'과 효소왕의 외할머니

이제 이 '경영의 모반'의 본질이 밝혀질 수 있을 것이다. '이찬 경영과 중시 순원'은 효소왕의 정통성에 시비를 건 것이다. 그러면 정통성을 가진 자는 누구일까? 그것은 687년 2월에 태어난 이 원자일 수밖에 없다. 모반을 일으킨 자들은 이 원자를 왕위에 올려야 한다는 견해를 가졌던 사람들이라 할 수 있다.

(보충주: 사종은 684년에 태어났다. 687년 2월에 태어난 원자는 사종이 아니다.)

효소왕과 왕위를 다툰 아우, 부군은 누구일까? 그 아우가 오대산에 가 있은 봇내태자와 효명태자일 리는 없다. 이 아우는 신문왕의 원자일 것이다. 정명태자가 김흠운의 딸과의 사이에 혼인 밖에서 본 아들인 효소왕의 정통성에 이의를 제기하는 세력들이, 신문왕이 왕위에 오른 후에 낳은 원자가 왕위를 잇는 것이 정당하다고 주장하면서 신목왕후와 효소왕에 맞섰다고 추리할 수 있다.

이러한 추리가 가능하다면 (24b)는 '신문왕의 태자인 효소왕이, 아우인 부군[원자]와 신라[=서라벌]에서 왕위를 다투다가 주멸되었다.'로 이해할 수 있다. 효소왕이 아우인 원자에게 부군이라는 칭호를 주고 있었을까? 효소왕에게 아들이 없었던 것은 확실하다.

(보충주: 『삼국사기』가 그렇게 적었지만 이것은 사실이 아니다. 효소왕에게는 수충이라는 아들이 있었다. 그러나 그는 이때 너무 어렸다.)

왕에게 아들이 없을 경우 그 아우가 부군으로 형을 보좌한다는 것을 받아들이면 충분히 가능한 일이다.[41]

---

41) 성덕왕의 아들인 효성왕은 즉위 2년 당나라에서 왕비 박 씨를 책봉하도록 하였는데, 3년 3

신목왕후는 이 난에서 시해되었을 가능성이 크다. 그러면 그녀는 이들과 맞섰다는 말이 된다. 효소왕은 이 난으로부터 2년 후에 승하하였다. 결국 '경영의 모반'은 원자를 왕위에 올려야 한다는 견해를 가진 세력과 신문왕의 맏아들 이홍[=효소왕]을 왕위에 올려야 한다는 견해를 가진 세력 사이의 싸움이다.

전자를 대표한 것이 '경영과 순원'이고 후자를 대표한 사람은 '신목왕후'였을 것이다. 신목왕후가 승하한 후에 다시 원자가 옹립되지 못하고 원자의 셋째 형 효명태자가 성덕왕으로 즉위하는 것을 보면 왕실에 강력한 권위를 가진 누군가가 있었을 것으로 보인다.

이 시기의 정권은 제도권에서는 상대등 개원, 문왕, 노차, 인태, 지경 등 태종무열왕의 아들들, 즉 효소왕, 성덕왕의 작은 할아버지 형제들이 장악하고 있었다. 그러나 이들이 원자를 제치고 효소왕, 성덕왕을 즉위시키는 데 적극적으로 나서야 할 이유를 발견하기 어렵다. 어차피 그들은 문무왕의 어느 손자가 왕위를 잇든 왕의 종조부인 것이다.

왕실 내부에서 보이지 않게 이들에게 영향력을 행사한 사람은 누구일까? 그 사람은 정명태자와 김흠운의 딸 사이에 태어난 효소왕, 성덕왕이 왕위를 계승하여야만 하는 절대적 이유를 가진 사람이어야 한다. 이 사람은 정명태자 쪽의 사람일 수가 없다. 그는 신목왕후 쪽의 사람이어야 한다. 원자가 왕위에 오르면 불이익을 받을 사람, 그리하여 봇내태자

월 외할아버지 순원의 딸인 이모 혜명왕후를 맞이하자말자 왕제인 헌영[=경덕왕]을 태자로 봉하였다. 혜명왕후는 효성왕이 부실하여 아들을 낳지 못할 것을 예측하고 아버지에게 또 다른 외손자인 경덕왕을 후사로 정할 것을 귀띔했다고 볼 수 있다(보충주: 효성왕은 소덕왕후의 친아들이 아니고 엄정왕후의 친아들이다. 그러므로 순원은 효성왕의 친외할아버지가 아니다. 그리고 혜명왕비는 순원의 딸이 아니라 진종의 딸이고 순원의 손녀이다. 따라서 혜명왕비는 효성왕의 이모도 아니다. 혜명왕비와 효성왕은 남이고 혜명왕비와 헌영이 내외종간이다(서정목(2016a, b, c) 참고)).

나 효명태자가 왕위를 이어야만 유익할 사람, 그는 누구일까? 필자의 머리에는 신목왕후의 어머니, 일찍 죽은 김흠운의 부인인 태종무열왕의 공주, 효소왕과 성덕왕의 외할머니 외의 그 누구도 떠오르지 않는다. 신문왕이 왕이 되기 전인 정명태자 시절에 고종사촌 여동생인 자신의 딸과의 사이에서 낳은 불쌍한 외손자들, 그들이 어렸을 때 자신이 기저귀를 갈았을 수도 있는 이 외손자들과, 아버지가 왕이 되고 나서 대궐에서 당당하게 태어난 원자 사이에서 신목왕후의 어머니는 전자를 선택한 것이다.[42]

이제 '경영의 모반'으로 딸 신목왕후마저 이승을 떠난 뒤에 그녀는 더욱 강하게 자신의 불쌍한 외손자인 효명태자나 봇내태자를 데리고 오도록 한 것이다. 정이 우선하였다. 외할머니와 잔정을 나누기 어려웠을 원자는 정통성 있는 왕위 계승권을 갖고 있었지만 끝까지 외할머니의 선택을 받지 못한 것이다. 불쌍한 비운의 원자라 하지 않을 수 없다.

경영을 복주하고 순원을 파면시킨 왕실은 효소왕과 이 원자 가운데 효소왕을 선택한 것이다. 효소왕 승하 후에는 또 오대산에 가 있던 봇내태자와 효명태자 가운데 누가 되어도 좋다고 하고, 끝까지 이 원자를 외면하였다. 그리하여 왕위에 오른 이가 성덕왕이다.

(보충주: 나중에 밝혀지지만 원자가 왕위에 오르기를 사양한 것이 더 큰 요인이다.)

효소왕을 지지한 외할머니의 세력과 원자를 지지한 경영-순원 세력

---

42) 이 원자가 신목왕후 소생이 아닐 가능성도 매우 높다. 원자는 임금의 맏아들이면 되고, 어머니가 꼭 정비일 필요는 없다. 687년에 태어나서 5살이 된 원자를 691년에 태자로 봉하지 않고, 그의 형 이홍을 태자로 봉한 것을 보면 그럴 가능성도 있다. 그러면 효소왕의 외할머니는 당연히 딸 신목왕후가 낳은 외손자들을 우선시켰고, 자신의 핏줄이 닿지 않는 원자를 후순위로 돌렸다고 할 수 있다(보충주: 이것은 완전히 틀린 서술이다. 원자는 원비, 정비의 맏아들이어야 한다. 687년 2월생 원자의 어머니는 무조건 신목왕후이다.)

사이의 갈등이 '경영의 모반'의 핵심이다. 여기에 바로 효소왕의 정통성 결여 문제가 있는 것이다. 그는 원자가 아닌 왕자였기 때문에 출생의 한계에 부딪혔던 것이다.

효소왕 승하 후 새로 성덕왕이 즉위하고 첫 왕비 승부령 소판 김원태 의 딸 성정왕후를 들이는 데까지는 신목왕후의 어머니 세력이 이 대결 에서 우위를 점하고 있었다.

(보충주: 김원태의 딸은 성정왕후가 아니라 엄정왕후이다. 필자는 이 글을 쓸 때에는 성정왕후와 엄정왕후가 같은 사람인 줄 알고 있었다.)

그러나 성덕왕 15년[716년]에 성정왕후를 내보내고 19년[720년]에 순원의 딸 소덕왕후를 왕비로 들이는 것을 보면 이때쯤에 이 대결에서 순원이 우위를 점하였음을 알 수 있다. 왕실에 어떤 큰 변화가 있었기 때문일 것이다. 그 변화는 무엇일까? 강력한 어떤 권위가 사라졌다고 볼 수밖에 없다. 그것은 순원과 대결하고 있던 성덕왕의 외할머니가 이 승을 떠난 것과 관련될 것이다.

655년 정월 양산 아래 전투에서 남편 김흠운이 전사할 때에 효소왕 의 외할머니가 20세 정도였다면 716년에는 81세쯤 되었을 것이다.[43] 오랜 기간 왕실의 중심에 있었던 신목왕후의 어머니, 신문왕의 빙모도 자연의 흐름을 이기지 못하고 80세 전후의 나이로 이승을 떠난 것으로

---

43) 성정왕후가 낳은 태자 중경(重慶)이 어머니가 폐비된 후에 사망하였다는 것도 주목할 만하다. 그 동생 수충이 당나라에 숙위 가서 현종의 총애를 받다가 이때 귀국한 일도 예사롭게 보이지 않는다. 그는 공자와 그 제자들의 초상화를 가져 왔다. 우연이겠지만 소덕왕후 소생인 효성왕과 왕위를 다투어야 했을 그로서는 유교의 적장자 우선 원칙에라도 의지하고 싶은 간절함을 가졌던 것일까? 왕위 계승권을 향한 치열한 공방전이 벌어지고 있었음을 직감할 수 있다. (보충주: 성정왕후는 중경의 생모가 아니다. 중경의 생모는 엄정왕후이다. 수충은 중경의 아우가 아니다. 수충은 효소왕과 성정왕후의 아들로 696년생이다. 그러므로 수충은 중경의 사촌형이다. 효성왕 승경은 소덕왕후의 아들이 아니고 엄정왕후의 아들이다.)

보인다. 한 여걸이 사라진 것이다.[44)

성덕왕은 외할머니가 이승을 떠난 뒤, 716년에 아마도 타의에 의하여 성정왕후를 폐비시키고(보충주: 폐비는 아니다. 형수를 쫓아낸 것이다.) 4년 뒤 김순원의 딸 소덕왕후를 또 타의에 의하여(?) 새 왕비로 맞이하였을 것이다. 이제 시대는 권력이 성덕왕의 외할머니로부터 성덕왕의 빙부 김순원에게로 옮겨간 세상이 되었다. 이 세상은 효성왕, 경덕왕을 거쳐 혜공왕 시대에 이르러 최악의 비극인 신하에 의한 왕의 시해로 이어진다.

신문왕 2년의 「만파식적」 조에서의 태자는, 이 태자가 나중에 효소왕이 되므로 -5살이 아니라 6살 이상은 되어 나름대로 말도 탈 수 있고 아버지의 옥대에 새겨진 용 장식을 보고 이 용이 진짜 용이라는 재롱을

---

44) 이 신목왕후의 어머니, 신문왕의 빙모, 효소왕의 외할머니를 필자는 요석공주로 비정하였다. 주된 근거는 『삼국사기』 권 제46 「열전 제6」 「설총」 조의 「화왕계」이다. 신문왕에게 '장미꽃' 같은 간신배를 가까이 하지 말고 '할미꽃' 같은 바른 말 하는 노신을 가까이 하라는 직언을 하는 설총을 신문왕과 매우 가까운 인척으로 보았기 때문이었다. 설총의 어머니 요석공주가 신목왕후의 어머니이면 그들은 자형과 처남 사이가 되면서 내외종간이 된다. 그들 사이에 무슨 말을 못하겠는가? 더 이상의 논거는 없다. 제반 정황에 의하여 그렇게 그렇게 되어야 모든 일들이 일목요연하게 설명된다. 신목왕후의 어머니는 누구인지, 요석공주는 누구의 부인이었는지 궁금하다. 설총의 어머니가 공주라면, 어느 왕의 사위가 또 하나 일찍 이승을 떠났어야 하는데, 김흠운 외에 또 누가 왕의 사위로서 일찍 죽은 사람이 있을까? 김흠운은 전사한 뒤에 태종무열왕으로부터 일길찬을 추증받았다. 7등 관위 일길찬이 왕의 사위가 받을 만한 합당한 관위가 아니라면 그가 대왕의 반자(半子[=사위])라는 『삼국사기』 권 제47 「열전 제7」 「김흠운」 조의 기록은 어떻게 되는 것일까? 효소왕의 외할머니가 80여 세에 이승을 떠났다고 보는 것이 왜 이 분의 나이를 터무니없이 늘렸다는 것인지 이해할 수 없다. 딸보다 오래 사는 어머니가 이상하다는 심사위원에게는, 신목왕후가 683년 혼인할 때 28세였다면 700년 '경영의 난'으로 승하할 때는 45세 정도이인데, 45세에 반란의 회오리 속에서 비명횡사한 딸보다 더 오래 산 어머니가 무엇이 이상하다는 것인지 반문하고 싶다. 다만, 655년 정월에 김흠운이 전사하였는데 설총의 활동 시기를 보면 '남편 전사 직후에 원효대사를 만났다.'가 된다는 점, 어린 딸이 있는데 태종무열왕이 다른 남자를 모시라고 명하였을까 하는 점 등은 문제가 된다고 본다. 이 글에서 요석공주라는 말을 제외하고 효소왕의 외할머니, 신목왕후의 어머니로 표기한 것으로 심사위원들의 의견을 존중하고자 한다.

부릴 만한 나이는 되어야 할 것이다. 아니 딱 그 나이어야 한다. 3~4살은 말을 타기에 너무 어리고 8살 정도나 되어 지금의 초등학교 1학년쯤이 되면 이제 아버지 앞에서 재롱은커녕 어린애 티를 안 내려고 오히려 그런 재롱떠는 행동을 일부러라도 하지 않을 나이인 것이다. 딱 6~7살이어야 한다. 효소왕이 677년생이라면 신문왕이 만파식적을 얻은 때인 682년에는 6살 정도가 된다. 그 나이에 말을 타고 달려와서 신통한 지혜를 발휘할 수 있었을까에 대한 판단은 물론 논자에 따라 다를 수 있다. 필자는 어느 정도의 윤색은 있었겠지만 그 나이면 충분히 가능한 일이고, 또 옥대에 새겨진 장식용 용을 보고 '진짜 용 운운'하는 총기는 그 나이에나 있을 법한 일이라고 생각한다.

'정공의 버드나무 절단 반대 사건'에서의 왕녀(王女)는 왕의 딸을 가리키는 말이다. 효소왕에게는 이때 어린 딸이 있었을 것이다. 일연선사는 이 '왕녀'에 대하여 추호의 의심도 없이 그냥 효소왕의 어린 딸로 받아들인 것이다. 그러므로 효소왕은 6살에 즉위한 것이 아니다. 16살에 즉위하여 조그마한 젖먹이 공주 하나를 둔 소년 왕인 것이다.

요컨대, 『삼국유사』의 허황한 것으로 보이는 이야기들이 역사의 대목 대목에서 역사의 진실을, 아니 실제로 있었던 현실 속의 일을 사실에 가깝게 전달하고 있다. 이렇게 하여 필자가 앞서 제시한 의문들 가운데 효소왕의 출생에 관한 의문은 풀렸다. 16살에서 26살 사이에 왕위에 있었던 효소왕이라면, 이제 『삼국유사』 권 제2 「기이 제2」의 「효소왕대 죽지랑」 조의 「모죽지랑가」의 배경 설화 속에 들어 있는 '익선의 죽지 장군 모욕 사건'이나 『삼국유사』 권 제5 「신주 제6」의 「혜통항룡」 조의 '정공의 버드나무 절단 반대 사건'을 처음부터 끝까지 어머니의 도움을 받아 관장할 수 있을 정도의 나이는 된다고 보아야 한다. 그리고 이 시기 왕실 관련 여러 일의 중요 결정권자는 이미 효소왕 3년[694년]에 이승을 떠난 김인문을 제외하고,[45] 태종무열왕의 아들들인 문왕, 노차, 인태, 지경, 개원 등, 기라성 같은 여러 형제들의 조력을 받는 효소왕의 외할머니, 신목왕후의 어머니, 김흠운의 미망인이었을 가능성이 크다.

10. 결론

이 글은 득오가 '죽지 장군 사후'에 이 노래를 지었다고 보는 것으로부터 논의를 시작하였다. 그 이유는 「모죽지랑가」에는 '아름다움을 나타내신 모습이 주름살을 지니셨구려'와 같은 내용이 없기 때문이다.

그 구절은 '阿冬音乃叱好支賜烏隱[두던도름곳 됴호샨](1985)'과 '皃史年數就音墮支行齊[즈싀 히 혜나삼 허니져](1980)'인데, 이 해독은 김완진(1980, 1985)를 따른 것으로 '두덩이 좋으신 모습이 해를 헤아려 나아갈수록 희미해져 가리니' 정도로 해석된다. 그 밖에 김완진(2008)에서 '간 봄 다 다스리매'와 '눖닉 도룷 업시'로의 해독 수정이 있었다. 이 수정으로 말미암아 '간 봄 못 오리매(1980)'와 '누늬 도랁업시(1980)'이 폐기되면서 이제 (26)과 같은 초상 때 장례 의식에서나 소상, 또는 그 사이의 추모 의식 때에 부른 만가 한 수가 있는 것이다.

---

45) 효소왕 3년 봄 정월 친히 신궁에 제사 지내고 대사하고 문영을 상대등으로 삼았다. 김인문이 당나라에서 돌아가시니 나이 66세였다.[三年 春正月 親祀神宮 大赦 以文穎爲上大等 金仁問在唐卒 年六十六.]에서 보듯이 그는 694년 이승을 떠난 것이다.

(26) 지난 봄 장례 치른 뒤
　　　 안 계셔서 울어마를 이 시름
　　　 잘 생긴 그대의 모습
　　　 세월이 흘러감에 따라 흐릿해져 가리니

　　　 (2행 망실)
　　　 눈 안개 두름 없이 저 분을
　　　 마주 보기 어찌 이루리오

　　　 낭이여, 그대를 그리워하는 마음이 갈 길
　　　 쑥대 우거진 골짜기에서 잘 밤도 있으리이다.

　　이「효소왕대 죽지랑」조는『삼국유사』권 제2「기이 제2」에 실려 있다. 이 노래는 국가 '흥망성쇠'와 관련된 것이다.「모죽지랑가」시대의 흥망성쇠는 700년 5월의 '경영의 모반'과 관련되어 있다. 700년 6월 1일에 신목왕후가 사망하고 그로부터 2년 후에 효소왕이 승하하였다. 그 이후 성덕왕, 효성왕, 경덕왕을 거쳐 혜공왕이 고종사촌 선덕왕에게 시해됨으로써 통일 신라는 몰락하였다. 이러한 역사의 흐름에 직접, 간접적으로 김유신 장군, 죽지 장군 같은 인물의 죽음과「모죽지랑가」라는 노래가 함의하고 있는 시대적 고뇌가 영향을 미쳤다고 해석하는 것이 이 노래가「기이 제2」에 있는 까닭을 해명하는 열쇠가 된다.

　　「모죽지랑가」가 창작된 시기의 효소왕은 16살에 왕위에 올라 26살에 승하하였다. 여기에 관한 한『삼국유사』권 제3「탑상 제4」「대산 오만 진신」조의 기록이 명백한 증언을 하고 있다.『삼국사기』는 687년 2월에 원자가 출생하였고, 691년에 왕자 이홍을 태자로 책봉하였으며, 692년에 태자 이홍이 즉위하여 효소왕이 되었다고 함으로써 효소왕의 나이에 관하여 아무런 언급을 하지 않았지만, 연구자들로 하여금 이 원자가 왕자 이홍이고 따라서 692년에 즉위한 효소왕이 6살 아이였을 것이라는 추론을 하게 하였다. 그러나 여기에는 원자가 왕자 이홍과 동일인이라는 오해가 들어 있었다.

687년 2월에 태어난 원자는 태자가 된 이홍이 아니다. 그는 신문왕이 즉위한 뒤에 처음 태어난 아들이라는 뜻에서 원자로 적힌 것이다.

(보충주: '신목왕후가 신문왕과 정식으로 혼인한 후에'로 해야 옳다.)

효소왕은 687년에 태어난 것이 아니다. 692년에 16살이었으니 그로부터 환산하면 그는 677년생이다. 687년 2월에 태어난 원자는『삼국사기』권 제8「신라본기 제8」,「성덕왕」에서 성덕왕 27년 조에 성덕왕의 아우로서 당나라에 사은사로 갔다고 기록된 '사종'일 가능성이 크다.

(687년 2월생은 근{欣}질이고 사종은 684년생임이 나중에 밝혀진다.)

성덕왕 32년 사신으로 당나라에 간 왕의 조카 '지렴'은 사종의 아들일 것이다.

효소왕은 태종무열왕의 손자인 신문왕과 외손녀인 신목왕후 사이에서 태어났다. 효소왕은 증조부와 외외증조부가 태종무열왕이다. 신목왕후의 아버지 김흠운(金欽運)은『삼국사기』권 제47「열전 제7」의 김흠운(金歆運)과 동일인이다. 그는 태종무열왕의 사위로서 655년 정월 양산 아래의 백제군과의 전투에서 전사하였다. 그는 이때 어린 딸 하나를 남겼다. 이 딸이 28살도 더 되었을 683년 5월 7일에 왕비가 되었으니 그가 신목왕후이다. 그런데 그 전에 정명태자와 그녀 사이에는 이홍, 봇내태자, 효명태자의 세 아들이 있었다.

신문왕이 왕위에 오를 때[681년]에 왕비의 아버지 '김흠돌의 모반'으로 화랑도 출신 장군, 귀족들인 좋은 신하들이 많이 주륙되거나 축출되는 역사적 사건이 있었다. 김흠운의 딸의 이 세 아들들이 신문왕의 빙부 '김흠돌의 모반'의 원인이었다. 문무왕 사후 정명태자가 왕위에 오르면서 왕비가 된 무자한 김흠돌의 딸과, 이미 태자와의 사이에 5살, 3살, 1살의 세 아들을 두고 있는 김흠운의 딸, 태종무열왕의 외손녀 사이에 미래의 왕위 계승권을 둘러싼 쟁투가 있었을 것이다. 이 일이 왕실 출신과 화랑 출신으로 구성된 신라 귀족 사회의 분열을 일으켜 국가 흥망성쇠에 큰 영향을 미쳤다.

이 시기의 신라 왕실은 문명왕후의 승하, 문무왕의 승하에 이어 '김흠돌의 모반' 이후에 자의왕후까지 이승을 떠나는 상황이었다. 왕실의 어른 셋이 거의 같은 시기에 이 세상을 떠난 것이다. 신문왕과 신목왕후의 혼인이 신문왕 3년까지 늦추어진 것도 연속된 친상과 관련이 있을 것이다. 이 황망한 상황에서 신문왕은 여러 가지 안 좋은 요인을 안고서 인문, 문왕, 노차, 지경, 개원 등의 숙부들과 모후 자의왕후와 빙모 신목왕후의 어머니의 도움을 받아 강력한 무력을 가진 화랑도의 화랑 출신 귀족들과 권력을 다투는 어려운 싸움을 벌여야 하였다.

그것이 '김흠돌의 모반'의 실상이고, 그 모반의 원인은 바로 신문왕이 태자 시절 고종사촌 누이와의 사이에 둔 아들 효소왕과 그 두 아우이다. 그리고 이러한 역사의 흐름 막후에는 겉으로 드러나는 태종무열왕의 아들들과 드러나지 않는 안방 권력이 작용하고 있는 것으로 보인다. 그 안방 권력의 정상에는 젊은 나이에 전사한 김흠운의 부인이며 신목왕후의 어머니, 효소왕, 성덕왕의 외할머니의 그림자가 어른거리고 있었다.

「모죽지랑가」는 '김흠돌의 모반'으로 권력으로부터 멀어진 죽지 장군의 죽만랑지도의 낭도 득오가 죽지 장군 사후 초상 때나 소상 때, 또는 그 사이의 어느 추모 의식에서 지은 만가(輓歌)이다. 이 노래 속에는 이 시대의 이 어두운 분위기가 반영되어 있다. 자의왕후와 신문왕의 개인적 사정으로 인하여 화랑도의 화랑 출신 귀족 세력의 우두머리인 국구 김흠돌을 주살하고 그 딸인 왕비를 폐비하는 불행한 일이 일어났다. 그 일은 출중한 지도력으로 나라 사람들의 추앙을 받던 신라의 이성 문무왕과 김유신 장군의 후예들의 관계를 서로 미워하는 사이로 만들었다. 이 노래는 간접적으로 이러한 시대의 아픔을 드러내고 있다.

<핵심어: 모죽지랑가, 만가, 죽지랑, 득오, 신문왕, 신목왕후, 효소왕, 김흠돌의 모반, 김흠운, 장례식, 김완진>
<투고: 2013.11.26. 심사 완료: 2013.12.5. 게재 확정: 2013.12.13.>

The Chronological Background of Mojukjirangka Revisited

-A New Inference on the Date of King Hyoso's Birth-

King Hyoso of Shilla, whose reign is the chronological background of the song 'Mojukjirangka', succeeded the throne when he was 16 years old and died when he was 26 as the record of *Samkookyoosa* 'Daesan Oman Jinsin' tells. The theory that he succeeded the throne when he was 6 years old and died when he was 16 is an error made based on the wrong assumption that 'wonja[legal first prince]' and 'wangja[prince]' in *Samkooksaki* refer to an identical individual. 'Wonja,' who was born in 687 A.D. is not 'wangja' I-hong who was created the crown prince. 'Wangja' I-hong was born in 677 A.D. to the crown prince Jungmyung and Kim Heum-un's daughter as their first son. 'Wonja' who was born in 687 A.D. is the fourth son of King Shinmun, born after he succeeded the throne.

Kim Heum-un (欽運), the father of Queen Shinmok, and Kim Heum-un (歆運) in *Samkooksaki* 'Yeoljeon' refer to the same individual. He was a son-in-law of King Thaejongmuyeol, and died a glorious death during a battle against Baekje in 655 A.D. He left an infant daughter, who married King Shinmun in 683 A.D. when she was over 28 years old. They had three sons[Prince I-hong, Prince Botnae, Prince Hyomyeong] before their public marriage.

With the King Shinmun's succession to the throne on 681 A.D., there broke out the well-known historical event, Kim Heum-tol's (金欽突) rebellion. The existence of these three princes born from Kim Heum-un's daughter was the cause of the rebellion of Kim Heum-tol, whose daughter was the legal Queen of King Shinmun. The royal family might have made the decision that an already existing prince should succeed the throne, and Kim Heum-tol, who worried about his daughter's future, might have protested to this decision. The royal family accused him of the rebellion and deposed the legal queen who was his daughter. Because of this rebellion a certain group of nobles from Hwarangto was killed or expelled. This caused the noble society of Shilla to split, and seriously affected the rise and fall of the nation.

Because of this event, the noble Jukjirang might have lost his political power and died during the reign of King Hyoso, after living in obscurity for about 15 years in such a harsh political situation. Mojukjirangka was written by Deuko, who had been very intimate with the noble Jukjirang in Hwarangto, in order to be used on the day of the funeral ceremony of Jukjirang, or on the day of Sosang, which is a mourning ceremony on the first anniversary of the death. This is the reason why this song and its story are recorded in *Samkookyoosa* 'Kiiphyeon'.

Key words

Mojukjirangka, Elegy, Jukjirang, Deuko, King Shimun, Queen Shinmok, King Hyoso, Kim Heumtol's Rebellion, Kim Heumun, Funeral Ceremony, Kim Wanjin.

제 2 장

효소왕의 출생 시기 관련 기록 검토

효소왕의 출생 시기 관련 기록 검토

1. 서론

효소왕의 즉위, 승하 시의 나이는 「모죽지랑가」의 창작 배경과 「찬기파랑가」의 기랑(耆郎)의 정체를 밝히는 데 핵심적인 역할을 한다. 「모죽지랑가」는 삼국 통일 전쟁의 영웅 죽지 장군에 대한 추모의 노래인 만가(輓歌)이다. 「찬기파랑가」는 삼국 통일 전쟁을 이끌고 680년[문무왕 20년]에 상대등에 올라 병부령을 겸하고 있던 최고위 화랑 출신 장군인 김군관 장군의 절의(節義)를 찬양하는 노래이다.[1] 두 노래는 모두 그들의 인품과 절의를 따르는 시의 화자들의 비장한 심정을 토로하고 있

---

[1] 「모죽지랑가」에 대해서는 서정목(2014a)를 참고하기 바란다. 「찬기파랑가」에 대해서는 서정목(2014b, c)에서 그 탐구의 초기 결과를 선보인 바 있다. 이 노래의 제2행 '이슬 밝힌 달이'는, 이 노래가 백로(白露)와 한로(寒露) 무렵 가을날 새벽에 지어졌음을 말한다. 새벽에 뜬 달은 그믐달일 가능성이 크다. 이 달은 음력 8월의 그믐달이다. 새벽 달을 보는 사람은 제사와 관련이 있다. 이 노래는 제사를 계기로 지어졌다. 김군관 장군은 '김흠돌의 모반'으로 많은 화랑 출신 장군들이 희생된 681년 8월 8일로부터 20일이 지난 8월 28일, '모반 사실을 알면서도 일찍 알리지 아니 하였다.'는 이유로 적자 1명과 함께 자진하라는 신문왕의 명을 받았다. 8월 그믐날은 그의 제삿날이다.

다. 삼국 통일 전쟁에 공을 세우고 노년에 이르러 고위직에 올라 태평 성대를 구가하였을 것만 같은 화랑 출신 양장(良將), 현신(賢臣)들을 주 인공으로 한 시가 왜 이렇게 애상적(哀傷的)이고 비장한 정서를 풍기고 있는 것일까?

이것을 설명하기 위해서는 통일 신라사를 올바로 이해하지 않으면 안 된다. 그러나 현존 연구 결과들은 이에 대한 답을 줄 만한 시대적 배경 을 제시하지 못하고 있다.[2] 이 비극적 통일 신라사의 겉모습은 681년 7 월 1일 문무왕 사후에 드러나기 시작한다. 681년 7월 7일 즉위한 신문 왕의 빙부 김흠돌은 모반이 드러나서 친인척으로 파악되는 화랑 출신 고위 장군들과 함께 8월 8일 복주되었다. '복주(伏誅)'는 스스로 죄를 받 아들이고 형벌을 받았다는 말이다. 태자비였다가 왕비가 된 그의 딸도 폐비되어 궁에서 쫓겨났다. 그러나 그 속모습은 좀처럼 진상을 드러내 지 않고 오랫동안 신라사의 수수께끼로 남아 있다. 이 '김흠돌의 모반' 의 원인, 즉 무엇 때문에 왕의 빙부가 목숨을 걸고 사위 신문왕과 조정 에 반기를 든 것인지는 아무 데에도 밝혀져 있지 않은 것이다.

그것을 밝히지 않으면 통일 신라사는 연구되지 않은 것이나 같다. 그 것을 베일 속에 묻어 둔 채로는 그 시대의 명작으로 고전의 반열에 올 라 중등학교에서부터 가르치는 향가의 백미(白眉)들을 제대로 가르칠 시 대적 배경을 제시할 수 없다. 그런데 그것을 밝힐 수 있는 원천적 요인 이 효소왕의 즉위 시와 승하 시의 나이로부터 찾아진다. 효소왕의 나이

<hr>

[2] 효소왕에 대한 연구사적 검토가 소홀하다는 심사위원의 의견이 있었다. 신라 중대 정치사를 다룬 논저들로는, 신종원(1987), 김수태(1990), 박해현(2003), 조범환(2010), 이영호(2011), 김태 식(2011) 등 많은 연구 업적들이 있다. 이 논저들은 한결같이 '효소왕이 6살에 즉위하여 16살 에 승하하였다.'는 신종원(1987)의 틀을 벗어나지 못하고 있다.

가 '김흠돌의 모반'의 원인을 설명할 수 있는 핵심 열쇠인 것이다. 신문왕의 부도덕한 행위에 의한 효소왕의 출생의 비밀이 통일 신라 최대의 사건인 왕의 빙부 '김흠돌의 모반'이라는 역사적 사실의 근본 원인이고, 그에 말미암은 왕통의 비도덕성, 비정통성이 혜공왕의 시해라는 비극으로 신라 중대 김 씨 왕조의 비극적 종말을 고하게 하는 근본 원인이다.

필자는 30여 년 향가를 가르치면서 『삼국사기』의 신문왕과 신목왕후의 혼인 과정, 원자 출생, 왕자 이홍 태자 책봉, 신문왕 승하, 효소왕 즉위, 경영의 모반, 신목왕후 사망, 효소왕 승하, 성덕왕 즉위 등의 급박한 역사 흐름과, 『삼국유사』의 「만파식적」, 「효소왕대 죽지랑」, 「경덕왕 충담사 표훈대덕」, 「대산 오만 진신」, 「명주 오대산 봇내태자 전기」, 「백률사」, 「혜통항룡」 등의 설화들이 암시하는 내용 사이에 연결 관계를 찾느라 고심하고 있었다. 그러다가 2010년 어느 날, 효소왕이 6살에 즉위하여 16살에 승하하였으므로 그 기간에 신목태후가 섭정하였을 것이라는 논문을 발표한 조범환 교수를 우연히 만나서, 『삼국유사』에는 16살에 즉위하여 26살에 승하하였다고 되어 있지 않은가 하고 물었다. 조교수는 그 기록에 대해서는 신뢰하지 않는 것이 국사학계의 일반적 경향이라고 답하였다. 눈이 번쩍 띄었다. 아! 여기에 무슨 문제가 있구나!

이 글은 『삼국사기』의 687년[신문왕 7년] 원자 출생 기록과 691년[신문왕 11년] 왕자 이홍의 태자 책봉 기록을 올바로 읽으면, 『삼국사기』의 다른 부분, 『삼국유사』, 『구당서』, 『신당서』, 『자치통감』과도 일치하며, 「모죽지랑가」, 「찬기파랑가」, 「안민가」 등 통일 신라 시대 향가의 진면목까지 설명하는 데에 이바지할 수 있는 시대적 배경을 제시할 수 있다는 것을 논증하기 위하여 집필한다.

2. 『구당서』, 『신당서』, 『자치통감』의 증언

『구당서』의 기록 (1b)는 성덕왕이 효소왕의 아우라고 명시하고 있다. 그리고 『구당서』는 장안 2년에 효소왕이 승하하였음을 정확하게 적고 있다.

(1)

   a. 천수 3년[692년] 정명이 죽었다[天授三年 政明卒]. 측천이 위하여 애도식(보충주: 상제가 곡을 하여 초상을 알린다는 뜻도 있음)을 거행하였다[則天爲之擧哀]. 사신을 보내어 조문하고 제사 지낸 후 <u>그 아들인 이홍을 신라왕으로 책립하였다</u>[遣使弔祭 冊立其子理洪爲新羅王].

   b. 이홍이 장안 2년[702년]에 죽었다[理洪 以長安二年卒]. 측천이 위하여 애도식을 거행하고 2일 간 조회를 하지 않았다[則天爲之擧哀 輟朝二日]. (사신을) 보내어 <u>그 아우 흥광을 세워 신라왕으로 하고 형의 장군 도독의 호를 이어받게 하였다</u>[遣立其弟興光爲新羅王 仍襲兄將軍都督之號]. 흥광의 본명이 太*{玄의 잘못·필자}*宗과 같으므로 선천 연간에 측천이 바꾸었다[興光本名與太宗同 先天中則天改爲*{생각컨대 선천 시에 측천은 졸하였으므로 이곳에 오류가 있다[按先天時則天已卒此處有誤].}* <『구당서』 권 199 상 「열전」 제 149 상 「동이전」 「신라」>

『신당서』에는 (2)와 같이 되어 있다. 『신당서』도 성덕왕이 효소왕의 아우라고 명언하고 있는 것이다.

(2)

   a. 개요 원년[681년] (문무왕이) 사망하였다[開耀 元年 死]. 아들 정명

이 왕위를 이어받았다[子政明襲王]. 사신을 조정에 보내어 당나라 예와 다른 문사를 보내 달라고 하여 무후가 길흉례와 문사 오십편을 보내었다[遣使者朝 丐唐禮及它文辭 武后賜吉凶禮幷文辭五十篇].

b. (신문왕이) 사망하였다. 아들 이홍이 왕위를 이어받았다[死 子理洪 襲王].

c. (효소왕이) 사망하였다. 아우 홍광이 왕위를 이어받았다[死 弟興光 襲王]. <『신당서』 권 220, 열전 제145 「동이전」 「신라」>

『자치통감』은 703년[장안 3년] 윤4월 19일 기사 뒤에 월일도 밝히지 않은 채 (3)과 같이 기록하고 있다(권중달 옮김(2009:174-75)).

(3) 신라왕 김이홍(金理洪, 32대 孝昭王)이 사망하여, 사신을 파견하여 그의 동생인 김숭기(金崇基, 33대 聖德王)를 왕으로 세웠다.
<『자치통감』 「당기」 23, 「측천후」 장안 3년[703년]>

(3)도 성덕왕이 효소왕의 아우라는 것을 명언하고 있다.[3] 그런데 월일을 밝히지 않은 것이 주목된다. 그것은 효소왕의 승하 사실이 703년 윤4월 19일 이후의 일이 아니라 그 전의 일인데 이때에 사신이 임무를 마치고 돌아와 측천무후에게 보고를 하였다는 해석을 하게 한다. 신라 왕의 승하 후에 새 왕의 책봉까지 완료되어 정식으로 조당에 보고되는 데에는 7개월 정도 걸린다. 왕이 승하하고 부음이 가는 데 2개월, 사신이 오는 데에 2개월,[4] 임무를 마치고 돌아가는 데에 2개월 모두 6개월

---

3) 효조왕(孝照王)이 효소왕(孝昭王)으로 된 것은 측천무후의 이름 '照(조)'를 피휘(避諱)한 것으로 보인다. 성덕왕의 이름 김숭기(金崇基)도 피휘한 것이다. 원래 이름은 융기(隆基)였으나 당나라 현종의 이름 융기(隆基)를 피휘하여 흥광(興光)으로 고쳤다는 것이 『구당서』 권 199 상 「열전」 제149 상의 「동이전」 「신라」 조와 『삼국사기』 권 제8 「신라본기 제8」 「성덕왕」 즉위년 조의 기록이다.

4) 『삼국사기』 태종무열왕 8년[661년] 6월 기사 뒤에 태종무열왕 승하 기록이 있고, 10월 29일

이상 걸린다. 그렇다면 효소왕은 늦어도 702년 10월 이전에 승하한 것이다. 『삼국사기』는 실제로 효소왕이 702년 7월에 승하하였다고 기록하고 있다. 그러면 이듬해 윤4월은 사신이 돌아와 보고한 시점이다.

신문왕의 승하와 효소왕의 즉위를 적은 『자치통감』의 기록 (4)는 이러한 사정을 더 확실하게 보여준다.

(4) 2월 16일에 신라의 왕인 김정명(金政明, 神文王)이 죽어서 사신을 파견하여 그 아들인 김이홍(金理洪, 효소왕)을 세워서 왕으로 삼았다. <『자치통감』「당기」 21, 「측천후」 장수 2년[693년] 조>

『삼국사기』는 692년 7월에 신문왕이 승하하고 효소왕이 즉위한 뒤 8월 이후, 월일 없이 기록된 효소왕 즉위년 조의 마지막 기사로 당나라에서 돌아온 고승 도증(道證[원측법사의 제자])가 천문도를 바쳤다고 기록하고 있다. 도증은 조위 사절단과 함께 왔을 것으로 추정된다. 『삼국유사』는 「효소왕대 죽지랑」 조의 원측법사에게 승직을 줄 수 없는 이유가 된 '익선의 죽지 장군 모욕 사건' 후에 일어난 '익선의 장자 치사 사건'이 한겨울[仲冬]의 일이라고 적고 있다. 음력 11월쯤이었을 것이다(서정목(2014a:145-47) 참고). 692년 9월쯤 부음이 전해지고, 11월쯤 사신이 오고, 그 조위 사절이 돌아가는 데에 걸린 2개월 이상의 시간이 흐르면 693년 2월이 된다. 이 2월 16일도 신문왕의 승하 시점이나 효소왕의 즉위 시점이 아니라 당나라 조정에 보고된 시점이다.

『구당서』, 『신당서』, 『자치통감』과 같은 중국 측의 사서들은 한결같

에 조위 사절이 와서, 문무왕이 백제 잔적들과 싸우던 전장에서 돌아와 조문을 받는다. 사신 도착이 승하 후 4개월 뒤인 것으로 산출된다.

이 성덕왕이 효소왕의 아우임을 증언하고 있다. 성덕왕이 효소왕의 이복형일 것이라는 주장은 옳지 않은 것이다.

3. 『삼국사기』의 기록

(5a)는 정명태자가 왕위에 오르고 태자비인 딸이 왕비가 된 직후, 국구(國舅) '김흠돌의 모반'이 드러나서 왕비가 출궁되었음을 기록하고 있다.

(5)
a. 681년, 신문왕이 즉위하였다[神文王立]. 이름은 정명이다[諱政明]*{명지라고도 한다. 자는 일초다[明之 字日怊]}*. 문무대왕의 장자다[文武大王長子也]. 어머니는 자의*{儀는 義로 적기도 한다.}*왕후다[母慈儀*{一作義}*王后]. 비는 김 씨로서 소판 흠돌의 딸이다[妃金氏蘇判欽突之女]. 왕이 태자로 있을 때(보충주: '왕이 태자가 될 때'가 옳다.) 비로 맞았으나 오래도록 아들이 없었다[王爲太子時納之 久而無子]. 후에 아버지가 난을 짓는 데에 연좌되어 궁에서 쫓아냈다[後坐父作亂 出宮].
b. 문무왕 5년에 태자가 되어 이때 이르러 왕위를 계승하니 … [文武王五年立爲太子 至是繼位 …] <『삼국사기』 권 제8, 「신라본기 제8」 「신문왕」>

이 모반은 원인이 불분명하다.[5] 태자비가 오래 무자하였다고 하나 그

---

5) 이병도, 김재원(1959/1977:644-45)에서는 '이 역모사건의 자세한 내막에 관하여는 상고할 길이 없으나 … 즉 王妃의 無子로 인하여 장래 자기 세력의 孤弱(고약)함을 우려한 나머지에서 나온 행동이 아니었던가.' 하고 추정하고 있다. 정확한 추정으로 보인다.

것이 모반의 원인은 아니다. 아버지가 난을 짓는 데 연좌되어 그 후에 출궁되었기 때문이다. 정명태자는 665년에 태자로 봉해져서 16년 동안이나 태자로 있었다. 부왕이 전쟁에 골몰하던 기간 긴 2인자의 삶을 살았다.

> (6) 신문왕 원년[681년] 8월 서불한 진복을 제수하여 상대등으로 삼았다[元年 八月 拜舒弗邯眞福爲上大等]. <『삼국사기』 권 제8, 「신라본기 제8」 「신문왕」>

(6)에서 7월 7일에 즉위한 신문왕이 8월에 상대등을 진복으로 교체하였다. 전임 상대등이 누구인지도, 교체 사유가 무엇인지도 없다. 날짜가 밝혀져 있지 않은 점이 주목된다. 8월 어느 날에 바뀐 것이다. 전임 상대등은 (7)과 같이 680년 2월에 이찬 김군관이 임명되어 있었다.

> (7) 문무왕 20년[680년] 봄 2월 이찬 김군관을 제수하여 상대등으로 삼았다[二十年 春二月 拜伊湌金軍官 爲上大等]. <『삼국사기』 권 제7, 「신라본기 제7」 「문무왕 하」>

진복은 (8a)에서 보듯이 661년 7월 17일의 고구려 정벌과 관련된 인사에서 서당총관으로 임명되었다. (8b)에서는 665년에 중시 문훈이 사직하므로 이찬 진복이 중시에 임명되었다. 죽지 장군이 진덕여왕 5년[651년]에 중시가 된 것에 비추어 보면 진복이 죽지 장군보다 하위급일 것으로 보인다. (8c)에서는 잡찬 진복이 각간 김인문, 흠순, … 흠?(돌?) 등과 같은 대당총관으로 김유신 장군의 바로 아래이다. 이찬 죽지는 경정총관이다. 잡찬 군관은 한성주행군총관이다.

(8)

a. (문무왕) 즉위년[661년] 6월 입당 숙위하던 인문, 유돈 등이 도착하여 왕에게 황제가 이미 소정방을 보내어 수륙 35도*{만의 잘못: 필자}*병을 거느리고 고구려를 정벌하니 드디어 왕은 거병하여 상응할 것을 명하였다[元年 六月 入唐宿衛仁問儒敦等至 告王皇帝已遣蘇定方 領水陸三十五道*{萬의 잘못: 필자}*兵 伐高句麗 遂命王擧兵相應]. … 가을 7월 17일에 김유신으로 대장군을 삼고, 인문, 진주, 흠돌을 대당장군, 천존, 죽지, 천품을 귀당총관, … 군관, 수세, 고순을 남천주총관 … 진복을 서당총관으로 … 삼았다[秋七月十七日 以金庚信爲大將軍 仁問眞珠欽突爲大幢將軍 天存竹旨天品爲貴幢摠管 … 軍官藪世高純爲南川州摠管 … 眞福爲誓幢摠管 …].

b. 5년[665년] 봄 2월 중시 문훈이 치사하므로 이찬 진복을 중시로 삼았다[五年 春二月 中侍文訓致仕 以伊飡眞福爲中侍].

c. 8년[668년] 6월 21일 대각간 김유신으로 대당대총관을 삼고*{爲는 응당 대당 위에 있어야 한다.}*[二十一日以大角干金庚信大幢爲*{爲者 當在大幢上}*大摠管] 각간 김인문, 흠순, 천존, 문충, 잡찬 진복, 파진찬 지경, 대아찬 양도, 개원, 흠O*{O는 돌임}*을 대당총관으로 삼고[角干金仁問欽純天存文忠迊飡眞福波珍飡智鏡大阿飡良圖愷元欽O*{突也}*爲大幢摠管] 이찬 진순*{춘으로 적기도 함}*, 죽지를 경정총관으로 삼고[伊飡陳純*{一作春}*竹旨爲京停摠管] … 잡찬 군관, 대아찬 도유, 아찬 용장을 한성주행군총관으로 삼고[迊飡軍官大阿飡都儒阿飡龍長爲漢城州行軍摠管] … 아찬 일원, 흥원을 계금당총관으로 삼았다[阿飡日原興元爲罽衿幢摠管].

<『삼국사기』 권 제6, 「신라본기 제6」 「문무왕 상」>

(8c)에서 668년에는 군관과 진복이 같은 잡찬이었다. 680년에는 군관은 이찬이 되어 있고 681년 8월에 진복은 서발한이 되어 있다. 이 둘은 경쟁 관계나 동지 관계였던 것으로 보인다. (6)과 (7)을 보면 김군관은 1년 반 동안 상대등에 있었다. (6)에는 김군관을 상대등에서 면한 사유가

없다. 왜 바꾸었을까? 상대등 교체 기록 다음에 바로 큰 사건이 기록되어 있다. 이른바 '김흠돌의 모반'이다.

(9)

a. (신문왕 원년 8월) 8일, 소판 <u>김흠돌</u>, 파진찬 <u>흥원</u>, 대아찬 <u>진공</u> 등이 모반하므로 복주하였다[八日 蘇判金欽突波珍湌興元大阿湌眞功等 謀叛伏誅].

b. 16일 하교에서 말하기를 … 적수 흠돌과 흥원, 진공 등은 그 지위가 재능으로 오른 것도 아니고, 그 직위는 실은 <u>선왕의 은총으로</u> 올라간 것이지만[十六日 下敎曰 … 賊首欽突興元眞功等 位非才進職實恩升]

c. 악한 무리들이 서로 도와 기일을 정한 후 <u>난역을 하려</u> 하였다. … 흠돌 등은 악이 쌓이고 죄가 차서 모의한 바가 드러났으니[同惡相資 剋日定期 欲行亂逆 … 欽突等 惡積罪盈 所謀發露]

d. 이로써 병력을 추가로 모아 효경[梟(경)은 당연히 獍(경)] 같은 자들을 없애려 하니 혹은 산골짜기로 도망하여 숨고 혹은 대궐의 뜰에 와서 항복하였다. 그러나 가지를 찾고 잎을 드러내어 모두 이미 죽이니 3~4일 동안에 죄수들이 탕진되었다[是以 追集兵衆 欲除梟鏡(鏡 當作獍) 或逃竄山谷 或歸降闕庭 然 尋枝究葉 並已誅夷 三四日間 囚首蕩盡]. … 이제 이미 요망한 무리가 숙청되어 원근이 걱정이 없어졌으니 <u>소집했던 병마</u>는 의당 빨리 놓아 돌려보내고 사방에 포고하여 이 뜻을 알게 하라[今旣妖徒廓淸 遐邇無虞 所集兵馬 宜速放歸 布告四方 令知此意].

<『삼국사기』 권 제8, 「신라본기 제8」 「신문왕」>

(9a)에서 사위가 왕위에 오르자마자 김흠돌은 흥원, 진공 등과 모반하다가 8월 8일 복주되었다. (9b)에서는 8일이나 지난 16일에 하교를 내렸다. 이 8일 동안 신문왕, 진복 등은 무엇을 하였을까? 모반에 연루된

사람들의 범위를 정하였을 것이다. 수많은 사람들을 가두고 고문하여 증거를 찾고 숙청해야 할 대상들을 색출해 나갔을 것이다. (9b)는 흠돌, 흥원, 진공 등은 재능도 없으면서 문무왕의 은총으로 고위직에 올랐다고 하였다. 이들은 문무왕의 특별한 은혜를 입었음에 틀림없다. 문무왕의 외척, 즉 문명왕후의 친정, 김유신 장군 집안과 관련되었을 것이다. (9c)에는 김흠돌이 모반하려 한 동기가 막연하게 기술되어 있다. '기일을 정한 후 난역을 하려 하였다'에서 '욕행(欲行)'은 '행하려 하였다'이다. 행한 것이 아니다. 그리고 '모의한 바가 드러났으니'라고 하였다. 모의가 발각되었다는 뜻이다. (9d)에서 '이로써 병력을 추가로 모아'라 하고 '소집했던 병마는 의당 빨리 놓아 돌려보내고' 한 것으로 보아 지방의 군대를 동원하여 모반 세력을 진압하였다. 이 진압 작전은 산골짜기로 숨고 대궐 뜰에 와서 항복한 자까지 '가지를 찾고 잎을 드러내어 모두 이미 죽이니 3~4일 동안에 죄수들이 탕진되었다'고 할 만큼 철저하고 잔인하였다. 반란이 일어난 것이 아니고 계획 단계에서 발각되어 3~4일에 걸쳐 지방 군대를 동원하여 진압한 것이다. 하교 (9b~d)는 아버지를 도와 통일 전쟁에 참가하여 공을 세운 신하들을 죽이면서, 재능은 없었으면서도 아버지의 은총으로 출세한 사람들이라고 폄하하고 있다. 짙은 콤플렉스가 느껴진다.

김흠돌 등이 복주된 날로부터 20일이 지난 28일에 (10)에서 보듯이 병권을 가진 병부령 이찬 김군관 장군을 자진(自盡)시켰다. 8월에 진복이 상대등으로 임명되었으니 군관이 상대등에서 면직된 것이 이 모반 사건과 관련된 것임을 알 수 있다. 군관이 모반에 연루되었거나 모반에 가담한 자와 인척 관계에 있어 그 모반 사건을 조사하기에 적절한 처지가 아니었을 것이다. 그러나 기록상으로 8월 16일의 교서에는 그가 어떤 처지에 놓여 있었는지 아무런 흔적이 없다.

> (10) 28일 이찬 군관을 죽였다[二十八日 誅伊飡軍官]. 교서에 말하기를 [教書曰] … 병부령 이찬 군관은 반서의 인연으로 드디어 윗자리에 올랐는데 … 적신 흠돌 등과 더불어 교섭하여 그 역모의 일을 알면서도 일찍 알리지 아니하였으니 … 어찌 재상의 자리에 무거이 두어 헌장을 혼탁하게 할 것인가[兵部令伊飡軍官 因緣班序 遂升上位 … 乃與賊臣欽突等交涉 知其逆事 曾不告言 … 何以重居宰輔 濫濁憲章]. 마땅히 그 무리들과 함께 죽여 후진을 징계하여야 할 것이므로 군관 및 적자 1명을 자진하게 하니 원근에 포고하여 모두 알게 하라[宜與衆棄以懲後進 軍官及嫡子一人可令自盡 布告遠近 使共知之]. <『삼국사기』 권 제8, 「신라본기 제8」 「신문왕」>

김군관 장군은 '그 역모의 일을 알면서도 일찍 알리지 아니하였으니' 라는 이유로 적자 1명과 함께 자진하라는 명을 받고 이승을 떠났다. 그의 죽음은 억울한 죽음일 수도 있다.[6] 이 모반 사건으로 죽은 흠돌, 군관, 흥원, 진공이 주목된다. 김유신 장군의 부하들로서 죽지 장군, 진복 등과 통일 전쟁에 참가하였던 장군들이다.

김흠돌은 왜 반역을 모의했을까? (9, 10)에서는 그 이유를 찾을 수 없다. 그런데 이어지는 신문왕 시기의 혼인과 원자 출생, 왕자 이홍의 태자 책봉과 관련된 기록이 이 미로(迷路)의 길잡이가 되고 있다.

> (11)
> a. 신문왕 3년[683년] 봄 2월 … 일길찬 김흠운 소녀를[7] 들여 부인으

---

6) 김군관 장군이 「찬기파랑가」의 찬양 대상이 된 '기랑[노화랑]/기파랑[늙보화랑]'일 것이라는 논의는 서정목(2014c:371)을 참고하기 바란다.(보충주: 서정목(2017b)로 구체화되었다.)

로 삼기로 하고 먼저 이찬 문영과 파진찬 삼광을 보내 기일을 정하
고, 대아찬 지상으로 하여금 납채를 보냈는데, 비단이 15수레이고
쌀, 술, 기름, 꿀, 간장, 된장, 말린고기, 젓갈이 135수레이고, 조곡
이 150수레였다.

b. 5월 7일에 이찬 문영, 개원을 그 집으로 보내어 부인으로 책봉하고
그 날 묘시에 파진찬 대상, 손문과 아찬 좌야, 길숙 등을 파견하여
… 모셔오게 하였는데, 부인은 수레를 타고 좌우에서 시종하는 관
인과 부녀자가 아주 성황이었다[원문 36~37면 참조].
<『삼국사기』 권 제8, 「신라본기 제8」 「신문왕」>

(11a)에서는 김흠운의 딸을 들여 새 왕비로 삼는 혼례가 기록되어 있
다. 이찬 문영과 파진찬 삼광 같은 고위직이 날을 받으러 가고 있다. 납
채에 대한 기록이 자세하고 납채의 양이 매우 많다. (11b)에서는 이찬
문영과 개원이 가서 부인으로 책봉하고 그날 묘시에 사람들을 보내어
모셔오게 하였다.[8]

그리고 (12)에서 보듯이 신문왕의 혼인으로부터 4년 뒤 687년[신문
왕 7년]에 '元子가 출생하였다'. 여기서 누구나 신문왕과 새로 혼인한
왕비 사이에 첫 아들이 출생하여 원자가 되었다고 생각하게 되어 있다.

(12) (신문왕) 7년[687년] 봄 2월 <u>원자가 출생하였다</u>. 이 날 음침하고
어두우며 큰 우레와 번개가 쳤다. <『삼국사기』 권 제8, 「신라본

7) 이 소녀(少女)는 이상한 표현이다. 『삼국사기』는 왕비에 대하여 '비(妃)는 ○○ ○○○之女'
라고 적고 있다. (15)에서 보듯이 효소왕의 어머니를 기록하는 데서는 '김흠운녀(金欽運女)'
라고 적었다. 왜 신목왕후를 기록할 때 공교롭게도 두 번 다 관례에 어긋난 표현이 되었을
까? 이 '少(소)'자는 '之(지)'자의 오각(誤刻)임이 틀림없다.

8) 이찬 개원은 태종무열왕의 아들이다. 이 정도의 고위급 인사가 가서 모셔오는 것을 보면 신
목왕후 집안과 왕실 사이의 관계가 밀접하였다고 볼 수밖에 없다. 『삼국사기』 「신라본기」의
김흠운(金欽運)이 『삼국사기』 「열전」 「김흠운(金歆運)」 조의 주인공 태종무열왕의 사위 흠
운인 증거의 하나이다.

기 제8」「신문왕」>

(13) (신문왕) 11년[691년] 봄 3월 1일에 왕자 이홍을 태자로 책봉하였
다[원문 37면 참조]. <『삼국사기』 권 제8, 「신라본기 제8」「신문
왕」>

(13)에서는 그로부터 4년 뒤 왕자 이홍을 태자로 봉하였다. 그런데 여
기서 왜 원자 이홍을 태자로 봉하였다고 하지 않고, 왕자 이홍을 태자
로 봉했다고 하였을까? 원자(元子)와 왕자(王子)는 전혀 의미가 다른 단
어이다. 『삼국사기』의 편찬자가 원자와 왕자를 구분하지 못하여 4년 전
에 원자가 태어났다고 기록하고, 그 원자가 5살이 되었을 때 태자로 봉
해지는데, 그 일을 '왕자 이홍이 태자로 봉해졌다'는 기록을 남겼을까?
그럴 리가 없다. (13)의 기록은, '687년에 원자가 출생하였다. 그러나 그
4년 뒤인 691년에 그 원자를 제치고 다른 왕자인 이홍을 태자로 책봉
하였다'는 사실을 적은 것이다. 왜 원자를 제치고 왕자 이홍을 태자로
봉했을까? 원자는 691년에 겨우 5살이다. 『삼국유사』의 「대산 오만 진
신」 조의 기록대로라면 692년에 16살로 즉위한 효소왕은 태자로 봉해
지던 691년에 15살이다. 그는 677년생이다. 677년은 신문왕이 즉위한
681년보다 4년 전인 문무왕 시대이다. 그는 '원손'일 수는 있어도 '원
자'일 수는 없다.

정명태자는 왕위에 오르기 전에, 문무왕 시대에 이미 이홍을 낳았다.
그런데 정명태자의 태자비는 김흠돌의 딸이었다. 『삼국사기』는 그녀가
태자비로 있는 동안 오랫동안 아들이 없었다고 명언한다. 이홍은 김흠
돌의 딸의 소생일 수 없다. 그렇다면 정명태자는 즉위하기 전에 태자비
가 아닌 다른 여인과의 사이에 아들을 두고 있었음에 틀림없다. 이런

상황에서 태자비의 아버지에서 왕비의 아버지가 된 김흠돌은 어떻게 해야 할 것인가? 자신의 딸이 앞으로 낳을지도 모르는 적통 원자인 외손자가 왕위를 계승하도록 하고 싶은 욕심을 가지는 것이 인지상정이다. 그 욕심은 이미 태어난 신문왕의 아들을 죽이거나 멀리 보내는 것이다. 그런데 나중에 밝혀지는 대로 그렇게 해야 할 왕자가 셋이나 된다.

그것은 신문왕이나 자의왕후, 그리고 이홍의 어머니를 두둔하는 세력들의 처지에서 보면 모반이다. 왕의 아들이 이미 있는데 태어나지도 않은 미래의 적통 원자를 위하여 지금 존재하는 왕자를 죽이거나 내쫓거나 한다는 것은 모반이다. 이것이 '김흠돌의 모반'의 실제 모습이다. 이 모반의 원인 제공자는 부도덕한 신문왕 자신인 것이다.

김흠돌은 모반이 드러나서 복주되고 그의 전우들인 화랑 출신 귀족들도 많이 주륙되고 축출되었다. 왕비인 그의 딸도 출궁되었다. 그런 사건이 있은 뒤 신문왕은 즉위 3년[683년]에 새로 김흠운(金欽運)의 딸을 왕비로 맞이하였으니 이 이가 신목왕후(神穆王后)이다.[9] 그리고 혼인 후 4년만인 687년에 원자가 태어났다. 이 원자의 어머니가 신목왕후일까? 아닐 수도 있다. 그러나 알 수 없다.

태자를 책봉한 1년 후인 692년에 (14)에서 보듯이 신문왕이 이승을 떠났으므로, 691년의 태자 책봉은 비교적 급한 상황에서 이루어졌을 것이다. 이때 원자를 제치고 이홍이 태자로 봉해졌다. 그것은 신목왕후가,

---

9) 신목왕후는 (11a)에서 일길찬 김흠운의 딸이다. 이 金欽運과 『삼국사기』 「열전」 「김흠운」 조의 金歆運은 동일인이다. 김흠운은 655년 정월 양산 아래에서 야습한 백제군과 싸우다가 전사한 태종무열왕의 반자[=사위]로서 사후에 일길찬을 추증받았다. 그가 태종무열왕의 사위이므로 신목왕후의 어머니는 공주가 되어 문무왕의 누이가 되고 신문왕의 고모가 된다. 신목왕후는 태종무열왕의 외손녀이면서 문무왕의 생질녀가 된다. 태종무열왕의 손자인 신문왕과 외손녀인 신목왕후는 내외종간이다. 이영호(2011:9)도 둘의 관계를 '고종'으로 파악하고 있다.

만약 자신이 낳았다면 자신의 아들인 원자를 제치고 신문왕이 예전에 태자 시절에 어떤 여인과의 사이에 낳은 아들인 이홍을 태자로 봉하는 데 동의하였다는 말이 된다. 김흠돌은 목숨을 걸고 아들을 낳지도 않은 자신의 딸을 위하여 다른 여인이 낳은 왕자가 앞으로 왕이 되는 것을 막으려 하다가 복주되었다. 그런데 신목왕후는 얼마나 관대한 사람이기에 자신이 낳은 원자가 있는데도 그 아들을 제치고, 남편이 15년 전에 어떤 여인과의 사이에 낳은 이홍을 태자로 봉하여 왕위에 올리는 데 찬성한다는 말인가? 신목왕후는 정말로 자신과 자신이 낳은 아들의 목숨까지 위태로워질 수 있는 이런 상황을 받아들인 것일까?

(14)에서 보듯이 692년 7월 신문왕은 이승을 하직하고, (15)에서 보듯이 태자 이홍이 즉위하여 효소왕이 되었다.

> (14) 신문왕 12년[692년] 가을 7월, 왕이 승하하여 신문이라 시호하고 낭산 동쪽에 장례지냈다[원문 37면 참조]. <『삼국사기』 권 제8, 「신라본기 제8」 「신문왕」>
>
> (15) [692년], 효소왕이 즉위하였다. 이름은 이홍*{洪은 恭으로 적기도 함}*으로 신문왕의 태자이다. 어머니의 성은 김 씨로 신목왕후인데 일길찬 김흠운*{運은 雲이라고도 함}* 딸이다[원문 38면 참조]. <『삼국사기』 권 제8, 「신라본기 제8」 「효소왕」>

그런데 (15)에 놀라운 정보가 들어 있다. 효소왕의 어머니가 바로 신목왕후라는 것이다. 일길찬 김흠운의 딸이라는 것도 일치하고, 효소왕이 이홍이며 신문왕의 태자라는 것도 일치한다. 그 여인, 정명태자가 예전에 사귀어서 이홍을 낳은 그 여인이 바로 신목왕후인 것이다. 이제 신목왕후가, 이홍이 태자로 봉해지고 왕이 되는 데에 동의한 이유가 분명해졌다. 이홍, 즉 효소왕이, 자신이 혼인하기 전에 고종사촌 정명태자와의 사이에 둔 자신의 아들이기 때문이다.

신목왕후는, 원자가 어리니까 큰 아들인 형에게 무거운 짐을 맡긴 것일까? 만약 원자가 신목왕후가 낳은 아들이 아니라면 이홍이 왕이 된 이유는 더욱 명백하다. 이때 원자가 왕위를 잇는 것이 옳은가, 왕이 혼전에 낳은 맏아들인 이홍이 왕위를 잇는 것이 옳은가의 시비(是非)가 있었을 것이다.

이제 '김흠돌의 모반'에서 김흠돌이 제기한 문제의 본질이 드러났다. 그는 태종무열왕의 딸인 김흠운의 부인, 그리고 그 부인의 딸이 낳은 이홍의 존재를 알고 있었다. 그리고 자신의 딸이 이들과의 싸움에서 결코 이기지 못할 것도 알고 있었다. 어차피 이기지 못할 싸움이니까 최후의 방법을 택할 수밖에 없었다. 그는 신문왕, 자의왕후, 김흠운의 부인이었던 태종무열왕의 딸, 그의 딸 신목왕후, 그 아들 이홍까지 모두를 제거할 모반 계획을 세웠을 것이다. 그리고 그것은 (9)에서 본 바와 같이 처절한 패배로 끝난 것이었다.

(16)을 보면 『삼국사기』에는 또 이상한 기록이 보인다. 700년에 '이찬 경영의 모반'이 있다. 최고위급인 이찬이 모반하다가 죽다니, 여기에는 비상한 사연이 있을 것이다. 이 '경영의 모반'에 연좌되어 중시 순원이 파면되었다.

(16) 효소왕 9년[700년], … 여름 5월에 이찬 경영*{영은 현으로 적기도 한다.}*이 모반하여 복주하였다. 중시 순원이 이에 연좌되어 파면되었다[원문 39면 참조].
<『삼국사기』 권 제8, 「신라본기 제8」 「효소왕」>

이 모반은 이유와 전개 과정이 밝혀져 있지 않다. 그러나 이 모반 직후인 700년 6월 1일에 신목왕후가 이승을 떠났다.[10] 그 죽음은 700년 5월에 일어난 이 모반과 무관할 수가 없다. 이로 보면 효소왕에 대하여 좋지 않게 생각하는 세력이 있었다는 것을 알 수 있다. 경영과 순원은 왜 효소왕에 반기를 든 것일까? 그들은 혼전, 혼외로 태어난 효소왕의 정통성을 문제 삼은 것이 아닐까? 왕이 되고 혼인한 뒤에 낳은 원자가, 태자 시절 혼외에서 낳은 이홍보다 더 정통성이 있다고 볼 수 있다. 687년에 원자가 태어나고 691년에 그의 형제들 가운데 맏이인 이홍이 태자가 되었다. 692년에 신문왕이 승하하고 효소왕이 즉위하였을 때 원자는 6살이다. 700년에 원자는 14살이다. 이제 그도 왕이 될 만한 나이가 되었다. 이 원자가 '경영의 모반'의 원인이었을 수 있다. 그러나 그보다는 어떤 세력 다툼, 효소왕을 지원하는 세력과 대립되는 어떤 세력이 원자를 핑계 삼아 효소왕 세력과 반목하다가 주살된 것일 가능성이 크다. 그 반란으로 신목왕후가 사망하였다. 이 시점에서 원자는 어떻게 되었을까? 그도 이 모반 사건에 연루되어 처벌되었을 가능성이 크다.[11]

---

10) 1942년에 나온 「황복사 석탑 금동사리함기」에는 신목왕후(神睦王后[여기서는 穆 대신에 睦이 쓰였다.])가 700년 6월 1일에 승하한 것으로 기록되어 있다. 이 명문(銘文)은 성덕왕 5년[706년]에 조성되었고 이 날짜는 성덕왕의 어머니의 제삿날로 기록된 것으로서 의심할 수 없는 날짜이다(『역주 한국고대금석문 3』, 1992:349).

11) 『삼국유사』 권 제3 「탑상 제4」의 「대산 오만 진신」에서 '정신왕[효소왕의 오: 필자]의 아우가 왕과 왕위를 다투었다. 국인이 폐하고 장군 네 사람을 보내어 산에 이르러 맞아 오게 하였다[淨神王之弟與王爭位 國人廢之 遣將軍四人到山迎之].'를 신종원(1987:123)처럼 '정신왕[=보천태자]의 제[=부군]와 왕[=효소왕]이 쟁위하여 국인이 (효소왕을) 폐하였다'고 오독하면 안 된다. 이 문장으로 보아도 '폐하다'의 목적어는 '정신왕의 제'가 되어야 하지 '왕'이 되어서는 안 된다. 실제로 효소왕은 폐된 것이 아니라 주멸된 것이다. 국인이 폐한 것은 효소왕의 아우인 부군이다. 필자는 이 기록과 「명주 오대산 봇내태자 전기」, 「청학사 사적」에 대하여 모두 검토하였다. 그러나 하나의 논문으로 하기에는 분량이 너무 많아 그 검토 결과는 분리하여 다른 기회에 발표하기로 한다.

그로부터 2년 후에 승하하는 효소왕도 이 사건의 후유증으로 사망하였을 것이다.

'경영의 모반'은 어차피 효소왕에 반대한 모반이다. 이 사건 후에 신목왕후는 바로 사망하고 경영도 복주되었다. 순원은 파면되었다. 그 2년 후 702년 7월에 효소왕이 승하하였다. 이에 대한 『삼국사기』의 기록은 (17)과 같다.

> (17) (효소왕) 11년[702년] 가을 7월에 왕이 돌아가시므로 시호를 효소라 하고 망덕사의 동쪽에 장사지냈다. *{『관*{관은 당연히 구로 적어야 한다.}*당서』에 이르기를 장안 2년[702년]에 이홍이 돌아갔다 하였고12) 여러 『고기』에 이르기를 임인[702년] 7월 27일에 돌아갔다 하였다. 그러나 『통감』에 이르기를 대족3) 3년[703년]에 돌아갔다 하였으니 곧 『통감』의 오류이다}*.14) [원문 41면 참조] <『삼국사기』 권 제8, 「신라본기 제8」 「효소왕」>

---

12) 『구당서』의 「본기」 대족 연간에는 원년 겨울 10월 연호를 장안으로 고쳤다는 기록이 있고, 2년 겨울 10월 일본국이 사신을 보내오고 방물을 바쳤다는 기록은 있지만, 신라왕의 승하와 후계 문제는 기록되지 않았다. 『신당서』에도 「본기」에는 없다. 두 사서의 「열전」 「동이전」 「신라」 조에는 앞에서 본 대로 이 기록이 있다.

13) 「측천후」 장안 원년[701년] 봄 정월 정축일[3일]에 성주(成州, 감숙성 예현 남쪽)에서 부처의 자취를 보았다고 말하여서, 대족(大足)으로 연호를 고쳤다(권중달 옮김(2009:159)). 그 책의 주 27에는 감옥에 갇힌 죄수들이 큰 발자국을 만들어 놓고 성인(聖人)이 나타났다는 소문을 퍼뜨려 사면을 노린 사건이 있다. 이에 천하를 사면하고 연호를 대족으로 고쳤다고 하였다.

14) 『삼국사기』의 '이는 곧 『통감』의 오류이다'라는 주는 적절하지 못하다. 대족 3년은 장안 3년과 같은 703년이므로 『자치통감』의 기록은 앞에서 본 대로 아무런 문제가 없다. 702년 7월 승하하여 부음이 가고 사신이 오가는 시간을 합하면 승하 후에 새 왕의 책봉까지 완료되어 보고되는 데에는 7개월 이상 걸린다. 그러면 윤4월에 기록될 수도 있다. 『자치통감』의 기록은 효소왕 승하 시점이 아니라 돌아온 사신의 보고 시점을 적은 것이다. 더 중요한 것은 『삼국사기』를 쓸 때 『구당서』, 『자치통감』 등을 보았다는 사실이다. 이는 『삼국사기』가 중심이고 중국 측 기록을 방증 자료로 보는 역사 해석에 문제가 있을 수 있음을 말한다. 중국 측 자료가 먼저 있고 그것에 토대를 두고 『삼국사기』를 썼다면 역사 해석에서 중국 측 기록을 소홀히 할 수가 없다.

모반한 자와 모반의 대상이 되었던 자 모두가 패자가 되었다. 승자는 누구인가? 원자는 '경영의 모반'에 연루되어 효소왕 사후 왕위를 이을 상황이 되지 못하였을 것이다. 그리하여 승자가 된 사람이 성덕왕이다. 그런데 더 놀라운 정보가 (18)에 들어 있다. 효소왕이 승하한 후 왕위에 오른 성덕왕도 효소왕의 동모제라는 것이다.

> (18) 702년, 성덕왕이 즉위하였다. 이름은 흥광이다. 본명은 융기였으나 현종의 이름과 같아 선천에 바꾸었다*{『당서』에서는 김지성이라 하였다.}*. 신문왕의 제2자이고 효소왕과 같은 어머니에서 난 아우이다. 효소왕이 승하하고 아들이 없으므로 국인들이 세웠다. 당의 측천무후는 효소왕이 승하했다는 말을 듣고 위하여 애도식을 거행하고 이틀 동안 정사를 보지 않았다. 사신을 파견하여 조위하고 왕을 신라왕으로 책봉하고 이에 형의 장군 도독 호를 이어받도록 하였다[원문 42면 참조].
> <『삼국사기』 권 제8, 「신라본기 제8」 「성덕왕」>

『구당서』, 『신당서』, 『자치통감』과 정확하게 일치한다. 성덕왕이 효소왕의 아우인 것이다.15) 그런데 효소왕의 동모제인 성덕왕도 신목왕후가 혼인 전에 낳은 아들이다.16) 왜냐하면 성덕왕이, 신문왕이 왕위에 오

---

15) 성덕왕의 졸년은 737년으로 『삼국사기』와 『삼국유사』가 일치한다. 나이는 알 수 없다. 702년에 22세로 즉위하여 35년 간 재위하였으니 57세가 된다. 12세로 즉위하였다면 47세에 승하한 것이 된다. 성덕왕의 승하 시의 나이가 어디에서 나오면 이 논의의 결정적 증거가 될 것이다.

16) 한 심사위원은 효소왕, 성덕왕이 혼전 출생자라는 근거를 제시하라고 하고, 필사본 『화랑세기』를 염두에 두었다면 그것을 각주에 명기하라고 하였다. 필자는 아직 그 필사본의 진위 여부를 판정하지 않고 있다. 서정목(2014a)도 이 필사본과 관련된 내용은 주에서만 다루었지 본문에서는 언급하지 않았다. 그런 태도를 견지하면서, 이 글은 필사본 『화랑세기』를 언급하지 않고도 효소왕이 16살에 즉위하여 26살에 승하하였다는 것을 증명할 수 있음을 보이려 하였다. 이하는 곧 출판될 필자의 『찬기파랑가에 대한 새로운 생각』이라는 책의 주제을 가져 온 것이다. "이종욱 역주(1999)에는 정명태자(政明太子)의 형으로 소명전군(昭明

른[681년] 뒤에만 태어났어도 그가 원자가 되어야 한다.

(보충주: 이 글을 쓸 때까지도 원자가 아버지가 왕인가 아닌가에 의하여 결정되는 것으로 보고 있었다. 원비의 맏아들이라는 것은 후에 알게 된 것이다.)

원자는 신문왕 즉위 7년[687년]에 태어났다. 그러므로 성덕왕은 신문왕이 즉위하기[681년 7월 7일] 전인 681년 1월 1일~7월 6일 사이에 태어났고, 당연히 신문왕이 신목왕후와 혼인한 683년보다 더 전에 태어났다. 그런데 성덕왕의 형이 寶叱徒太子이다. 정명태자는 681년 이전에 이미 아들을 셋이나 두고 있었던 것이다.

(보충주: 寶叱徒는 후에 보스도를 거쳐 봇내로 확정지었다. 이 글까지는 叱이 '-ㅅ'을 적는 글자이기 때문에 흔히 하듯이 '보질도'로 읽어서는 안 된다는 것만 강조하고 그냥 한자로 표기하였다.)

성덕왕이 즉위하는 시점에 원자는 다시 왕이 되지 못하였다. '경영의 모반'에 연루되었기 때문이다. 687년에 태어난 원자는 702년 성덕왕이 즉위할 때 16살쯤 된다. 그도 이제 충분히 왕위에 오를 만큼 성장하였다. 그런데 그는 다시 왕이 되지 못하였고 22살로 원자보다 6살 더 많은 스님 형 성덕왕이 즉위한 것이다. 효명태자[=성덕왕]은 효소왕의 즉위와 관련하여 오대산에 들어가서 스님이 되어 수도 생활을 하다가

殿君)이 있었고, 태종무열왕의 명에 의하여 그와 혼인하게 예정되어 있던 김흠운의 딸이, 소명전군이 조졸(早卒)하자 소명제주(昭明祭主)가 되기를 자청하여 소명궁이 되었으며, 소명궁에 자주 들르던 자의왕후를 따라 온 정명태자와 정이 들어 이공전군(理恭殿君)을 낳았다는 기록이 있다. 이공전군[=효소왕]의 출생은 『삼국유사』가 말하고 있는 바와 일치한다." "이 필사본에 따르면 김군관의 아들 천관이 김흠돌의 사위이다. 김군관의 사인도 자동으로 설명된다. 그뿐만 아니라 흥원, 진공은 김흠돌과 혼인으로 맺어진 인척들이다. 김흠운과 김흠돌은 김달복의 아들로서 어머니가 김유신 장군의 누이 정희이다." "필사본 『화랑세기』가 위작(僞作)인지 진서(眞書)를 필사한 것인지를 논의하는 것이 현재 한국 인문학이 당면한 최대의 과제이다. 그러나 그것이 위작이든 진서를 필사한 것이든 상관없이, 효소왕과 성덕왕이 혼전, 혼외자라는 것은 진실이다. 왜냐하면 그것이 효소왕의 나이와 성덕왕의 즉위 과정을 통하여 증명되기 때문이다."

장군 4인과 국인들에 의하여 모셔져 와서 왕위에 올랐다. 스스로 왕위에 오를 힘을 갖추지 못한 상태인 것이다. 이는 『자치통감』의 '신라왕이 죽어서 사신을 파견하여 그의 동생을 왕으로 세웠다.'는 기록과 관련된다. 이 '경영의 모반'을 다스리고 효소왕 승하 후에 성덕왕을 옹립하는 데에는 겉으로 드러나지 않은 큰 힘이 '國人(국인)'이라는 이름 아래 작용하고 있다.17)

683년에 신문왕이 신목왕후와 혼인하고, 687년에 원자가 태어났으며, 왕자 이홍이 691년에 태자로 봉해지고, 692년에 그 태자가 왕위에 올라 효소왕이 되었다는 것이 『삼국사기』의 기록이다. 이를 '원자=왕자 이홍=효소왕'으로 추론하면, 효소왕이 6살에 즉위하여 16살에 승하하였다는 틀린 주장이 나온다.

여기서 『삼국유사』의 성덕왕이 22살에 즉위하였다를 인정하면, 702년 22살에 왕위에 오른 성덕왕은 출생 연도가 681년이 되니, 683년에 혼인한 신목왕후의 소생일 수가 없고 폐비된 전 왕비의 소생일 수밖에 없다. 그러면 성덕왕이 효소왕의 이복형이라는 주장이 나온다.18)

---

17) 신목왕후는 '경영의 모반'에서 시해되었고 효소왕은 다쳤다. 이 모반을 다스린 사람은 신목왕후의 어머니[=효소왕의 외할머니]와 그의 형제들인 태종무열왕의 아들들이다. 國人(국인)은 바로 그들을 가리키는 말이다.

18) 신종원(1987:95)는 "孝昭王의 즉위시 나이는 『삼국사기』에 의하면 6세인데 一然의 註에서는 10년이 많게 되었다. 여타의 사료에서는 聖德王 즉위시의 나이를 알 수가 없는데 上引 註에 22歲라 하였다. 이것이 사실이라고 하면, 성덕왕은 효소왕의 同母弟이므로 효소왕의 崩年時 나이는 22세보다 많아야 할 것이다. 효소왕의 崩年이 26歲라는 一然의 설은 이렇게 해서 실제의 나이 16세보다 10년이 많아진 것이 아닐까 의심해 본다. 차차 논의되겠지만 필자는 이들이 同腹 兄弟라는 데 대해 의혹을 가지고 있기 때문이다."라고 쓰고 있다. 『삼국사기』에는 효소왕이 6세에 즉위하였다는 말이 없다. '687년 2월에 원자가 출생하였다'는 기록과 '691년에 왕자 이홍을 태자로 봉하였다'의 두 기사에서, 원자와 왕자 이홍이 동일인이라고 착각하고 692년에 왕위에 오른 효소왕이 6세라고 자신이 오산하고서는, '일연의 설은 이렇게 해서 실제의 나이 16세보다 10년이 많아진 것이 아닐까 의심해 본다.'고 하고 있다. 마치 효소왕의 즉위 시 나이가 『삼국사기』에 6세라고 되어 있는 것처럼 하고서,

이 주장은『삼국사기』의 성덕왕이 효소왕의 동모제라는 기록, 김흠돌의 딸이 무자하였다는 기록을 부정하는 것이다. 또『구당서』,『신당서』『자치통감』의 성덕왕이 효소왕의 아우라는 기록도 부정하는 것이다. 이 주장은『삼국유사』의「대산 오만 진신」조의 증언,「만파식적」조의 태자,「혜통항룡」조의 왕녀,「백률사」조의 어른 효소왕 등 어떤 사실도 설명할 수 없다. 왜 그런가? 그것은 그 주장이 틀렸기 때문이다.

이 주장 가운데 성덕왕이 효소왕의 이복형이라는 것이 틀렸음을 암묵적으로 인정하는 이영호(2011)는, 또『삼국유사』의 성덕왕이 즉위할 때 22살이었다는 기록을 부정하고, 성덕왕의 즉위 시의 나이가 12살이라고 주장하고 있다.19) 이 12살은 아마도,『삼국사기』의 성덕왕이 효소왕의

효소왕이 26세에 승하하였다고 두 번씩이나 말하고 있는『삼국유사』를 의심하고 있다. 의심해야 할 대상은 원자와 왕자 이홍이 동일인일까 하는 것이다. 그런 오해에 근거하여 그는 효소왕은 신목왕후 소생이고, 성덕왕은 신문왕의 전비인 김흠돌의 딸 소생으로서 성덕왕이 효소왕의 이복형이라고 주장하였다. 박해현(2003:64)는『삼국유사』의 기록에 상당한 신빙성을 두고 논의를 전개하였음에도 불구하고 효소왕의 즉위 시 나이에 대해서만은 '일단은『삼국사기』의 6세설을 지지하고 싶다.'고 하였다. '『삼국사기』의 6세설'은 실체가 없다. '지지하고 싶다'가 아니라 논증해야 학문이다. 지지하고 싶은 근거로 제시한 것 두 가지는 이홍의 태자 책봉이 늦어진 것과 성덕왕의 나이 때문에『삼국유사』가 효소왕의 나이를 10살 올렸다는 것이다. 전자는 이홍이 혼전, 혼외자이기 때문에 원자와의 우선순위 논의가 있어 태자 책봉이 늦어진 것으로 볼 수도 있으므로 필연적 논거가 못 된다. 후자는 신종원(1987)의 틀린 주장과 똑 같아 논거가 안 된다. 조범환(2010)은 효소왕이 어려서 신목태후가 섭정하였을 것이라고 보았다. 김태식(2011)은 이 시기 신목왕후가 '모왕'으로서 어린 효소왕을 대신하여 나라를 다스린 것으로 보았다. 그러나 신목왕후는 아버지 김흠운이 전사한 655년 정월 후에 유복녀로 태어났다 하더라도 혼인 시 최소 28살이었고 신문왕 사후[692년] 효소왕 즉위 시에 38살 정도이며 700년 이승을 떠날 때 46살 정도에 지나지 않는다. 당나라 측천무후처럼 여황제 역할을 한 것이 아니다. 신문왕, 효소왕, 성덕왕 전반기까지 왕실 권력을 행사하였을 인물들은 신목왕후의 어머니와 그의 형제들이었을 가능성이 크다.

19) 이기동(1998:5)에 성덕왕이 12살에 즉위하였다는 학설이 유력하다고 하였다. 이영호(2011)은 통일 신라의 왕과 왕비들의 혼인 관계와 혼인 시의 나이를 명시적으로 밝힌 노작이다. 그러나 자세한 실증을 거친 이 논문에서도 8면에서 '제32대 효소왕은 6세에 즉위하여 11년간 재위하다 사망하였으나, 혼인하지 않았다고 파악된다'고 하였고, 9면의 <표1> 각 왕의 재위 시 나이를 밝힌 데서 효소왕 6세~16세, 성덕왕 12세[즉위 시 나이만 밝힘, 35년간 재위하였으므로 47세에 승하한 것으로 추산됨]으로 밝히고 있다.

동모제라는 기록과 중국측 사서의 성덕왕이 효소왕의 아우라는 기록을 존중하고, 『삼국유사』의 「대산 오만 진신」 조 등의 기록에 따라 효소왕과 성덕왕의 중간에 봇내[寶叱徒] 태자가 있으니, 신종원(1987)에서 효소왕의 승하 시의 나이로 잘못 추론된 16살에서 대충 4살쯤 낮추어서 나온 나이인 것으로 보인다. 아니면 『삼국유사』가 이들의 나이를 10살씩 올렸다고 보고 무조건 10살씩 깎은 것이라고 할 수밖에 없다. 이 세상 어디에도 성덕왕이 12살에 즉위하였다는 주장을 뒷받침하는 기록은 없다.[20]

(초고 살림: 이렇게 하는 것은 역사학이 아니다. 기록을 떠난 역사학은 더 이상 역사학이 아니다. 제발 우리 국사학자들은 원문을 차분히 읽는 일부터 새로 시작하기 바란다. '원자(元子)'도 아들, '왕자(王子)'도 아들로 번역하는 엉터리 번역서 보고 연구하지 말라. 백이면 백 틀리게 되어 있다.)

이런 주장은 모두 연구자들의 착각에서 나온 것이다. 신목왕후가 숫처녀로서 신문왕과 혼인하였고, 왕위에 오르기 전의 정명태자에게는 태자비 외에 다른 여자가 없었으며 아들도 없었으리라는 생각이 작용한 것이다. 655년 정월에 전사한 김흠운의 딸인 신목왕후는 유복녀라 해도 혼인하던 해인 683년에는 최소 28살이다. 28살 이상의 노처녀가 신문왕의 두 번째 왕비로 간택되었다는 사실은, 그 자체가 충분히 주목을 끌 만한 일이다. 『삼국사기』 권 제47 「열전 제7」은 김흠운(金歆運)이 태종무열왕의 사위[=반자(半子)]라고 한다. 이는 신목왕후가 태종무열왕

---

20) 성덕왕이 12살에 즉위하였다면 1000명으로 된 도를 거느리고 성오평에 유완하다가 방외지지(方外之志[=세상을 떠나려는 뜻])를 품고 오대산에 숨어들었을 때는 몇 살이라는 말인가? 너무 어린 나이에 세상을 떠날 뜻을 품었다는 결과가 나온다. 성덕왕이 12살에 즉위하였다는 것은 있을 수 없는 논리이다. (보충주: 10년 동안 수도 생활을 했다면 2살에 1000명의 도를 거느리고 유완하다가 방외지지를 품었다는 말이다. 조숙도 정도가 있지, 이렇게 비상식적인 생각을 하면 역사의 진실을 볼 수 없다.)

의 외손녀가 된다는 것이므로 신중히 고려해야 할 만한 사실이다.

원자는 왕자 이홍과는 다른 사람이다. 왕자 이홍[=효소왕]은 677년 신문왕이 정명태자 시절에 고종사촌 누이 김흠운의 딸과의 사이에 낳은 혼전, 혼외 아들이다. 물론 성덕왕도 신목왕후 소생으로 신문왕과 신목왕후가 혼인하기 전에 태어났다. 효소왕의 나이와 관련되는 『삼국사기』의 모든 기록은 『삼국유사』의 기록과 조금도 어긋남이 없이 정확하게 부합한다.

4. 『삼국유사』의 설화

『삼국유사』에는 효소왕이 나오는 설화가 셋이나 있다. 이 설화는 모두 효소왕이 6살에 즉위하였다는 주장이 틀리고, 16살에 즉위하였다는 본고의 논지가 옳다는 것을 보여준다.

(보충주: 「대산 오만 진신」, 「명주 오대산 봇내태자 전기」, 「진신수공」까지 헤아리면 실제로는 여섯이나 있다. 아마도 효소왕이 『삼국유사』에 가장 여러 번 등장하는 왕이라 해도 과언이 아닐 것이다.)

『삼국유사』권 제2 「기이 제2」「만파식적」조의 일이 일어난 시기는 신문왕 즉위 이듬해인 682년이다.

(19)
　a. 이듬해 임오년[682년] 5월 초하루[明年壬午五月朔] … 이 대나무란 것은 합한 연후에 소리가 나는 것입니다[此竹之爲物合之然後有聲]. 성왕께서 소리로 천하를 다스릴 서징이오니 이 대나무를 가져다가 피리를 만들어 부시면 천하가 화평해질 것입니다[聖王以聲理天下之

瑞也 王取此竹作笛吹之天下和平].

b. 17일에 기림사 서쪽 시냇가에 도착하여 수레를 멈추고 점심을 먹었다[十七日到祇林寺西溪邊留駕饍]. 태자 이공*{즉 효소대왕}*이 대궐을 지키다가 이 소식을 듣고 말을 달려와 천천히 살펴보고 아뢰기를 "이 옥대에 달린 여러 개의 장식 쪽은 모두 진짜 용입니다." 하였다[원문 49면 참조].

c. 효소왕대에 이르러 천수 4년[장수 2년] 계사년[693년]에 실*{부의 오식: 필자}*례랑이 살아 돌아온 기이한 일로 해서 다시 만만파파식적이라고 봉호하였다[至孝昭大王代 天授四年癸巳 因失*{夫의 誤: 필자}*禮郞生還之異更封號曰萬萬波波息笛].

<『삼국유사』 권 제2, 「기이 제2」「만파식적」>

(19b)에는 『삼국사기』 권 제8 「신라본기 제8」에서 신문왕 11년[691년] 3월 1일에 태자로 봉해졌다고 하는 태자가, 태자로 봉해지기 10년 전인 682년 5월 17일에 이미 태자로서 말을 타고 월성에서 기림사(祇林寺)까지 달려와 옥대에 새겨진 장식 쪽[窠]의 용들을 진짜 용이라고 하는 지혜를 발휘하고 있다. 태자로 봉해지기 전의 이홍을 태자라 지칭한 것은 기록자가 후세의 관점에서 그렇게 한 것이라 할 수 있다.

그러나 '만약' 이 태자가 『삼국사기』에서 687년 2월에 태어났다고 한 원자라면, 태어나기보다 5년 전인 682년에 태자의 자격으로 말을 타고 서라벌에서 기림사까지 왔다는 말이 된다. 그렇다면 『삼국유사』의 「만파식적」 이야기는 꾸며낸 이야기라 할 것이다. 그런 이야기에서 임오년 5월 17일이라는 날짜까지 제시해 가며 글을 썼을까?

만파식적을 682년에 얻은 것이 사실이라면, 또 '만약' 687년에 태어난 그 원자가 이 태자라면, 『삼국사기』의 원자 출생 기록은 잘못된 것이다. 원자는 그보다 10년은 더 전에 태어났어야 682년의 「만파식적」

조에 말을 타고 등장하는 태자가 될 수 있다. 『삼국사기』가 원자 출생을 부주의하게 기록할 사서인가?

위 두 단락에서 '만약'이라는 말이 중요한 암시를 던진다. '만약' 이 원자가 태자이고 효소왕이라면 양쪽 기록 가운데 어느 하나가 신빙성이 떨어진다. 그러나 '만약' 이 원자가 태자, 효소왕이 아니라면 양쪽 기록 다 아무 문제가 없다. 이 원자는 태자도 효소왕도 되지 않았다. 태자가 되고 효소왕이 된 왕자는 687년에 태어난 이 원자가 아닌 다른 사람이다.

『삼국유사』 권 제5 「신주 제6」 「혜통항룡」 조에는 신문왕 승하 후 효소왕이 왕위에 오른 해[692년]의 신문왕의 장례와 관련된 일이 들어 있다. 이 설화의 관련 부분을 가져 오면 (20)과 같다.

(20)

a. 스님 혜통은 … 그때 당나라 황실에서는 공주가 병이 들었는지라 고종이 삼장[현장]에게 구원을 청하니 혜통을 자기 대신 천거하였다[釋惠通 … 時唐室有公主疾病 高宗請救於三藏 擧通自代]. … 갑자기 교룡이 나와 달아나고 병이 드디어 나았다[… 忽有蛟龍走出 疾遂療]. 용은 혜통이 자기를 쫓아내었음을 원망하여 신라 문잉림에 와서 인명을 해하기를 더욱 독하게 하였다[龍怨通之逐己也 來本國 文仍林 害命尤毒]. … 용은 또 정공을 원망하여 이에 버드나무에 의탁하여 정 씨의 문 밖에 태어났는데 공은 알지 못하고 그 나무의 무성함만을 좋아하여 미혹되어 사랑하였다[… 龍又怨恭 乃托之柳 生鄭氏門外 恭不覺之 但賞其蔥密 酷愛之].

b. 신문왕이 세상을 떠나고 효소왕이 즉위하여 산릉을 닦고 장례 길을 만드는 데 이르러 정 씨의 버드나무가 길을 가로막고 섰으므로 유사가 베어내려 하였다. 공이 말하기를, "차라리 내 목을 벨지언정 이 나무는 베지 말라." 하였다. 유사가 들은 바를 아뢰니 왕이 크게

노하여 사구에게 명하기를, "정공이 왕화상의 신술을 믿고 장차 불손을 도모하려고 왕명을 모욕하여 거스르고는 제 목을 베라 하니 마땅히 그 좋아하는 대로 하리라." 하고는 이에 베어 죽이고 그 집을 묻어 버렸다[원문 50면 참조].

c. 그 무리들이 황망히 달아나 붉은 줄이 그어진 목을 한 채 왕 앞으로 나아가자 왕이 말하기를 화상의 신통함을 어찌 사람의 힘으로 도모하겠는가 하고 내버려 두었다[其徒奔走 以朱項赴王 王曰 和尙神通 豈人力所能圖 乃捨之].

d. 왕녀가 갑자기 병이 들어 혜통을 불러 치료를 부탁하였더니 병이 나았다[王女忽有疾 詔通治之 疾愈]. 왕은 크게 기뻐하였다[王大悅].

<『삼국유사』 권 제5 「신주 제6」 「혜통항룡」>

(20a)에는 당나라에서의 혜통과 독룡의 악연, 이 독룡이 신라에 와서 인명을 해친 일, 독룡이 정공의 집 앞 버드나무에 의탁하여 태어난 일 등이 있다. (20b)의 일은 6살의 어린 왕이 할 수 있는 일이 아니다. 어머니가 섭정하였다면 태후가 어찌하였다로 기록될 만한 일이다. 15세 이상 되어 왕릉을 짓는 데 방해가 되는 버드나무 한 그루 베는 일에 목숨을 걸고 반대하는 정공이라는 사람의, 독룡에게 미혹된 비합리적 행동에 대하여 명쾌한 처결을 내릴 정도의 나이이다. (20c)에서 왕이 내린 판단도 어린이가 할 수 있는 판단은 아니다. (20d)의 왕녀(王女)는 결정적인 증거이다. 왕녀는 왕의 딸이라고 읽어야 한다. 그런데 6살짜리 효소왕에게 딸이 있을 리 없다. 이를 왕의 어머니를 지칭한 것이라고 보는 견해가 있다(조범환(2010)). 그러나 '왕모(王母)'를 '왕녀(王女)'로 부르거나 오각했다고 보는 것은 무리하다. 이 '왕녀'가 오류라는 생각을 조금만 했어도 효소왕이 어려서 딸이 없으므로 이 왕녀는 왕후나 태후의 오(誤)일 것이다 하고 주가 붙었을 일이다. 이 '왕녀'는 오류가 아니다.

문자 그대로 왕의 딸이라고 보아야 한다. 효소왕은 6살에 즉위한 것이 아니다. 공주를 두고 있는 16살 청년 왕인 것이다.

『삼국유사』의 권 제3 「탑상 제4」 「백률사」 조는 682년에 얻은 만파식적을 11년 뒤인 693년 적적(狄賊)에게 잡혀간 부례랑을 데리고 오는 신통력과 관련하여 '만만파파식적(萬萬波波息笛)'으로 책호했다는 설화이다. 이 설화 속에 나오는 효소왕도 7살의 어린 왕은 아니다.

(21)
a. 천수 3년*{장수 원년은 10월부터. 필자}* 임진년[692년] 9월 7일 효소왕은 대현 살찬의 아들 부례랑을 받들어 국선으로 삼으니 천도가 그를 따랐고 안상과 매우 친했다[天授三年壬辰九月七日 孝昭王奉大玄薩湌之子夫禮郎爲國仙 珠履千徒 親安常尤甚].

b. 천수 4년*{장수 2년}* 계사년[693년] 늦봄에 도를 거느리고 금란에 유하였다가 북명의 경계에 갔을 때 적적에게 피랍되어 갔다[天授四年*{長壽二年}*癸巳暮春之月 領徒遊金蘭 到北溟之境 被狄賊所掠而去]. 문의 손들이 모두 어쩔 줄 모르고 돌아왔으나 안상이 홀로 쫓아갔다[門客皆失措而還 獨安常追迹之]. 이때가 3월 11일이었다[是三月十一日也].

c. 대왕이 듣고 놀라움을 이기지 못하고 말하기를, 선대 임금께서 신령스러운 피리를 얻어 … 이에 말하기를 짐이 얼마나 불행하기에 *{予(弔[불쌍할 조]의 오식}* 어제는 국선을 잃고 또 가야금과 피리를 잃어버렸을꼬[大王聞之 驚駭不勝曰 先君得神笛 … 乃曰 朕何不予*{弔의 誤}* 昨失國仙 又亡琴笛]? … 4월에 나라에 공모하여 가야금과 피리를 찾아오는 사람에게는 1년치 세금을 상으로 주겠다 하였다[四月募於國曰 得琴笛者賞之一歲租]. <『삼국유사』 권 제3 「탑상 제4」 「백률사」>

장수 원년은 692년 10월부터이므로 692년 7월은 천수 3년이 맞다.

효소왕이 7월에 즉위하였으니 (21a)의 기록에서 9월 7일에 부례랑을 국선으로 삼았다고 하는 것은 옳다. (21b)의 부례랑이 적적에게 붙들려 간 693년 3월 11일은 장수 2년도 되고 천수 4년도 된다. 도(徒)와 유(遊), 문(門)의 용법도 정확하다. (21b)의 '부례랑 피납'과 (19c)의 「만파식적」 조의 만파식적을 만만파파식적으로 책호하는 기록은 천수 4년[693년] 계사년으로 연호도, 연대도 조금의 오차조차 없다. (21c)에서 효소왕이 선대 임금께서 신령한 피리를 얻어… 한 것도 「만파식적」 조에서 본 대로이다. 이 설화에 나오는 효소왕도 7살 어린이는 아니다. 특히 (21c)에서 보듯이 천존고 안의 가야금과 피리를 잃어버리고 짐이 얼마나 불행하기에 어제는 국선을 잃고 또 가야금과 피리를 잃어 버렸을꼬라고 말하는 왕이 7살 아이라는 것은 비합리적이다. 4월에 나라에 공모하여 가야금과 피리를 찾아오는 사람에게 1년치 세금을 상으로 주겠다는 현상금을 거는 왕을 7살이라 할 수는 없다.

이 설화들은 한결같이 효소왕이 16살에 즉위하여 26살에 승하한 청년왕이었음을 증언하고 있다. 그는 절대로 6살에 즉위하여 16살에 승하한 어린 왕이 아니다.

5. 결론

『삼국사기』와 『삼국유사』의 기록들을 상호 비교하여 검토하면 신라 중대의 정치적 갈등의 진상을 파악할 수 있다. 효소왕의 출생 과정은 그 갈등의 본질을 밝히는 핵심적인 열쇠가 된다. 그 갈등은 통일 전쟁이 끝난 후 전공을 세운 화랑도 출신 귀족들과 왕실 출신 귀족들의 왕위 계승을 둘러싼 권력 다툼이었다.

태종무열왕, 문무왕과 더불어 통일 전쟁에서 승리한 대부분의 화랑도 출신 장군들은, 문무왕이 681년 7월 1일에 승하한 후 7월 7일 즉위한 신문왕을 만나서 '김흠돌의 모반'으로 주륙되고 권력으로부터 축출되는 비참한 종말을 맞이하였다. 그것은 미래에 신문왕의 후계 왕으로 정명 태자와 김흠운의 딸 사이에 677년에 혼전, 혼외자로 태어난 이홍을 왕위에 올리고자 하는 세력과, 그것을 반대하고 태자비에서 왕비가 된 김흠돌의 딸이 앞으로 낳을 적통 왕자를 왕위에 올리려는 세력의 쟁투였다.

이 싸움으로 왕실 출신 세력과 화랑도 출신 세력 사이에 분열이 생겨, 서로 반목하고 싸운 결과 신라 중대는 종말을 맞이하게 된다. '김유신 장군의 유언', 「만파식적」, 설총의 「화왕계」가 말하는 초기에 잘 하지 않는 왕이 드물고 후기에 잘 하는 왕이 드물며, 두 손바닥이 마주쳐야 소리가 나듯이 두 대나무도 합쳐야 소리가 나고, 장미꽃 같은 간사한 신하를 가까이 하지 않는 왕이 드물고 할미꽃 같은 충직한 노신을 가까이 하는 왕이 드물다는 충언이 암시하듯이 최악의 정쟁으로 치달은 것이다. 태종무열왕, 신라의 이성(二聖) 문무왕과 김유신 장군이 협력하여 이룬 통일 신라의 기반은 손자 하나가 잘못 태어남으로써 이렇게 허망하게 무너졌다. 신문왕은 도덕성이 결여된 폭군, 암군이었고, 그러한 아버지의 아들인 효소왕, 성덕왕도 그 굴레를 벗어날 수 없었다. 도덕성 결여는 백성의 존경을 받을 수 없었고 선량한 통치를 할 수 없었다.

「모죽지랑가」와 「찬기파랑가」가 실려 있는 「효소왕대 죽지랑」, 「경덕왕 충담사 표훈대덕」 조는 『삼국유사』 권 제2 「기이 제2」에 있다. 이 노래들은 '국가 흥망성쇠'와 관련된 것이다. 「모죽지랑가」, 「찬기파랑가」 시대의 흥망성쇠는 681년 8월 '김흠돌의 모반', 700년 5월의 '경영의 모반'과 관련되어 있다. 700년 6월 1일에 신목왕후가 사망하고 그로부터 2년 후에 효소왕이 승하하였다.

이러한 역사의 흐름과 죽지 장군, 김군관 장군과 같은 인물의 죽음이 「모죽지랑가」, 「찬기파랑가」가 함의하고 있는 시대적 고뇌를 해석하는 데에 핵심 요소가 되어야 한다. 그렇게 해야 이 노래들이 「기이 제2」에 들어 있는 까닭을 해명할 수 있다. 이 글에서 논의한 중요 사항을 요약하면 (22)와 같다.

(22)
a. 효소왕은 692년 16살에 왕위에 올라 702년 26살에 승하하였다. 『삼국유사』의 「대산 오만 진신」 조의 기록이 이에 대한 명백한 증언을 하고 있다.

b. 『구당서』, 『신당서』의 「열전」 「동이전」 「신라」 조와 『자치통감』에는 일관되게 효소왕이 승하하여 사신을 보내어 조위하고 그 아우가 왕위에 올랐다고 기록하였다. 성덕왕이 효소왕의 아우임을 증언하는 것이다.

c. 『삼국사기』는 687년에 신문왕의 원자(元子)가 출생하였고, 691년에 왕자(王子) 이홍을 太子(태자)로 책봉하였으며, 692년에 태자 이홍이 즉위하여 효소왕(孝昭王)이 되었다고 기록하였다. 이 기록은 연구자들로 하여금 이 원자가 왕자 이홍이고, 692년에 즉위한 효소왕이 6살 아이였을 것으로 추론하게 하였다. 여기에는 원자가 왕자 이홍과 동일인이라는 오독이 들어 있었다. 687년에 태어난 원자는 태자가 된 왕자 이홍이 아니다. 효소왕은 692년에 16살이었으니 그로부터 환산하면 677년생이다.

d. 『삼국유사』의 「만파식적」 조[682년]에 나오는 태자는 687년 탄생한 원자가 아니라 677년에 출생한 이홍[=효소왕]이다. 「혜통항룡」조[692년]의 효소왕은 왕녀를 둔 16살의 청년 왕이지 6살의 소년 왕이 아니다. 「백률사」 조[693년]의 부례랑 피납과 만만파파식적의 봉작도 사건 전개가 날짜에 따라 논리적으로 전개되고 연대도 추호의 착오가 없다. 그 사건을 관장한 효소왕도 7살짜리 소년 왕이 아니라 17살 정도의 청년 왕이다.

이 글이 밝힌 효소왕이 677년생이라는 사실은, 신문왕이 부도덕한 왕이라는 것을 말해 주고, 화랑을 주인공으로 한 애상적이고 비장한 향가 「모죽지랑가」, 「찬기파랑가」의 창작 배경인 '김흠돌의 모반'의 원인을 제시해 주며, 이 두 노래가 읊고 있는 대상인 '죽지 장군'과 '김군관 장군'의 삶의 궤적의 본질을 밝히는 데에 중요한 단서가 된다. 나아가 '득오'와 '충담사'라는 두 시인이 그 두 장군의 삶과 죽음에 대하여 왜 그토록 애통해 하고 비감해 하였으며 그 정신을 본받으려 다짐했는지도 알 수 있게 한다. 그것은 1350여 년을 살아서 생생하게 그들이 겪었던 삶의 아픔을 전하고 있는 이 두 고전 작품이 왜 그러한 생명력을 가졌는지, 그리고 왜 앞으로도 영원한 생명력을 가지게 될 것인지를 보증해 주는 담보물이기도 하다.

<핵심어: 모죽지랑가, 찬기파랑가, 신문왕, 신목왕후, 원자, 효소왕, 성덕왕, 김흠돌의 난>

<투고: 2014.10.1. 심사 개시: 2014.10.22. 심사 완료: 2014.11.10.>

An Investigation on the Records of King Hyoso's date of Birth

King Hyoso succeeded the throne when he was 16 years old and died when he was 26 years old as was told evidently in 'Daesan Oman Jinsin,' *Samkookyoosa*. All the Chinese literatures of history about Shilla, such as *Kootangseo*, *Shintangseo* and *Chachitonggam*, say that King Seongdeok is a younger brother of King Hyoso.

Samkooksagi recorded that King Shinmun's wonja was born in 687 A.D., and wangja I-hong was nominated for the crown prince in 691 A.D. and succeeded the throne in 692 A.D. From this records, most of scholars inferred that this wonja was the same person as wangja I-hong, and that King Hyoso succeeded the throne in 692 A.D., when he was 6 years old. However, in this inference there is a serious misunderstanding that this wonja and the wangja I-hong refer to the identical person. The wonja who was born in 687 A.D. is not the wangja I-hong. Wangja I-hong, who became King Hyoso was not born in 687 A.D. He was born in 677 A.D.

The crown prince in 'Manpasikjeok' [682 A.D.], *Samkookyoosa* is not the wonja born in 687 A.D., but the wangja I-hong born in 677 A.D. King Hyoso in 'Hyetong Hangryong' [692 A.D.], *Samkookyoosa* is a youthful 16-year-old King who has a princess, not a boyish 6-year-old King. The story of Buryerang's being kidnapped and renaming 'Manpasikjeok' as 'Manmanpapasikjeok' in 'Baekyulsa,' *Samkookyoosa* is said very logically, and King Hyoso who dealt the event was not a 7-year-old boy but a 17-year-old youth.

Key words: Mojukjirangka, Chankiparangga, King Shinmun, Queen Shinmok, King Hyoso, King Seongdeok, Kim Heumdol

제 3 장
『삼국유사』의 '정신왕', '정신 태자'에 대한 재해석

『삼국유사』의 '정신왕', '정신 태자'에 대한 재해석

1. 서론

이 연구는 『삼국유사』의 「대산 오만 진신」 조와 「명주 오대산 봇내 [寶叱徒] 태자 전기」 조의 세부 내용을 비교, 검토하여 이 두 기록의 관련성을 밝히고, 특별히 이 두 기록 속에 나오는 '淨神(정신)'을 포함하는 명사구들이 『삼국사기』가 기술하고 있는 실제의 역사에서 누구를 가리키는 것인지를 밝히는 것을 목적으로 한다.

(보충주: 寶叱徒는 寶川으로도 적힌다. '내 川'과 '무리 徒'가 같은 말을 적고 있는 것이다. '무리 徒'는 복수 접미사 '-내'를 적는 데에도 사용된다. 그 자석(字釋), 훈(訓)이 '내 徒'인 것이다. 그러면 '川'과 '徒'는 우리 말 '내'를 적은 것이다. '꾸짖을 叱'은 향찰에서는 주로 사이시옷 '-ㅅ'을 적는 데에 사용된다. 그러므로 이 왕자의 이름은 '보배 寶'를 음독하면 '봇내'에 가장 가깝다.)

『삼국유사』의 「대산 오만 진신」(이하 「오만 진신」으로 약칭) 조와 「명주 오대산 봇내태자 전기」(이하 「태자 전기」로 약칭) 조에는 '정신'을 포함한 명사구가 6번['정신대왕' 1번, '정신왕' 1번, '정신태자' 2번, '정신' 2

번] 나온다. 그런데 『삼국사기』가 기술하는 이 시대 역사에서는 신라에 '정신왕'이나 '정신태자'가 없다. 그러니 이 명사구가 어떤 인물을 가리키는지가 불분명하다. 더욱이 이 '정신'을 포함한 명사구들은, 겉으로 보기에는 나타난 위치에 따라 서로 다른 인물을 가리키는 것으로 해석되기도 한다.

이 '정신'이 누구를 가리키는가 하는 것은 신라 중대 31대 신문왕, 32대 효소왕, 33대 성덕왕 대의 왕위 계승과 관련된 정치적 상황을 파악하는 데에 중요한 역할을 한다. 나아가 「오만 진신」은 신문왕의 아들인 이 두 왕의 출생 시기가 효소왕은 677년, 성덕왕은 681년이라고 증언함으로써 이들의 출생 시기가 신문왕과 신목왕후가 혼인한 683년보다 더 앞선다고 보아야 하는 문제를 제기한다. 두 왕의 이 출생 시기가 옳다면, 이를 통하여 우리는 신라 중대 정치사의 가장 큰 사건이라 할 신문왕의 장인 '김흠돌의 모반'의 원인을 명백하게 밝힐 수 있다.

그러면 이 기록은 오리무중에 빠져 있는 「모죽지랑가」, 「찬기파랑가」, 「안민가」, 「원가」 등, 신라 중대 정치사를 배경으로 하고 있는 향가들의 창작 동기나 창작 사연을 밝힐 수 있는 것으로 말할 수 없이 중요한 국문학사적 가치를 지닌다. 그렇게 되면 그 노래들의 내용이 어떤 것이며, 향찰 해독은 어떻게 이루어져야 하는지 등에 대하여 완전히 새로운 세계를 여는 획기적 논의가 진행될 수 있다. 그러려면 「오만 진신」과 「태자 전기」의 기록이 신빙성이 있는 것인가, 아니면 오류가 많은 믿을 수 없는 야담으로 역사 연구 자료로서의 기본 요건을 갖추지 못한 것인가 하는 문제를 해결해야 한다. 이에 필자는 엄정한 태도로 이 두 기록에 대한 문헌 비평[textual criticism]을 진행하여, 학계 일각에서 믿을 수 없는 것으로 간주하는 이 두 기록에 대하여, 어떤 것은 믿을 수 있고 어떤 것은 믿을 수 없는 것인지 분명하게 선을 긋고자 한다.[1]

「오만 진신」의 세주에서 일연선사는 이 '淨神(정신)'을 '政明(정명)'이나 '神文(신문)'의 와(訛)라고 하여 '淨神大王(정신대왕)'은 '신문왕'을 가리키는 것으로 이해하고 있다. 이는 대체로 옳은 주석이다. 그러나 바로 그 「오만 진신」의 '淨神王'은 겉으로는 분명히 '신문왕'이 아니고 '효소왕'을 가리키는 것처럼 보인다. 오대산 사적을 적은 「민지 기」에도 '淨神'이 나온다. 그런데 이 '淨神'은 겉으로는 분명히 '寶川(보천)'을 가리키는 것으로 보인다. 그러나 자세히 보면 그렇지 않다.

이 문제를 비교적 깊이 있게 다룬 논저는 신종원(1987)이다. 그 연구 결과는 '정신태자'가 '보천태자=봇내태자'의 다른 이름이고, '정신대왕, 정신왕'은 성덕왕의 즉위 후에 그의 형인 '보천태자'를 예우하여 일컫게 된 명칭이라는 것이다. 그리하여 그는 정명태자의 태자비였던 김흠돌의 딸이, 681년에 '김흠돌의 모반'에 연좌되어 폐비되기 전에, 보천태자, 효명태자(孝明太子[=성덕왕]), 부군(副君)의 세 아들을 낳은 것으로 보고 있다. 그리고 효소왕은 신목왕후가 낳은 것으로 보고 있다. 그러면 성덕왕이 효소왕의 이복형이 된다. 이는 『삼국사기』, 『삼국유사』를 불신하고 「민지 기」을 신뢰한 결과 도달하게 된 오류이다.

(보충주: 이 오류 때문에 모든 연구자들의 신라 중대 정치사 연구 논저가 다 그릇된 길로 갔다.)

---

1) 심사위원 1분은 '서론 부분의 경우 바로 본론으로 들어가고 있는 느낌을 지울 수 없다.'고 지적하였다. 『찬기파랑가에 대한 새로운 생각』이라는 책 한 권의 원고를 써 두고 자신이 없어 출판하기 전에 일부를 떼어내어 학계의 평가를 받기 위하여 투고하였기 때문에 그런 지적이 당연하다. 독립된 논문으로서의 체제를 갖추기 위하여 서론을 수정하여 새로 작성하였다. 감사드린다.

2. 이 시대에 대한 『삼국사기』의 증언

『삼국사기』가 적고 있는 이 시기 신라 왕위 계승과 관련된 정치사의 중요 사건들을 요약하거나 부연하여 정리하면 (1)과 같다.

(1)

a. 681년 7월 1일 문무왕이 승하하였다. <『삼국사기』 권 제7 「문무왕 하」>

b. 681년 7월 신문왕이 즉위하였다. 왕비는 소판 김흠돌의 딸인데 뒤에 부친이 난을 지은 데에 연좌되어 출궁되었다. 태자비로 있는 동안 오래 무자하였다.

c. 동년 8월 8일 김흠돌 등이 모반하므로 김흠돌, 흥원, 진공 등을 복주하였다.

d. 683년 2월(보충주: 2월은 날을 받은 시기이고, 정식 혼인 시기는 5월 7일이다.) 신문왕은 김흠운(金欽運*{『삼국사기』 권 제47 「열전 제7」에는 金歆運(김흠운)으로 적혔다. 태종무열왕의 사위이다.: 필자}*의 딸인 신목왕후(神穆王后)와 혼인하였다.

e. 687년 2월 元子(원자)가 태어났다.

f. 691년 3월 1일 王子(왕자) 이홍*{또는 이공이라고도 함}*을 태자로 책봉하였다.

g. 692년 7월 신문왕이 승하하였다. <이상 『삼국사기』 권 제8 「신문왕」>

h. 692년 7월 효소왕이 즉위하였다. 이름은 이홍*{또는 이공이라고도 함}*으로 신문왕의 태자이다. 어머니의 성은 김 씨로 신목왕후인데 일길찬 김흠운(金欽運)*{運은 雲으로 적기도 함}*의 딸이다.

i. 700년 5월 이찬(伊湌) 경영(慶永*{永은 玄으로 적기도 함}*이 모반하다가 복주되고 중시(中侍) 순원(順元)이 이에 연좌되어 파면되었다.

j. 702년[효소왕 11년] 가을 7월에 왕이 돌아가시므로 시호를 효소라 하고 망덕사의 동쪽에 장사지냈다. <『삼국사기』 권 제8 「효소왕」>

k. 702년 성덕왕이 즉위하였다. 왕의 이름은 흥광(興光)이다. 본명은 융기(隆基)였으나 현종(玄宗)의 이름과 같아 선천에 바꾸었다*{『당서』에서는 김지성이라 하였다}*. 신문왕의 제2자이고 효소왕과 같은 어머니에서 난 아우이다. 효소왕이 승하하고 아들이 없으므로 國人(국인)들이 세웠다. <『삼국사기』 권 제8 「성덕왕」>

(1b)에서 신문왕의 첫 왕비가 폐비되었다는 것을 알 수 있다. 친정 아버지 김흠돌이 모반하였기 때문에 연좌되어 출궁된 것이다. 태자비로 있는 동안 아들이 없었다. 그로부터 3년 후 신문왕은 김흠운의 딸인 신목왕후와 재혼하였다. (1e)에서 원자가 태어났다. 그리고 (1f)에서 왕자 이홍을 태자로 봉하였다. 692년 신문왕이 승하하자 태자 이홍이 즉위하여 효소왕이 되었다. 신목왕후의 아들이다. 700년 5월에 '경영의 모반'이 일어나고 그 2년 후 효소왕이 승하하였다. 702년에 성덕왕이 즉위하였는데 그는 효소왕의 동모제이고 효소왕이 아들이 없어서 국인들이 세웠다고 되어 있다. 이것이 정사(正史)가 말하고 있는 이 시기의 왕위 계승과 관련된 중요 정치적 흐름이다.

현대 한국 학계 일각에서는 (1e)의 元子(원자)와 (1f)의 王子(왕자) 理洪(이홍)이 동일인이라고 착각하여, 효소왕이 6살에 즉위하였고 16살에 승하한 것으로 해석하고 있다.[2] 그러나 『삼국유사』 「오만 진신」에는 (2)와 같이 '효소왕이 692년 16살에 즉위하여 702년 26살에 승하하고, 이 해에 성덕왕이 22살로 즉위하였다.'는 명백한 기록이 들어 있다.

(2) 살펴보면 효조*{조는 소로 적기도 함}*는 천수 3년 임진년[692년]

---

2) 이 기록의 '원자'와 '왕자 이홍'이 동일인이 아니라는 것은, 서정목(2013c, 2014a, 2014d)에서 여러 가지 증거를 들어 논증하였다.

에 즉위하였는데 그때 나이가 16세였으며, 장안 2년 임인년[702년]에 붕어했으니 누린 나이가 26세였다. 성덕이 이 해에 즉위하였으니 나이 22세였다. [원문 44면 참조] <『삼국유사』 권 제3 「탑상 제4」, 「대산 오만 진신」>

이 두 어긋난 듯한 기록에 대하여 『삼국사기』를 잘못 읽고 효소왕이 6살에 즉위하여 16살에 승하하였다고 보는 사람들 가운데, 「오만 진신」의 성덕왕이 22살에 즉위하였다는 기록이 옳다고 보는 사람들은 성덕왕이 효소왕의 이복형이라고 하고,[3] 옳지 않다고 보는 사람들은 『삼국유사』의 성덕왕의 출생 연도도 잘못된 것으로 보아 10년 늦추어서 그가 12살에 즉위한 것으로 보고 있다(이영호(2011:9)).

그러나 학계 일각의 이러한 주장은 여러 기록을 면밀하게 검토하면 틀린 것임이 분명하다. 그러한 주장은 기록 검토가 불충분하여 원전 기록에서 글자들이 결락(缺落)되거나 오류가 나서 중요 문장들이 불완전하게 적힌 것을 꿰뚫어 보지 못한 데서 나온 것이다. 이 기록에 대한 문헌 비평이 절실히 필요한 까닭이다. 필자는 이 글에서 '淨神太子'는 '정신의 태자'라는 말이고, '정신'은 어떤 경우에나 '신문왕'을 가리키는

---

3) 이럴 경우 '부군'의 나이가 몇 살인가 하는 문제가 제기된다. 702년에 22살로 즉위한 성덕왕은 681년생이다. 그러면 681년 1월 이후 8월 8일 이전에 태어난 것이 된다. (보충주: 이 8월 8일은 단견이었다. 김흠돌의 딸이 8월 8일에 쫓겨난 것으로 보고 그 전에 태어났다고 잡은 것이지만 8월 8일 잉태한 상태에서 쫓겨났으면 그 후에 태어날 수도 있다. 그러나 성덕왕은 신목왕후의 아들이기 때문에 이런 생각은 할 필요도 없는 것이다.) 그러면 그의 아우인 '부군'은 언제 태어났는가? 김흠돌의 딸이 '김흠돌의 모반' 직후 681년 8월 8일에 폐비되었다면 어머니가 폐비된 훨씬 뒤에 태어났거나, 아니면 어머니의 폐비가 681년 8월 8일보다 훨씬 더 후에 이루어졌다는 말이 된다. 김흠돌의 딸이 낳은 왕자를 부군으로 삼았다는 것도 이해할 수 없다. 이는 절대로 합리적 해석이 아니다. 성덕왕과 부군이 쌍둥이였다는 증거가 없는 한 이 논지는 성립하지 않는다. 무엇보다도 김흠돌의 딸이 태자비로 있는 동안 오래 무자하였다는 『삼국사기』의 기록을 부정하는 것이 잘못된 것이다.

것으로 해석된다는 논지를 논증하고자 한다. 이 논증은, 겉으로 보아서는 '신문왕'으로 해석되지 않는 여타의 모든 '정신'도 신문왕을 가리킨다는 것을 증명해야 하는 일이다. 그 증명의 핵심은 전치사 '與' 자가 결락된 문장, '太子'가 '王'으로 잘못 적혔거나 또는 '王' 뒤에 '太子'가 결락된 문장을 꿰뚫어 보지 못한 것, '淨神太子'를 '정신의 태자'로 읽지 않고 '정신태자'로 읽은 것이 모든 오해의 근원이라는 것이다.

지난 30여 년 향가를 가르치면서 필자는 「모죽지랑가」, 「찬기파랑가」, 「원가」, 「안민가」의 시대인 이 시기에 관한 많은 논저들과 『삼국유사』 번역서들을 읽을 기회를 가지게 되었다. 그 결과 알게 된 것은 현존하는 논저들이 거의 모두 이 시대의 역사적 진실로부터 벗어나 있다는 점이었다. 그 오해의 근원은 이 기록에 결락되거나 잘못 적힌 글자들이 있어 내용을 제대로 이해할 수 없게 문장이 기록되어 있다는 데서 생긴 것이다. 현존 번역서들을 이용해서는 역사적 진실에 접근할 수 없다. 누구라도 『삼국유사』에서 쟁점을 잡아 정밀한 논의를 하려는 순간, 번역서를 밀쳐 두고 원전을 잡고 직접 번역하여 논의에 들어가기를 권고한다. 이 글에서는 대표적 번역서 세 권을 대상으로 번역의 정오를 논의하지만 여타의 번역서도 사정은 비슷할 것이다.

3. 「대산 오만 진신」과 「명주 오대산 봇내태자 전기」의 관계

「오만 진신」과 「태자 전기」는 거의 같은 내용을 적고 있다. 본문의 경우 「오만 진신」은 일의 전후 사정을 비교적 자세하게 적었고 「태자 전기」는 핵심 내용만 요약하여 적은 것으로 보인다. 「오만 진신」에는 일연선사가 붙인 세주가 많이 있고, 「태자 전기」에는 세주가 없다.

4절에서 보는 (3)은 「오만 진신」, (4)는 「태자 전기」에서 같은 내용을 적은 부분이다. 이 부분은 두 왕자가 오대산으로 숨어든 사연을 적고 있다. 이 두 기록을 얼핏 보면, 「오만 진신」은 일의 과정을 자세하게 적었고 「태자 전기」는 일의 골자를 적은 것으로 보인다. 이런 경우 일반적으로는 「오만 진신」이 먼저 있고 「태자 전기」는 그것을 요약하였다고 보는 것이 정상적이다. 그러나 자세히 보면 「태자 전기」가 먼저 있고 「오만 진신」은 거기에 살을 붙인 것으로도 보인다. 그렇다면 이 두 기록의 선후 관계는 어떤 것일까?

현재 전해 오는 『삼국유사』의 기록을 보면, 아마도 「태자 전기」의 내용을 포함하는 어떤 문서[이를 '「태자 전기」 원본'이라고 부르기로 한다.]가 먼저 있고, 일연선사는 그것을 보면서 「오만 진신」을 재구성한 것으로 보인다. 그 이유는 세주에서 '「記(기)」에 이르기를'이나 '「古記(고기)」에 이르기를' 하고 인용하는 내용이 거의 모두 「태자 전기」의 내용이기 때문이다. 일연선사는 '「태자 전기」 원본'을 보면서 참고하여 「오만 진신」을 재구성하는 과정에서 의심스러운 내용에 대해서는 세주를 붙이고 있는 것이다. 예를 들면 다음과 같다.

첫째, (3a)의 '효명은 이에 효조*{照는 昭로 적기도 함}*의 잘못이다. 「기」는 효명의 즉위는 말했으나 신룡 연간에 터를 닦고 절을 세웠다 하는 것은 역시 불상세한 말이다. 신룡 연간에 절을 세운 사람은 이에 성덕왕이다.'는 내용은, (6b)의 '효명태자를 모시고 서라벌에 와서 즉위시켰다. 재위 20여 년. 신룡 원년[705년] 3월 8일 비로소 진여원을 열었다

(운운).’고 한 데 대한 주석이다.

‘효명태자’가 즉위하여 신룡 연간에 진여원을 세웠다는 기록이 미심쩍다고 하면서, 신룡 연간에 절을 세운 사람은 성덕왕이라고 하고 있다. 일연선사는 ‘효명(태자)’를 ‘孝明王(효명왕)’이기도 한 ‘孝照王(효조왕)’, 또는 ‘孝昭王(효소왕)’으로 착각하고 있는 것이다.[4] ‘(3a)에서 ‘효명’이 ‘효조’의 잘못이라’고 한 것이 이를 분명하게 보여 준다. 이로써 「記」는 (6b)를 포함하는 ‘「태자 전기」 원본’을 가리킨다는 것을 알 수 있다. (원본이 둘 이상 있었을 수도 있다. 「記」는 「傳記(전기)」를 줄여 쓴 것이다.)

둘째, (4b)에는 ‘태화 원년 8월 5일에 형제가 함께 오대산에 숨어들었다.’가 있다. 그런데 (3b)의 세주에는 ‘「고기」에 이르기를 태화 원년 무신년[648년] 8월 초에 왕이 산 속으로 숨었다고 했으나 이 문장은 크게 잘못된 듯하다.’고 하고, ‘만약 말한 대로 (이때가) 태화 원년 무신년[648년]이라고 한다면, 즉 효조가 즉위한 갑진*{임진의 잘못 필자}*년보다 45년이나 앞선 태종 문무 대성왕의 치세이다. 이로써 이 문장이 잘못된 것임을 알 수 있으므로 취하지 않았다.’고 지적하였다.[5] 이로 보면

---

4) ‘照(조)’는 측천무후의 이름 字(자)이다. 그러므로 피휘 대상이 되는 글자이다. 그의 손자 이름인 ‘隆基(융기)’도 피휘하는데 여황제의 이름을 그대로 諡號(시호)에 쓸 수는 없었을 것이다. 孝照王(효조왕)에서 ‘照’를 피휘하여 ‘불 火’를 떼고 ‘昭(소)’로 한 것이 ‘孝昭’라 할 수 있다. 그런데 황제가 된 측천무후는 則天字(측천자)를 제정하였다. 그 측천자 가운데 가장 중요한 글자는, 필자가 보기에는, 자신의 이름 ‘照’를 대치한 글자인 ‘曌(조)’이다. ‘하늘 空’ 위의 ‘해 日’와 ‘달 月’을 의미하는 이 ‘曌’ 자에서 다시 ‘하늘 空’을 떼면 ‘明(명)’이 남는다. 효조왕의 ‘照’를 ‘曌’로 쓸 경우 이 ‘曌’는 피휘 대상이 된다. 孝曌王의 ‘曌’를 피휘하여 ‘明’으로 하면 ‘孝昭’와 ‘孝明’이 같아진다. 그러므로 ‘효소왕 즉위’를 ‘효명왕 즉위’라고 적을 수는 있다. 『삼국사기』의 권 제8 권두 차례의 ‘孝明王*{明本文作昭[명은 본문에는 소로 적었다]}*’가 이를 보여 준다.

5) (3b)의 ‘太宗文武王’에 대하여, 이병도(1975: 312)와 이재호(1993: 443)은 ‘태종무열왕의 오기’라고 주석하고, 김원중(2002: 388)은 ‘太宗文武王之世’를 ‘태종 무열왕의 시대이다.’고 번역하였다. 신종원(1987: 95)은 이 ‘太宗文武王之世’에 대하여 ‘太和 元年은 太宗, 文武王의 시절이 아니라 眞德王代이다.’와 같이 적어, 신라의 태종무열왕과 문무왕으로 보고 있다. 그러

「記」와 마찬가지로 「古記」도 (4b)를 포함한 '「태자 전기」 원본'을 가리
키는 것이 틀림없다.

그러므로 우리는, 일연선사가 (4), (6)을 포함하고 있는 '「태자 전기」
원본'을 보면서 「오만 진신」을 재구성하였다고 결론지을 수 있다. 실제
로 「태자 전기」는 두 왕자의 입산 시일을 '태화 원년 8월 5일'이라고
적고 있지만 그것을 보고 재구성한 「오만 진신」은 '홀연히 어느 날 저
녁에'라고 막연하게 표현하고 있는 것이다. 당연히 이 일연선사의 역사
기술 태도는 옳은 것이다.

나 이는 모두 틀린 것이다. 태화 원년은 648년[무신년]을 가리킨다. 그런데 그 해를 태종무
열왕과 문무왕, 두 왕의 치세와 관련지어 생각하고 진위 여부를 사료 비판한다는 생각을 어
떻게 하는지 이해할 수가 없다. 그런 생각을 할 수 있는 해가 있다면 그 해는 태종무열왕이
승하하고 문무왕이 즉위하는 661년[신유년]뿐이다. 신라의 태종무열왕의 재위 기간은 654년
[갑인년]~661년[신유년]이고, 문무왕의 재위 기간은 661년[신유년]~681년[신사년]이다. 그
러므로 이 '태종문무왕'은 절대로 신라의 태종무열왕과 문무왕을 가리키는 말이 아니다. 이
것을 『삼국유사』의 이 기록의 신빙성이 떨어짐을 논증하는 논거로 드는 것은 옳지 않다. 여
기의 이 '太宗文武王'은 당나라 '태종문무대성 황제'를 말한다. 『삼국사기』 권 제31 「年表
(연표) 下」에 보면 당 태종을 '太宗文武大聖皇帝 世民'이라고 분명히 적고 있다. 고려 시대
사람들에게는 이것이 상식이었을 것이다. 당나라의 '太宗文武王之世'는 627년[정관 원년 정
해년]~649년[정관 23년 기유년]이다. 648년[무신년]은 정확하게 당나라 정관 22년으로 태
종문무대성 황제이세이다. 그러므로 '『삼국유사』가 태화 원년[648년]이 당나라 태종문무왕
지세라고 한 것'을, 마치 '『삼국유사』가 태화 원년[648년]이 신라의 태종 무열왕과 문무왕지
세라고 한 것'처럼 해석하고, 이것이 틀렸으니 『삼국유사』가 믿을 수 없는 책인 것처럼 쓰는
것은 『삼국유사』를 모독하는 일이다. 다만 '王'이라 한 것이 이상한데 이는 '皇(황)'이라 쓸
것을 오각한 것으로 볼 수 있다. 그러나 '태화 원년이 태종문무대성 황제 치세'라는 취지의
글 내용은 정확한 것이다. 그리고 태화 원년은 무신년이 아니고 정미년[647년]이라는 주장
이 있는데 이 주장은 잘못된 것이다. 왕의 교체가 있는 해는 전왕의 연호를 쓰고, 이듬해가
신왕의 연호 원년이 되는 것이 정상적이다. (보충주: 이런 기초적인 것도 모르고 무슨 역사
를 연구한다는 것인지, 바깥사람이 들여다보아도 한심하기 짝이 없다. 국사학계는 학부 교육
의 기초부터 살펴보기 바란다. 제일 중요한 것은 한문 문장 정확하게 읽기이고, 그 다음이
올바른 번역이며, 그 다음이 면밀한 비교 대조 검토이다. 사관, 역사란 무엇인가, 역사의 해
석 따위는 안 가르쳐도 그만이다. 사실이 아닌 허구를 토대로 무슨 사관이 나오며, 어떻게
역사가 무엇인지 알 수 있고, 그 허구를 토대로 역사 해석을 한들 그것이 진리가 되겠는가?)

4. 보천태자, 성덕왕의 입산 기록 검토

(3)의 본문은, 자장법사가 오대산에서 돌아간 뒤, 신라 '정신대왕의 태자인 보천, 효명 두 형제가 오대산으로 숨어들었다.'는 단순한 내용이다.[6] 그런데 *{   }* 속에 적은 세주로 정신, 보천, 효명 3 부자에 대한 해설을 붙이면서 해명되어야 할 많은 문제를 드러내고 있다.[7]

---

6) (3a)의 이 문장에는 '신라'가 앞의 '返'에 걸리는 것인지, 아니면 뒤의 '정신'에 걸리는 것인지를 결정해야 하는 문제가 있다. 이병도(1975: 308)에서 '자장법사가 신라에 돌아왔을 때'라고 번역한 이래 대부분의 번역서에서 그렇게 번역하고 있다(이재호(1993: 437). 김원중(2002: 387)은 '자장법사가 신라로 돌아오자'라고 번역하였다. 그러나 이는 모두 오역이다. (4a)에서는 '신라 정신 태자 봇내가 아우 효명태자와 더불어'라고 하였기 때문에 (3a)도 '신라 정신대왕의 태자 보천, 효명 두 형제가'로 번역해야 한다. 그러면 '藏師之返'은 '자장법사가 돌아간 뒤'로 번역되고, 이는 '자장법사가 (오대산에 왔다가) 돌아간 뒤'로 해석된다. 「오만 진신」의 이 바로 앞부분에서 636년 입당한 자장법사가, '동으로 돌아오고자 할 때[將欲東還]' 태화지의 용을 만났다고 하여 이미 자장법사가 중국에서 돌아왔음을 말하고, 이어서 643년에 오대산에 왔다가 진신을 보지 못하고 '元寧寺(원령사)에 가서 진신을 보았다.'고 하였다. 그러므로 일연선사가 다시 (3a)에서 '자장법사가 중국에서 신라로 돌아온 뒤'라고 적었을 리가 없다. 이 '자장법사가 돌아간 뒤'는 '자장법사가 중국에서 신라로 돌아온 뒤'를 의미하는 것이 아니라, '자장법사가 오대산에서 돌아간 뒤'를 의미한다. 그러면 '돌아간 뒤'로부터 '두 왕자의 입산 시기' 사이의 시간 간격은 45년이라 해도 아무 문제가 없다. 이를 '자장법사가 신라에 돌아왔을 때'라고 번역하면 '두 왕자의 입산 시기'는 바로 그때가 되어 643년 이후 그에 가까운 시기라고 생각하게 된다. 혹시 옛날 우리 선조들이 「태자 전기」 원본'을 쓰면서 이 구절에 현혹되어 '태화 원년 무신년[648년]'이라는 '입산 시기'를 추정하여 쓴 것이 아닐까 하는 생각이 들지만, 이는 억측이라 하여도 할 말이 없다. 번역서들이 이런 문제에 전혀 신경을 쓰지 않으니, '『삼국유사』의 번역은 중요한 대목은 모두 다시 검토해야 한다.'는 필자의 평소 주장이 과언이 아니라 할 수 있다. (3a)의 번역에서 '신라'를 (4a)와 마찬가지로 '정신'을 수식하는 것으로 뒤에 걸리게 번역하는 이유가 여기에 있다. 자장법사가 오대산에 왔다가[643년] 돌아간 시기와 두 왕자가 오대산에 숨어든 시기[효소왕 즉위년인 692년 이후 그에 가까운 시기인 듯하다.]를 혼동하여 생긴 오류가 「고기」[=「태자 전기」 원본']의 태화 원년[648년]이란 연대일 수 있다. 이 진덕여왕의 연호 太和(태화)와 「오만 진신」의 앞부분에 나오는 중국의 太和池(태화지)가 공교롭게도 같은 이름이다.

7) 이 문제들에 대해서는 별고에서 자세히 논의할 예정이다. '보천태자', '효명태자'를 '태자'라는 존칭호로 부르는 것이 매우 이상하다. 신문왕의 태자는 효소왕이 된 이홍이다. '효명태자'는 나중에 성덕왕이 되지만 태자로 책봉된 기록은 없다. 이런 경우의 '태자'는 그냥 '왕자' 정도로 이해하는 수밖에 없다.

(3)

a. 자장법사가 (오대산에서) 돌아간 뒤, 신라 정신대왕의 태자 보천, 효
명 두 형제가[藏師之返 新羅 淨神大王太子寶川孝明二昆弟 *{『국사』
에 의하면 신라에는 정신, 보천, 효명의 3부자에 대한 분명한 글이
없다[按國史新羅無淨神寶川孝明三父子明文]. 그러나 이 「기」의 아
래 부분 글에서 신룡 원년[705년]에 터를 닦고 절을 세웠다고 하
였으니, 즉 신룡이란 성덕왕 즉위 4년 을사년이다[然此記下文云神
龍元年[705년]開土立寺 則神龍乃聖德王卽位四年乙巳也]. 왕의 이름
은 흥광으로 본명은 융기인데 신문의 제2자이다[王名興光 本名隆基
神文之第二子也]. 성덕의 형 효조는 이름이 이공*{공은 홍으로 적
기도 함}*인데 역시 신문의 아들이다[聖德之兄孝照名理恭*{一作
洪}*亦神文之子]. 신문 정명은 자가 일조이다.. 즉, 정신은 아마도
정명{이나, 과} 신문의 잘못이 아닐까 한다[神文政明字日照 則淨神
恐政明神文之訛也]. 효명은 이에 효조*{조는 소로 적기도 함}의 잘
못이다[孝明乃孝照*{一作昭}*之訛也]. 「기」는 효명의 즉위는 말했
으나 신룡 연간에 터를 닦고 절을 세웠다 하는 것은 역시 불상세하
게 말했다. 신룡 연간에 절을 세운 사람은 이에 성덕왕이다[記云孝
明卽位而神龍年開土立寺云者 亦不細詳言之尒 神龍年立寺者乃聖德王
也].}* 하서부에 이르러[到河西府] *{지금의 명주에 역시 하서군이
있으니 바로 이곳이다..*{하곡현이라고도 하나 (이는) 지금의 울주
로 이곳이 아니다[今溟州亦有河西郡是也*{一作河曲縣今蔚州非是
也}*].}* 세헌 각간의 집에서 하룻밤을 묵었다[世獻角干之家留一
宿].

b. 그 다음 날 큰 고개(보충주: 대관령이다.)를 넘어 각기 천명으로 된
도를 거느리고 성오평에 이르러 여러 날 유람하다가, 홀연히 어느
날 저녁에 형제 2사람은 속세를 벗어날 뜻을 몰래 약속하고 아무
도 모르게 도망하여 오대산으로 숨어들었다[翌日過大嶺各領千徒到
省烏坪遊覽累日 忽一夕昆弟二人密約方外之志不令人知逃隱入五臺
山]. *{「고기」에 이르기를 태화 원년 무신년[648년] 8월 초에 왕이
산 속으로 숨었다고 했으나 이 문장은 크게 잘못된 듯하다[古記云
太和元年戊申八月初王隱山中 恐此文大誤] 살펴보면 효조*{조는 소

로 적기도 함)*는 천수 3년 임진년[692년]에 즉위하였는데 그때
나이가 16세였으며, 장안 2년 임인년[702년]에 붕어했으니 누린 나
이가 26세였다[按孝照*{一作昭}*以天授三年壬辰卽位時年十六 長安
二年壬寅[702년]崩壽二十六]. 성덕이 이 해에 즉위하였으니 나이
22세였다[聖德以是年卽位年二十二]. 만약 말한 대로 (이때가) 태화
원년 무신년[648년]이라고 한다면, 즉 효조가 즉위한 갑진년*{임
진의 잘못: 필자, 692년}*보다 45년이나 앞선 태종 문무대성 왕의
치세이다[若曰太和元年戊申 則先於孝照卽位甲辰已過四十五歲 乃太
宗文武王之世也]. 이로써 이 문장이 잘못된 것임을 알 수 있으므로
취하지 않았다[以此知此文爲誤 故不取之]}* 모시고 호위하던 자들
은 간 곳을 알지 못하여 나라[서울]로 돌아갔다[侍衛不知所歸 於是
還國]. <『삼국유사』 권 제3 「탑상 제4」 「대산 오만 진신」>

(4)

a. 신라 정신 태자 봇내가 아우 효명태자와 더불어 하서부 세헌 각간
의 집에 이르러 하룻밤을 묵었다[新羅 淨神太子寶叱徒與弟孝明太子
到河西府世獻角干家一宿].

b. 그 다음 날 각기 1천명의 사람을 거느리고 큰 고개(보충주: 대관령)
을 넘어 성오평에 이르러 며칠간 유완하였다. 태화 원년[648년] 8
월 5일에 형제가 함께 오대산에 숨어들었다[翌日踰大嶺各領一千人
到省烏坪累日遊翫 太和元年八月五日兄弟同隱入五臺山]. 도 가운데
모시고 호위하던 자들은 좇아 찾았으나 찾지 못하고 모두 나라[서
울]로 돌아갔다[徒中侍衛等推覓不得並皆還國]. <『삼국유사』 권 제
3 「탑상 제4」 「명주 오대산 봇내태자 전기」>

여기서 첫째로 해결해야 할 문제는 '정신대왕'이 누구인가 하는 것이
다. 이 문맥과 역사적 사실에 비추어 보아 이 문장의 '정신대왕'이 신문
왕이라는 것에는 거의 의심이 없다.[8] 그러나 '정신대왕', '정신왕', '정

8) 한 심사위원은 '정신이 신문왕 정명이라고 한다면 「대산 오만 진신」 조와 「명주 오대산 보
질도 태자 전기」에서 왜 정신이라고 했는지에 대해서도 살펴져야 하지 않을까 한다. 『삼국
유사』 「만파식적」 조에는 신문대왕 정명이라고 명확하게 나오고 있다는 점에서 그러하다.'

신태자', '정신' 등으로 등장하는 이 '정신'을 포함하는 명사구는 다른 문맥에서는 경우에 따라 적절하게 해석하기가 아주 어렵게 되어 있다.

(3a)의 '정신대왕'이 누구인가를 추리하기 위해서 깊이 생각해야 할 문법 사항은, '淨神大王太子寶川孝明(정신대왕태자보천효명)'에서 '태자'라는 존칭호가 어느 말에 걸리는가 하는 점이다. 즉, 어떻게 끊어 읽을 것인가 하는 문제가 제기된다. '정신대왕태자, 보천, 효명'으로 끊을 수는 없다. '대왕'과 '태자'가 한 사람의 존칭호로 쓰일 수는 없기 때문이다. 그러면 '정신대왕, 태자보천, 효명'으로 끊어 읽을 것인가? 이렇게 끊어 읽으면 '효명'은 존칭호가 없게 된다. '태자효명'은 '태자'를 붙이지 않아도 되는가? 안 된다. 그가 왕이 되었지 '보천'이 왕이 된 것도 아니다. 그러므로 이 구에서 '태자'는 '보천'과 '효명' 둘 모두에 걸리는 존칭호이다. 이 구는 '정신대왕 태자, 보천, 효명'이라고 끊어 읽어야 한다. 이 구는 '정신대왕(의) 태자(인) 보천(과) 효명'으로 해석되는 것이다.[9]

이제 여기서의 '정신대왕'은 효명태자[=성덕왕]와 보천태자의 아버지인 신문왕일 수밖에 없다. (3a)의 세주에서 '정신은 아마도 정명이나

고 하였다. 답하기 어려운 문제이다. 『삼국유사』 「대산 오만 진신」이 '정신대왕'으로 한 이유가 무엇인지 필자도 알기 어렵다. 다만 필자가 상상으로 추리한 것은 다음과 같다. 『삼국사기』에서는 '神文王(신문왕)'의 諱(휘)가 '政明(정명)' 또는 '明之(명지)'라고 하였고 字(자)가 '日怊(일초)'라고 하였다. 『삼국유사』 「대산 오만 진신」에서는 字(자)가 '日照(일조)'라고 하였다. 이 왕의 휘와 자가 둘 이상인 것으로 보아 諡號(시호)도 둘 이상이었을 가능성이 크다. 그러면 원래 시호를 '淨神(정신)'으로 지었는데 이 중에 '淨(정)' 자가 피휘에 걸려서 '신문'으로 바꾸었을 가능성이 있다. 그러면 '政(정)'도 피휘에 걸리고 '照(조)'도 피휘에 걸렸다고 보아야 한다. '照'는 측천무후의 이름이니 당연히 피휘에 걸린다. '政'과 '淨'이 왜 피휘에 걸리는지 아직 필자는 모른다.

9) 이병도(1975: 308), 이재호(1993: 437), 김원중(2002: 387)은 '정신대왕의 태자 보천(과) 효명(의) 두 형제'라고 정확하게 번역하고 있다. 이 구를 정확하게 번역하고서도 뒤에 나오는 '정신'에 대하여 주의를 기울이지 않았다는 것은 이 번역서들의 학문적 성실성에 문제가 있다고 할 수밖에 없다.

[또는 정명과] 신문의 잘못이 아닐까 한다.'라는 일연선사의 판단이 이 경우에는 정확한 것이다.

그러면 (4a)의 '淨神太子寶叱徒與弟孝明太子'는 어떻게 읽어야 할 것인가? 이것은 일연선사가 (3a)를 재구성하면서 보고 있던 '「태자 전기」 원본'에 있던 기록이다. 그러므로 그 뜻은 (3a)와 똑 같아야 한다. '정신'은 이미 왕이 되어 태자가 아니다. 그러므로 '태자'는 '정신'에 걸리는 것이 아니다. 그것은 '봇내'에 걸린다. 즉, 이 태자를 앞에 걸어 '정신태자'로 읽을 것이 아니라 뒤에 걸어 '태자 봇내'로 읽어야 하는 것이다. '정신태자'라는 말은 성립할 수 없다. 그러면 이 구는 '정신의 태자 봇내가 아우 효명태자와 더불어'로 번역된다.10)

이제 가장 중요한 문제가 저절로 밝혀졌다. 「태자 전기」의 (4a)의 '淨神太子'는 '정신의 태자'로 이해되어야 하는 것이다.11) 그러면 '정신의 태자'는 '寶叱徒[봇내]'를 가리키는 말이고, 거기서 떼어낸 '정신'은 '신문'을 가리키는 말이다. 그러므로 이 대목에 등장하는 인물들은 정신왕(=신문왕)과 그의 두 아들인 보천태자와 효명태자 3부자임에 틀림없다.12) (3a)의 '정신대왕'은 '신문대왕'을, (4a)의 '정신 태자'에서 '태자'

---

10) 이병도(1975: 316)은 '신라의 정신 태자 보질도가 아우 효명 태자와 더불어'로 번역하였다. 이재호(1993: 446)은 '신라 정신왕의 태자 보즐도는 아우 효명태자와 더불어'로, 김원중 (2002: 396)은 '신라 정신왕의 태자 보질도가 동생 효명태자와 함께'로 번역하였다. 전자는 문제가 있는 번역이고 후 2자는 정확한 번역이다.

11) 이를 가지고 '정신태자'라는 존재하지도 않은 인물을 상정하고, 그 왕자가 '寶川太子', '寶叱徒太子', '정신대왕', '정신왕'으로도 적히는, 신문왕과 김흠돌의 딸 사이에서 태어난 신문왕의 첫째 아들이라는 주장은 조속히 폐기되어야 할 것이다.

12) (4a)의 이 句에 대하여 신종원(1987: 94)는 "한편 「전기」 조에서는 <淨神太子인 寶叱徒와 (그) 아우 孝明太子>라 하여 一然이 解讀한 3父子는 다만 형제 2人으로 해석된다."고 하여 '정신태자'가 '寶叱徒'와 동격으로 같은 인물을 지칭한다고 오해하였다. (3a)의 '정신대왕'도 이 정신태자이며 寶叱徒太子라는 것이 그의 주장이다. 그렇다면 (3a)의 '淨神大王太子寶川'은 정신대왕과 태자보천이라는 두 지칭어로 동일 인물을 가리킨다는 말이 된다. 정

를 '붓내'에 걸리게 떼어내고 남은 '정신'은 '신문'을 가리키는 것이다.

(3a)의 세주 속에는 '정신'이라는 말이 두 번 나온다. '『국사』에 의하면 신라에는 정신, 보천, 효명의 3부자에 대한 분명한 글이 없다.'라는 말 속에 '정신'이 들어 있다. '보천태자'와 '효명태자[=성덕왕]'이 형제이므로 이들과 '정신'이 3부자라는 말로 불리려면 이 '정신'은 성덕왕의 아버지인 신문왕일 수밖에 없다. 그리고 이 '정신'에 대하여 일연선사가 붙인 설명은, '신문(왕) 정명은 자가 일조이다. 즉, 정신은 아마도 정명{이나, 과} 신문의 잘못이 아닐까 한다.'이다.13) 이 속의 '정신'은 관어적 언어(meta language)로 사용된 것으로 '정신'이라는 말을 가리키는 것이다. 이 대목에서 일연선사가 '정신'이 신문을 가리키는 말이라고 이해하고 있었음은 확실한 것이다. 그리고 실제로 '정신'은 '신문'이다.

신대왕이 태자보천이라면 이 사람이 신라의 왕이 되었다는 말이다. 신문왕과 성덕왕 사이의 왕은 효소왕뿐이다. 효소왕은 태자 이홍[또는 이공]이지 정신태자로 적힌 적이 한 번도 없다. 이 사람이 효소왕이 아닌 것은 분명하다. 그러면 즉위하지도 않은 보천태자를 정신대왕이라고 불렀다고 볼 수밖에 없다. 신종원(1987: 124)는 "聖德王 즉위 후 兄 寶川을 王의 兄이라는 禮遇上 <大王>으로 불렀을 것이다."고 하고 있다. (보충주: 이는 마치 양녕대군을 세종대왕 즉위 후에 양녕대군으로 예우하여 불렀다는 말과 같다.)

13) '신문왕 정명은 자가 日照(일조)이다.'는 옳다. 그러나 『삼국사기』에는 신문왕의 자가 '日怊(일초)'로 되어 있다. 이것은 주4의 '孝照(효조)', '孝昭(효소)'와 마찬가지로 측천무후의 이름 자인 '照(조)'를 피휘하여 쓴 것이다. 이 '怊(초)' 자는 '슬퍼하다'의 뜻으로 왕의 자에 들어갈 만한 글자가 아니다. 피휘하면서 같은 음의 한자를 의미를 생각하지 않고 가져다 놓았거나, 『삼국사기』 편찬자들이 신문왕을 안 좋게 생각하여 '해가 슬퍼해야 할 왕'으로 보고 이 글자를 쓴 것일 수도 있다. 『삼국유사』 권 제1 「왕력」에는 '日炤(일소)'라고도 하였다. '밝을 炤'를 사용한 '日炤'가 정상적으로 피휘한 字(자)일 것이다.

5. 성덕왕 즉위 기록 검토

[1] 원문과 문제 제기

오대산에 입산하여 수도 생활을 하고 있던 두 왕자의 생활에 변화가 닥친다. 그 변화는 두 왕자 가운데 한 왕자가 서라벌로 가서 왕이 되었다는 것이다. (5)와 (6)이 그것인데 이 단락은 매우 세심한 문헌 비평이 필요하다. 제일 먼저 해결해야 할 것은 (5a)의 '정신왕', (6a)의 '정신 태자'가 누구를 가리키는가 하는 것이다. '정신왕', '정신 태자'를, 이미 (3a)에서 '정신대왕', (4a)에서 '정신'으로 적힌 바 있는 신문왕을 가리킨다고 보아서는 합리적 해석이 안 된다. 왜 이런 것일까?

(5)
a. 정신왕의 아우가 왕과 왕위를 다투었다[淨神王之弟與王爭位]. 국인들이 폐하고 장군 네 사람을 보내어 산에 이르러 맞아오게 하였다 [國人廢之 遣將軍四人到山迎之]. 먼저 효명암 앞에 이르러 만세를 부르니 이때 오색 구름이 7일 동안 드리워 덮여 있었다[先到孝明庵 前呼萬歲 時有五色雲 七日垂覆].
b. 국인들이 그 구름을 찾아 마침내 이르러 임금의 수레 노부를 벌여 놓고 두 태자를 맞이하여 돌아가려 하니 보천은 울면서 사양하였다[國人尋雲而畢至 排列鹵簿 將邀兩太子而歸 寶川哭泣以辭]. 이에 효명을 받들어 돌아와 즉위시켰다[乃奉孝明歸卽位]. 나라를 다스린 지 몇 해 뒤인[理國有年] *{『記』에 이르기를 재위 20여 년이라 한 것은 대개 붕어년에 나이가 26세라는 것의 잘못이다. 재위는 단지 10년뿐이다.[記云 在位二十餘年 蓋崩年壽二十六之訛也 在位但十年尒] 또 신문왕의 아우가 왕위를 다툰 일은 국사에 글이 없다. 미상이다.[又神文之弟爭位事國史無文 未詳]}* 신룡 원년[以神龍元年]

{당나라 중종이 복위한 해이다. 성덕왕 즉위 4년이다[乃唐中宗復位之年聖德王卽位四年也].} 을사년[705년] 3월 초4일 진여원을 고쳐짓기 시작했다[乙巳三月初四日始改創眞如院].

<『삼국유사』 권 제3 「탑상 제4」 「대산 오만 진신」>

(6)

a. <u>정신 태자 아우 부군 서라벌에서 왕위를 다투다가 주멸했다</u>[淨神太子弟副君在新羅爭位誅滅]. 국인들이 장군 네 사람을 보내어 오대산에 이르러 효명태자 앞에서 만세를 부르자 즉시 오색 구름이 오대산으로부터 신라*{서라벌: 필자}*에 이르기까지 7일 밤낮으로 빛이 떠 있었다[國人遣將軍四人 到五臺山孝明太子前呼萬歲 卽時有五色雲自五臺至新羅七日七夜浮光].

b. 국인들이 빛을 찾아 오대산에 이르러 두 태자를 모시고 나라*{서라벌: 필자}*로 돌아가려 했으나 봇내태자는 울면서 돌아가지 않으므로 <u>효명태자를 모시고 나라*{서라벌: 필자}*에 와서 즉위시켰다</u>[國人尋光到五臺 欲陪兩太子還國 寶叱徒太子涕泣不歸 陪孝明太子歸國卽位]. 재위 20여 년. 신룡 원년[705년] 3월 8일 비로소 진여원을 열었다(운운)[在位二十餘年 神龍元年三月八日 始開眞如院(云云)].

<『삼국유사』 권 제3 「탑상 제4」 「명주 오대산 봇내태자 전기」>

[2] '淨神王之弟(정신왕지제)'는 '淨神(王)太子之弟'의 오류

(5a)에 나오는 내용은 '정신왕의 아우가 있었다. 그 아우가 정신왕과 왕위를 다투었다.'는 말이다. 그런데 (3a)와 (4a)에서는 '정신대왕'과 '정신'이 신문왕이다. 『삼국사기』나 『삼국유사』에는 신문왕의 아우가 있었다는 기록이 없다. 그러나 문무왕이 아들 하나만 두었다는 것은 그의 오랜 재위 기간[21년]과 활동의 왕성함에 비추어 상식에 어긋나는 것으로 보인다. 만약 신문왕의 아우가 있었다면 '신문왕의 아우가 신문왕과 왕위를 다투었다.'가 되므로 이 기록은 신문왕의 즉위에 반대하는 세

력이 있었음을 암시한다.

이에 해당하는 사실(史實)은 681년의 '김흠돌의 모반'이다. 김흠돌이 정명태자의 아우를 즉위시키려고 정명태자의 즉위에 맞서 다투었다는 추리가 가능하다. 아니면 이 기록으로부터 그러한 가설이 도출되어 나온다.[14] 그러면 신문왕 다음에 즉위하는 왕이니 새로 즉위하는 왕은 효소왕이어야 한다. 그러나 뒤에 이어지는 기록은 국인들이 장군 4명을 오대산으로 보내고, 또 자신들이 직접 오대산에 가서 '효명태자'를 모셔 와서 즉위시키는 내용이다. 여기서 '효명태자'가 효소왕이어야 한다고 생각할 수도 있다. 그리고 실제로 효소왕은 '효명왕'으로 적히기도 하였다.[15] 그러나 그 생각은 잘못된 것이다. 오대산에서 와서 즉위하여 왕이 된 효명태자는 효소왕이 절대로 아니다. 「오만 진신」의 진여원 개창 기사 뒤에는 (7)처럼 진여원이 개창된 뒤 대왕이 이 절에 와서 행한 일들이 기록되어 있다. 그때 대왕이 오대산 진여원에까지 왔다는 것이다.

(7) 대왕이 친히 문무백관을 거느리고 산에 이르러, 전당을 세우고 아울러 문수대성의 니상을 만들어 당 안에 봉안하고, 지식, 영변 등 5명으로 화엄경을 길이 전사하게 하였다[大王親率百寮到山 營構殿堂並塑泥像文殊大聖安于堂中 以知識靈卞等五員長轉華嚴經]. 이어 화엄사를 조직하여 오랫동안 비용을 대었는데, 매년 봄과 가을에

---

14) 이종욱 역주(1999)에는 김흠돌이 신문왕의 배다른 아우 인명전군(仁明殿君)을 옹립하려 하였으나 실은 자신이 왕이 되려 하였다고 적고 있다. 필사본 『화랑세기』가 진서(眞書)를 필사한 것이라면 역사적 사실일 것이고, 위서(僞書)라면 남당 박창화 선생의 설정이 여기서 나왔다고 할 수 있다.

15) 앞에서 본 일연선사가 '효소왕[효명왕]'과 '성덕왕[효명태자]'를 혼동하고 있는 듯한 주를 붙인 것은 이 사정과 관련된다. '孝明(효명)'을 '孝昭(효소)'에서 고려 광종의 이름 '昭'를 피휘하여 썼다는 현대 한국의 국사학계의 설명은 상식을 벗어난 것이다. 그러면 '孝昭(효소)'를 못 쓰고 '孝明(효명)'을 써야 한다. 쓰지 못한 시호는 '孝照(효조)'이고 사용한 시호가 '孝昭(효소)'와 '孝明(효명)'이다.

이 산에서 가까운 주현으로부터 창조 1백석과 정유 1석을 바치게 하는 것을 상규로 삼고, 진여원으로부터 서쪽으로 6천보를 가서 모니점과 고이현 밖에 이르기까지의 시지 15결과 율지 6결과 좌위 2결을 주어 처음으로 농장을 설치하였다[仍結爲華嚴社長年供費 每歲春秋各給近山州縣倉租一百石精油一石以爲恒規 自院西行六千步至 牟尼岾古伊峴外 柴地十五結 栗枝六結 座位二結 創置莊舍焉]. <『삼국유사』 권 제3 「탑상 제4」 「대산 오만 진신」>

이 대왕은 누구일까? 효소왕은 오대산에 갔다는 말이 없다. 그러나 성덕왕은 오대산에 갔을 가능성이 있다. 그는 성덕왕이었을 가능성이 크다.[16] 진여원을 지은 왕은 성덕왕이고, 오대산에 가 있는 왕자도 성덕왕이 된 효명태자이다. 그가 즉위한 시점은 신문왕 사후 효소왕이 왕위에 오르는 692년으로부터 10년이나 뒤지는 702년이다. 이 일은 정신왕[=신문왕]과 관련된 일이 절대로 아니다. (7)에 해당하는 내용은 「태자전기」에서는 생략되었다.

(5a)의 '정신왕[=신문왕]의 아우'가 왕과 왕위를 다투었다는 기록은 신빙성이 떨어진다.[17] 그러므로 여기에는 심각한 잘못이 들어있을 수 있다. (5b)의 *{   }* 속 세주에서 '신문왕의 아우가 왕위를 다툰 일이 『국사』에 없다.'고 한 것이 주목된다. 『국사』에 없다고 실제로 없었다는

---

16) 김원중(2002: 390)은 '이때 성덕왕은 직접 문무 관료를 거느리고 산에 도착하여'라고 번역하여 이 '대왕'을 성덕왕이라고 하고 있다. 내용상으로는 옳지만 번역은 '대왕'으로 하고 역주에서 '성덕왕'을 가리킨다고 하는 것이 옳다. '上院寺(상원사)'의 이름은 '眞如院(진여원)' 터 위쪽에 지은 절이라는 의미이다.

17) 이병도(1975: 310), 이재호(1993: 439)는 '{(그때에), [그 때]} 정신왕의 아우가 왕과 왕위를 다투{었는데, 니}'라고 번역하였다. 아무런 주석도 없다. 의미를 어떻게 파악하였는지 알수가 없다. 김원중(2002: 390)은 '그때 정신왕의 아우가 왕과 임금 자리를 다투자, 나라사람들은 왕을 쫓아내고'로 번역하였다. 번역은 더 이상 어쩔 수 없다. '정신왕'을 신문왕으로 보기 어렵다는 주가 필요한 곳이다. '柴地(시지)', '栗地(율지)', '位土(위토)'에는 주를 달면서 정작 가장 핵심 문제인 '정신왕'에 주를 단 번역서는 없다.

것을 보장하지는 않는다. 그렇지만 신문왕 즉위 시의 '김흠돌의 모반'은 이 시기에 논의될 일이 아니다. 이 구절은 뭔가가 잘못된 것이다.

이 문장에는 오류가 있을 수 있다. 무엇이 오류일까? '정신왕의 아우가 왕과 왕위를 다투었다.'에서 잘못될 수 있는 것은 무엇일까? 잘못될 가능성이 있는 말은 '정신왕'과 '아우'뿐이다. '왕과 왕위를 다투었다.'는 전체가 오류일 수는 있지만 그 속 어느 한 요소가 오류일 수는 없다. '아우'는 '형'의 오류일 수 있다. 그러나『삼국사기』,『삼국유사』에서는 신문왕의 '형'의 흔적을 볼 수 없다.[18] '아우'가 오류라고 상정하기는 어렵다.

그러면 오류일 수 있는 것은 '정신왕'뿐이다. 이 '정신왕'이 잘못된 것이다. 그러면 신문왕이 아닌 다른 어느 왕일까? 문무왕일 리는 없다. 문무왕의 충직한 동생들, 김인문, 문왕, 노차, 지경, 개원 등이 반란을 일으켰다는 말은 없다. 그러면 '성덕왕'일까? 아니다. 이 기록의 시점에는 성덕왕은 아직 즉위하지도 않았다. 성덕왕의 즉위 직전 왕이다. 그러면 효소왕밖에 없다. 이 '정신왕'은 효소왕을 가리키는 어떤 명사구의 오류임에 틀림없다. 「고기」인 '「태자 전기」 원본'에서 옮겨 올 때 잘못

---

18) 이종욱 역주(1999)에는 신문왕[정명태자]의 형으로 태손(太孫) 소명전군(昭明殿君)이 있었고, 태종무열제의 명에 의하여 그가 김흠운의 딸과 혼인하게 되어 있었으나 조졸(早卒)하였다고 한다. 김흠운의 딸은, 소명제주(昭明祭主)가 되어 소명궁에 있었는데, 소명궁에 자주 들른 자의왕후를 따라 온 정명태자와 정이 들어 이공전군을 낳았다고 되어 있다. 태종무열왕의 장손이 요절(夭折)함으로써 둘째 손자인 정명태자가 죽은 형의 약혼녀를 증(烝)하였고 거기서 태어난 효소왕이 왕위를 이은 것이 통일 신라 불행의 근원임을 알 수 있다. 여기서 이공전군이 정명태자의 아들이 아니고 조졸한 소명전군의 유복자라면 문제는 더 복잡해질 것이다. 보천태자와 효명태자는 정명태자의 아들일 가능성이 이공전군보다는 더 크다. 그렇다면 당연히 소명전군의 아들일 수도 있는 효소왕을 폐위시키고 신문왕과 신목왕후의 소생인 보천태자, 효명태자, 원자를 왕위에 올리려는 움직임이 있었을 수 있다. '경영의 모반'은 이와 관련될 것이다. 보천태자, 효명태자는 오대산에 들어갔기 때문에 원자가 그 정쟁의 중심에 놓였던 것으로 보인다.

적힌 글자가 있었을 것이다.

이제 (5)와 (6)을 비교해 보는 수밖에 다른 길이 없다. (5)와 (6)은 동일한 역사적 사실을 적은 것으로, 그 역사적 사실은 (8)과 같은 내용이다. 「오만 진신」은 결국 (8a)와 같은 역사적 사실을 적은 것이다. 「태자 전기」도 이와 동일한 역사적 사실인 (8b)를 적은 것이다. 동일한 역사적 사실을 적으면서 이 두 기록은 표현을 달리 해서 (5a)는 명백하게 '00왕의 아우'를 주어로 하였고, (6a)는 주어가 무엇인지 모르게 적혀 있다.

(8)

  a. 00왕의 아우가 왕과 왕위를 다투었다. 국인들이 (A를) 廢하고 장군 4인을 보내어 오대산에서 (효명태자를) 모셔 와 즉위시켰으니 이이가 성덕왕이다.

  b. 00태자 아우 부군 신라[=서라벌]에서 왕위를 다투다가 (B가) 주멸하였다. 국인들이 오대산의 효명태자를 모셔 와 즉위시켰으니 이이가 성덕왕이다.

여기서 제일 먼저 해야 할 일은 (6a=8b)의 첫 문장의 주어를 정하는 일이다. 그 다음에 할 일은 00에 해당하는 인물 '淨神'이 누구인가를 정하는 것이다. 이 '정신왕', '정신 태자'의 '정신'이 누구를 가리키는가 하는 것이 문제의 핵심이다. 세 번째로 할 일은 A에 해당하는 인물과 B에 해당하는 인물을 정하는 일이다.

(5a=8a)처럼 '00왕의 아우'가 주어일 때는, 그 아우가 '왕과' 왕위를 다툰 것이 된다. 그렇다고 (6a=8b)에서도 이 '아우'를 그대로 주어로 둘 것인가? 그러면 '00태자 아우가 부군과 왕위를 다투다가 ---주멸하였다.'가 된다. 이상하다. '아우가 주멸하였다면 왕은 죽지 않았고', 따

라서 새 왕이 오대산에서 와서 즉위할 필요도 없다. '00태자 아우가 부군과 왕위를 다투다.'는 사실이 아니다.

'부군'의 의미도 문제가 된다. 이병도(1975:317), 이재호(1993:448)은 부군을 '태자'라고 역주하였다. 왕이 재위 중이고 그의 태자를 '부군'이라 부른다는 말이다. 이렇게 되면 '00태자 아우가 부군인 태자와 왕위를 다투다가 ---'가 된다. 부왕이 살아 있는데(혹은 승하 직후에) 부군인 태자와 다른 왕자가 왕위 다툼을 했다는 말이다. 신문왕 사후 효소왕 즉위 시[692년]라면 태자[부군]인 이홍과 그 아우가 싸웠다는 말이다. 그러면 그 후에 즉위한 왕은 효소왕이 되어야 한다. 그런데 즉위한 왕은 성덕왕이다. 그러므로 이 해석은 틀린 것이다.

'부군'의 둘째 뜻은 왕이 아들이 없을 때 왕의 아우를 '부군'으로 봉하여 태자 역할을 하게 한 '세제'를 가리킨다. 그러면 '태자의 아우가 왕의 아우인 삼촌숙(三寸叔) 부군과 왕위를 다투다가 ---'가 된다. 태자가 있는 데 왜 '부군'이 있었겠는가? 이 해석은 사실이 아니다. (6a)의 주어를 '아우'로 보아서는 이렇게 비논리적인 해석만 나온다. 그러므로 (6a)의 첫 문장을 '아우'가 주어인 것으로 번역할 수는 없다. '아우'가 아닌 다른 명사구가 주어가 되는 길을 찾아야 한다.

무엇보다 중요한 것은 (6a)의 '아우'를 주어로 보면 (5a)의 '왕과 왕위를 다투었다.'에서 '왕과'가 없어진다는 점이다. (5a)와 (6a)는 동일한 뜻이다. 그러려면 'C가 왕과 왕위를 다투었다.'인 (5a)를 달리 표현한 (6a)는 '왕이 C와 왕위를 다투다가 ---'가 되어야 한다. 이 C에 해당하는 말이 (5a)에서는 '정신왕의 아우'이고 (6a)에서는 '아우 부군'이다. 일단 C의 값이 '아우[弟]'라는 공통 인수(共通因數)를 포함하고 있다. 이를 인수분해(因數分解)하면 '아우'를 중심으로 C에 해당하는 사람은 '정신 왕의 (아우)'이고 '(아우)인 부군'이다.

(5a)의 '왕과'가 (6a)에서 주어로 되면서 그 주어에 해당하는 명사구는 '정신 태자가'이다. 이제 '정신 태자'는 어느 왕을 가리키는 말이 되어야 한다. 이것이, (5a)와 (6a)는 동일한 역사적 사실을 적은 것이지만, 각각의 첫 문장의 주어는 서로 다르다는 통사적 사실로부터 얻어낼 수 있는 유일한 해석이다. 요약하면 'C가 왕과 왕위를 다투었다[C與王爭位].'라는 문장을 달리 표현하면 '왕이 C와 왕위를 다투었다[王與C爭位].'가 되어야 한다는 것이다.

(6a)의 첫 문장은 그대로 번역하면 '정신 태자 아우 부군 신라에서 왕위를 다투다가 (B가) 주멸했다.'가 된다. 그러면 '누가 누구와 왕위를 다투다가 누가 주멸했는지' 알 수가 없다. '정신 태자 아우 부군' 가운데 어느 것이 주어이고 어느 것이 보충어인가? 즉, '누가'에 해당하는 인물과 '누구와'에 해당하는 인물은 각각 누구인가? 이 문장의 '정신 태자 아우 부군' 속에는 '누가'에 해당하는 인물과 '누구와'에 해당하는 인물이 모두 들어 있음에 틀림없다. B에 해당하는 인물은 문맥상으로 보아 당연히 주어인 '누가'에 해당하는 인물이다.

그런데 이 문장에는 한 글자가 결락(缺落)되어 있다. (5a)의 '弟與王(제여왕)'에서 '弟'와 '王' 사이에 '與'가 있듯이 이 문장에도 '~~와'에 해당하는 전치사 '與'가 있어야 '누가 누구와 왕위를 다투다가'라는 문장이 되어 완전한 문장이 된다. (5a)의 '제'와 '왕' 사이에 '與'가 있으니 (6a)에서는 '왕'과 '제' 사이에 '여'가 있어야 동일한 의미가 된다. 그런데 (6a)에는 '왕'이 없고 '제'만 있다. 일단 '弟' 앞에 '與'가 올 가능성이 크다는 짐작은 할 수 있다.

'與'가 올 가능성이 있는 곳은 a. '정신'과 '태자' 사이, b. '태자'와 '제' 사이, c. '제'와 '부군' 사이의 세 곳이다. 그 곳에 (   )를 두고 이 문장을 다시 쓰면 (9a, b, c)처럼 된다. 이 세 곳 가운데 어느 한 곳으로 '與'의 위치가 정해지면 자동으로 '누가'에 해당하는 주어도 정해진다.

(9)

a. 淨神(   )太子弟副君在新羅爭位誅滅[정신(이) 태자 아우 부군(과) 신라 [=서라벌]에서 위를 다투다가 주멸했다]

b. 淨神太子(   )弟副君在新羅爭位誅滅[정신(의) 태자(가) 아우 부군(과) 신라[=서라벌]에서 위를 다투다가 주멸했다]

c. 淨神太子弟(   )副君在新羅爭位誅滅[정신(의) 태자(의) 아우(가) 부군 (과) 신라[=서라벌]에서 위를 다투다가 주멸했다]

(9a, b, c)의 (   ) 속에 '與'를 넣은 후 해석한다면 그 가운데 어느 것 이 (5a)와 같은 의미를 가지겠는가? 물론 그 (5a)는 (8a, b)와 같은 내용 을 가리킨다. 그러려면 (5a)에서는 '弟與王'이라 하여 '여'가 '제'와 '왕' 사이에 있지만, 여기서는 '王與弟'처럼 '여'가 '왕'과 '제' 사이에 있어 야 한다. '與'는 최소한 '弟' 앞에 있어야 한다. 그러나 '王'이 없다. 왕 에 해당하는 명사구는 '弟' 앞에 있는 명사구 '淨神太子'일 가능성이 크다. 그러므로 통사 구조상으로는 (9b)가 정답이다.

그러면 사실(史實)과는 어떻게 될 것인가? (3a)의 「오만 진신」 속 세 주는 두 왕자의 입산 기록의 '정신대왕'이 '신문왕'을 가리킨다고 하였 다. 이 '정신'을 '신문'으로 간주하고 역사적 실제를 검증해 보기로 한 다.

(9a)는 '정신왕[=신문왕]이 태자인 아우 부군과 서라벌에서 왕위를 다투었다.'로 해석된다. 그러므로 태자가 아우도 되고 부군도 된다. 정신왕의 태자는 이홍이므로 아들이지 아우가 아니다. 태자는 왕의 맏아들일 경우가 크므로 태자가 아우일 수는 없다. (9a)는 절대로 옳을 수가 없다.[19]

(9b)는 어떻게 될 것인가? (9b)의 '淨神太子'와 같은 명사구를 해석할 때는 그 통사적 의미 관계에 유의해야 한다. 이렇게 'E-F'로 두 명사가 병렬된 명사구는 속격 구성이거나 동격 구성으로 의미 해석된다. 즉, 표면상 하나의 구가 두 가지 의미로 해석될 수도 있는 것이다.

(3a)에서 본 '정신대왕'에서 '대왕'은 존칭호이다. 이 경우 'E-F'는 동격 구성이다. 그러면 '정신이라는 이름을 가진 대왕'의 뜻으로 해석된다. 이는 한 인물만을 가리키는 말이다. 이 'E-F'도 속격 구성으로 해석될 수 있을까? 그러면 '대왕'이 보통 명사가 되어 '정신의 대왕'이라는 뜻이 나와야 한다. 그러나 불가능하다. '정신대왕'은 동격 구성으로만 해석된다.

그러나 (6a)의 '淨神太子'는 두 가지 의미를 모두 가진다. 첫째 의미는 태자가 존칭호로 사용된 경우이다. 그 경우는 동격 구성으로, 의미는 '정신이라는 이름을 가진 태자'이다. 그 경우 언급된 사람은 '정신태자' 한 사람뿐이다. 둘째 의미는 태자가 보통 명사로 사용된 경우이다. 그

---

19) '정신왕'이 '보천태자'이고 그의 아우가 부군이라고 보면, 보천태자가 태자인 아우 부군과 다투었다는 말이다. 보천태자의 태자이며 아우인 부군이 있었을까? 왕도 아니고 스님인 보천태자에게 태자가 있었다는 것은 말이 안 된다. 보천태자가 서라벌에서 아우인 부군과 싸우다 죽었다는 것도 말이 안 된다. 왜냐하면 보천태자는 오대산에 있었고 싸우다 죽지도 않았다. 보천태자는 죽을 때까지 오대산 신성굴에서 수도하며 국왕[아우인 성덕왕]의 장수를 빌었다. 죽은 것은 효소왕이다. 정신왕을 보천태자라 보면 (9a)는 더욱 더 사리에 맞지 않다.

경우는 속격 구성으로 의미는 '정신의 태자'라는 뜻이 된다. 이 구에서는 '정신'과 그의 '태자'라는 두 인물이 언급된 것이다. '淨神太子'가, '정신태자'와 '정신의 태자', 이 두 의미 가운데 어느 것을 뜻하는지는 문맥이 결정해 준다.

첫째 의미 '정신이라는 이름을 가진 태자'는 누구일까? 그런 이름을 가진 태자는 없다. 억지로 '정신태자'를 '정명태자'의 오류라고 보면 '정명태자[=신문왕]이 아우 부군과 위를 다툰 것이 된다.' (9a)와 같은 상황이다. (9a)가 사리에 맞지 않듯이 이 해석은 사리에 맞지 않는다.

그러면 여기서의 '淨神太子'는 둘째 의미 '정신의 태자'로 해석될 수밖에 없다. 이는 '정신왕의 태자'라는 뜻이고 정신왕이 신문왕이면 '정신의 태자'는 '신문왕의 태자인 효소왕'을 가리키는 명사구가 된다. 이 문장은 '정신[=신문왕]의 태자[=효소왕]이 서라벌에서 아우인 부군과 왕위를 다투다가 (효소왕이) 주멸했다.'로 해석된다.[20]

이 문장은 어떤 역사적 사실과 연관될 것인가? 그것은 바로 700년[효소왕 9년]에 있었던 '경영의 모반'과 관련된다. 아마도 효소왕이 아

---

20) 심사위원 1분은 '정신태자'가 '정신의 태자'로 번역될 수 있는지 면밀한 검증이 필요하다고 하였다. 면밀한 검증이야 필요하겠지만 이 글보다 더 면밀하게 검증하기는 어려울 것이다. 정상적으로는 '淨神之太子'가 되어야 할 것이다. 그런데 한문 문장에서 이 '之'는 생략되는 경우가 많다. '金義忠女'는 '金義忠之女'와 같이 사용된다. 한문이나 한국어에서 두 명사가 나란히 오면 속격 구성이 되는 것은 흔한 일이다. '한국 정부'는 '한국의 정부'이고 '미국 대통령'은 '미국의 대통령'이다. '태종 세자 양녕'이라고 쓰면 '태종의 세자인 양녕'이라고 읽히지 않는가? 한문으로 쓰면 '太宗世子讓寧'이 된다. 무엇보다 여기서의 '淨神大王太子[정신대왕의 태자]'라는 말이 이를 웅변한다. 이것은 역사학의 문제가 아니고 문법학의 문제이다. 먼저 '정신태자'가 절대로 '정신의 태자'로 번역될 수 없고 '정신이라는 이름을 가진 태자'로만 번역되어야 한다는 것을 증명하고 나서 이런 심사 의견을 내기 바란다. 그러면 그는 『삼국사기』 권 제9 「경덕왕」, 2년 조의 '納舒弗邯金義忠女爲王妃'를 '서불한 김의충이라는 여인을 들여 왕비로 삼았다.'고 번역해야 할 것이다. 필자가 지적한 문제점이 바로 이런 것인데 그것 때문에 수정해야 한다면 문법학 전공자가 왜 이런 글을 쓰겠는가?

들이 없어서 그의 아우 한 명이 부군으로 봉해져 있었을 것이다. 그러면 그 부군을 지지하는 세력이 700년에 '경영의 모반'을 일으켜 효소왕을 폐위시키려 하다가 실패하였을 것으로 추측할 수 있다. 사실일 가능성이 대단히 크다. (9b)는 가장 가능성이 큰 해석이다.[21] 이 '경영의 모반'은 5월에 일어났는데, '황복사 3층 석탑 사리함 명문'에는 6월 1일에 신목왕후가 승하한 것으로 되어 있다. 그리고 702년 7월에 효소왕이 승하하였다.[22]

(9c)는 '정신[=신문왕]의 태자[=효소왕]의 아우가 서라벌에서 부군과 왕위를 다투다가 주멸했다.'로 해석된다. 효소왕의 또 다른 아우가 부군과 왕위를 놓고 다투다가 죽었다. 그러면 효소왕은 죽지 않았다. 그러면 효명태자가 오대산에서 와서 성덕왕으로 즉위할 필요가 없다. 사리에 맞지 않다.[23]

---

21) 여기서 '정신태자=보천태자'로 보아 그가 서라벌에서 아우인 부군과 싸우다가 죽었다가 나올 수 있겠는가? 없다. 보천태자는 오대산에 있었지 서라벌에 있지 않았고 죽지도 않았다. 나이 들어서 훌륭한 스님이 되었을 따름이다. 정신태자를 보천태자로 본다는 것은 있을 수 없는 일이다.

22) 측천무후는, 장인을 우대함으로써 눈 밖에 난 셋째 아들 중종을 폐위하여 유배 보낸 후, 넷째 아들 예종을 내세우고 여황제로서 무주를 다스렸다. 신목왕후도 혼전, 혼외자로서 정통성이 결여된 효소왕이 마음에 들지 않아 정통성이 있는 혼인 후 태어난 아들로 교체하려 하였을까? 혹은 신문왕의 아들이 아니라 그의 형의 유복자인 효소왕을 폐위하고 신문왕의 아들이 분명한 원자를 왕위에 올리려 하였을까? (보충주: 이럴 가능성은 별로 없다. 677년생 이공이 소명전군의 아들일 수는 없다. 정명이 665년 8월에 태자로 책봉되었으므로 소명전군은 그 이전에는 죽었어야 한다.) 이것을 막은 이들은 신목왕후의 어머니 요석공주와 그의 형제들, 즉 국인들이다. 그들은 태종무열왕의 장손, 문무왕의 장자의 아들일 수도 있는 효소왕을 지키려 한 것일까? 신목왕후의 어머니 요석공주는 딸을 사지로 내어몰았을까? 아마도 아닐 것이다. (자의왕후의 동생) 김순원은 이 사건에 연루되어 파면되었다. 더 논의할 사연들이 많이 남아 있다.

23) '정신태자=보천태자'로 보고 효소왕이 그의 아우라고 보면, '그의 아우[=효소왕]이 부군과 싸우다가 죽었다.'가 가능하다. 그러면 '정신태자의 아우[=효소왕]이 부군과 서라벌에서 왕위를 다투다가 주멸했다.'로 해석된다. '정신태자의 아우'가 효소왕이라면 가능한 일이다. 그러나 효소왕이 부군과 싸우다가 죽었다가 되므로 결국 (9b)와 동일한 내용이 된다.

마지막으로 '與'를 넣는 필자의 태도가 틀렸다고 보고, '與'를 넣지 않고 그대로 번역하여 '정신 태자 아우 부군이 신라[=서라벌]에서 위를 다투다가 주멸했다.'고 보면 어떻게 되는가? 네 명사가 모두 동격이 될 수 있을까? '부군'을 '태자'로 본다면 '아우'가 해석불가능하다. 왕의 '아우'를 '부군'으로 본다면 '태자'가 해석불가능하다. 네 명사 모두가 동격인 해석은 절대로 성립되지 않는다. 더욱이 '부군'이 주멸했으므로 왕은 죽지 않은 것이다. 그러면 새 왕이 오대산에서 와서 즉위할 필요도 없다. '왕이 왕위 쟁탈전에 휩쓸려 승하하여, 오대산에 숨어들어가 스님이 된 효명태자를 모셔 와 성덕왕으로 즉위시키는 것'이 이 기록의 내용이다. '부군이 죽었다'는 결과가 나오는 번역은 모두 틀린 번역이다.[24]

이제 있을 수 있는 경우의 해석은 다 나왔다. 가능한 것은 (9b)이다. (9c)도 '정신태자=보천태자'로 보면 가능하다. 그렇다 해도 내용은 (9b)와 같다. 결국 (6a)의 첫 문장은 (9b)처럼 '太子'와 '弟' 사이에 '與' 字가 있고, '淨神太子'를 '정신의 태자[효소왕]'로 해석하여야 자연스럽고 역사적 사실에 부합하는 해석이 나온다. 그것은 통사 구조상의 의미 관계, 역사적 사실뿐만 아니라 이미 (5a)에 '與' 자가 들어 있음에 의하여 확고히 지지된다.

---

24) 이병도(1975: 317), 이재호(1993: 447)은 '{(이 때에), (이 때) {정신태자의, 정신의} 아우 부군이 신라(서울)에 있어 왕위를 다투다가 죽음을 {당했다, 당하였다}.'로 번역하였다. 김원중(2002: 397)은 '이때 정신왕의 동생 부군이 신라에 있으면서 왕위를 다투다 죽임을 당하였다.'로 번역하였다. 세 번역 모두에서 부군이 주어이고, 부군이 죽은 것이다. 부군이 죽고, 왕은 죽지 않았다. 그런데 왜 새 왕이 오대산에서 와서 즉위해야 하는가? 앞뒤를 조금도 헤아려 보지 않은 번역이다. '누가 누구와 왕위를 다투다가 누가 죽었다.'는 개념이 없다. 이러한 번역을 텍스트로 해서는 진실을 밝힐 수 없다. 한문으로 된 고전 문헌에 대한 번역과 문헌 비평의 중요성은 아무리 강조하여도 지나치지 않다.

그러면 (6a)의 주어는 '정신의 태자[=효소왕]'이 되어, 이 문장은 (9b)처럼 '정신(왕)[=신문왕]의 태자[=효소왕]이 아우인 부군과 서라벌에서 왕위를 다투다가 B가 주멸했다.'로 해석된다. 그러면 B에 해당하는 인물은 자동으로 '정신의 태자[효소왕]'이 된다.

「태자 전기」(6a)의 '淨神太子弟副君在新羅爭位誅滅'을 (9b)처럼 해석하면 다음과 같은 사실이 재구된다. '경영의 모반'으로 700년 6월 1일 신목왕후가 죽고 효소왕도 2년 뒤에 승하하였다. 효소왕을 폐하고 부군을 즉위시키려 했던 '경영의 모반'으로 신목왕후가 죽자, 효소왕의 외할머니 등 국인들은 효소왕의 아우인 '부군'을 폐위하였다. 그리고 2년 후에 효소왕이 승하하자 '부군이었던' 그 왕자를 배제하고, '부군이 아니었던' 효명태자를 데려와서 성덕왕으로 즉위시켰다.

(6a)의 '淨神太子'가 '정신의 태자'가 되고 '정신'은 '신문왕'이 되어 (9b)처럼 되면, (5a)는 어떻게 되어야 하는가? 이제 (5a)에 대하여 따져 보기로 한다. (5a)에서 가장 먼저 할 일은 '정신왕'이 누구인가를 정하는 일이다. 두 번째로 할 일은 '왕과 왕위를 다투었다'에서 '왕'이 누구인가를 정하는 것이다. 세 번째로 할 일은 '폐하다'의 목적어 A가 무엇인가 하는 것이다.

(5a)의 첫 문장의 주어는 '00왕의 아우'이다. 그러면 '00왕의 아우가 00왕과 왕위를 다투었다.'라는 의미가 되어야 한다. 그런데 이 00왕은 내용상으로 성덕왕의 바로 앞 왕인 '효소왕'이다. 그러므로 (5a) 속의 '정신왕'이 차지하고 있는 자리는 어떤 것이든 효소왕으로 해석될 수 있는 명사구가 차지하는 자리로 이해되어야 한다. 왜 (5a) 속의 '정신왕'이 효소왕을 가리키는 사람이 되어야 하는가? 이는 단순하고 간단한 문

제이다. '정신왕'이 누구를 지칭하는지 알 수 없다 하더라도, 여기서 언급되는 이 왕은 지금 즉위하는 것으로 그려지는 33대 성덕왕의 바로 앞 왕이다. 33대 성덕왕 바로 앞 왕은 32대 효소왕이다.

이 '정신왕'을 (3a)에서와 같이 그대로 '신문왕'으로 본다면 사리에 맞지 않는다. 31대 신문왕은 성덕왕이 즉위하는 이 시점보다 10년 전에 이미 승하하였다. 그리고 신문왕의 아우가 신문왕과 왕위를 다툰 일은 역사에 없다. 또 있었다 하더라도 그것은 성덕왕이 즉위하는 이 시점보다 10년 전 일이다. 그러므로 (5a)의 '정신왕'은 당연히 내용상으로는 효소왕을 가리키는 명사구가 되어야 한다. 여기에 들어갈 말은 의미상으로 효소왕밖에 없다. 효소왕의 아우가 효소왕과 왕위를 다투다가 폐위되고, 효소왕의 '이 아우'가 아닌 다른 아우 효명태자가 오대산에서 와서 성덕왕으로 즉위하였기 때문이다.

효소왕을 가리키는 명사구는 (6a)에서는 '淨神太子'[정신의 태자]라고 되어 있다. (5a)는 (6a)를 보고 재구성한 것이다. 거의 옮겨 쓴 것이라 할 수 있다. 그러면 (6a)의 '淨神太子弟[정신의 태자의 아우]'라는 말을 가지고 (5a)의 '淨神王之弟[정신왕의 아우]'라는 句를 재구성한 것이 틀림없다. 그러면 (5a)의 '淨神王' 자리를 '淨神太子'로 대치하면 '淨神太子之弟[정신의 태자의 아우]'가 나온다.

그러므로 (5a)의 '정신왕의 아우[淨神王之弟]'는 (6a)를 참고하면, '정신의 태자의 아우[淨神太子之弟]'에서 '태자'를 '왕'으로 잘못 썼거나, 아니면 '정신왕태자지제[淨神王太子之弟]'에서 '태자'를 결락시킨 것으로 볼 수 있다. 글쓴이가 착각했거나 각수(刻手)가 실수하였을 수도 있다.[25] '효소왕'을 가리키는 말은 '정신왕의 태자' 또는 '정신의 태자'

이다. 원전(原典) 기록 내용을 손대는 것은 큰 부담이지만, 사리에 맞고 역사적 진실에 충실한 논리적 설명을 위해서는 이 문장의 '王' 자리나 그 뒤에 '太子'를 넣어야 한다.[26]

(5a)의 '왕과 왕위를 다투었다.'에서 '왕'은 누구인가? '정신왕의 아우 가 왕과 왕위를 다투었으니' '그 왕'은 당연히 '정신왕'이다. 그런데 (5a)의 '淨神王'은 '淨神太子'에서 '태자'가 '왕'으로 잘못 적힌 것으로, '정신의 태자'는 '효소왕'을 뜻한다.

(보충주: 또는 '정신왕태자'에서 '태자'가 결락된 것으로 보아도 마찬가지 결과 에 이른다. 아마 후자가 더 가능성이 클 것이다.)

---

25) 두 분 심사위원이 똑 같이 '정신왕지제'의 '정신왕'이 '정신태자'의 오류라고 볼 수 있는 근 거가 무엇인지, 다른 사례가 있는지 묻고 있다. 그리고 그런 오류가 난 과정은 어떤 것인지 논의가 필요하다고 하였다. 필자도 그 의문의 정당성에 동의한다. 아무데서도 근거를 찾을 수 없었다. 오래 전에 썼으나 2014년에 출간한 『향가 모죽지랑가 연구』에서는 아예 '효소 왕'의 오류라고 했었다(서정목(2014a: 263~66). 그러다가 그런 오류가 난 과정을 추리하면서 '정신태자'라고 쓸 것을 '정신왕'이라고 잘못 쓴 것이 아닐까 하는 생각을 하게 되었다. 그 리고 그 다음에 「오만 진신」과 「태자 전기」의 관련 부분을 정밀 대조하면서 혹시 '정신왕 태자지제'라고 쓸 것을 '왕'과 '태자'가 중복되니 '태자'를 결락시킨 것 아닐까 하는 생각을 하였다. 이런 사례가 다른 경우에 있을까? 있기 어렵다. 유일 예도 있는 것이다. 그리고 「민 지 기」의 '정신'도 '정신태자'라고 쓸 것을 '태자'를 결락시킨 것으로 보았다. 「태자 전기」 가 원 자료이고 이것을 보고 「오만 진신」과 「민지 기」가 이루어졌기 때문에 '정신태자'를 중심에 놓고 '정신왕'과 '정신'을 해결하는 것이 옳은 방향이다. 그러므로 '정신태자'를 '정 신의 태자'로 읽는 것이 가장 중요한 일이다. 필자도 답답하여 책으로 출판하기 전에 강호 제현의 질정(叱正)을 바라면서 투고하였다.

26) 여기서 '정신왕'을 '보천태자'로 보면 어떻게 되는가? 그러면 '정신왕[=보천태자]의 아우 [=부군]가 왕과 왕위를 다투었다'가 된다. 그러면 이때 '왕'이 누가 되는가? 이 문장을 제 대로 읽으면 그 '왕'은 '정신왕[=보천태자]'가 된다. 즉, '정신왕[보천태자]의 아우가 정신 왕[보천태자]와 왕위를 다투었다.'는 말이 되는 것이다. 그러나 보천태자는 이 시점에 오대 산에 있었다. 그가 그의 아우[=부군]과 서라벌에서 싸웠을 리가 없다. (그렇게 보지 않고) 이 '왕'을 '효소왕'으로 보고, '정신왕'은 성덕왕이 즉위한 뒤 그의 형 보천태자에게 예우상 붙인 것으로 보면, 이 문장은 '정신왕의 아우가 효소왕과 왕위를 다투었다.'는 말을, '정신 왕의 아우가 왕과 왕위를 다투었다.'라고 썼다는 결과가 된다. 이렇게 쓰는 것은 작문의 기 본을 어긴 것이다. '효소왕'에서 '효소'를 생략하려면 그 앞에 나온 사람이 '효소왕'이어야 한다. 두 개의 동일 인물 지칭 명사구가 있을 때에만 후행 명사구의 생략이 가능하지, 서로 다른 인물을 가리키는 두 명사구에서 후행 명사구를 생략한다는 것은 있을 수 없는 일이다.

그러니까 (5a)의 '왕과'는 '효소왕과'이다. 이 문장은 '정신의 태자[효소왕]의 아우가 왕과[정신의 태자(효소왕)과] 왕위를 다투었다.'는 내용을 적은 것이다.[27]

[3] '廢(폐)'의 목적어는 副君(부군)

(5a)에서 '폐하다'의 목적어는 무엇일까? '정신왕의 아우가 왕과 왕위를 다투었다. 국인들이 폐하고---'에서 문맥상으로 보아 '폐하다'의 목적어는 '정신왕의 아우'이다.

'명수가 창수를 울렸다. 선생님이 혼내주었다'에서 '혼내주다'의 목적어는 앞 문장의 주어인 '명수'이지 목적어인 '창수'가 아니다. 이와 똑같이 (5a)에서도 '폐하다'의 목적어는 그 앞 절의 주어이지 목적어가 아니다. 그 앞 절의 주어는 '정신왕의 아우'이다. 그런데 그 '정신왕'은 '정신의 태자[효소왕]'에서 '태자'가 '왕'으로 잘못 적히거나 '왕' 뒤의 '태자'가 결락된 것이다. 그러니까 폐하여진 사람은 '정신의 태자[효소왕]의 아우'이다. '폐하다'의 목적어는 '효소왕의 아우'이다.[28]

---

27) 정신왕을 보천태자로 보면, '보천태자의 아우[=효소왕의 아우이기도 하다]인 부군이 효소왕과 왕위를 다투었다.'가 되어 결과적으로 '부군이 효소왕과 왕위를 다툰 것'이 되어 필자의 해석과 같아진다.

28) 이병도(1975: 310), 이재호(1993: 439)는 '이를 폐하고'라 번역하여 대명사를 사용하였는데 '정신왕의 아우'를 폐한 것으로 해석한 것 같다. '정신왕'이 신문왕이라면 이상하다는 주가 필요한 곳이다. '정신왕'에 대한 주가 없으면 의미를 알 수가 없다. 신종원(1987: 123)은 '정신왕[=보천태자]의 제[=부군]와 왕[=효소왕]이 쟁위하여 국인이 (효소왕을) 폐하였다'고 해석하였다. 김원중(2002: 390)은 '나라사람들은 왕을 쫓아내고'로 번역하여 '정신왕'을 폐한 것으로 해석되게 하였다. '정신왕'이 '신문왕'이면 당연히 역사적 사실이 아니다. '폐하다'의 목적어는 '정신의 태자[효소왕]의 아우'가 되어야 하지 '왕'이 되어서는 안 된다. 국인들이 폐한 것은 '효소왕의 아우인 부군'이다. 이 문장에서 '폐하였다'는 말은 '왕을 폐하였다'는 말이 아니다. 왕은 폐된 것이 아니다. 효소왕은 폐위된 것이 아니라, 700년 5월 '경영의 모반'이 일어난 후 6월 1일 신목왕후가 이승을 하직하고, 그 2년 뒤에 승하한 것이다. 국인

'효소왕의 아우'가 무슨 직위에 있었기에 그를 폐하였다는 말일까? 이는 「태자 전기」에 나오는 '아우인 부군[弟副君]'과 관련지어 해명된다. 국인들이 폐한 것은 '부군'이다. '효소왕의 아우'가 '부군의 지위'에서 폐하여졌을 것이다. 부군으로 있던 그는 '경영의 모반'에 연루되어 무자한 효소왕의 뒤를 이어 왕위에 오를 수 있는 '부군의 지위'에서 폐하여진 것이다. 말하자면 폐세제(廢世弟)가 된 것이다. 그러므로 (5a)는 '효소왕의 아우[=부군]이 왕[=효소왕]과 왕위를 다투었다. 국인들이 (효소왕의 아우[=부군]을) 폐하고 장군 4인을 보내어 산에 이르러 (효명태자를) 맞아왔다.'로 이해하여야 한다.

700년 5월에 일어난 '경영의 모반'에 연루되어 부군이던 '효소왕의 아우'는 부군으로부터 폐하여졌다. 702년 효소왕이 승하하자 국인들은 '부군' 지위를 이미 잃은 '효소왕의 아우'를 제치고, 오대산에 가 있던 보천, 효명 두 태자를 데려와 하나를 왕으로 세우려 하였다. 그런데 보천은 울면서 오지 않으려 해서 효명을 데려온 것이다. 국인들이 폐한 것은 '효소왕의 아우를 부군 지위'로부터 폐하였다는 말이다. 부군이었던 효소왕의 아우는, 효소왕을 폐위시키고 자기를 즉위시키려 한 모반이었을 '경영의 모반' 때문에 왕이 될 자격을 잃은 것이다.

그 부군(副君)은 누구일까? 필자는 687년에 태어난 원자가 부군이었을 가능성이 가장 크다고 본다. 부군이었던 원자는 성덕왕 대인 728년 41세쯤에 당나라로 간 성덕왕의 아우 사종(嗣宗)일 것이다. 그리고 그의 아들은, 아버지가 47세쯤 되었을 때인 733년에 당나라로 간 성덕왕의 조카인 지렴(志廉)일 가능성이 있다[29]. 성덕왕은 자신보다 6살 어린, 부

들이 폐한 것은 절대로 효소왕이 아니다.
29) 서정목(2014a: 261~62)를 참고하기 바란다.

모가 혼인 중에 낳은 아우, 효소왕 때에 부군이었던 원자를 그 아들과 함께 당나라에 가서 살게 배려하였을 것이다.

(보충주: 사종은 687년에 태어난 것이 아니고 684년에 태어났다. 그러니 당나라에 간 때인 728년에는 45세이고 지렴이 당나라로 간 733년에는 50세이다. 687년에 태어난 원자는 사종의 아우 김근{흠}질이다. 이런 사정들이 이렇게 완벽하게 다 밝혀진 것은 2016년 가을이다. 이 책의 마지막 논문에 그 내용이 들어 있다. 글을 처음 발표한 지 4년 만에 30년 이상 헤매던 통일 신라 궁중 비사의 미로를 빠져나온 것이다.)

정치적 망명이라 할 수 있다. 사종(嗣宗)에게, 당나라 현종이 果毅(과의: 당나라 관위 종 6품 하) 벼슬을 주고 융숭한 대접을 한 이유가 이와 관련될 것이다. 지렴에게도 보통 이상의 대우를 한 것으로 보인다. 필자의 설명 틀 속에서 보면, 33대 성덕왕은 702년에 22살로 즉위하였으니 733년에 53세가 된다. 원자 사종은 687년생(보충주: 684년생이 옳음)이니 733년에 47세(보충주: 50세가 옳음)가 된다. 이로부터 4년 뒤 성덕왕은 737년에 57세로 승하하였다.[30]

성덕왕은 정명태자와 혼인 전의 신목왕후 사이에서 681년에 혼외자로 태어났다. 동모형 효소왕이 즉위한 692년 후의 어느 때쯤 12살이 좀 넘었을 때 두어 살 위인 형 보천태자와 함께 오대산으로 숨어들어가 수도 생활을 하였다. 그러다가 702년 효소왕이 승하하는 바람에 갑자기 외할머니 요석공주의 부름을 받아 왕위에 오른 뒤, 704년 외할머니의

---

[30] 현재의 학계의 통설처럼, 성덕왕이 702년 12살에 왕위에 올라 35년간 재위하고 47세인 737년에 승하하였다고 보고, 687년에 태어난 31대 신문왕의 원자가 32대 효소왕이라고 보면, 위와 같은 사실(史實)은 꿈도 꿀 수 없게 된다. 필자의 설명 틀과 국사학계의 설명 틀 가운데 어느 것이 더 설득력이 있는지는 후세의 사가들이 판정할 것이다. 성덕왕의 승하 시의 나이가 적힌 기록만 나오면 어느 것이 진실인지 바로 판정날 것이다.(보충주: 내 죽기 전에 성덕왕릉 앞에 귀부만 남은 비의 비신이 발견되기를 빈다.)

영향 아래 첫 왕비 성정왕후를 맞아 아들 중경, 수충을 두고 나라를 다스렸다. 716년경 외할머니 요석공주가 돌아가자 성정왕후를 폐비당하고 이듬해 태자 중경을 잃었다. 그 후 720년 김순원의 딸 소덕왕후와 재혼하여 34대 효성왕, 35대 경덕왕을 낳았다.[31] 그리고 성덕왕 734년에 소덕왕후와 사별하였다.

(보충주: 이때까지는 필자도 성정왕후와 엄정왕후가 동일인인 것으로 보고 있었다. 그러나 이 둘이 다른 사람이어서 엄정왕후가 성덕왕의 정식 왕비이고, 성정왕후는 효소왕의 왕비인데 형사취수 제도에 의하여 성덕왕의 왕비처럼 되어 있고, 수충은 효소왕의 아들인데 성덕왕의 아들처럼 되어 있다는 것을 서정목(2016a), 『요석』에서 밝혔다. 그리고 서정목(2016b)에서 순원은 혜명왕비의 아버지가 아니고 할아버지이며 혜명왕비의 아버지는 진종이라는 것을 밝혔고, 서정목(2016c)에서 효성왕의 생모는 엄정왕후이고 소덕왕후는 법적인 어머니라는 것도 밝혔다. 이 글을 쓸 때에는 성덕왕이 외할머니 사망 후 순원 세력에 의하여 성정왕후와 억지 이혼을 당한 것으로 보았다. 그러나 서정목(2016a)에서부터 형수 성정왕후가 자신

---

31) 성덕왕의 왕자들과 그 어머니를 신중하게 생각할 필요가 있다. 성정왕후(보충주: 엄정왕후가 옳다.)의 아들인 重慶(중경)의 이름은 첫째 아들의 이름이 아니다. 그것은 '중복 경사'의 뜻이므로 둘째 아들의 이름이다. 첫째 아들은 元慶(원경) 정도가 되어야 한다. 아마 조졸하였을 것이다. 守忠(수충)은 어느 왕의 아들인지 알기 어렵고, 성덕왕의 아들이라면 어머니가 다를 수도 있다. 孝殤太子(효상태자) 중경이 죽은 후 태자가 된 왕자는 承慶(승경)이다. 이 이름은 중경을 '이어받은 경사'이므로 성정왕후(보충주: 엄정왕후가 옳다.)의 아들일 가능성이 크다. 이 승경이 34대 효성왕이 되었다. 성덕왕이 승하하기 몇 달 전 신충(信忠)에게 잣나무를 걸고 도움을 청하여 왕이 되었으나, 신충에게 벼슬을 주지 못하여 그로 하여금 「원가」를 짓게 한 빌미를 준 왕이다. 『삼국사기』는 이 효성왕이 소덕왕후의 아들이라 하였지만 신빙성이 떨어진다. 소덕왕후의 아들인 경덕왕은 이름이 憲英(헌영)이다. 효성왕은 즉위 2년에 당나라의 책봉을 받은 왕비 박 씨와의 관계가 모호한 채, 즉위 3년에 김순원의 딸 혜명왕비[자신의 이모임]과 혼인하였으나, (보충주: 혜명왕비는 순원의 손녀이다. 그리고 승경은 소덕왕후의 아들이 아니므로 혜명왕비는 효성왕의 이모가 아니다.) 영종의 딸인 후궁을 총애하다가 왕비의 족인들이 그 후궁을 살해하는 사건을 유발하고, '영종의 모반'을 겪은 후 재위 5년 만에 승하하였다. 효성왕은 김순원의 외손자가 아니었을 가능성이 있다. 그러면 소덕왕후의 아들은 경덕왕뿐이다. (보충주: 743년[경덕왕 즉위년] 12월에 당나라에 사신으로 가는 왕제는 소덕왕후의 아들일 가능성이 있다.)

의 아들 수충을 제치고 715년 12월 중경이 태자로 책봉된 데 항의하다가 성덕왕에 의하여 쫓겨난 것으로 보게 되었다. 따라서 요석공주도 716년경에 사망한 것이 아니고 719년경까지 살아 있었을 가능성도 있다. 그러면 성정왕후를 쫓아낸 것은 요석공주일 수도 있다.)

평생의 앞부분은 외할머니, 뒷부분은 두 번째 장인 김순원의 영향 아래서 긴긴 세월을 왕으로 힘들게 살면서 젊을 때 수도하던 오대산 효명암을 다시 지은 진여원을 중심으로 독실하게 문수(文殊)를 믿으며 불교에 귀의한 파란만장한 한 인간의 생애가 막을 내린 것이다. 성덕왕의 손자 36대 혜공왕은, 성덕왕의 외손자이자 자신의 고종사촌형 37대 선덕왕[김양상]에게 시해되었고 태종무열왕의 후손들이 왕위를 이었던 신라 중대는 막을 내린다.

[4] 國人(국인), 보천태자

'국인들이 폐하였다.'에서 '국인들'은 누구인가? '국인들'은 일반 백성이 아니다. '나랏사람'은 나랏일을 하는 사람으로서 (부군을) 폐하고, (효소왕이 승하하자) 네 사람의 장군을 먼저 보내어 두 왕자를 모셔 오도록 하고, 나중에는 빛을 따라 자신들도 오대산에 가서 효명태자를 모셔 오는 그 사람들이다.

'국인들'이란 말 뒤에 숨어 있는 사람들은 왕위를 이을 계승자를 선택하는 최고위 권력층이다. 그들은 누구일까? 이를 '나라 사람들이'라고 번역하는 것이 오해를 낳게 한다. 이 당시의 국인들은 신목왕후의 어머니인 효소왕의 외할머니를 중심으로 하는 그의 형제들이라 할 수 있다. 그 형제들은 태종무열왕의 아들들로서 문무왕의 아우들이다.

'나랏사람들'이라고 번역하면 마치 민주주의 국가에서 국민들의 투표에 의하여 최고 통치자가 선출되는 것과 비슷한 절차가 있었기나 한 것처럼 오해된다. 화백회의에서 의논하여 슬기로운 자를 왕으로 선출함으로써 朴(박), 昔(석), 金(김) 삼성(三姓)이 왕위를 이었다는 것도 의심스럽다. 초대왕인 박혁거세왕이야 그렇다고 치고, 4대 석탈해는 2대 남해왕의 사위로서 3대 유리왕의 매부이고, 13대 미추왕[김 씨]은 11대 조분왕[석 씨]의 사위이다. 전왕이나 전전왕의 사위쯤 되어야 왕위를 잇는 것이다. 민주주의 비슷한 것이 신라 시대에 있었다는 착각을 하게 하면 안 된다. 있을 수 없는 일이다.[32]

(5b, 6b)에는 '보천태자'가 울면서 사양하였다고 되어 있다. 그는 왜 서라벌로 가기를 꺼려했을까? 이에 비하여 '효명태자'는 국인들을 따라 서라벌로 와서 왕위에 올랐다. 두 사람은 왜 이렇게 서로 다른 반응을 보였을까? 그 답은 이 두 왕자의 나이가 말해 준다.

681년 7월 1일 두 왕자의 할아버지 문무왕이 돌아가셨다. 7월 7일 아버지 정명태자가 왕위에 오르고 한 달 남짓 지난 8월 8일 '김흠돌의 모반'으로 인한 대숙청이 시작되었다. 681년 7월에서 8월 사이 서라벌을 공포의 도가니로 몰아넣었을 정치적 상황이 떠오른다. '김흠돌의 모반'을 진압하는 과정에서 두 왕자의 아버지 신문왕과 어머니 김흠운의

---

32) 신라는 혈통에 의한 세습 권력이 지배하는 철저하게 폐쇄된 사회였다. 왕위를 이을 아들이 없거나 약하면 사위가 왕위를 이어받는 구조이다. 그러다가 김 씨가 왕이 된 뒤로는 이 전통도 무너져 26대 진평왕의 딸이 왕위를 이어받은 것이 27대 선덕여왕이고, 또 그를 이어받은 것이 사촌 여동생 28대 진덕여왕이며, 49대 헌강왕의 아우가 50대 정강왕이고 그의 여동생이 51대 진성여왕이다. 이것은 여권을 존중한 시초도 아니고, 남녀평등으로 가는 길을 연 것도 아니다. 철저히 4촌 이내의 같은 혈족끼리 세습한 것이다. 선덕여왕 즉위 시의 '聖骨男盡(성골남진)'이라는 말이 이를 암시한다. 진덕여왕 승하 후는 성골녀도 진하여 4촌이 없는 상황이 되었을 것이다. 김춘추는 선덕여왕, 진덕여왕과 6촌이다. 구제불능인 체제이고 망하게 되어 있는 구조인 것이다.

딸, 그리고 할머니 자의왕후, 외할머니 김흠운의 부인[＝요석공주]는 화랑도 출신 고위 장군들을 처참하게 살육하였다.

효명태자는 702년에 22살이었으니 681년생이다. 만약 효명태자가 681년 7월 7일의 신문왕 즉위 후에 태어났으면 그가 원자가 되었을 것이다. 그러나 그는 원자가 아니고, 687년에 태어난 그의 아우가 원자가 되었다. 이로 보면 효명태자는 아버지가 즉위하기 직전에 태어났다. 효명태자는 1살 젖먹이 때에 '김흠돌의 모반'을 겪었다. 아무 것도 모른 채 강보에 쌓여서.

(보충주: 이때에는 아버지가 왕이 되고 처음 태어난 아들이 원자가 된다고 보고 있었다. 그러나 서정목(2015c)에서 정식 혼인한 원비의 맏아들이 원자라는 것을 밝혔다. 그러니 효명은 아버지가 즉위한 후에 태어났을 수도 있다. 현재로서는 681년에 태어났다는 것만 알 수 있다.)

그러나 보천태자는 효명태자의 형이다. 2살 많았다면 3살 때, 3살 많았다면 4살 때 보천태자는 '김흠돌의 모반'을 겪었다. 3~4살짜리 보천태자는 서라벌에서 벌어진 그 살륙극에서 심한 정신적 외상(trauma)를 입었을 것이다. 그는 서라벌 생활에 대하여 두려움을 가지고 있었다. 그 것이 그를, 동생과 함께 유람을 보낸 그를, 오대산으로 숨어들게 한 원인이다.

성덕왕은 즉위한 지 4년 뒤인 705년[신룡33) 원년, 성덕왕 4년] 을사년 {3월 4일 진여원을 처음으로 고쳐지었다[(5b) 기록], 3월 8일 진여원을 열었다[(6b) 기록]}. 이는 정확한 기록이다. 이제 성덕왕은, 즉위한 지 4년쯤 되어서 한숨 돌리고 자신이 수도 생활을 하던 오대산 효명암을 진여원으로 고쳐지을 마음의 여유가 생긴 것이다.34)

---

33) 당나라 측천무후의 퇴위 후 중종의 복위 연호로서 정확한 연대이다.

그러면 효명태자가 서울로 가서 왕이 된 뒤에 보천태자는 어떻게 되었을까? 두 기록은 보천태자가 신성굴에서 50여 년 수도하여 크게 득도하고 보천암(寶川庵)을 화장사(華藏寺)로 고쳐 지으라는 유언을 남겼음을 보여 주고 있다. 보천태자는 오대산에 들어온 뒤로 속세에 나가지 않고 국왕의 장수와 백성의 안태를 빌며, 문무(文武)의 화평을 기도하고 살았음을 말하는 것이다. 692년 14살 때쯤에 입산하였다면 속세의 나이로 74세는 훌쩍 넘었을 때 입적한 것으로 보인다.

[5] 정리

(5a)의 '정신왕'은 절대로 보천태자가 아니다. 그리고 신문왕도 아니다. 이 정신왕은 '淨神太子[=효소왕]'이라고 쓸 것을 잘못 쓴 것이다. 이 오류는 어디에 기인하는 것일까? 첫째는 단순하게 각수가 오각한 것이라 볼 수도 있다. 그러나 그 가능성은 낮다. 둘째는 (6a)를 옮겨오면서 글자를 잘못 썼을 가능성이 크다.[35] 아니면 각수가 잘못 새겼을 수도 있다. 잘못된 글자는 '淨神太子'로 할 것을 '淨神王'으로 한 것이다. '淨神太子'를 (5a)의 '淨神王'에 그대로 대입하면 '淨神太子之弟與王爭位[정신의 태자의 아우가 왕과 왕위를 다투었다.]'가 된다. 또는 '淨

---

34) 이 대목에서 상원사 동종이 떠오른다. 조선 예종은 상원사를 세조의 원찰로 정하고 전국에서 가장 아름답고 큰 소리를 내는 종을 구해다가 달라고 하였다. 어느 폐사지에서 옮겨져 와 안동부의 관아에 달려 있던 이 종이 선택되어 죽령을 넘어 오대산으로 갈 때 갑자기 무거워져서 옮길 수가 없었다. 종유(鐘乳)의 하나를 떼고 나니 움직였다. 이 종은 725년[=성덕왕 24년]에 축조된 국내에서 가장 오래 된 범종이다. 신라 강역을 떠나 옛 고구려 땅에 있는, 제조 당시의 왕이 창건한 상원사로 이 종이 찾아간 것도 기이한 인연이라 할 것이다.

35) 「오만 진신」은 '「태자 전기」 원본'을 재구성한 것이다. 그러므로 후자가 먼저 있고, 전자는 그것을 보고 그 내용을 옮겨 써 놓은 것이다. 따라서 (6a)에서 '淨神太子'라고 써 놓은 것을 보고 (5a)를 쓰면서 '정신태자'로 써야 할 것을 '정신왕'으로만 썼거나, 아니면 판목에 새길 때 각수가 실수하였거나 했을 것이다.

神王太子之弟與王爭位[정신왕의 태자의 아우가 왕과 왕위를 다투었다.]'에서 '太子'가 결락된 것일 수도 있다.

(5a)와 (6a)의 첫 문장은 동일한 내용을 가리키는 것이다. (6a)는 '정신의 태자[효소왕]이 아우인 부군과 왕위를 다투다가 주멸하고 국인들과 장군 4인이 오대산에 가 있던 봇내태자와 효명태자 가운데 효명태자를 모셔와서 즉위시켰으니 이 이가 곧 성덕왕이다.'라는 사실(史實)을 적은 것이다. 이를 달리 표현하면 (5a)처럼 '정신의 태자[효소왕]의 아우[=부군]이 효소왕과 왕위를 다투다가 아우는 (부군에서) 폐위되고 효소왕은 2년 뒤에 승하하였으며, 이에 오대산에 가 있던 보천태자와 효명태자 가운데 효명태자를 장군 4인과 국인들이 모셔와서 즉위시켰으니 이 이가 곧 성덕왕이다.'가 되기 때문이다. 이제 이 해석은 『삼국사기』나 『삼국유사』의 여타의 설화들이 말하는 역사적 사실과 정확하게 일치한다.

(5a)의 '정신왕'은 '정신의 태자'로 읽힐 '淨神太子'에서 '太子'를 '王'으로 잘못 쓴 것이거나 '淨神王太子'에서 '太子'가 결락된 것이다. 그 밖의 정신대왕은 신문왕이며 '淨神太子'는 '정신왕의 태자'라는 뜻이다. 정신태자나 정신왕을 보천태자로 보고는 여러 기록을 전혀 설명할 수 없다.36)

---

36) 이 '정신왕 또는 정신태자'가 '봇내태자=보천태자'와 동일 인물로서 폐비된 김흠돌의 딸이 낳은 신문왕의 맏아들이고, 성덕왕이 둘째 아들이며, 부군이 이들의 동모제로서 셋째 아들이라는 것이 신종원(1987: 127)의 제1 주장이다. 제2 주장은 효소왕은 687년에 태어난 신목왕후의 아들로서 부군이 (효소왕을) 주멸하였다는 것이다. 그러면 여기서의 '정신왕의 아우'는 부군이 되고, 그 부군이 효소왕과 왕위를 다툰 것이 된다. 그러나 이 두 주장은 심각한 역사 왜곡이다. 이 주장은 『삼국사기』의 태자비였던 김흠돌의 딸이 무자하였다는 기록, 성덕왕이 효소왕의 동모제라는 기록, 『삼국유사』의 「만파식적」, 「백률사」, 「혜통 항룡」, 「대산 오만 진신」 등의 모든 기록, 『구당서』, 『신당서』, 『자치통감』이 한결같이 증언하는 '효소왕이 죽어 그 아우인 성덕왕을 신라왕으로 책봉하였다'는 기록을 부정하는 것이다. 이 주장에

6. 「민지 기」의 검토

「민지(閔漬) 기」에 '寶叱徒房改名爲華嚴寺'라 하고 주를 붙이기를 (10)과 같이 하였다.[37] (10)은 어떻게 번역하는 것이 옳을까?

(10) 寶叱徒淨神太子兒名也

(11) a. 봇내는 정신태자의 아명이다.

　　 b. 봇내는 정신의 태자의 아명이다.

(10)을 신종원(1987:97)은 (11a)의 뜻으로 번역하였다. '봇내'가 바로 '정신태자'라고 보고 있는 것이다. 그리고 이를 근거로 '일연은 이 동일인을 부왕 및 왕자 2인으로 주한 것이 오류이고'라 하여 『삼국유사』가 잘못된 책이라고 주장하고 있다.

그러나 (11b)와 같은 번역이 가능한 것은 틀림없다. '봇내가 정신태자의 아명인지, 정신의 태자의 아명인지'는 논란의 여지가 있다. 결정은 문맥과 역사적 사실에 따라 이루어져야 한다. 필자의 주장은 '정신태자'

는 크게 두 가지 문제점이 들어 있다. 첫째, 보천태자를 왕으로 부를 수 있을까 하는 점이다. 성덕왕이 왕이 된 후 예우상 그 형을 정신왕으로 존중하여 불렀을 것이라는 추정에는 근거가 하나도 없다. 오대산에서 수도하고 있는 스님을 정신왕이라고 부를 수 있는지 의심스럽다. 둘째, 더 심각한 문제로서, 정신왕[=보천태자]의 아우인 부군이 효소왕과 왕위를 다투었다고 보면, 부군과 효소왕 가운데 누가 형인가 하는 문제가 제기된다. 보천태자와 효명태자는 오대산으로 가고, 남아서 부군이 된 그들의 동모제는, 그의 어머니가 681년에 폐비되었기 때문에, 그 글에서 687년에 태어난 원자라고 보는 효소왕보다 형일 수밖에 없다. 이것은 말이 안 된다. 부군은 왕이 아들이 없을 때 아우를 봉하여 태자 역할을 하게 한 왕자이다. 만약 그 글처럼 효소왕이 687년에 태어난 원자라고 보면, 681년 경 폐비된 김흠돌의 딸이 낳은 아들이 효소왕의 동생인 부군일 수는 없는 것이다. 이 한 반증례로도 현존 주장은 무너진다.

37) 「민지 기」에는 華嚴寺(화엄사)라 하였지만, 「오만 진신」에는 華藏寺(화장사)라 하였다.

는 실재하지 않았다는 것이다. 앞에서 논의한 「태자 전기」의 '淨神太子'는 항상 '정신의 태자'로 해석되었다. 여기서도 '정신의 태자'로 해석되어야 한다.

「민지 기」의 성덕왕 즉위 기사는 (12)와 같다. 이 내용은 거의 「오만진신」, 「태자 전기」와 같은 것이다.

(12) 당나라 측천 사성 19년 임인년에 이르러 신라왕이 승하하였으나 아들이 없어서 국인들이 두 왕자를 모셔 오려 하였다[至唐則天嗣聖十九年壬寅 新羅王薨而無子 國人欲迎兩王子]. 장군 4인이 먼저 효명(암) 앞에 도착하여 만세를 불렀다[將軍四人先到孝明前呼萬歲]. 이때 5색 구름이 나타나 그 빛이 서울에까지 비취기를 이레 날 이레 밤 동안 하였다[時有五色雲現光燭于國者七日七夜]. 여러 신하들이 그 빛을 찾아 산에 도착하여 써 모셔가려 하니 정신은 울면서 머무르기를 청하여 효명이 부득이 왕위를 물려받았다[群臣尋其光到山以迎 淨神泣請而留 孝明不得已而嗣王位]. *{「신라본기」에 이르기를 효소왕이 무자하여 국인들이 신문왕의 제2자 김지성을 왕으로 세웠는데 재위 36년이고 원년은 임인년이다——원주[新羅本紀云 孝昭王無子 國人立神文王第二子 金志誠立王 三十六年 元年壬寅——原註]}*. 이 분이 제33대 성덕왕이다[是爲第三十三聖德王也].

(12)에서 이해할 수 없는 것은 '정신은 울면서 머무르기를 청하여[淨神泣請而留]'라는 구절이다. 이 '정신'은 분명히 '보천태자'이다. (5)와 (6)에서 이미 본 대로 두 왕자 가운데 보천태자는 울면서 서라벌로 가지 않으려 하였고 아우인 효명태자가 와서 왕위에 오른 것이다. 여기서 울면서 가지 않으려 한 왕자가 보천태자라는 것은 분명하다. 이제 '정신'이 '보천태자'의 다른 이름인지, 아니면 이 기록이 오류인지 판단할 문

제만 남았다.

여기서의 '정신'은 '보천'의 오류일 가능성이 크다. 굳이 그런 오류가 생긴 과정을 추리한다면 (5)에서 '정신왕의 제'가 '정신왕의 태자의 제'에서 '태자'가 결락되었듯이 여기서도 '정신의 태자[=보천태자]'를 뜻하는 '淨神太子'에서 '太子'가 결락된 것으로 볼 수 있다. 그러나 근거는 없다. 민지(閔漬)도 '정신'에 대하여 분명한 이해를 못한 것일까? 아니면 『삼국유사』보다 더 후에 지어졌을 이 글이 '太子' 두 글자를 결락시키는 오류를 범한 것일까? 알 수 없다.

그러므로 이것도 '정신'이 '보천'이라는 확실한 논거가 될 수 없다. '정신'은 항상 '정신의 태자'와 관련하여 적히는 것이고 거기서 '태자'가 결락된 경우로 볼 수 있기 때문이다. 따라서 이 「민지 기」의 '정신'이 '보천'을 가리키는 것처럼 보인다고 해서, 그것이 『삼국유사』의 효소왕과 성덕왕의 나이를 불신하는 근거나, 성덕왕이 효소왕의 이복형이라는 것을 뒷받침하는 논거가 될 수는 없다.

오대산에 두 왕자가 가 있었고 4 장군과 국인들이 모시러 갔을 때 울면서 오지 않으려 한 왕자는 '보천태자'이며 와서 즉위한 왕자는 성덕왕이 된 '효명태자'라는 사실은 분명한 것이다. '정신'이 '보천'을 가리키는 경우는 이 하나뿐이다. 나머지 '정신'은 모두 '신문'을 가리킨다. 그러므로 여기서 '보천'을 가리키는 것처럼 보이는 '정신'은 '정신의 태자'에서 '태자'가 결락된 오류라 할 수밖에 없다.

'정신태자'가 '보천태자'이고 그를 '정신대왕'이라고도 불렀다는 것은 논리에 맞지 않는다. 이 「민지 기」를 유일한 논거로 하여 『삼국사기』, 『삼국유사』, 『구당서』, 『신당서』, 『자치통감』의 기록을 모두 잘못된 것

으로 보고, 폐비된 김흠돌의 딸인 신문왕의 첫째 왕비가 태자비 시절
세 아들 '보천태자', '효명태자', '부군'을 두었다는 주장은 논증할 수
없는 것이다.

7. 결론

『삼국유사』의 「오만 진신」 조와 「태자 전기」 조에는 '淨神'을 포함
한 명사구가 6번 나온다. 그런데 신라에는 '정신왕'이 없다. 이 명사구
가 어떤 인물을 가리키는지가 불분명하다. 지금까지 모든 연구물과 번
역서에서 이 '정신'을 포함한 명사구들은 다양하게 해석되었고, 나타난
위치에 따라 서로 다른 인물을 가리키는 것으로도 해석되었다. 이는 글
자의 결락과 오류를 꿰뚫어보지 못한 데서 온 결과이다.

그러나 '정신'은 「오만 진신」 조의 세주에서 말하듯이 '신문'을 가리
킨다. 이 글은, 면밀하게 검토하면 '정신'은 어떤 위치에서나 '신문'으로
해석되어야 한다는 것을 논증하였다. 이 글에서 논증한 중요 사항을 요
약하면 (13)과 같다. 결론은 현재까지 나타난 역사 기록의 '정신'은 어
떤 경우에나 '신문'을 가리키는 것으로 해석된다는 것이다.

(13)
a. 「대산 오만 진신」의 두 왕자 입산 기록의 '신라 정신대왕의 태자
   보천, 효명 두 형제가 ──'의 '정신대왕'은 '신문왕'이다. 이는 「명
   주 오대산 봇내태자 전기」의 '신라 정신의 태자 봇내가 아우 효명
   태자와 더불어 ──'를 재구성한 것이다. 그러므로 '보천태자'와 '효

명태자'의 아버지인 신문왕이 '정신대왕', '정신'으로 표현된 것이
다.

b. 「오만 진신」의 성덕왕 즉위 기록의 '정신왕의 아우가 왕과 왕위를
다투었다. 국인들이 폐하고'의 '정신왕'은 '淨神太子[정신의 태자=
효소왕]'에서 '태자'를 '왕'으로 잘못 쓴 오류이거나 '정신왕태자'
에서 '태자'가 결락된 것이다. 이 기록은 「태자 전기」의 '정신의 태
자[효소왕]이 아우인 부군(과) 신라[=서라벌]에서 왕위를 다투다
가 (효소왕이) 주멸했다.'를 재구성한 것이다. 그러므로 「오만 진신」
의 이 문장도 '정신의 태자[효소왕]의 아우가 (효소)왕과 왕위를
다투었다. 국인들이 (효소왕의 아우인 부군을) 폐하고'로 해석된다.
그러면 이 사건은 700년의 '경영의 모반'을 가리키는 것이다.

c. 「오만 진신」의 세주 '신라에는 정신, 보천, 효명 3부자에 대한 명백
한 글이 없다.'의 '정신'은 '신문왕'을 가리킨다. 나머지 하나의 '정
신'은 이 말이 아마도 '정명'{이나, 과} '신문'의 와(訛)일 것이라는
데서 메타 언어로 사용된 것이다.

d. 「태자 전기」에 2번 나오는 '정신태자'는 모두 '정신의 태자'라는 뜻
이다. 두 왕자 입산 기록의 '신라 정신의 태자 봇내가 아우 효명태
자와 더불어'에서 '정신의 태자'는 '봇내'와 동격이다. 성덕왕 즉위
기록의 '정신의 태자[효소왕]이 아우인 부군(과) 신라[=서라벌]에
서 왕위를 다투다가 (효소왕이) 주멸했다.'의 '정신의 태자'는 '효소
왕'을 가리키는 말이다.

e. 「민지 기」의 '寶叱徒淨神太子兒名也'는 '봇내는 정신의 태자의 아명
이다.'로 번역된다. '정신 태자'는 어느 경우나 '정신의 태자'로 읽
힌다. '정신태자'는 실재하지 않았다. '정신은 울면서 머무르기를
청하였다[淨神泣請而留].'의 '정신'은 '정신의 태자'로 해석될 '淨神
太子'에서 '태자'가 결락된 것이다.

<핵심어 : 『삼국유사』, 「대산 오만 진신」, 「명주 오대산 봇내태자 전기」, 원자, 부
군, 정신왕, 정신(의) 태자, 효소왕, 성덕왕>
<투고: 2015.1.29, 심사 완료: 2015.3.23. 게재 확정: 2015.3.25.>

On the Interpretation of 'King Jeongshin' and 'Jeongshin Crown Prince' in *Samkookyoosa*

In 'Daesan Oman Jinshin' and 'Myeongju Odaesan Botnae Thaeja Jeonki' of *Samkookyoosa*, there appear six cases of 'Jeongshin'. However, we cannot find 'King Jeongshin' in the history of Shilla. These 'Jeongshins' have been interpreted as referring to more than three persons mainly due to miswriting and misreading. This paper insists that all the 'Jeongshins' should be interpreted as only one person, 'King Shinmoon'.

As is usually known, 'the Great King Jeongshin' in the phrase 'The Great King Jeongshin's Crown Prince Bocheon, Hyomyeong, two brothers' in 'Daesan Oman Jinshin' of *Samkookyoosa* justly refers to King Shinmoon. However, 'King Jeongshin' in the phrase 'King Jeongshin's younger brother has a quarrel with King over the crown' in 'Oman Jinshin' is a miswriting of 'Jeongshin's Crown Prince's younger brother.' For King Jeongshin had died ten years before 702 A.D. The phrase 'Crown Prince' must have been changed with the word 'King' by mistake. The phrase, therefore, should be read 'King Jeongshin's Crown Prince's younger brother has a quarrel with King over the crown.'

'Jeongshin Crown Prince' in the phrase 'Jeongshin Crown Prince Botnae with Hyomyeong Crown Prince' in 'Thaeja Jeonki' of *Samkookyoosa* should also be read as 'Jeongshin's Crown Prince'. Because Crown Prince must be an appositive of not 'Jeongshin' but 'Botnae'. So 'Jeongshin' is no one else but King Shinmoon, and his Crown Prince is naturally 'Botnae'. Just alike,

'Jeongshin Crown Prince younger brother Vice King died having a quarrel over the crown in Shilla' in 'Thaeja Jeonki' must be read as 'Jeongshin's Crown Prince died having a quarrel with his younger brother and Vice King over the crown in Shilla.' 'Crown Prince' after 'Jeongshin' refers to Jeongshin's first son, King Hyoso, who died in a quarrel over the crown in Shilla. There must be a '與[with]' between 太子[Crown Prince] and 弟 [younger brother].

And all the other 'Jeongshins' in various contexts such as 'Minji Ki' and footnotes of 'Oman Jinsin' can also be read as referring to King Shinmoon.

Key words

Shilla, *Samkookyoosa*, King Jeongshin, Jeongshin Crown Prince, King Hyoso, King Seongdeok

제4장

『삼국사기』의 '원자'의 용법과
신라 중대 왕자들

『삼국사기』의 '원자'의 용법과 신라 중대 왕자들

1. 서론

이 글은 『삼국사기』에서 '元子(원자)'라는 단어가 어떻게 사용되는지 살펴보고, 그 단어와 관련된 신라 중대 왕자들의 사정을 살펴보는 것을 목적으로 한다.[1] 『삼국사기』에는 '元子'라는 단어가 모두 20번 나온다. 중복되는 경우와 본고의 대상이 아닌 1명을 빼면 『삼국사기』에 기록된 원자는 14명이다.[2]

신라에는 『삼국사기』에 기록된 원자가 (1)에 나열한 3명뿐이다.

---

[1] 『삼국사기』에서 '元子'라는 말이 어떻게 사용되었는가 하는 것은 고려 시대 김부식이 '원자'를 어떻게 인식하고 있었는가 하는 문제일 수도 있다. 그것은 별도의 논의가 필요하다. 이 글에서는 삼국 시대의 기록을 참고하면서 편찬하였다고 보고 논의를 진행한다. 어머니가 어떤 신분이어야 그 아들이 원자가 되는지, 또 어떤 경우에 원자가 될 수 없는지 밝히는 것에 초점을 모은다.

[2] 중복된 경우는 신라의 문무왕, 백제의 다루왕, 기루왕, 전지왕, 의자왕처럼 태자로 책봉될 때도 '원자'로 적히고 즉위할 때도 '원자'로 적힌 5명의 왕들의 경우를 말한다. 『삼국사기』 권제50 「열전 제10」 「견훤」 조에서 신검이 견훤을 금산사에 유폐하고 금강을 죽인 뒤 내린 교서의 '다행한 것은 상제가 참된 마음을 내려 군자에게 마음을 고치게 하시어 나 원자에게 이 일국을 다스리도록 명하신 것이다[所幸者 上帝降衷 君子改過 命我元子 尹玆一邦].'에 나오는 '원자'는 제외한다.

(1) a. 제22대 지증마립간의 원자인 제23대 법흥왕 원종(原宗)
  b. 제29대 태종무열왕의 원자인 제30대 문무왕 법민(法敏)
  c. 제31대 신문왕의 원자

이 가운데 지증마립간의 원자 원종과 태종무열왕의 원자 법민은 아버지가 공주의 아들이다. 법흥왕의 아버지 지증마립간은 눌지왕의 딸 조생부인의 아들이고, 문무왕의 아버지 태종무열왕은 진평왕의 딸 천명공주의 아들이다. 즉, 이 두 왕은 아버지가 왕의 외손자인 것이다. 『삼국사기』에는 법흥왕의 태자 책봉 기록은 없다. 그러나 즉위 시의 기록에는 '智證王元子'라고 분명하게 기록되어 있다. 문무왕의 경우, 태자로 책봉될 때에도 '元子法敏'이라고 기록되었고 즉위 시에도 '太宗王之元子'라고 명백하게 기록되어 있다.

그러나 '신문왕의 원자'에 대해서는 아직 분명하게 밝혀진 것이 없다. 그는 687년 2월 태어났을 때 '元子生'이라고만 기록되어 있다. 이런 경우는 유일하다. 현재 학계에는 '이 원자가 태자가 된 이홍이고, 이 태자가 효소왕이 되었다.'고 보는 1980년대 이래의 기존 견해와, 『삼국유사』 권 제3 「탑상 제4」 「대산 오만 진신」 조의 증언에 따라 '이 원자는 태자가 되어 효소왕이 된 왕자 이홍이 아니다.'는 2010년대의 견해로 학설이 나뉘어 있다.3) 그 의견 차이는 당연히 제30대 문무왕 이래 제31

---

3) 신종원(1987), 이기동(1998), 박해현(2003), 이영호(2011) 등은 『삼국사기』 권 제8 「신라본기 제8」 「신문왕」 조의 687년 2월에 태어난 '신문왕의 元子'가 691년 3월 1일에 태자로 봉해진 '王子 理洪'과 동일 인물이라고 보고 효소왕이 6살에 즉위하여 16살에 승하하였다고 주장하고 있다. 그들은 '元子'와 '王子'가 같은 말인 줄 알고 있는 것이다. 서정목(2013d, 2014a, b, 2015a)와 조범환(2015)는 『삼국유사』 권 제3 「탑상 제4」 「대산 오만 진신」 조의 '효소왕이 692년 16살에 즉위하여 702년 26살에 승하하였다.'는 기사에 따라 효소왕이 677년생으로 687년 2월에 출생한 '신문왕의 원자'와는 다른 인물이라고 주장하고 있다. 이 논문은 '원자'와 '왕자'가 어떻게 다른지를 실증적으로 보여 주어, 원자와 왕자가 같은 뜻을 가진 단어라고

대 신문왕, 제32대 효소왕, 제33대 성덕왕, 제34대 효성왕, 제35대 경덕왕, 제36대 혜공왕으로 이어지는 통일 신라, 즉 신라 중대의 태종무열왕의 후계자들의 왕위 계승에 대한 의견 차이로 이어진다.

이 글은 이렇게 첨예한 대립을 보이는 의견 차이를, '원자'라는 용어가 『삼국사기』에서 어떻게 사용되는지 그 사용법을 통하여 정리하고, '신문왕의 원자'는 절대로 태자가 된 '왕자 이홍', 즉 효소왕이 아니라는 것을 밝히고자 한다. 만약 이 논문이 주장하는 내용이 옳으면 기존의 신라 중대 정치사 서술은 모두 폐기되고, 우리는 신라 중대 정치사를 새로 써야 하는 엄청난 문제에 직면하게 된다. 이 논문에서는 필자가 현재 할 수 있는 한도 내에서 신라 중대 왕위 계승사를 새로 고쳐 쓰고, 그에 따른 정치, 사회, 문화적 환경을 '역사적 진실'에 부합되게 설정하여, 『삼국유사』가 말하고 있는 그 시대의 사회상을 재구성하고 그 사회상에 맞게 중요 향가 가운데 하나인 「원가」를 재해석한다. 그리하여 우리 세대에서, 이 시대에 지어진 나머지 모든 향가들도 이러한 시대상에 맞게 재해석하여, 각 작품들의 국문학사적 위상과 그 시들의 가치를 새로 매기는 데에 도움이 되는 하나의 주춧돌을 놓고자 한다.

고구려에서는 (2)와 같이 모두 4명의 원자가 『삼국사기』에 남아 있다. 그 가운데 3명은 왕이 되었고 1명은 숙부에게 살해되었다.

> (2) a. 제1대 동명성왕 주몽(朱蒙)의 원자 제2대 유리명왕(瑠璃明王)
>   b. 제3대 대무신왕(大武神王)의 원자 제5대 모본왕(慕本王)
>   c. 제6대 태조대왕(太祖大王)의 원자로 기록된 막근(莫勤)

알고 있는 자들에게, 선조들이 남긴 문헌을 제대로 정확하게 읽을 것을 촉구하는 부수적 목적도 가지고 있다.

d. 제19대 광개토왕(廣開土王)의 원자 제20대 장수왕(長壽王)

제2대 유리명왕은 주몽이 왕이 되기 전 북부여에 있을 때 예(禮) 씨 부인이 임신하여 아버지가 떠난 뒤에 태어났다. 나중에 왕이 된 아버지를 찾아왔을 때는 '王子類利'로 적혀서 '太子'로 책립되었고, 즉위 시에는 '朱蒙元子'로 적혔다. 제5대 모본왕은 태자로 봉해질 때는 '王子解憂'로 적혔다. 그는 아버지 대무신왕이 승하하였을 때 너무 어려서 숙부인 제4대 민중왕이 즉위하였다가 민중왕이 재위 5년에 승하하자 즉위하였다. 즉위 시에는 '大武神王元子'로 적혔다. 태조대왕의 원자 막근(莫勤)은 즉위하지 못하고 숙부 제7대 차대왕(次大王)에 의하여 살해되었다. 제20대 장수왕은 즉위 시 기록에는 '開土王之元子'라고 되어 있지만, 태자로 책봉될 때는 '王子巨連'으로 적혀 있다. 고구려의 '원자'들은 모두 태자로 책봉될 때는 '왕자'로 적혔고 즉위 시에는 '원자'로 적혔다는 공통점을 가진다.

백제에서는 (3)과 같이 모두 7명의 원자가 『삼국사기』에 기록되어 있다.[4] 이 백제의 원자들은 잘 연구되어 있지 않은 것으로 보인다.

---

[4] 『삼국유사』권 제1 「기이 제1」 「왕력」에는 제12대 계왕(契王)이 제10대 분서왕(汾西王)의 '원자'라고 기록되어 있다. 그러나 『삼국사기』권 제24 「백제본기 제2」 「계왕」 즉위년 조에는 제11대 계왕이 제9대 분서왕의 '장자'로 기록되었다. 이 글은 『삼국사기』의 기록을 중심으로 논의하므로 계왕(契王)의 경우를 제외하였다. 그러나 『삼국유사』가 제6대 구수왕(仇首王)이 승하하고 그 다음에 즉위하였다가 바로 폐위된 구수왕의 아들 사반왕(沙伴王)을 제7대로 보는 데 반하여, 『삼국사기』가 제7대 고이왕(古尒王)의 즉위 기사에서, 구수왕의 장자 사반(沙伴)이 사위(嗣位)하였으나 유소하여 능히 정사를 돌볼 수 없으므로, 제4대 개루왕의 제2자이며 제5대 초고왕의 동모제인 제7대 고이왕이 즉위하였다고 하여 사반왕을 즉위한 것으로 인정하지 않는 것을 보면, 백제의 왕위 계승 과정은 좀 더 깊이 있게 논의되어야 할 것으로 보인다.

(3) a. 제1대 온조왕(溫祚王)의 원자 제2대 다루왕(多婁王)[5]

　　 b. 제2대 다루왕의 원자 제3대 기루왕(己婁王)

　　 c. 제13대 근구수왕(近仇首王)의 원자 제14대 침류왕(枕流王)

　　 d. 제14대 침류왕의 원자 제17대 아화왕(阿華王)[6]

　　 e. 제17대 아화왕의 원자 제18대 전지왕(腆支王)

　　 f. 제26대 성왕(聖王)의 원자 제27대 위덕왕(威德王)

　　 g. 제30대 무왕(武王)의 원자 제31대 의자왕(義慈王)

　다루왕은 서기 10년[온조왕 28년] 2월 '立元子多婁爲太子'라 하였고, 28년[온조왕 46년] 즉위 시에도 '溫祚王之元子'라고 적혔다. 기루왕은 33년[다루왕 6년] 정월 태자로 봉해질 때 '立元子己婁爲太子'라고 적혔고, 77년[다루왕 50년] 9월 다루왕이 승하하자 즉위할 때 '多婁王之元子'로 기록되었다. 전지왕은, 아화왕 3년[394년] 2월에 '立元子腆支爲太子'라 있어 태자로 책봉될 때 '원자'로 적혔다. 그리고 그는 아화왕 6년부터 8년 간 왜국에 인질로 가 있었다. 그러다가 아화왕이 재위 14년에 승하하자 둘째 숙부 훈해가 섭정하며 태자가 오기를 기다렸는데, 막내 숙부 첩례가 훈해를 살해하고 스스로 왕위에 올랐다. 이에 전지왕은 귀국 길에 해도(海島)에 머물다가 국인들이 첩례를 죽인 후에 귀국하여 즉위하였다. 그는 즉위 시에도 '阿華王之元子'로 기록되었다. 의자왕은 632년[무왕 33년] 정월에 '封元子義慈爲太子'라 적혔고 즉위 시에는 '武王之元子'라 적혔다. 이 네 왕은 태자로 책봉될 때와 즉

---

5) 『삼국유사』 권 제1 「기이 제1」 「왕력」에는 '제2 다루왕, 온조왕의 제2자이다. 무자년에 즉위하여 49년 동안 다스렸다[第二 多婁王 溫祚 第二子 戊子立 治四十九年].'고 하였다.

6) 『삼국유사』 권 제1 「기이 제1」 「왕력」은 '제17 아화왕*{아방왕이라고도 적었다}*, 진사왕의 아들이다. 임진년에 즉위하여 13년 동안 다스렸다[第十七 阿華王*{一作阿芳}* 辰斯子 壬辰立 治十三年].'고 하여 아화왕이 제15대 枕流王의 아우인 제16대 辰斯王의 아들이라 하였다. 『삼국사기』에 자세한 사연이 있으므로 그를 따른다.

위할 때 모두 '元子'로 적혔다.

제14대 침류왕은 태자로 봉해진 기록은 없고 즉위할 때 기록에 '近仇首王之元子'로 기록되었다. 제17대 아화왕도 태자로 봉해진 기록은 없고, 숙부인 제16대 진사왕이 392년에 승하하여 즉위할 때 '枕流王之元子'로 기록되었다. 그는 아버지 침류왕이 승하하였을 때 어려서 숙부 진사왕이 왕위를 이었다가 8년 후에 즉위하였다. 위덕왕도 태자로 봉해진 기록은 없고 즉위 시에 '聖王之元子'라고 기록되었다. 백제의 경우에는 태자로 책봉될 때는 '왕자'로 적혔으나 즉위 시에는 '원자'로 적힌 경우가 하나도 없다. 넷은 태자로 책봉될 때도 '원자'로 적히고 즉위할 때도 '원자'로 적혔다. 셋은 태자 책봉 기록은 없고 즉위 시에는 '원자'로 적혔다. 고구려는 모두 태자로 봉해질 때는 '王子'로 적혔고 즉위할 때는 '元子'로 적혔다. 고구려와 백제의 이 차이가 무엇을 의미하는지 앞으로 논의할 필요가 있다.

(1)~(3)의 인물들을 제외하고 나머지 태자로 봉해진 사람이나 즉위한 사람들은 누구도 '원자'로 기록되지 않고 장자(長子), 차자(次子), 제2자, 제3자, 왕자 또는 다른 관계의 지칭어로 적혔다. 신라의 신문왕은 즉위 시에 '文武大王長子'로 적혔다. 자비왕도 소지왕도 '장자'로 적혔다. 백제의 구이신왕은 전지왕의 '장자'로, 비유왕은 구이신왕의 '장자'로 기록되었다. 문주왕의 태자 삼근왕도 '장자'로 적혔고 성왕도 무령왕의 '장자'로 적혔다. 법왕은 혜왕의 '장자'로 적혔다.[7] 이 '長子'는 매우 특이한 용법을 보이는 것으로 새로운 해석이 필요한 단어이다.

---

[7] 이하의 논의에서 백제의 경우는 논외로 한다. 아버지가 재위 중에 태어났는지, 그 전에 태어났는지 등에 대하여 논의하려면 출생 연대가 밝혀져야 하는데 그러기에는 자료가 충분하지 않다.

상식적으로 생각하면, 무자하지 않은 모든 왕에게는 맏아들이 있었을 것이다. 그러므로 무자로 기록되지 않은 왕의 수만큼 많은 원자가 존재하였다고 보아야 한다. 그런데 기록에 남은 원자가 이렇게 희소한 것은 무엇 때문일까? 원자가 『삼국사기』에 기록되는 것이 이렇게 희소한 데에는 그럴 만한 사정이 있었다. 그것은 원자가 기록에 남을 기회가 적었기 때문이다. 원자가 기록에 남을 기회는 세 가지 정도로 제한된다. 첫째 단 한 번뿐이긴 하지만 '원자 출생의 기록',[8] 둘째 '원자가 태자로 책봉되는 기록', 셋째 '원자가 왕으로 즉위하는 기록' 정도가 그 기회이다. 그런데 왕의 맏아들이 조졸한 경우가 많아서 맏아들 이외의 둘째 이하의 왕자가 왕위를 이은 경우가 많았다. 거기에 왕위 계승이 순조롭지 않아 원자가 아닌 사람이 왕위를 이어 받은 경우도 많았다. 그리하여 원자가 역사에 기록될 기회는, 맏아들이 조졸하지 않고 살아남고, 태자로 봉해지고, 왕으로 즉위하는 것 등 겹겹의 행운이 겹친 운 좋은 사나이에게나 주어지는 기회가 되었다.

2. 원자의 용례

[1] 왕의 맏아들이 태어나는 여러 경우

'맏아들'은 보통은 '첫아들'을 의미한다. 그러면 그 아들이 태어날 당시의 임금의 맏아들인지, 아니면 태어날 때는 임금이 아니지만 태어난

---

8) 『삼국사기』 권 제8 「신라본기 제8」 「신문왕」 7년 조에 기록된 687년 2월의 '원자 출생[元子生]'뿐이다.

후에 왕위에 오르면 소급하여 원자라 부르는지가 문제될 수 있다. 또 임금의 첫아들이 왕비에게서 태어났는지, 빈, 후궁에게서 태어났는지, 기타 신분의 여인에게서 태어났는지 등이 문제될 수 있다.

태자[세자]가 맏아들을 낳으면 그 아이는 원손이 될 것이다. 그런데 그 후에 아버지가 왕위에 오르면 원자로 불리는지도 문제이다. 원손[세자, 태자의 맏아들]의 경우 원자의 맏아들만 되는지, 원자가 아니었지만 태자[세자]가 된 사람의 맏아들도 되는지 등도 문제될 것이다. 물론 삼국, 그것도 나라에 따라 다르고, 고려, 조선의 경우가 서로 다르고 시대에 따라 그 개념이 달랐다고 보아야 할 면도 있을 것이다.

이러한 사정을 감안하여 (4)처럼 더 세분하여 실제 사용된 용례를 검토하기로 한다. 『삼국사기』 「신라본기」과 「고구려본기」에서 보이는 대표적인 경우를 예로 들었다.

(4)
a. 현재의 왕이 즉위한 후 태어난 맏아들의 경우
　가. 어머니가 합법적 혼인을 한 정식 왕비인 경우: 이 맏아들은 원자가 된다. 그리고 앞으로 왕위에 오를 것으로 책봉되면 태자가 된다.
　나. 어머니의 신분이 왕비가 아니고 특이한 경우:
b. 현재의 왕의 아들인 태자가 맏아들을 낳은 경우
　가. 어머니가 합법적 혼인을 한 정식 태자비인 경우: 원손이 된다. 그리고 앞으로 왕위에 오를 것으로 책봉되면 태손이 된다. 그 후에 태자였던 아버지가 즉위하였다면 그 원손은 원자로 불리는 것일까?
　나. 어머니가 태자비가 아닌 여인인 경우:
c. 아버지가 왕이 아닌 사람, 즉 태자가 아니었던 사람이 왕이 된 경우
　가. 즉위 후에 태어난 정식 혼인 관계의 맏아들은 (4a, 가)와 같아서

원자가 된다.

나. 즉위하기 전에 정식 혼인 관계에서 태어난 맏아들은 할아버지
가 왕이 아니므로 원손이 아니다. 아버지가 왕이 된 후에 그에
따라 소급하여 원자가 된다.

[2] 신라 법흥왕, 고구려 모본왕, 장수왕

(4a, 가)는 정상적인 경우이다. 아버지가 왕일 때 태어난 '원자', 그런
경우는 신라의 제23대 법흥왕, 고구려의 제5대 모본왕과 제20대 장수왕
을 들 수 있다.

(A) 신라의 제23대 법흥왕은 태자로 책봉된 기록은 없다. 그러나 (5)
에서 보듯이 즉위 시에는 명백하게 '智證王元子'로 기록되었다.

(5) [514년] 법흥왕이 즉위하였다[法興王立]. 휘는 원종*{『책부원구』
에는 성은 모, 명은 태라 하였다}*이다[諱原宗*{冊府元龜姓募名
泰}*]. 지증왕의 원자이다[智證王元子]. 어머니는 연제부인이다[母
延帝夫人]. 비는 박 씨 보도부인이다[妃朴氏保刀夫人]. <『삼국사
기』 권 제4 「신라본기 제4」 「법흥왕」>

(6) 제23대 법흥왕[第二十三 法興王]. 이름은 원종이고 김 씨이다[名原
宗金氏]. 『책부원구』는 성이 모이고 이름이 진이라 했다[冊府元龜
云 姓募名秦]. 아버지는 지정이다[父智訂]. 어머니는 영제부인이다
[母迎帝夫人]. 법흥은 시호이다[法興諡]. 시호는 이로부터 시작되
었다[諡始乎此]. 갑오년에 즉위하였다[甲午立]. 26년 동안 다스렸
다[理二十六年]. 능은 애공사 북에 있다[陵在哀公寺北]. 왕비 파도
부인은 출가하였다[妃巴刀夫人出家]. 이름은 법류이고 영흥사에
주하였다[名法流 住永興寺]. <『삼국유사』 권 제1 「기이 제1」 「왕
력」>

『삼국유사』에는 법흥왕이 '異次頓의 순교'를 적은 「原宗興法 厭髑 滅身」에 나온다. 그리고 「왕력」편에는 (6)과 같이 되어 있다. '父智訂' 이라고만 하고 '지증왕 子인지, 지증왕 元子인지' 적지 않은 것이 이상 하다. 두 사서 사이에 표기상의 차이는 있지만 본질적인 차이는 없다. (보충주: 두 사서에서 모두『책부원구』에 법흥왕의 성이 '모(募)'이고 이름이 '태 (泰)' 또는 '진(秦)'이라 한 것이 주목된다. '태'와 '진'은 글자 문제라 하여도 성을 '募'라 한 것은 신라 왕실이 가진 어떤 비밀을 암시하는 것일지도 모른다.)

법흥왕이, 지증왕이 즉위하기 전에 태어났는지, 즉위한 후에 태어났는 지를 알기 위해서는 지증왕을 살펴볼 수밖에 없다. (7)에는 원종(原宗)을 태자로 봉한 기록이 없다. 그의 지위가 어떻게 적혔을지 알 수 없다.

(7)
a. 지증마립간이 즉위하였다[智證麻立干立]. 성은 김 씨이고 휘는 지 대로*{혹은 지도로라고도 쓰고 또 혹은 지철로라고도 쓴다.}*이다 [姓金氏 諱智大路*{或云智度路 又云智哲老}*] 내물왕의 증손자이다 [奈勿王之曾孫]. 습보 갈몬님금의 아들이다[習寶葛文王之子]. 조지 왕의 6촌 동생이다[照知王之再從弟也].
b. 어머니는 김 씨 조생부인으로 눌지왕의 딸이다[母金氏 鳥生夫人 訥 祇王之女]. 비는 박 씨 연제부인으로 등흔 이찬의 딸이다[妃朴氏 延帝夫人 登欣 伊飡女].
c. 왕은 체격이 컸고 담력이 남보다 뛰어났다[王體鴻大 膽力過人]. 전 왕이 승하하였는데 아들이 없었으므로 왕위를 계승하였다[前王薨 無子 故繼位]. 이때 나이가 64세였다[時年六十四歲]. <『삼국사기』 권 제4 「신라본기 제4」 「지증마립간」>

(8)은『삼국유사』권 제1 「왕력」의 기록이다. 그런데 (7)과 (8) 두 기 록 사이에는 상당한 차이가 있다.

(8)

a. 제22 지정마립간*{또는 지철로 또 지도로왕으로도 적는다.}*[第二
十二 智訂麻立干*{一作 智哲{路} 又智度路王}*]. 김 씨이다[金氏].
<u>아버지는 눌지왕의 아우 기보 갈몬님금이다[父訥祇王弟期寶葛文
王]</u>.

b. 어머니는 <u>오생부인으로 눌지왕의 딸이다[母烏生夫人 訥祇王之女]</u>.
왕비는 영제부인으로 검소하고 대한지 등허*{또는 00}* 각간의 딸
이다[妃迎帝夫人 儉? 代漢只登許*{一作00}*角干之女]. 경진년에 즉
위하였다[庚辰立]. 14년 동안 다스렸다[理十四年].

<『삼국유사』권 제1 「기이 제1」 「왕력」>

(7a)를 보면 제22대 지증왕은 제17대 내물왕의 증손자이다. 이 시기
의 왕위 계승은 (9)와 같이 이루어졌다.

(9) 17대 내물왕[제13대 미추왕 사위]-18대 실성왕[내물왕 동서]-19대
눌지왕[내물왕 아들]/보해/미해-20대 자비왕[내물왕 손자]/조생부
인[내물왕 손녀]//습보 갈몬님금[내물왕 손자]-21대 조지왕[내물
왕 증손자]///22대 지증왕[내물왕 증손자]. [/는 형제, //는 4촌, ///
는 6촌을 나타냄]

그러므로 지증왕이 내물왕의 증손이면, 지증왕은 조지왕(照知王*{또는
昭知王: 필자. 보충주. 이 왕의 시호는 조지왕이 옳다. 당나라 측천무후의 이름
자 照를 피휘하여 昭로 적은 것이 소지왕이다.)}*의 재종제[6촌 아우]가 된
다. 그러면 지증왕의 아버지 습보 갈몬님금은 자비왕의 4촌이 되고 제
19대 눌지왕의 조카가 된다. 습보 갈몬님금은 눌지왕의 동생의 아들인
것이다.

눌지왕의 동생은 고구려에 인질로 갔던 보해{복호}와 왜국에 인질로

갔던 미해{미사흔}이 있다. 습보 갈몬님금은 이들 중 하나나 또는 그들의 형제의 아들이다. 내물왕이 제13대 미추왕의 사위이므로 눌지왕[내물왕의 아들]의 어머니는 미추왕의 딸이다. 눌지왕은 미추왕의 외손자이다.

눌지왕의 왕비는 18대 실성왕의 딸이다. 눌지왕은 실성왕의 사위이다.[9] 내물왕과 실성왕은 동서이다. 둘 다 미추왕의 사위이다. 눌지왕은 이종사촌 누이와 혼인한 것이다.

(7b)를 보면 지증왕의 어머니가 제19대 눌지왕의 딸인 김 씨 조(鳥)생부인이다. 그러니 지증왕의 아버지 습보 갈몬님금이 눌지왕의 사위이다. 지증왕은 눌지왕의 외손자이다. 습보 갈몬님금은 자비왕과 처남매부 사이이고 조지왕에게는 고모부가 된다. 눌지왕은 지증왕에게는 외할아버지이고, 조지왕에게는 할아버지이다. 지증왕과 조지왕은 내외종간이다. 조지왕이 지증왕의 외사촌 형이다. 부계로 치면 조지왕과 지증왕이 6촌 형제이지만, 지증왕의 어머니 쪽으로 치면 조지왕이 지증왕에게는 외사촌 형이 된다. 즉, 눌지왕의 외손자인 지증왕이 눌지왕의 손자인 조지왕의 뒤를 이은 것이다. 지증왕의 어머니 쪽으로 보면 4촌 사이의 왕위 계승이다.

(7c)는 『삼국유사』의 큰 대변 이야기를 뒷받침해 주는 기록이라 할 수 있다. (7c)는 전왕인 조지왕이 무자하여 지증왕이 64세나 된 나이에 왕위를 계승하였다는 것을 말하고 있다. 그러나 이에는 약간의 문제가 있다. 제21대 소지마립간[=조지왕]은 『삼국사기』 권 제3 「신라본기 제3」 「소지마립간」 22년[500년] 조에 보면, 날기(捺己)군[榮州]의 벽화(碧花)

---

9) 실성왕이 눌지왕을 죽이려 한 것은 장인이 사위를 죽이려 한 것이고, 눌지왕이 실성왕을 죽이고 즉위한 것은 사위가 장인을 죽이고 즉위한 것이다.

아가씨와의 사이에 아들이 있었다고 되어 있다. 그 아들이 조졸하였는지, 아니면 아들로 인정받지 못하였는지, (7c)에서는 조지왕이 무자하였다고 적고 있다.

『삼국유사』의 (8a)는 『삼국사기』의 (7a)와는 조금 다르다. 차이점은 지증왕의 아버지 기보 갈몬님금이 눌지왕의 아우라고 한 것이다. 그러면 지증왕이 바로 눌지왕의 조카가 되고 자비왕의 4촌이 된다. 그러면 지증왕이 조지왕에게는 5촌 당숙이 된다. 『삼국사기』와 어긋난다. 그런데 (8b)에서도 지증왕의 어머니가 눌지왕의 딸 오(烏)생부인이라고 하였다. 그러면 지증왕은 눌지왕의 조카이면서 외손자인 것이다.[10] '새 조(鳥)'와 '가마귀 오(烏)' 가운데 어느 하나가 오식일 것이다.

(보충주: 필자의 느낌으로는 오(烏)가 오식일 것으로 보인다.)

『삼국사기』의 (7a)대로 하면 눌지왕의 딸 조생부인이 4촌인 습보 갈몬님금과 혼인하여 지증왕을 낳은 것이 된다. 그러면 지증왕은 눌지왕의 종손자이면서 외손자가 된다.[11] 『삼국유사』의 (8a)대로 하면 눌지왕

---

10) 제23대 법흥왕의 아우 입종 갈몬님금의 아들 제24대 진흥왕이, 어머니가 법흥왕의 딸이어서 법흥왕의 조카이면서 외손자인 것과 같다. (보충주: 친아우나 사촌아우에게 딸을 시집보내어 가까운 형제나 사촌 사이의 반역을 미연에 방지하는 지혜라 할 수도 있고 조카딸과 혼인하는 야만적 풍습이라 할 수도 있다. 어떻든 현대 한국 사회가 형제자매 사이에 부모의 유산 상속을 두고 모두 원수가 되는 것을 보면, 딸이 작은집의 며느리가 되어 있다는 것은 초원 유목민의 삶에서 엄청나게 효율적인 완충 역할을 했을 것으로 보인다. 형도 딸이 며느리로 가 있는 동생 집에 재산 좀 나누어 주는 것이 그렇게 배가 아프지는 않았을 것이다. 그리하여 손자에게만 유산이 가지 않고 외손자에게도 가는 것, 그것이 훨씬 더 합리적이고 평등한 사회를 이룰 수 있는 길이다. 필자가 볼 때는 매우 좋은 제도이다.)

11) 『삼국사기』와 『삼국유사』 사이에 명백하게 차이를 보이는 이 경우는 『삼국사기』처럼 지증왕의 아버지 습보 갈몬님금[=기보 갈몬님금]이 눌지왕의 조카인 것으로 보아 지증왕이 조지왕의 6촌 아우가 되는 것으로 보는 것이 옳지 않을까 한다. 그 추론 근거는 다음과 같다. 첫째, 눌지왕은 417년에 즉위하였다. 미사흔은 402년에 왜국에 갔는데 418년에 왜국으로부터 도망하여 왔을 때 30세가 넘었다고 하였다. 그리고 박(김)제상의 딸과 혼인하였다. 조지왕은 어머니가 미사흔의 딸이다. 그러므로 그 어머니가 420년에 태어났다고 하면 435년경 자비왕과 혼인하여 436년이나 그 후에 조지왕을 낳았을 것이다. 지증왕은 500년에 64세로

의 딸 오생부인은 3촌인 기보 갈몬님금과 혼인하여 지증왕을 낳은 것이 된다. 그러면 지증왕은 눌지왕의 조카이면서 외손자가 된다.

『삼국사기』가 옳든 『삼국유사』가 옳든, 어떤 경우든 지증왕은 눌지왕의 외손자로서 500년에 64세로 즉위하였다. 그러니까 왕위 계승을 설명할 때 'ㅇㅇ왕의 조카가 즉위하였다.'고 하는 것보다 'ㅇㅇ왕의 외손자가 즉위하였다.'고 하는 것이 더 정확한 것이다.

이 경우를 남자들의 처지에서 생각하면 이상하지만 여자들의 처지에서 생각하면 하나도 이상할 것이 없다. 남편과 아들이 죽은 후, 그리고 손자마저 무자한 채 죽으면, 할머니는 집안을 이어갈 후계자로 딸의 아들을 선택할 수밖에 없다.

오늘날의 유교적 가부장제의 관점에서 생각하면 이상해 보일 것이다. 그러나 끊임없이 이웃 부족들과의 전투를 거치면서 초원을 옮겨 다니며 사는 북방 유목민의 삶에서 보면 하나도 이상하지 않다. 家(가)를 지킬 최고의 지도자를 선택해야 하고, 그 후보는 한 단위의 가장 어른인 할머니의 아들들, 손자들, 딸의 남편[사위], 그리고 딸의 아들[외손자]들이 된다. 이 경우 이 할머니의 시숙이나 시동생은 제외되고 아들들이나 사위들, 그 자손들이 후보가 된다는 데에 유의해야 한다.

이 할머니가 죽으면 그 다음 지도자의 부인의 처지에서는 남편과 같은 항렬인 그 할머니의 아들이나 사위 및 그 자손들은 배제되고, 오로지 이 부인의 아들, 사위, 손자, 외손자가 후보가 된다. 전형적인 모계

즉위하였으므로 436년생이 된다. 둘이 나이가 비슷하여 지증왕이 조지왕의 재종제라고 보는 것이 온당하다. 둘째, 눌지왕의 아우로 보해, 미해가 있으므로 그들 중 하나나 그들의 형제의 아들이 습보 갈몬님금{기보 갈몬님금}인 것으로 볼 수 있다. 그러나 이와는 전혀 다르게, 기보 갈몬님금이 눌지왕의 막내 동생으로 늦게 지증왕을 낳았다면, 『삼국유사』처럼 지증왕이 조지왕보다 두어살 어린 5촌 당숙일 수도 있을 가능성이 배제되지는 않는다.

사회는 아니지만 부계와 모계가 혼재되어 있고 최종 결정권자가 가장 윗대의 할머니가 된다는 점이 이 시기의 왕위 계승의 원리로 작동하고 있다.

왕과 그 형제들, 그리고 왕의 비속 3촌 이내의 친인척들이 왕궁에 살았다는 이 성골의 개념은, 바로 '왕의 어머니의 직계 비속만 왕궁에 살았다.'는 것을 뜻한다. 초원에서도 하나의 겔 속에는 한 할머니만 있었을 것이다. 그 할머니의 동서는 다른 겔을 가지고 자신의 아들, 손자, 딸, 사위, 외손자들을 거느리고 살았을 것이다. 여기서 농경 사회와 유목 사회의 대조적 모습을 볼 수 있다.[12)]

성골왕 시대의 신라 왕실은 특이한 제도를 두었다. 새 왕이 즉위하면 그의 형제와 그 소생들을 제외한 다른 친척들은 모두 왕궁을 떠나 궁 밖에서 살았다. 즉, 손위의 삼촌 이상과, 같은 항렬의 사촌 이상은 왕궁 속에 거주할 수 없었다. 왕과 그의 형제, 그리고 그들의 자녀들만 같이 생활한 것이다. 왕위 계승도 왕의 자녀들이 하고, 만약 왕에게 자녀들이 없으면 형제의 자녀들 즉, 조카들이 하게 되어 있었다. 제23대 법흥왕이 아들이 없어 그의 아우 입종 갈문왕의 아들 제24대 진흥왕이 즉위한 것이 대표적이다. 입종 갈문왕은 법흥왕의 사위이니 진흥왕은 법흥왕의 외손자이기도 하다.

진흥왕의 큰 아들 동륜태자가 일찍 죽어 둘째 아들 사륜이 제25대 진지왕으로 즉위하였고, 그가 폐위된 후에 동륜의 아들이자 진지왕의 조카인 제26대 진평왕이 즉위한 것도 이 경우에 해당한다. 물론 진지왕의 아들 용수와 용춘이 선택되지 않은 것은 진흥왕의 왕비 사도왕후가

___

12) 농경 사회를 벗어난, 정보 유목적 사회인 오늘의 한국 사회가 모계 중심, 처가 중심, 외손주 중심의 사회로 옮겨가는 것은 어떻게 보면 당연한 역사적 추이라 할 것이다.

황음하다고 폐위한 진지왕의 아들을 곱게 보지 않았기 때문이기도 하지만, 진흥왕의 장손인 진평왕에게로 왕통을 이어가려 한 것도 한 원인이었을 것이다. 진평왕 즉위와 동시에 그의 아우인 국반 갈몬님금은 왕궁에 남고, 그의 4촌들인 용수와 용춘은 왕궁을 떠나야 하였다.

그런데 그 진평왕에게 또 아들이 없어서, 그리고 성골남(聖骨男)이 진(盡[『삼국유사』의 이 말은 진평왕의 아들이나 조카가 한 명도 없었다는 말이다.])하여 그의 딸 제27대 선덕여왕, 그리고 그 다음에 진평왕의 조카딸 제28대 진덕여왕에게로 왕위가 이어졌고, 성골녀(聖骨女)도 진한 그 후에 제29대 태종무열왕이 즉위하였다. 알천(閼川)의 양보에 의한 김유신 등의 추대이었지만 그의 어머니가 진평왕의 딸 천명공주(天明公主)이므로 그는 진평왕의 외손자로서의 왕위 계승권도 갖고 있었다. 이 경우 선덕여왕의 언니이고 진덕여왕의 사촌언니인 천명공주의 골품이 무엇인지 생각해 보아야 한다. 선덕여왕 재위 시에는 천명공주는 성골녀이다. 모계로 가면 김춘추에게는 선덕여왕이 이모이므로 그도 왕궁에 살 수 있는 3촌 이내의 성골이 된다. 그런데 이미 할아버지 진지왕이 폐위되면서 진평왕이 즉위할 때 그의 아버지 용수는 왕의 4촌이었으므로 왕궁에서 살지 못하고 왕궁 밖으로 나왔다.

이러한 왕과 그의 형제, 그들의 자녀들로 이루어지는 큰 가족 범위는 왕의 어머니를 중심으로 생각하면 그녀의 아들, 딸과 손자, 손녀, 외손자, 외손녀들이 이루는 가족 단위인 셈이다. 이제 성골의 정의도 분명해진다. 성골은 왕의 어머니의 피를 이어받은 대비의 소생과 그들의 자녀들로 이루어진 모계 혈연 단위이다. 같은 어머니의 피를 이어받은 형제와 같은 할머니의 피를 이어받은 조카들 사이에서 왕위 계승이 이루어

질 수 있다.13)

왕이 아들 없이 죽으면 왕의 어머니가, 다른 아들이나 손자, 외손자들 속에서 가장 뛰어난 자를 골라 왕위에 올린다는 것이 핵심이다. 이러한 제도는 초원을 떠돌아다니며 살아서, 적들로부터 가족을 보호해야 하는 강한 남자를 필요로 하는 유목민의 전통이라 할 수 있다. 그들은 힘세고 지혜로운 가부장을 필요로 하였고, 일단 족장의 유고 시에는 신속하게 후계를 세울 수 있는 장치, '갈무리해 둔 왕, 예비왕'이 필요하였다. 이제 '갈몬님금[葛文王]'의 개념도 분명해졌다.14) 이 제도는 안정적으로 왕위를 이어갈 수 있는 제도이다.

---

13) 네이티브 아메리칸의 혈통이 어머니가 이글 부족이면 이글이 되고 어머니가 레이번 부족이면 레이번이 되듯이 어머니의 피가 중요한 것이다.

14) '葛文王'이 무슨 말인지 오랜 숙제였다. 훈독하면 '칡+글'이 되니 훈독할 글자는 아니다. 음독하면 '굴몬님금' 정도가 된다. 동사 어간으로 '*곪-' 정도를 생각할 수 있다. 그런데 천자문(千字文)의 'ㄱ 술 秋, 거둘 收, 겨스 冬, 곰출 藏(장)'에서 '藏'은 '속에 넣어 둔다, 저장한다'는 뜻이다. 우리는 어릴 때 할아버지께 천자문을 배울 때 '갈물 장'이라고 배웠다. '가을이 되면 곡식을 거두고, 겨울에 대비하여 곳집에 저장해 둔다.'는 개념이다. 이 '저장해 둔다, 예비해 둔다'는 말이 '*곪-'이다. 현대 한국어에는 '갈무리[물건을 잘 정돈하여 간수함]'라는 단어로 남아 있다. 이 '*곪-'의 관형형 활용형이 '곪온'이다. 이를 한자의 음을 이용하여 적은 것이 '葛文'이다. 그러므로 '葛文王'은 '곪온'을 音借字로 '임금'을 '王'으로 적은 것으로 '갈무리해 둔 왕, 예비해 둔 왕'의 뜻이다. '유사 시 왕이 궐위가 되면 바로 왕위를 이어받을 수 있게 예비해 둔 왕'이라는 뜻이다. 용례를 살펴보면 갈몬님금은 대부분 왕의 형제나 숙부들이다. 숙부들은 아버지 왕 시대에 갈몬님금으로 봉해진 것이다. 아들이 후에 왕이 되어 아버지를 추봉할 때도 '갈문왕'이라는 용어를 사용하는데 이는 선왕 시대로 시점을 올려서 추봉한 것으로 볼 수 있다. (보충주: 葛文王(갈문왕)은 그동안 정확하게 이해되지 못 하였다. 이 말을 알기 위해서는 향찰 표기법을 알아야 한다. 한자의 소리와 뜻을 빌려서 우리말을 적는 것이 향찰이다. 葛文王에서 '葛文'은 한자의 소리를 이용하여 우리말을 적은 것이고 '王'은 뜻을 이용하여 우리말을 적은 것이다. '王'은 '임금'을 적은 것이다. '葛文'은 중세 한국어의 '곪'[藏: 감추다, 갈무리하다]와 선어말 어미 '-오/우-', 그리고 관형형 어미 '-ㄴ'이 통합된 '곪몬'을 적은 것이다. '갈몬님금[葛文王]'은 '갈무리해 둔 왕, 예비해 둔 왕의 뜻이다. 흉노족은 천자(天子) 외에도 좌현왕(左賢王), 우현왕(右賢王)을 두어 천자의 유고시에 대비하였다. 신라에서는 주로 왕의 아우를 갈몬님금으로 책봉하거나 추증하였다. 아들이 왕이 되면 그 아버지를 갈몬님금으로 추봉하는 것도 이와 같은 원리이다(서정목(2016a) 참고))

진골왕 시대인 신라 중대는, 얼핏 보면 왕위 계승 범위가 넓어진 것 같지만, 사실은 제32대 효소왕과 제34대 효성왕의 사후의 두 번만 아우를 즉위시켰고 나머지는 아들이 왕위를 이었다.

(보충주: 이 두 경우도 비정한 형제간의 골육상쟁을 바탕으로 하여 생긴 것이다. 효소왕은 아우 사종을 왕위에 올리려는 세력이 꾸민 '경영의 모반'으로 죽었다. 효성왕은 아예 이복동생 경덕왕을 즉위시키려는 세력에 의하여 죽임을 당한 것으로 파악된다.)

조카가 왕이 된 적은 없다. 후계자 선택의 폭이 더 좁아진 것이다. 왕이 아들이 없으면 아우가 왕이 되는가, 조카가 왕이 되는가. 그것이 동서고금을 막론하고 왕국의 흥망성쇠에 핵심 요인이 된다.[15]

지증왕은 『삼국유사』 권 제1 「기이 제1」의 「지철로왕」 조에서 '큰 음경으로 인하여 배우자를 구하지 못하다가 큰 대변을 본 모량리의 상공의 딸을 왕후로 삼았다.'는 이야기가 있고, 이어서 '이찬 박이종(朴伊宗)을 시켜서 于陵島(우릉도[=울릉도])를 항복받았다.'는 이야기가 있어 유명하다.

(10)

a. 왕은 음경이 길이가 1자 5치나 되었다[王陰莖長一尺五寸]. 배우자를 얻기 어려웠다[難於嘉耦]. 사자를 삼도로 보내어 구하였다[發使三道求之].

b. 사자가 모량부 동로수 아래 이르러 개 두 마리가 북 같이 큰 똥 덩

---

15) 『논어』, 『맹자』가 말하는 周公(주공)의 위대성은, 형인 주 무왕이 죽어 중망(衆望)이 주공에게 쏠렸지만 그가 왕위에 오르지 않고 조카 왕을 도와 장자, 장손 승계 원칙을 세운 것을 칭송한 것에 다름 아니다. 그들은 농경생활을 하였기 때문에 사직(社稷)이 우선이었고 농사의 신, 토지의 신에게 제사 드리는 제주인 장자 상속을 우선시한 것이다. 그러나 할머니의 처지에서 보면 장자, 장손이 가장 훌륭한 후손이 아닐 수도 있다는 것, 그것이 모든 나라와 집안의 흥망성쇠를 좌우한 것이다.

이의 양 끝을 깨물고 싸우는 것을 보았다[使至牟梁部冬老樹下 見二狗嚙一尿塊如鼓大爭嚙其兩端]. 마을 사람들을 찾아갔더니 한 소녀가 있어 고하여 말하기를[訪於里人 有一少女告云], 이 부의 상공의 딸 아이가 여기서 빨래를 하다가 숲속에 숨어들어 남긴 것입니다[此部相公之女子洗澣于此 隱林而所遺也] 하였다. 그 집에 찾아가서 살펴보았더니 키가 7자 5치나 되었다[尋其家檢之 身長七尺五寸].

c. 갖추어(사실대로) 사자가 아뢰는 것을 듣고[具使奏聞], 왕이 가서 보고 수레를 보내어 맞이하여 궁에 들여 황후로 책봉하였다[王往見車邀入宮中 封爲皇后]. 여러 신하가 모두 축하하였다[群臣皆賀].
<『삼국유사』 권 제1 「기이 제1」 「지철로왕」>

(10c)와 (7c)의 기사대로 해석하면 지증왕은 64세까지 혼인하지 못하고 있다가 즉위한 후에 모량리의 상공의 딸과 혼인하였다. 그렇다면 법흥왕은 아버지가 즉위한 후에 태어났다.[16] 그리고 이 모량리 상공의 딸이 지증왕의 첫 왕비이고 정실 왕비이므로 법흥왕 원종은 태어나면서부터 '원자'의 자격을 갖추었다. 그러면 64세에 즉위한 지증왕이 혼인 후 1년쯤 뒤에 원종을 낳았다고 보면, 14년 재위하고 승하한 후에 즉위한 법흥왕은 많아야 13살에 왕위에 오른 것이다.

재위 26년, 법흥왕은 많아야 40세에 아들 없이 승하하였다. 그를 이은 왕이 아우 입종 갈몬님금의 아들 진흥왕이다. 그런데 입종 갈몬님금의 부인이 법흥왕의 딸이기 때문에 진흥왕은 법흥왕의 조카이면서 외손

---

16) 이 글의 초고에서는 지증왕이 즉위할 때 64세라는 것을 중시하여 법흥왕이 아버지가 왕이 되기 전에 태어났을 것으로 보고 논의를 진행하였다. 2015년 11월 28일 '한국고대사탐구학회'에서 이 글을 발표하였을 때 토론을 맡은 김희만 교수는, 법흥왕은 아버지 재위 중에 태어난 것으로 보는 것이 더 타당하다고 하였다. 그 지적을 따랐다. 감사한다. 그러나 음경이 커서 혼인을 못했다는 것, 64세나 된 노총각이 첫혼인을 하고 그 뒤로 법흥왕, 입종 갈몬님금 등 최소한 둘 이상의 아들을 낳았다는 것 등 힘든 해석 과정이 남아 있다. 현대 구미의 거인들이 왜소한 동양 출신의 부인을 맞아서도 음경이 커서 곤란했다는 말은 없다.

자이다.

(B) 고구려의 제5대 모본왕의 경우도 아버지가 재위 중일 때 태어났다. (13a)에서 보듯이 모본왕은 서기 48년 즉위 시에 '大武神王元子(대무신왕원자)'로 적혔다. 그러나 (11b)에서 보듯이 서기 32년[대무신왕 15년] 12월 태자로 책봉될 때는 '王子解憂(왕자 해우)'로 적혔다. 대무신왕은 (11a)에서 보듯이 서기 14년에 11살로 태자로 책봉되고 서기 18년 15살에 즉위하였다. 더욱이 (12)에서 보듯이 44년에 대무신왕이 승하하였을 때 태자가 너무 어려서 숙부 제4대 민중왕이 즉위하였으니, 모본왕은 아버지 대무신왕 재위 중에 태어났음이 틀림없다.

(11)
a. 대무신왕*{혹은 대해주류왕이라고도 한다.}*이 즉위하였다[大武神王立*{或云大解朱留王}*] 휘는 무휼이다[諱無恤]. 유리왕 제3자이다[琉璃王第三子]. 태어나면서부터 총명하고 지혜로웠고 장성하여 웅걸이 되었으며 큰 지략이 있었다[生而聰慧 壯而雄傑 有大略]. 유리왕 재위 33년[14년] 갑술에 태자로 책립될 때 나이가 11세였다[琉璃王在位三十三年甲戌 立爲太子時年十一歲]. 이에 이르러 즉위하였다[至是卽位]. 어머니는 송 씨로 다물국왕 송양의 딸이다[母松氏 多勿國王松讓女也].

　　　　　　　<『삼국사기』 권 제14 「고구려본기 제2」 「대무신왕」>
b. 대무신왕 15년[서기 32년] 12월 왕자 해우를 책립하여 태자로 삼았다[十二月 立王子解憂爲太子].

(12)
민중왕[閔中王]. 휘는 해색주*{색은 『삼국유사』 권 제1 「왕력」과 『자치통감』에는 읍으로 되어 있다}*이다[諱 解色朱*{色遺事王曆及通鑑作邑}*]. 대무신왕의 아우이다[大武神王之弟也]. 대무신왕이 승하하였는데[44년] 태자가 유소하여 정사를 맡아볼 수 없었으므로 이에 국인들의 추대로써 즉위하였다[大武神王薨 太子幼少

不克卽政 於是 國人推戴以立之]. 겨울 11월 대사하였다[冬十一月
大赦]. <『삼국사기』권 제14 「고구려본기 제2」 「민중왕」>

(13)

a. 모본왕[慕本王]. 휘는 해우*{또는 해애루라고도 한다.}*이다[諱解憂
{一云解愛婁}]. 대무신왕 원자이다[大武神王元子]. 민중왕이 승
하하여 이어서 즉위하였다[閔中王薨 繼而卽位]. 사람됨이 사납고
어질지 못하여 국사를 잘 돌보지 않으므로 백성들이 원망하였다
[爲人暴戾不仁 不恤國事 百姓怨之].

b. 원년[48년] 가을 8월 큰 비가 와서 산이 20여 곳이나 무너졌다[元
年 秋八月 大水 山崩二十餘所]. 겨울 10월 왕자 익을 책립하여 왕태
자로 삼았다[冬十月 立王子翊爲王太子].

c. 6년[53년] 겨울 11월 두로가 그 임금을 시해하였다[六年 冬十一月
杜魯弑其君]. 두로는 모본 사람으로 왕을 곁에서 모셨는데 그 사람
죽이는 것을 보고 염려하여 울었다[杜魯慕本人 侍王左右 慮其見殺
乃哭]. 혹자가 말하기를[或曰], 대장부가 어찌 곡만 하고 있는가[大
丈夫何哭爲]. 고인이 말하기를[古人曰], 나를 쓰다듬으면, 즉 왕이
고, 나를 학대하면, 즉 원수라 하였다[撫我則后 虐我則讎]. 지금 왕
은 학정을 하여 사람을 죽여서 백성의 원수가 되었다[今王行虐以殺
人 百姓之讎也]. 그대는 어찌 도모하지 않는가[爾其圖之]. 두로는
칼을 감추고 왕 앞에 나아갔다[杜魯藏刀 以進王前]. 왕이 이끌어
그 위에 앉았다[王引而坐]. 이에 칼을 뽑아 살해하였다[於是 拔刀
害之]. <『삼국사기』권 제14 「고구려본기 제2」 「모본왕」>

모본왕 해우의 태자 책봉과 관련하여 이복형제인 호동 왕자가 (14c)
에서 보듯이 서기 32년 11월에 자살하였다. 그 이유는 (14c)를 보면 모
본왕의 어머니로 보이는 원비(元妃)가, '대무신왕이 적자(嫡子)를 제치고
호동 왕자를 태자(太子)로 책봉할까 봐 두려워서', '자신을 예우하지 않
고, 난행할 것으로 우려된다.'고 모함한 까닭이다. (11b)에서 보듯이 이
적자 해우가 태자로 책봉되고, (13a)에서 보듯이 모본왕으로 즉위할 때

'大武神王元子'로 적힌 것이다.

호동 왕자는 (14c)에서 보듯이 대무신왕의 차비(次妃)인 갈사왕 손녀의 아들이다. 그는 (14a)에서 보면 서기 32년 4월에 낙랑 왕의 딸과 혼인하였으니, (12)에서 본 서기 44년에 어려서 왕위에 오르지 못한 '태자 해우'보다 더 나이가 많았음에 틀림없다. 호동 왕자가 대무신왕의 첫아들인지 아닌지는 알 수 없지만, 모본왕보다는 먼저 태어난 형이라는 것은 확실하다.

(14)

a. (대무신왕) 15년[서기 32년] 여름 4월 왕자 호동이 옥저에서 유하였다[十五年 夏四月 王子好童 遊於沃沮]. 낙랑 왕 최 리가 행차를 나왔다가 보고 묻기를[樂浪王崔理出行因見之 問曰], 그대의 안색을 보니 보통 사람이 아니다[觀君顔色 非常人]. 어찌 북쪽 나라 신왕의 아들이 아니겠는가[豈非北國神王之子乎] 하고 드디어 함께 돌아와 딸을 아내로 삼게 하였다[遂同歸以女妻之].

b. 후에 호동이 나라에 돌아와서 몰래 사람을 보내어 최 씨 여인에게 말하기를[後好童還國 潛遣人 告崔氏女曰], 만약 나라의 무기고에 들어가서 북을 찢고 고동 나팔을 부수면 즉 내가 예로써 맞이하고 그러지 않으면 아내로 맞지 않겠다[若能入而國武庫 割破鼓角 則我以禮迎 不然則否]. —— 이에 최 씨 여인이 예리한 칼을 지니고 무기고 속에 몰래 들어가 북을 찢고 나팔 입을 부수고 호동에게 보고하였다[於是 崔女將利刀 潛入庫中 割鼓面角口 以報好童]. 호동은 왕에게 권하여 낙랑을 습격하게 하였다[好童勸王 襲樂浪]. 최 리는 북과 나팔이 울지 않으므로 대비하지 않고 있었다[崔理以鼓角不鳴不備]. 우리 군대가 엄폐하여 성 아래 도달하였다[我兵掩至城下]. 그런 뒤에야 북과 나팔이 모두 부숴진 것을 알고 드디어 딸을 죽이고 나와서 항복하였다[然後知鼓角皆破 遂殺女子 出降]. *{혹은 말하기를[或云], 낙랑을 멸하려고 드디어 청혼하여 그 딸을 취하여

아들의 처로 삼고 후에 본국에 돌아가게 히여 그 병기를 파괴하였다고도 한다[欲滅樂浪遂請婚 娶其女 爲子妻 後使歸本國 壞其兵物]}*

c. 겨울 11월 왕자 호동이 자살하였다[冬十一月 王子好童自殺]. 호동은 왕의 차비인 갈사왕 손녀의 소생이다[好童 王之次妃葛思王孫女所生也]. 얼굴과 자태가 아름다워 왕이 매우 사랑하여 호동이라 이름 하였다[顏容美麗 王甚愛之 故名好童]. 원비가 적자를 제치고 태자로 삼을까 두려워하여 이에 왕에게 참소하여 말하기를[元妃恐奪嫡 爲太子 乃讒於王曰], 호동은 첩을 예로써 대우하지 않습니다. 아마도 난행하고자 하는 것 같습니다[好童不以禮待妾 殆欲亂乎]. 왕이 말하기를[王曰], 혹시 남의 아이라고 미워하는 것인가[若以他兒 憎疾乎]. 왕비가 왕이 믿지 않는 것을 알고 화가 장차 미칠 것을 두려워하여 이에 울면서 고하기를[妃知王不信 恐禍將及 乃涕泣而告曰], 청컨대, 대왕께서는 비밀히 기미를 살피시어 만약 이런 일이 없으면 첩이 스스로 엎드려 죄를 받겠습니다[請大王密候 若無此事 妾自伏罪]. 이에 대왕은 의심하지 않을 수 없어서 죄 주려 하였다[於是 大王不能不疑 將罪之]. 혹자가 호동에게 일러 말하기를[或謂好童曰], 그대는 어찌 스스로 석명하지 않는가[子何不自釋乎]. 대답하기를 내가 만약 석명하면 이것은 어머니의 악함을 드러내어 아버지 왕에게 근심을 주는 것이다[答曰 我若釋之 是顯母之惡 貽王之憂]. 어찌 효라 할 수 있겠는가[可謂孝乎]. 이에 검을 물고 엎드려 죽었다[乃伏劍而死].

d. 논하여 말한다[論曰]. ── 아들이 아버지에게 책망을 들을 때는 마땅히 순 임금이 그 아버지 고수에게 했듯이 작은 매는 받고 큰 매는 달아나서 아버지로 하여금 불의에 빠지지 않게 해야 한다[子之見責於其父也 宜若舜之於瞽瞍 小杖則受 大杖則走 期不陷父於不義]. 호동은 여기서 도망칠 줄 모르고 그 죽을 장소가 아닌 곳에서 죽었으니 작은 삼감에 집착하여 대의에 어두웠다고 할 만하다[好童不知出於此 而死非其所 可謂執於小謹 而昧於大義].

<『삼국사기』 권 제14 「고구려본기 제2」 「대무신왕」>

그런데도 『삼국사기』는 호동은 항상 '왕자'라고 적었다. 명백하게 먼저 태어난 형이고, 아마도 첫아들일 호동을 '원자'라 적지 않고 그보다 더 뒤에 태어난 원비의 첫아들을 '원자'로 적었다. 왜 그랬을까? 그것은 호동 왕자가 차비의 아들이기 때문이라고 볼 수밖에 없다. 따라서 이 경우에는 '원자'가 될 수 있는 맏아들에는 '원비의 첫아들'이라는 조건이 붙는다.

(13b)에는 모본왕의 '왕자 익'을 48년 10월 왕태자로 책봉하였음을 적고 있다. 이때에도 '원자'라 하지 않고 '왕자'라 하였다. 그러나 이 '왕태자 익'은 즉위하지 못했으므로 그가 모본왕의 원자인지 아닌지는 알 수 없다. 모본왕은 (13c)에서 보듯이 서기 53년[재위 6년]에 포악, 불인하고 국사에 충실하지 않다 하여 두로(杜魯)에 의하여 시해되었다. 이 '왕태자 익'은 어떻게 되었을까? 제6대 태조대왕의 즉위 시의 기록 (15)에서 보듯이 '사직을 맡기기에 부족하여' 5촌 당숙인 7살의 태조대왕에게 왕위를 넘길 수밖에 없었다. 모본왕의 어머니, 익의 할머니인 대무신왕의 원비가 불인(不仁)하게 호동 왕자를 자살하게 만든 것의 인과응보로 보인다.

> (15) 태조대왕*{혹은 국조왕이라고도 한다.}*[大祖大王*{或云國祖王}*]. 휘는 궁이다[諱宮]. 어릴 때 이름은 어수인데 유리왕의 아들인 고추가재사의 아들이다[小名於漱 琉璃王子古鄒加再思之子也]. 어머니 태후는 부여인이다[母太后 扶餘人也]. <u>모본왕이 승하하고 태자가 불초하여 사직을 주재하기에 부족하여 국인들이 궁을 맞아 왕위를 잇게 하였다</u>[慕本王薨 太子不肖 不足以主社稷 國人迎宮繼立]. <『삼국사기』 권 제15 「고구려본기 제3」 「태조대왕」>

호동 왕자의 비극이 어머니가 원비였는가, 차비였는가에 기인하는 것이라고 본다면, 불인(不仁)한 원비의 모함에 의하여 자살할 수밖에 없었던 차비의 아들 호동의 처지에 지금보다 더 많은 눈길이 갔어야 한다. 그가 '왕자'로만 적히고 그의 동생인 모본왕이 '원자'로 적힌 것을 눈여겨보았어야 한다. 그 원비의 아들, 원자 모본왕의 포악함에 따른 비극적 시해와 그 왕태자 익이 즉위하지 못하고, 제2대 유리명왕의 아들 고추가 재사의 아들인 5촌 당숙 태조대왕에게로 왕위가 넘어간 것도 예사롭게 보이지는 않는다.17)

(C) 고구려의 장수왕은 (16a)에서 보듯이 즉위 시의 기록에는 '開土王之元子[개토왕의 원자]'라고 적혔다. 그는 (16b)에서 보듯이 491년 12월에 승하하였는데 그때 나이가 98세였다. 그러므로 장수왕은 393년생이다. 『삼국유사』 권 제1 「왕력」은 특별한 정보를 담고 있지 않다.18)

(16)
a. 장수왕 즉위년[413년], 장수왕[長壽王]. 휘는 거련*{連은 璉으로도 쓴다}*이다[諱巨連{*一作璉}*]. 개토왕의 원자이다[開土王之元子也]. 체모가 뛰어나고 의지와 기개가 비범하였다[體貌魁傑 志氣豪邁]. 개토왕 18년[409년]에 책립하여 태자로 삼았다[開土王十八年立爲太子]. 22년[414년]에 왕이 승하하여 즉위하였다[二十二年王薨即位].

b. 79년[491년], 겨울 12월 왕이 승하하였다[冬十二月 王薨]. 나이가 98세였다[年九十八歲]. 장수왕이라 호하였다[號長壽王]. <『삼국사

---

17) '제1대 동명성왕-제2대 유리명왕-제3대 대무신왕(제3자)/제4대 민중왕/고추가 재사-제5대 모본왕//제6대 태조대왕/제7대 차대왕/제8대 신대왕-막근///익'으로 계대가 되기 때문에 익은 5촌 당숙에게 왕위를 내어 준 것이다. [/는 형제, //는 4촌, ///는 6촌을 나타냄].
18) 『삼국유사』 권 제1 「기이 제1」 「왕력」은 '제20 장수왕[第二十 長壽王], 이름은 신*{거}*련으로 계축년에 즉위하였다[名臣*{巨}*連 癸丑立]. 79년간 다스렸다[治七十九年].'고 되어 있다.

장수왕의 아버지 제19대 광개토왕은 (17b)에서 보듯이 386년 정월 제18대 고국양왕의 '왕자'로서 태자로 봉해졌다. 아버지 고국양왕이 제17대 소수림왕의 아우이기 때문에, 광개토왕이 태어났을 때는 큰아버지가 왕이었다. 원손 여부는 논의할 필요가 없다. 그러므로 광개토왕은 맏아들이 아니거나 정식 혼인 관계에서 태어나지 않아서 '왕자 담덕'이라 불리었을 것이다. (18a)에서도 '자(子)'라고만 하였다. (19)에도 특별한 정보는 들어 있지 않다.

(17)

a. 고국양왕[故國壤王]. 휘는 이련*{혹은 어지지라고도 한다.}*이다[諱 伊連*{或云於只支}*]. 소수림왕의 아우이다[小獸林王之弟也]. 소수림왕이 재위 14년에 승하하고 후사가 없어 아우 이련이 즉위하였다[小獸林王在位十四年薨 無嗣 弟伊連卽位].

b. 3년[386년] 봄 정월 왕자 담덕을 책립하여 태자로 삼았다[三年 春正月 立王子談德爲太子].

c. 9년[392년]*{광개토왕비에 의거하면, 즉위가 신묘년의 일이다. 즉, 전왕이 8년[391년]에 승하한 것이 명백하다}*[九年*{據廣開土王碑 卽位在辛卯 則前王薨八年明矣}* 봄 사신을 신라에 파견하여 좋은 관계를 닦았다[春 遣使新羅修好]. 신라왕은 조카인 실성을 볼모로 보내왔다[新羅王遣姪實聖爲質]. …… 여름 5월 왕이 승하하므로 고국양에 장사지내고 호를 고국양왕이라 하였다[夏五月 王薨 葬於故國壤 號爲故國壤王]. <『삼국사기』권 제18 「고구려본기 제6」 「고국양왕」>

(18)

a. 광개토왕[廣開土王]. 휘는 담덕이다[諱談德]. 고국양왕의 아들이다 [故國壤王之子]. 나면서부터 웅위하고 활달한 뜻이 있었다[生而雄

偉 有倜儻之志]. 고국양왕 3년에 책립하여 <u>태자</u>로 삼았다[故國壤王三年立爲太子]. 9년에 왕이 승하하여*{9는 당연히 8이다.}*[九年王薨*{九當作八}* 태자가 즉위하였다[太子卽位].

b. 18년 여름 4월 <u>왕자</u> 거련을 책립하여 <u>태자</u>로 삼았다[十八年 夏四月立王子巨連爲太子].

c. 22년 겨울 10월 왕이 승하하여 광개토왕이라 호하였다[二十二年 冬十月 王薨 號爲廣開土王]. <『삼국사기』 권 제18 「고구려본기 제6」 「광개토왕」>

(19) 제19 광개(토)왕[廣開(土)王]. 이름은 담덕으로 임진년에 즉위하였다[名 談德 壬辰 立]. 21년 동안 다스렸다[治 二十一年]. <『삼국유사』 권 제1 「왕력」>

광개토왕은 392년*{ 광개토왕비에 의하면 고국양왕은 8년 재위했으므로 391년이라 할 수 있다.}* 5월 고국양왕이 승하하여 즉위하였다. 장수왕은 광개토왕이 즉위한 이듬해인 393년에 태어난 것이다. 즉, 장수왕은 아버지가 왕위에 있을 때 태어난 원자에 해당한다.

그런데 (18b)를 보면 장수왕도 태자로 봉해질 때는 '王子巨連(왕자 거련)'이라고 적혔다. (11b)에서 본 모본왕도 태자로 봉해질 때는 '王子解憂(왕자 해우)'라고 적혔다. 유리왕과, 모본왕, 장수왕이 모두 태자로 봉해질 때는 '왕자'라 적혔고 즉위할 때는 '원자'라 적힌 것이다. (13b)에서 모본왕의 아들 익도 왕태자로 봉해질 때 '왕자 익'으로 적혔다. 고구려에서는 태자로 봉해질 때 '원자'로 적힌 사람은 아무도 없다.

『삼국사기』가 고구려의 유리왕과 모본왕, 그리고 장수왕에 대하여 태자 책봉 시는 왕자, 즉위 시는 원자로 기록한 것은 매우 주목되는 일이다.19) 그러나 원자는 왕자의 부분 집합이므로 모든 원자는 왕자이니까

---

19) 고구려에서는 모든 경우에 태자로 봉해질 때는 '왕자'라 적고 즉위할 때는 '원자'로 적었다.

이것은 틀린 기록이라 할 수는 없다. 어떤 사연이 있는 것으로 보이지만 현재로서는 알 수 없다. 백제에서는 한 번도 이런 일이 없었는데, 고구려에서는 세 경우뿐인 사례에서 세 경우 모두 이러하니 이것이 나라에 따른 차이일까? 각국에서 전해 내려온 사서에 그렇게 되어 있었을 가능성이 없는 것은 아니다. 그러나 『삼국사기』가 일정한 관점에서 집필되었다고 생각하면 나라에 따른 차이라고만 볼 수도 없다. 여기에는 어떤 사연이 있을 것이다. 우리가 모르는 어떤 요인에 의하여 고구려의 이 세 왕의 태자 책봉 시의 지위와 즉위 시의 지위가 달라졌을 수도 있다. 우리 세대가 모를 따름이다.

[3] 고구려 동천왕, 중천왕

(4a, 나)의 경우는 고구려 11대 동천왕, 12대 중천왕의 경우에서 볼 수 있다. (20)은 이에 대한 사연이 시작되는 기록이다.

(20)
a. (197년[산상왕 즉위년]) 산상왕[山上王]. 휘는 연우*{일명 위궁}*[諱廷優*{一名位宮}*]이다. <u>고국천왕의 아우이다[故國川王之弟也].</u> —— 고국천왕이 아들이 없어 연우가 위를 이어받았다[故國川王無子 故延優嗣立].
b. 왕후는 그의 손을 잡고 궁으로 들어갔다[王后執手入宮]. 다음날이 밝자 선왕의 유명이라고 고쳐서 밝혀 여러 신하에게 명하여 연우

백제에는 한 번도 그런 일이 없다. 신라에서는 '신문왕의 원자가 출생하였다.'고 하고 '왕자 이홍을 태자로 봉했다.'고 하였으며, '효소왕은 신문왕의 태자'라고 하였다. 그러니 '왕자'와 '원자'는 분별없이 사용된 것인가? 전혀 그렇지 않다. 신라의 경우 효소왕의 태자 책봉 시에 '왕자'라 한 것은 고구려의 경우와 같지만 즉위 시에 '신문왕의 태자'라 한 것은 고구려의 경우 '원자'라 한 것과 전혀 다른 것이다.

를 세워 왕으로 삼았다[至翌日質明 矯先王命 令群臣 立延優爲王].
— 왕은 본래 우 씨로 말미암아 왕위에 올랐으므로 다시 장가들지 않고 우 씨를 책립하여 왕후로 삼았다[王本因于氏得位 不復更娶立于氏爲后].

c. 12년[208년] 겨울 11월 교시*{*교외에서 제사 지낼 때 사용하는 희생 돼지,*}*가 달아났다[十二年 冬十一月 郊豕逸]. 담당자가 쫓아 주통촌에 이르렀는데 이리 저리 달아나서 잡을 수가 없었다[掌者追之 至酒桶村 蹢躅不能捉]. 스무살쯤 된 한 아리따운 여인이 있어 웃으면서 먼저 희생 돼지를 잡아 주어 연후에 쫓던 자가 얻었다[有一女子 年二十許 色美而艶 笑而前執之 然後追者得之]. 왕이 듣고 이상히 여겨 그 여인을 보기를 원하여 미행하여 밤에 여인의 집에 이르러 시중드는 이를 시켜 뜻을 알렸다[王聞而異之 欲見其女 微行夜至女家 使待人說之]. 그 집에서는 왕이 온 것을 알고 감히 거절하지 못했다[其家知王來 不敢拒].

d. 13년[209년] 봄 3월 왕후는 왕이 주통촌 여인과 사랑을 나눈 것을 알고 투기를 하여 몰래 군사를 보내어 그녀를 죽이려 하였다[十三年 春三月 王后知王幸酒桶村女 妬之 陰遣兵士殺之]. 그 여인이 들어 알고는 남자 옷을 입고 도망쳤다[其女聞知 衣男服逃走]. …… 가을 9월에 주통촌의 여인이 아들을 낳았다[秋九月 酒桶女生男]. 왕이 기뻐 말하기를[王喜曰], 이는 하늘이 나에게 후사를 마련해 준 것이다[此天賚予嗣也]. 처음 교시의 일로부터 그 어머니와 사랑을 나누어 얻었으므로 이에 그 아들의 이름을 교체*{*교외의 돼지라는 뜻: 필자*}*라 하였다[始自郊豕之事 得以幸其母 乃名其子曰郊彘].

e. 17년[213년] 봄 정월 교체를 책립하여 왕태자로 삼았다[春正月 立郊彘爲王太子].

f. 28년[224년], 왕손 연불이 태어났다[二十八年 王孫然弗生]. <『삼국사기』 권 제16 「고구려본기 제4」 「산상왕」>

(20a, b)에서 보듯이 제10대 산상왕은 형수인, 제9대 고국천왕의 왕후 우 씨 덕분으로 즉위하여 그녀를 왕후로 삼았다.[20] 고국천왕과의 사이

에서 아들을 낳지 못한 우 씨는 산상왕과의 사이에서도 아들을 낳지 못하였다. (20c, d)에서 보듯이 희생 돼지 탈주 사건으로 주통촌의 여인과 인연을 맺게 된 산상왕은 그 여인과의 사이에서 209년에 '교체(郊彘)'를 낳았다. 이 '교체'는 산상왕의 첫아들일 가능성이 매우 높다. 그러나 교체에 대하여 원자라는 말을 사용하지도, 왕자라는 말을 사용하지도 않았다. (20e)에서 보듯이 213년에 '교체'를 왕태자로 봉할 때에도 원자, 왕자, 장자의 어떤 술어도 쓰지 않았다.

(보충주: 고대 동양의 도시는 왕이 사는 궁(宮), 그리고 그것을 싸고 있는 성(城), 그 바깥의 곽(郭)으로 이루어져 있다. 곽의 바깥이 교(郊)이고 교의 바깥은 야(野)이다. 주통촌은 곽의 바깥 교에 있는 마을로 보인다. '체(彘)'는 '돼지 체'이다. 고구려에서 붙인 아명(兒名)인지 뒤에 붙인 이름인지 모르지만 비우호적인 이름으로 보인다.)

그리고 (20f)에서 보듯이 224년에 그 왕태자 교체가 아들을 낳은 것을 '王孫然弗(왕손 연불)'이 태어났다고 적었다. 이 연불은 교체의 첫아들일 가능성이 매우 크다. 아버지는 '왕태자'이고 할아버지는 왕이다. 연불은 '원손(元孫)'일 가능성이 있다. 그러나 그는 '왕손'으로만 적혔다. 이유는 두 가지를 생각할 수 있다. 하나는 아버지가 혼외에서 태어나서 원자로 적히지 못하였으니 그도 원손으로 적히지 못하였다고 보는 것이다. 다른 하나는 왕태자 교체도 정식 태자비가 아닌 여인에게서 연불을 낳았다고 보는 것이다. 전자가 더 가능성이 커 보인다. 그러나 어느 경우라 하더라도 『삼국사기』에서 '원손', '원자'라는 용어가 혼외 관계에서 태어난 자식과 그 후손에게는 사용되지 않았다고 볼 수 있다.

---

20) 섣불리 말하기 어렵지만, 몽골에는 형이 죽으면 아우가 형수를 책임지는 풍습이 있다. 고구려에도 그러한 풍습이 있었을 수도 있다. 북방 유목민의 후예로 보이는 김 씨 신라 왕실에도 '형사취수(兄死娶嫂)'의 풍습이 있었을 가능성이 있다.

그런데 이 교체가 왕태자가 되어 (21)에서 보듯이 227년에 제11대 동천왕으로 즉위하였다. 그리고 앞서 224년[산상왕 28년]에 태어난 '왕손 연불'을 243년[동천왕 17년]에 왕태자로 삼는다. 그런데 이때에도 연불을 '왕자'라고만 적었지 '원자'라고 적지 않았다. 할아버지 산상왕이 승하한 후에 아버지 동천왕이 즉위하였으나 원자로 적히지 않고 (21c)에서 보듯이 왕자로 적힌 것이다.[21]

(21)
 a. 동천왕*{혹은 동양왕이라고도 한다.}*[東川王*{或云東襄}*]. 휘는 우위거이고 어릴 때 이름은 교체이다[諱憂位居 少名郊彘]. 산상왕의 아들이다[山上王之子]. <u>어머니는 주통촌 사람인데 산상왕의 소후로 들어 왔으나 역사가 그 족성을 잃어 버렸다[母酒桶村人 入爲山上小后 史失其族姓]. 전왕 17년[213년]에 태자로 책봉되어 이에 이르러 위를 이어받았다[前王十七年立爲太子 至是嗣位].</u>
 b. 2년[228년] 3월 우 씨를 봉하여 왕태후로 삼았다[二年 三月 封于氏 爲王太后].
 c. 17년[243년] 봄 정월 왕자 연불을 책립하여 왕태자로 삼았다[十七年 春正月 立王子然弗爲王太子]. <『삼국사기』 권 제17 「고구려본기 제5」 「동천왕」>

동천왕의 태자 연불은, 248년 9월 동천왕이 승하한 후에 제12대 중

---

21) 이 연불의 경우가 신라의 신문왕의 태자 이홍의 경우와 매우 흡사하다. 만약 『삼국유사』 권 제3 「탑상 제4」 「대산 오만 진신」 조의 기사대로 이홍이 677년에 태어났다면, 그는 할아버지 문무왕 재위 시에 태자 정명의 아들로 태어난 후 아무 기록 없이 지나가다가, 『삼국사기』 권 제8 「신라본기 제8」 「신문왕」 조에 '691년 3월 1일에 왕자 이홍을 책봉하여 태자로 삼았다.'라고 적혀 있다. 『삼국사기』가 고구려 산상왕, 동천왕, 중천왕, 서천왕의 경우는 이렇게 자세하게 적었는데, 왜 신라의 신문왕, 효소왕, 성덕왕의 경우는 거의 기록을 남기지 않았는지 기이하다. 신목왕후와 그의 어머니 등 태종무열왕의 직계 딸, 외손녀 등이 관련되어 있어 일부러 피하여 적었을 수도 있다. 이에 비하여 『삼국유사』는 나중에 보듯이 효소왕의 경우에 대하여 너무 여러 번 자세히 적고 있다.

천왕으로 즉위하였다. 그런데 그 때에도 (22a)에서 보듯이 '東川王之子 (동천왕지자)'라고만 적혔다. 중천왕은 (22b)에서 보듯이 255년에 그의 '왕자 약로'를 왕태자로 삼았는데 이때에도 '왕자 약로'라고 적었고 '원자 약로'라 적지 않았다. 그런데 약로는 '중천왕의 제2자'이다. 이 경우에는 원자라는 말이 사용되지 않은 이유를 설명할 수 있다.

(22)

a. 중천왕*{혹은 중양이라고도 한다}*[中川王*{或云中壤}*]. 휘는 연불이다[諱然弗]. 동천왕의 아들이다[東川王之子]. 의표가 준수하고 지략이 있었다[儀表俊爽 有智略]. 동천왕 17년[243년] 책립하여 왕태자로 삼았다[東川十七年立爲王太子]. 22년[248년] 가을 9월 왕이 승하하여 태자가 즉위하였다[二十二年 秋九月 王薨 太子卽位]. 겨울 10월 연 씨를 책립하여 왕후로 삼았다[冬十月 立椽氏爲王后].

b. 8년[255년] 왕자 약로를 세워 왕태자로 삼고 대사령을 내렸다[八年 立王子藥盧爲王太子 赦國內].

c. 23년[270년] 겨울 10월에 왕이 승하하였다[二十三年 冬十月 王薨]. 중천의 언덕에 장사 지내고 시호를 중천왕이라 하였다[葬於中川之 原 號曰中川王].

<『삼국사기』 권 제17 「고구려본기 제5」 「중천왕」>

이 고구려 제10대 산상왕의 아들 제11대 동천왕[교체]의 예를 보면 『삼국사기』는 혼외에서 태어난 아들을 원자라 적지 않았다는 것을 알 수 있다. 그리고 산상왕의 손자 제12대 중천왕[연불]은 아버지가 태자였으나 원손이 아닌 왕손으로 적혔다. 그리고 아버지가 즉위한 후에도 원자라고 적히지는 않고 왕자, 태자라고만 적히고 있다. 그리고 자신이 즉위할 때도 '子'라고만 적혔다. 산상왕의 증손자 제13대 서천왕[약로]

는 둘째 아들이므로 논외가 된다. 그러나 만약 그의 형이 조졸하지 않고 살아 있었다면 그를 '원자'로 적을 것인지 안 적을 것인지는 의문의 대상이 된다.

[4] 고구려 유리왕, 신라 문무왕

이제 (4c, 가)의 경우를 생각해 보기로 한다. 아버지가 왕이 아닌 사람, 즉 태자가 아니었던 사람이 왕이 된 경우, 즉위 후에 태어난 맏아들은 (4a)와 같으므로 당연히 원자가 된다. 이에 대해서는 따로 논의할 필요도 없어 보인다.

그 다음으로 (4c, 나)의 경우는 논의할 필요가 있다. 아버지가 왕이 아닌 사람, 즉 태자가 아니었던 사람이 왕이 된 경우, 아버지가 즉위하기 전에 태어난 맏아들은 어떻게 되는가? 그는 할아버지가 왕이 아니므로 원손이 아니다. 그러면 아버지가 왕이 된 후에 그에 따라 소급하여 원자가 된다. 이에 해당하는 것이 고구려 제2대 유리왕과 신라 제30대 문무왕이다.

(A) 유리왕은, 부여에서 아버지를 찾아 졸본으로 오는 기사 (23a)에서 '王子類利(왕자 유리)'라고 적혀 있다. 그리고 '태자'로 봉해졌다. 그러나 (23b)의 즉위 기사에서는 '朱蒙元子(주몽 원자)'라고 적히었다. 그가 아버지를 찾아오는 기사는 (23c)에 자세하게 적혀 있다. 유리왕은 즉위 전의 주몽의 맏아들로 태어났고 정상적 혼인 관계에서 태어난 것으로 보인다.

(23)

a. 동명성왕 19년[기원 전 19년] 여름 4월 왕자 유리가 부여로부터 그 어머니와 더불어 도망하여 왔다[十九年 夏四月 王子類利 自扶餘與 其母逃歸]. 왕이 기뻐하여 책립하여 태자로 삼았다[王喜之 立爲太 子]. 가을 9월 왕이 승하하였으니 이때 나이가 40세였다[秋九月 王 升遐 時年四十歲]. 용산에 장례 지내고 동명성왕이라 호하였다[葬 龍山 號東明聖王]. <『삼국사기』권 제13「고구려본기 제1」「시조 동명성왕」>

b. 서기 전 1년, 유리명왕이 즉위하였다[琉璃明王立]. 휘는 유리 또는 유류이고 주몽의 원자이다[諱 類利 或云 孺留 朱蒙元子].

c. 어머니는 예 씨이다[母禮氏]. 처음에 주몽이 부여에 있을 때 예 씨 여인에게 장가들어 임신하였는데 주몽이 간 후에 태어났다. 이 이 가 유리이다.[初朱蒙在扶餘 娶禮氏女有娠 朱蒙歸後乃生 是爲類利. 어려서 나가 길 위에서 놀다가 참새를 쏘다가 잘못하여 물 긷는 부 인의 옹기 그릇을 깨었다[幼年出遊陌上彈雀 誤破汲水婦人瓦器]. —— 유리가 부끄러워 돌아와 어머니에게 묻기를[類利慙歸 問母氏], 내 아버지는 어떤 분이고 지금 어디에 계십니까[我父何人 今在何 處]? 어머니가 말하기를[母曰], 너의 아버지는 보통 사람이 아니어 서 나라에 용납되지 못할 것으로 보여서 도피하여 남쪽 땅에 가서 나라를 세우고 왕을 칭하였다[汝父非常人也 不見容於國 逃歸南地 開國稱王]. —— 어느 날 아침 집에 있는데 기둥과 주춧돌 사이에 소리가 있는 것 같아 나아가서 보니 주춧돌에 일곱 모가 있었다[一 旦在堂上 聞柱礎間若有聲 就而見之 礎石有七稜]. 이에 기둥 아래를 찾아서 부러진 칼 한 토막을 얻었다[乃搜於柱下 得斷劍一段]. 드디 어 그것을 지니고 옥지, 구추, 도조 등 세 사람과 더불어 떠나서 졸 본에 이르러 부왕을 만나 부러진 칼을 바치자 왕은 자기가 가지고 있던 부러진 칼을 꺼내어 그것과 합쳐 보니 이어져서 하나의 검을 이루었다[遂持之與屋智句鄒都祖等三人 行至卒本 見父王 以斷劍奉之 王出己所有斷劍合之 連爲一劍]. 왕이 기뻐하여 책립하여 태자로 삼 았다[王悅之 立爲太子]. 이에 이르러 왕위를 계승하였다[至是繼位].
    <『삼국사기』권 제13「고구려본기 제1」「유리왕」>

고구려 제2대 유리명왕은 태어날 때 아버지가 왕이 아닌 것만 다를 뿐, 모본왕이나 장수왕의 경우와 동일한 것이다. 고구려의 원자들이 모두 태자로 봉해질 때는 '원자'로 적히지 않고 '왕자'로 적힌 것은 지금으로서는 알 수 없는 일이다.

(B) 이제 통일 신라의 주역 제30대 문무왕 법민의 경우를 보기로 한다. 법민은 진평왕 시대인 626년[진평왕 48년]에 태어났다.[22] 법민이 태어났을 때 그의 할아버지 김용수(金龍樹){또는 용춘(龍春)}도, 그의 아버지 김춘추도 왕이 아닌 것은 명백하다. 김춘추는 진지왕의 아들 용수와 진평왕의 딸 천명공주 사이에서 난 아들이다. 그러니 김춘추는 진평왕의 외손자로서 알천의 양보로 진덕여왕의 뒤를 이어 왕위에 올랐다.

(보충주: 김용수는 춘추의 생부이고 용춘은 70여 세의 용수가 죽은 뒤에 그 아내 천명공주를 형사취수한 용수의 아우로 춘추의 숙부 겸 양아버지이다.)

김유신이 나중에 문명왕후가 된 누이동생 문희를 부모 허락 없이 임신하였다고 태워 죽이려 하여, 공주 시절의 선덕여왕이 김춘추를 책망하며 구출하라고 하였고, 그리하여 문무왕이 어머니 뱃속에서 타 죽는 불행을 겪지 않고 무사히 태어났다는『삼국유사』권 제1「기이 제1」「태종춘추공」조의 내용을 보아도 문무왕이 아버지가 왕이 되기 전에 태어난 것은 확실하다. 그러니 그는 원손으로 부를지 말지의 논의가 필요 없는 사람이다. 정실부인에게서만 태어났다면 아버지가 왕이 되면 바로 원자로 불릴 수 있는 처지인 것이다.

이 문무왕의 출생을 정식 혼인 관계에서 태어났다고 할 수 있을 것인가? 그가 정실부인에게서 태어났다는 보장은 없다. 문명왕후의 지위에

---

22) '문무왕 비편(碑片)'에 따르면, 문무왕은 56세에 사망하였다. 681년에 56세였으니 역산하면 626년[진평왕 48년]에 태어난 것이다(조범환(2015:95~96)).

따라 법민이 원자가 될 수도 있고, 고구려 동천왕 '교체'처럼 원자가 되지 않을 수도 있다. 그가 잉태될 당시에는 혼외정사에 의한 임신임에 틀림없다.[23] 김춘추와 문희가 정식으로 혼인하였을 때 고타소의 어머니가 살아 있었는지, 죽었는지 알 수 없다. 아마 죽은 후일 것이다. 그러면 문희가 법민을 임신한 뒤로부터 1년 안에 고타소의 어머니가 죽고 김춘추와 문희가 혼인하였을까? 거의 불가능하다고 보아야 한다. 그러면 법민이 태어났을 때 문희는 아직 정실부인이 아니었을 수도 있다.

문무왕은 『삼국사기』에서는 태자로 책봉될 때도 (24a)에서 보듯이 '元子法敏(원자 법민)'이라고 적혔고, 즉위할 때도 (24b)에서 보듯이 '太宗王之元子(태종왕지원자)'로 적혔다.

(24)

a. (태종무열왕) 2년[655년] 봄 정월 — 고구려가 백제, 말갈과 연합하여 우리 북쪽 국경을 침범하여 33성을 취하였다[高句麗與百濟靺鞨 連兵 侵軼我北境 取三十三城].[24] — 3월 — 원자 법민을 책립하여 태자로 삼았다[立元子法敏爲太子]. 서자 문왕을 이찬, 노차*{차는 『삼국유사』와 『자치통감』에는 단이다.}*를 해찬,[25] 인태를 각찬,[26] 지경, 개원을 각각 이찬으로 삼았다[庶子文王爲伊飡 老且*{且

23) 2015년 11월 28일 '한국고대사탐구학회'에서 이 글을 발표하였을 때 김희만 교수가 이 문제를 지적하였다.

24) 이 전투에서 신목왕후의 아버지 김흠운이 낭당대감으로 참전하였다가 전사하였다<『삼국사기』 권 제47 「열전 제7」 「김흠운」>. 그의 부인이 요석궁의 홀로 된 공주이다. 신목왕후의 어머니이고 효소왕, 성덕왕의 외할머니이다.

25) '海飡(해찬)'은 '海干(해간)', '波珍飡(파진찬)'으로도 쓴다. '바다 海'의 훈은 중세 한국어에서는 'ᄇᆞᄅᆞᆯ'이었다. 둘째 음절의 'ᄅᆞᆯ'은 고대 한국어에서는 '돌'이었을 가능성이 있다. '파진찬'의 '波'는 음차자이다. '보배 珍'은 '돌 珍'이라고도 한다. '波珍'은 'ᄇᆞ돌'을 '음차자 波 +훈차자 돌 珍'으로 적은 것으로 볼 수 있다. 이 4등관위명의 우리말 이름은 '바다칸'이다.

26) '角飡(각찬)'은 '角干(각간)', '舒弗邯(서불한)'이라고도 쓴다. 『삼국사기』 권 제1 「신라본기 제1」 「지마니사금」 조에는 "파사왕이 이찬 허루에게 '酒多(주다)'를 주어 이찬 위에 있게

*遺事及通鑑作旦}*爲海湌 仁泰爲角湌 智鏡愷元各爲伊湌]. —— 왕녀
지조를 대각찬 유신에게 출가시켰다[王女智照 下嫁大角湌庚信].

<『삼국사기』 권 제5 「신라본기 제5」 「태종무열왕」>

　　b. (661년) 문무왕이 즉위하였다[文武王立]. 휘는 법민이다[諱法敏].
　　태종왕의 원자이다[太宗王之元子]. 어머니는 김 씨 문명왕후인데
　　소판 서현의 막내딸이고 유신의 누이동생이다[母金氏 文明王后 蘇
　　判舒玄之季女 庚信之妹也].

<『삼국사기』 권 제6 「신라본기 제6」 「문무왕」>

　　그러나 (25)에서 보듯이 『삼국유사』 권 제1 「왕력」은 '太宗之子(태종
지자)'라고 적고 있다. '원자'라고 하지 않은 것이다. 신라의 이성 가운
데 한 사람인 문무왕을 『삼국유사』가 굳이 '원자'로 적지 않았다는 것
은 주목되는 일이다.[27] 이 '子(자)'는 『삼국유사』가 문명왕후의 지위, 특
히 법민이 태어나던 당시의 문희의 지위를 『삼국사기』와는 달리 보아
정실부인으로 보지 않은 용례라 할 수도 있다. 만약 그렇다면 이 '子
(자)'는 일연선사의 냉철한 역사 인식을 보여주는 것이라 할 수 있다.

한다."는 기록이 나온다. 이 '酒多'는 후에 角干이라고 일러졌다고 하였다. '角'은 중세 한
국어에서 '쌀'이다. 고대 한국어에서는 '*스블'이었을 것으로 추정한다. '干'과 '湌'은 음차
자이다. 그러므로 角干, 또는 角湌은 '*스블칸, *스블한'을 훈차자, 음차자로 적은 것이다.
舒弗邯은 이 '*스블한, *스블칸'을 모두 음차자로 적은 것이다. '酒'는 중세 한국어에서
'술'이다. 장음으로 판단된다. '술>수울>수블>스블'로 소급된다. 결국 '*수블'이나 '*스블'
이라는 음을 가진 '角'을 의미하는 고대 한국어를 '수블/스블'이라는 훈을 가진 '酒'로 적은
것이다. '多'는 '한 多, 많을 多'이다. 그러므로 '干 또는 邯'을 훈차자 '多'를 이용하여 적
은 것이다. '酒多'는 '*스블칸, *스블한'을 모두 훈차자로 적은 것이고, 舒弗邯은 모두 음차
자로 적은 것이며, 角干은 앞은 훈차자 뒤는 음차자로 적은 것이다. 이 벼슬은 중세 한국어
로 적으면 '쌀칸'이다. 이들은 뿔을 붙인 투구를 썼을 것이다. 그러므로 '뿔칸'이라고 읽어
야지, 각간, 서불한, 더욱이 '주다' 등으로 읽는 것은 무식한 일이다.

27) 『삼국유사』 「왕력」이 '元子(원자)'라는 용어를 사용한 예는 백제의 제12대 契王(계왕)을 제
　　10대 汾西王(분서왕)의 元子(원자)라 한 것밖에 없다. 이 '子'를 그냥 무시할 수도 있다. 그
　　러나 문무왕의 출생 시 그 어머니의 지위에 문제가 있는 것도 사실이다.

(25) 제30 문무왕[第三十文武王]. 이름은 법민이고 태종의 아들이다[名 法敏 太宗之子也]. 어머니는 훈제부인이다[母訓帝夫人]. 왕비는 자의*{의는 눌이라 적기도 한다.}*왕후이다[妃慈義*{一作訥}*王 后]. 선품 해간의 딸이다[善品海干之女]. 신유년에 즉위하여 20년 동안 다스렸다[[辛酉立 治二十年]. 능은 감은사 동쪽 바다에 있다 [陵在感恩寺東海中]. <『삼국유사』권 제1 「왕력」>

그러나 어떡하겠는가? 수많은 공적을 쌓아 신라의 이성 가운데 한 분이 되어 추앙받는 이 삼한 통일의 주역을.『삼국사기』는 이 문희의 지위에 대한 판단을『삼국유사』와는 달리 한 것으로 보인다. 654년 태종 무열왕이 즉위하였을 때는 이미 문명왕후가 정실부인이다. 그리고 655년 법민이 태자로 봉해질 때는 문명왕후가 정실왕후이다. 법민은 원비인 문명왕후의 맏아들임에 틀림없다. 그러니 원자로 적힐 수 있다.『삼국사기』는 이 해석을 따른 것으로 보인다.

(보충주: 이것이 고구려 동천왕의 경우와 다른 점이다. 고구려 11대 동천왕의 어머니 주통촌의 처녀가 정식으로 산상왕과 혼인하여 왕비가 되었다면 그도 원자로 적힐 수 있었을까? 그러지 않았을 가능성이 더 크다. 그것이『삼국사기』의 특성과 더 부합된다. 정복 전쟁에서 진 자의 비극을 이제 와서 어떻게 하겠는가? 그러기에 연개소문(淵蓋蘇文)의 아들들, 천남생(泉男生), 천남산(泉南産), 천남건(泉男健)이 서로 다투지 말고 분열하지 말았어야지. 아버지의 성(姓) '淵'을 이어받지도 못하고 당나라 고조의 이름인 '淵'을 성으로 쓰지 못하여 '泉 哥'로 성조차 바뀌어 적힌 천남생의 묘지명이 아직도 낙양 땅에 남아 있다.)

그러므로『삼국사기』에 명확하게 기록된 신라의 세 원자는 모두 내용상으로 많은 논란을 불러일으키게 되어 있다. 법흥왕 원종은 정말로 지증왕이 64세로 즉위한 후에 태어난 것인지. 그는 왜 태자로 책봉된 기록은 없는지도 문제가 된다. 문무왕은 태자로 책봉될 때나 즉위할 때나 모두 '원자'로 기록되었지만, 그의 모후 문명왕후가 혼외 관계에서 그를 잉태한 것도 불변의 사실이다. 문무왕은 『삼국사기』와는 달리 『삼국유사』에서는 '자(子)'라고만 기록되었지 '원자'라고 기록되지 않았다.

(C) 세 원자 중 마지막 한 원자인, 문무왕의 손자이며 '신문왕의 원자'인 그는 어떤 인물일까? 그는 태어날 때인 687년 2월에만 '元子生'으로 기록되었다. 만약 이 '신문왕의 원자'가 효소왕이라면 그는 어떤 지위로 적혀야 하는가? 그 효소왕은 태자로 책봉될 때는 '王子理洪(왕자 이홍)'으로 기록되었고 즉위할 때는 '神文王之太子(신문왕지태자)'로 기록되었다. 이상하지 않은가? 효소왕은 태자로 책봉될 때도, 즉위할 때도 '원자'로 기록되지 않았다. 한 번도 원자로 기록되지 않았다. 문무왕의 경우 너그럽게 원자로 기록한 『삼국사기』가 효소왕에게는 무슨 기준을 들이대었기에 이렇게 까다롭게 한 번도 '원자'라고 적어 주지 않은 것일까? 그 원자(?)는 태어나기만 했고 태자로 책봉되지도 왕으로 즉위하지도 않았다는 말인가?

그렇다. 이 말이 이 긴 논문의 핵심이다. 효소왕이 신문왕의 원자라면 그는 태자로 책봉되지도 않고 왕으로 즉위하지도 않았어야 한다. 그런데 그는 태자로 책봉되었고 왕으로 즉위하였다. 그러니 그는 '신문왕의 원자'가 아닌 것이다. 그리고 '신문왕의 원자'는 정말로 태자로 책봉되지도 않았고 왕으로 즉위하지도 않았다. 이 논리에 무슨 문제가 있는가?

687년 2월 출생한 '원자'는 그 후로 태자로 책봉된 기록도 남기지 않았고, 왕으로 즉위한 기록도 남기지 않았다. 그러면 그는 흔적도 없이 사라졌는가? 귀신이 아닌 이상 그럴 수는 없다. 아무런 기록을 남기지 않은 것 같지만 이는 그 동안 한국사 연구자들의 착각에 지나지 않는다.

자세히 따져 보면 그 원자는 『삼국유사』 권 제3 「탑상 제4」 「대산 오만 진신」과 「명주 오대산 봇내태자 전기」에[28] '효소왕의 아우(弟)'와 '부군(副君)'으로 등장하고, 먼 훗날 성덕왕 후반기의 기록에 김사종(金嗣宗)으로 등장한다. 그리고 그의 아들은 김지렴(金志廉)으로 등장한다.[29]

(D) 필자가 조사한 바에 따르면 『삼국사기』는 '원자'라는 말을 엄격하게 정의하여 장자, 차자, 제2자, 왕자, 태자와 구분하여 사용하고 있다. 현재까지 살펴본 바에 의하면 '원자'라는 말은 왕의 맏아들, 그것도

---

28) 형 왕자의 이름은, 「오만 진신」에서는 '寶川(보천)'으로 적히고 「태자 전기」에서는 '寶叱徒[봇내]'로 적혔다. '꾸짖을 叱(질)'은 향찰에서 우리말 '-ㅅ'을 적는 한자이다. '무리 徒(도)'는 우리말의 복수 접미사 '-닉'[중세 한국어 '어마님내', '부인내')를 적는 데 사용된 글자이다(이기문(1972:75, 1998:89–90) 참고). 이 '내 徒'와 '내 川'은 훈의 음이 비슷하다. '川'과 '徒'는 우리 말 /내/라는 음절을 적기 위하여 빌려 쓴 한자이다. '寶(보)'도 우리말로 된 훈으로[돌? 등] 읽을 수 있겠지만 현재로서는 그런 말이 전해져 오지 않는다. 이 왕자의 이름은 '*봇내'일 가능성이 크다. 서정목(2014a:23)에서는 '*봇내'를 주에서만 소개하고 본문에서는 '*보ㅅ도'로 적었다. 그 이유는 '내 川'의 '내'가 고려 시대에도 '나리'였기 때문에 복수 접미사 '-내'와 바로 연결짓기가 꺼려졌기 때문이다. 그러나 그렇더라도, '*보ㅅ도'보다는 '*보ㅅ내<*보ㅅ나이<*보ㅅ나리'가 훨씬 더 신라 시대 우리말에 가깝다. 이 글에서부터는 국어학의 연구 결과에 맞추어 '*봇내'로 적는다. 이 왕자의 이름은 학계에서 흔히 하듯이 '보질도'로 불러서는 안 된다. 한자를 음으로 읽은 '보천'은 '효명'과 마찬가지로 틀린 이름은 아니다. 2015년 4월 초 이제 막 얼음이 녹아 오대산 월정사 앞을 옥빛으로 흐르는 냇물을 바라보면서, 혹시 이 보석 같은 내를 '*보ㅅ나이'로 표현하지 않았을까 하는 엉뚱한 상상에 빠져, '에미나이'라는 중앙 아시아 고려말을 떠올리며 복수 접미사도 '-나이'였을 것이라는 추정을 하고, 45년 전 학부 때 '중세국어연구', '국어계통론' 강의에서 우리말의 옛 모습을 일러 주시어, 평생을 끝도 없는 고대 한국어의 미로에서 헤매게 한 선생님의 은혜를 생각하면서 하염없이 앉아 있다.

29) 서정목(2015a)에서 소위 '오대산 사적'이라고 불리는 이 두 기록의 '정신왕', '부군', '아우'에 관한 정확한 해석을 제시하였다. 서정목(2014a:261–70)에서 이 원자를 성덕왕 27년[728년] 7월 당나라에 사신으로 간 '김사종(金嗣宗)'일 것으로 추정하고 그 아들을 지렴으로 추정하였다. 후술한다. (보충주: 이 사종이 687년 2월생 원자가 아닐 수도 있겠다는 생각을 한 것은 2016년 여름이다. 필자는 그 여름 서정목(2016a), 『요석』이 너무 두껍고 중복되는 내용이 많다는 친지들의 충고에 따라 새로운 간략본을 재집필하고 있었다. 그때 김사종이 684년생 이라는 『송고승전』의 기록과 687년 2월 '원자생'을 합리적으로 설명하기 위해서는 '687년 2월생 원자'가 사종의 아우여야 함을 깨달았다. 그리하여 「대산 오만 진신」의 '부군이 폐위되고 효명이 즉위하여 성덕왕이 되었다.'는 기록을 존중하여 원자도 한 번 폐원자 되고 그 아우가 신문왕의 원자 지위를 갖게 되었다는 결론에 이르렀다.)

정식 혼인 관계에서, 또는 원비와의 사이에서 태어난 맏아들을 가리키는 데에만 사용하였다.' 그리고 고구려의 경우 유리왕과 모본왕, 장수왕의 세 경우 모두 태자로 책봉될 때는 '왕자'라 적었고 즉위할 때는 '원자'라 적었다. 백제의 경우는 네 사람은 태자로 봉해질 때나 즉위할 때 모두 '원자'로 적혔고 세 사람은 태자 책봉 시 기록은 없고 즉위할 때는 '원자'로 적혔다. 신라의 경우 법흥왕은 태자로 봉해질 때의 기록은 없고 즉위할 때의 기록에는 '원자'로 적혔다. 문무왕은 태자로 봉해질 때와 즉위 시 모두 '원자'로 적혔다. 그러나 신문왕의 원자는 출생 기록만 있고 태자 책봉 시의 기록도 즉위 시의 기록도 없다. 필자의 주장대로라면 그를 물리치고 태자로 책봉되고 즉위한 효소왕은, 태자 책봉 때는 '왕자 이홍'으로 적히고, 즉위 시에는 '神文王太子'로 적혔다.

[5] 신라 왕들의 즉위 전 지위

(26)에서 신라의 모든 왕을 대상으로 그들이 어떤 지위로 왕위에 올랐는지 정리하였다. 이는 『삼국사기』의 기록만 정리한 것이기 때문에 『삼국유사』의 「왕력」의 자료도 따로 정리하여 대조할 필요가 있다. 기록된 원자 3명 가운데 왕이 된 원자는 2명뿐이다. 나머지 1명의 원자, 신문왕의 원자는 현재 학계의 논의 주제이다.

(26)
  a. 원자로 기록된 이: 23대 법흥왕[22대 지증왕의 원자, 태자], 30대 문무왕[29대 태종무열왕의 원자, 태자], 31대 신문왕의 원자.
  b. 왕자 또는 태자로 기록된 이: 3대 유리임금[2대 남해차차웅의 태자], 32대 효소왕[31대 신문왕의 왕자, 태자], 40대 애장왕[소성왕

의 태자], 46대 문성왕[신무왕의 태자], 49대 헌강왕[경문왕의 태자], 54대 경명왕[신덕왕의 태자].

c. 장자로 기록된 이: 7대 일성임금[3대 유리왕 장자, 태자], 8대 아달라임금[7대 일성임금 장자, 6대 지마임금 사위], 14대 유례임금[11대 조분임금의 장자], 20대 자비마립간[눌지왕의 장자], 21대 조지왕[자비왕 장자], 31대 신문왕[문무왕 장자, 왕자].

d. 제2자로 기록된 이: 5대 파사임금[3대 유리왕 제2자], 33대 성덕왕[신문왕의 제2자], 34대 효성왕[성덕왕의 제2자].

e. 차자로 기록된 이: 25대 진지왕[진흥왕의 차자]

f. 적자로 기록된 이: 2대 남해차차웅[1대 혁거세거서간[30]의 적자], 6대 지마임금[5대 파사임금 적자, 태자], 36대 혜공왕[경덕왕의 적자, 왕자, 태자].

g. 전왕(또는 아버지)의 아들/딸로만 기록된 이: 19대 눌지마립간[내물임금의 아들, 13대 미추임금 외손자], 선덕여왕[진평왕 장녀].

h. (전왕, 전전왕의) 조카로 기록된 이: 22대 지증마립간[습보 갈문왕의 아들, 눌지왕의 외손자], 24대 진흥왕[입종 갈문왕 아들, 법흥왕의 조카, 법흥왕의 외손자], 28대 진덕여왕[진평왕 질녀, 국반 갈문왕 딸, 선덕여왕 4촌]

i. (전왕, 전전왕)의 손자, 외손자로 기록된 이: 9대 벌휴임금[4대 탈해임금의 손자], 10대 내해임금[9대 벌휴임금의 손자][31], 15대 기림임금[걸숙 이찬의 아들, 11대 조분임금의 손자], 16대 흘해임금[우로 각간의 아들, 10대 내해임금의 손자, 11대 조분임금의 외손자],

---

30) '居西干'은 박혁거세 왕에게 붙인 존칭호이다. '居(거)'는 '棲(서)'와 같은 뜻으로 '서식하다' 우리말로는 '깃들다'의 뜻이 있다. 중세 한국어에서는 '깃-'이라는 동사가 있다. '居'는 이 훈을 이용하여 '깃[栩(우)]'를 적은 훈차자이다. '西(서)'는 이 단어의 말음 'ㅅ'을 적은 것이다. '干'은 음차자로 '칸'이다. 그러므로 '居西干'은 '깃칸'을 적은 것이다. '깃칸'은 아마도 독수리 깃으로 만든 왕관을 썼을 것이다. 네이티브 아메리칸의 추장은 화려한 깃으로 장식된 관을 썼다. 시베리아 샤먼도 그러한 깃으로 만든 관을 썼다. 뱅쿠버 UBC 박물관에서 상시 상영되는 네이티브 아메리칸의 북 소리와 춤은, 저 기억의 뒤편에 잠들어 있던, 어릴 때 잠에 취해 듣곤 했던 '굿하는 할머니'의 춤과 북 소리를 불러와서 내 등에 소름이 끼치게 하였다.

31) 벌휴임금의 태자 골정과 제2왕자 이매가 먼저 죽고 태손이 아직 어리므로 이매의 아들을 내해임금으로 세웠다.

26대 진평왕[진흥왕 손자, 동륜태자 아들], 29대 태종무열왕[진평왕 외손자, 진지왕자 용수{또는 용춘}의 아들], 39대 소성왕[원성왕 손자], 43대 희강왕[원성왕 손자, 헌정의 아들], 52대 효공왕[헌강왕 서자, 진성여왕 조카], 56대 경순왕[문성왕의 예손].

j. (전왕, 전전왕)의 사위로 기록된 이: 4대 탈해임금[2대 남해차차웅의 사위], 11대 조분임금[10대 내해임금의 사위, 9대 벌휴임금의 태자인 골정의 아들], 13대 미추임금[11대 조분임금의 사위], 17대 내물임금[미추임금 사위, 말구 각간의 아들], 18대 실성임금[미추임금 사위, 대서지 이찬의 아들], 48대 경문왕[희강왕의 손자, 아찬 계명의 아들], 신덕왕[박 씨, 아달라왕의 후손, 헌강왕의 사위].

k. 전왕의 형제, 숙부로 기록된 이: 12대 첨해임금[11대 조분임금의 아우], 35대 경덕왕[효성왕의 아우], 42대 흥덕왕[헌덕왕의 아우], 47대 헌안왕[45대 신무왕의 이모제, 문성왕의 숙부], 50대 정강왕[헌강왕의 아우], 51대 진성여왕[정강왕 여동생], 55대 경애왕[경명왕의 아우].

l. 찬탈한 경우: 37대 선덕왕[김양상, 성덕왕의 외손자], 38대 원성왕[김경신, 일길찬 효양의 아들], 41대 헌덕왕[김언승, 애장왕 숙부], 44대 민애왕[김명, 원성왕 증손, 충공의 아들], 45대 신무왕[김우징, 원성왕 증손, 예영의 손자, 균정의 아들].

(26)을 보면 『삼국사기』가 얼마나 왕이 된 사람들의 지위를 엄밀하게 구분하여 적고 있는지 알 수 있다. 왕과 원비 사이의 맏아들은 원자, 맏아들이 살아 있고(?) 둘째 아들이 왕이 되었으면 제2자, 첫아들이 죽고 둘째 아들이 즉위하였으면 차자, 차자 이하에서 살아 있는 아들들 가운데 가장 나이 많은 아들은 장자, 많은 아들이 죽고 정식 부인이 낳은 아들은 적자, 그냥 아들(자) 또는 왕자 등으로 나누어 적고 있다.

(보충주: 지금 다시 정확하게 정리해 보면, 왕과 원비 사이의 맏아들은 원자, 원래부터의 둘째 아들은 차자, 형들이 죽고 살아 있는 아들 가운데 가장 나이 많은

이는 장자, 형들이 죽고 살아 있는 아들들 가운데 둘째이면 제2자. 셋째이면 제3 자, 그 외는 자 또는 왕자 등으로 구분하여 적고 있다.)

필자가 말하는 장자는 형이 죽은 뒤의 가장 나이 많은 아들이므로, 장자로 기록된 7대 일성님금[3대 유리왕 장자, 태자], 8대 아달라님금 [7대 일성님금 장자, 6대 지마님금 사위], 14대 유례님금[11대 조분님 금의 장자], 20대 자비마립간[눌지왕의 장자], 21대 조지왕[자비왕 장 자], 31대 신문왕[문무왕 장자, 왕자] 등에 모두 적용된다. 장자로 기록 된 왕자들은 모두 형이 한 명 이상 조졸한 왕자들이다.

제2자와 차자도 구분할 필요가 있을지 모른다. 제5대 파사님금이 제3 대 유리님금의 '제2자'인 것은, 형이 죽어 장자가 된 일성님금이 살아 있어서 제2자라 했는지 모른다. 그리고 제25대 진지왕을 진흥왕의 '차 자'라고 한 것은 죽은 동륜태자를 헤아린 것이다. 성덕왕을 신문왕의 제 2자라 한 것도 죽은 효소왕을 제외하고 봇내태자 다음 아들이란 뜻일 수도 있다. 제34대 효성왕을 성덕왕의 제2자라 한 것은 죽은 원경(?), 중 경을 빼고, 당나라에 살아 있는 수충과 효성을 헤아려 제2자라 한 것일 수도 있다.[32]

---

32) 2015년 11월 28일 '한국고대사탐구학회'에서 토론자 김희만 교수는, 장자를 살아 있는 아들 들 가운데 가장 어른인 아들이라고 한 필자의 주장에 동의하기 어렵다고 하였다. 언어학에 서는 이렇게 예외 없는 강력한 규칙을 정말 제대로 된 규칙인지 의심한다. 필자도 '장자'라 는 용어의 개념이 너무 powerful하여 무소불위인 것에 우려를 하고 있다. 그러나 이 '장자' 에 대한 이 개념은 하나의 가설로서 검토할 필요는 있다. 제2자와 次子도 다른 뜻을 가지 는 것으로 보인다. 『삼국사기』와 『삼국유사』에 나오는 왕자들의 모든 지칭어를 검토할 필 요가 있다. (보충주: 효성왕을 성덕왕의 제2자라 한 것이 수충과 승경을 헤아린 것이라고 본 것은 논의가 필요하다. 이 부분 기술 시에는 수충을 성덕왕의 아들로 보고 있었다. 서정 목(2016a)에서 비로소 수충을 효소왕의 친아들이고 성덕왕의 양아들로 보기 시작하였다. 그 러므로 효성왕이 성덕왕의 제2자인 것은 중경의 다음 아들이란 뜻이다. 첫아들 원경(?)은 무복지상으로 죽어 헤아리지 않고 태자로 책봉되기까지 했다가 죽은 중경은 헤아려서 제2 자라 적었을 가능성이 더 크다. 그러나 이 해석은 효소왕을 헤아리지 않고 보천과 효명을 헤아려 성덕왕을 제2자라 한 것이라는 설명과는 상충된다. 신문왕의 아들들은 '효소왕-보

국어사전에서는 '원자'라는 올림말을 (27)과 같이 뜻풀이 하였다. 두 사전 사이에 별 차이가 없다. 그것은 50년 동안 이 단어에 대한 인식에 진전이 없었다는 것을 의미한다. 두 사전이 발간된 시기의 사이에 나온 다른 사전들도 대동소이하다.

(27)
a. 원자(元子): [고제] 임금의 맏아들로서 아직 왕세자(王世子)에 책봉 (冊封)되지 않았을 때의 일컬음. 『국어대사전』(이희승 편, 1961)
b. 원자(元子): <역사> 예전에, 아직 왕세자에 책봉되지 않은 임금의 맏아들을 이르는 말. 『한국어대사전』(고려대학교 민족문화연구원 편, 2009)

그런데 이 단어의 뜻풀이에서 핵심 내용인 '임금의 맏아들'이란 구는 정확하게 정의된 것이라 하기 어렵다. 이 글에서 살펴본 바에 따르면 '어머니가 원비이어야 한다.'는 조건이 있어야 하고 '아직 왕세자에 책 봉되지 않은'은 빠져야 한다. 태자로 책봉된 뒤에도 원자로 불리는 경우 가 수도 없이 많다. 그리고 『삼국사기』의 용례와 『고려사』, 『조선실록』 사이에 차이가 있으면 그 차이도 밝혀 주어야 한다.

3. 신라 중대 왕자들의 사정

이 절에서는 '원자'라는 용어와 관련된 신라 중대 왕자들의 사정에

천-성덕왕-김사종-김근{흠}질'이다. 효소왕이 죽었으니 성덕왕은 제2자이다. 성덕왕의 아들 들은 '양자 수충-원경(?)-중경-승경-헌영-왕제'이다. 그런데 원경, 중경이 죽었으니 승경이 제2자가 되려면 양자 수충을 헤아리는 방법밖에 없다. 다른 해석 방법이 있을까?)

관하여 필자가 중요하다고 생각하는 몇 가지 경우를 검토해 보기로 한다.

[1] 태종무열왕의 자녀들

신라 중대를 연 제29대 태종무열왕은 진평왕의 외손자로서 왕위에 올랐다. 제30대 문무왕은 태자 책봉 시에도 '원자'로 적혔고 즉위할 때도 '태종왕의 원자'로 적혔다. 문무왕의 여러 동생들은 (28a)처럼 『삼국사기』에서는 '서자'로 기록되었다. 딸은 (28b)의 지조공주만 기록되어 있다.

(28)

a. 태종무열왕 2년[655년][二年] ──3월 원자 법민을 책립하여 태자로 삼고[三月 ── 立元子法敏爲太子], 서자 문왕을 이찬으로 삼고[庶子文王爲伊飡], 노차*{차는 『삼국유사』와 『자치통감』에는 단으로 되어 있다.}*를 해찬으로 삼고[老且*{且遺事及通鑑作旦}*爲海飡], 인태를 각찬으로 삼고[仁泰爲角飡], 지경과 개원을 이찬으로 삼았다[智鏡愷元各爲伊飡].

b. (같은 달) 왕녀 지조를 대각간 유신에게 낮추어 출가시켰다[王女智照 下嫁大角飡庾信]. 월성 안에 고루를 설치하였다[立鼓樓月城內].
   <『삼국사기』 권 제5 「신라본기 제5」 「태종무열왕」>

(28a)는 즉위한 이듬해 아들들에게 작위를 주는 것이니 모두 다 기록된 것이 아닐 수는 있다. 개지문, 차득, 마득 등 정실부인 소생이 아닌 아들들은 빠져 있다. (28a)의 '서자(庶子)'라는 용어는 주의가 필요하다. 법민은 '원자'라 하였다. 그렇다면 원자를 제외한 다른 아들들을 서자라

고 불렀다는 말이다. (28b)를 보면 지조공주는 655년 3월에 태대각간 김유신에게 출가하였다. 김유신은 595년[진평왕 17년] 생이니 이때 61세이다. 재혼임이 틀림없다. 이 혼인은 적으면서 김흠운의 아내의 혼인은 적지 않은 것이 참으로 이상하다. 이 지조공주가 문명왕후의 친딸일까? 그렇지 않을 가능성이 크다. 『삼국유사』에는 문명왕후가 딸을 낳았다는 기록이 없다.

『삼국유사』에는 (29b)에서 보듯이 이 왕자들은 모두 문명왕후 소생으로 되어 있고, 서자는 따로 개지문, 차득, 마득 등을 들고 있다.

(29)
a. 영휘 5년[654년] 갑인년에 즉위하여 나라를 다스린 지 8년인 용삭 원년[661년] 신유년에 승하하니 누린 나이가 59세였다[永徽五年甲寅卽位御國八年 龍朔元年辛酉崩 壽五十九歲].
b. 태자 법민, <u>뿔칸 인문</u>, <u>뿔칸 문왕</u>, <u>뿔칸 노단</u>, <u>뿔칸 지경</u>, <u>뿔칸 개원</u> 등은 다 <u>문희</u>의 소생이니 당시 꿈을 산 징조가 여기에 나타난 것이다[太子法敏 角干仁問 角干文王 角干老旦 角干智鏡 角干愷元 等 皆文姬之所出也 當時買夢之徵 現於此矣].
c. <u>서자는 개지문 급간, 차득 영공, 마득 아간과 딸까지 합하여 다섯이었다</u>[庶子曰皆知文級干 車得令公 馬得阿干幷女 五人]. <『삼국유사』 권 제2 「기이 제2」 「태종춘추공」>

(29b)를 보면 문명왕후는 아들만 낳은 것으로 기록되어 있다. 만약 지조공주를 문명왕후가 낳았다면 (29b)에 적녀에 관한 언급이 있고 거기에 지조공주가 들어 있어야 한다. 그러나 그런 것은 없다.

그런데 (29c)에는 서자, 서녀들에 관한 기록이 자세하게 남아 있다.[33]

33) 『삼국유사』의 이 기록의 적자, 서자의 개념은 현대의 우리의 개념과 일치한다. 『삼국사기』

(29c)의 서녀가 둘 있었다는 기록이 주목된다. 이 두 딸 속에는 고타소가 들어 있지 않다. 왜냐하면 고타소는 서녀가 아닐 것이기 때문이다. 김춘추가 문명왕후 문희와의 사이에 법민을 임신하는 축국 사건과 김유신이 문희를 화형하려 한 것으로 보면 김춘추에게는 이때 이미 혼인한 정실부인이 있었다. 그 정실부인이 고타소를 낳았다. 그러므로 고타소는 서녀가 아니다.

『삼국유사』의 이 기록은 고타소를 헤아리지 않고 태종무열왕의 서녀가 둘 있었다는 것을 말한 것으로 해석해야 한다. 이 두 서녀들 중 하나가 지조공주이고 다른 하나가 신목왕후의 어머니일 가능성이 크다. 문무왕은 문무왕비편에 의하면 56세에 승하하였다. 681년에 56세였으니 그는 626년생이다. 고타소는 문무왕보다 적어도 2살 이상 많았을 것으로 보인다. 고타소는 늦어도 623년생이니 사망한 642년에 19살 이상인 것으로 보인다. 지조공주는 655년 혼인할 때 15살 정도는 되었을 것이다. 그는 640년생쯤 된다. 고타소보다 17살 이상 어리고 문무왕보다 15살 정도 어리다. 김흠운의 아내인 공주는 남편이 전사한 655년에 20살쯤 되었을 것이다. 635년생쯤 된다. 문무왕보다 10살쯤 어리고 지조공주보다 5살쯤 많은 언니이다. 이 두 공주가 같은 어머니 소생인지 아닌지는 모른다. 지조공주를 흔히 문명왕후 소생으로 보는데 그것은 이 기록에 비추어 보면 틀린 것임이 분명하다. 김유신은 지조공주의 친외삼촌이 아니다. 지조공주는 친외삼촌과 혼인한 것이 아니다.

의 '원자'를 제외한 다른 아들들을 가리키는 '서자'가 이상하다.

[2] 문무왕의 맏아들

문무왕의 왕자들은 어떻게 되며 '원자'는 누구인가? 알 수 없다. 문무왕의 '원자'는 두 사서 모두에 기록되지 않았다. 문무왕은 자의왕후와의 사이에 맏아들을 낳지 않았을까? 말도 안 된다. 그러면 그들의 왕자는 오로지 '왕자 정명'뿐이었을까? 그러면 그가 '원자 정명'으로 적혔어야 한다. 그러나 정명은 원자로 적힌 적이 한 번도 없다.

제31대 신문왕은 아마도 문무왕 즉위 이전에 태어났을 것이다. 665년에 태자로 봉해질 때 (30b)에서 보듯이 이미 태자비를 맞이했으니 태종무열왕 즉위 이전에 태어났다.34) 태종무열왕이 654년 3월~4월에 즉위하여 661년 6월까지 만 7년밖에 재위하지 않은 것을 고려하면 정명태자는 태자로 책봉될 때 12세 이상만 되었어도 태종무열왕 즉위 전에 태어났다.

(30)

a. 문무왕 5년[665년], 왕자 정명을 세워 태자로 삼았다[立王子政明爲太子]. <『삼국사기』 권 제6 「신라본기 제6」 「문무왕 상」>

b. (681년) 신문왕이 즉위하였다[神文王立]. 이름은 정명이다[諱政明]*{명지라고도 하고, 자는 일초다[明之 字日怊]}*. 문무대왕의 장자이다[文武大王長子也]. 어머니는 자의*{儀는 義로도 쓴다}*왕후다[母慈儀*{一作義}*王后]. 비는 김 씨이다[妃金氏]. 소판 흠돌의 딸이다[蘇判欽突之女].35) 왕이 태자가 될 때 들었다[王爲太子時

---

34) '王爲太子時納之(왕위태자시납지)'를 잘 번역해야 한다. 일반적으로 '왕이 태자 시절에 들였다.'고 번역한다. 오역이다. 그것은 '爲'를 못 본 것이다. '爲'를 번역하면 '왕이 태자가 될 때 그를 들였다.'가 된다. 왕자 정명과 김흠돌의 딸이 혼인한 시기가 정해진다. 김흠돌의 딸은 혼인한 지로부터 16년이 지난 681년 8월까지 무자하였던 것이다.

35) '蘇判(소판)'은 '迊湌(잡찬)'이라고도 쓴다. 김희만(2015)에는 '迊湌'은 '迎湌(영찬)'으로 迎鼓(영고)를 관장하는 관등으로 보고 있다. 소판은 蘇塗(소도)를 관장하는 관등으로 보고 있다.

納之]. (태자비가 된 지) 오래이나 아들이 없었다[久而無子]. <u>후에 아버지가 난을 모의한 데에 연좌되어 궁에서 쫓겨났다[後坐父作亂 出宮].</u>

c. 왕은 문무왕 5년에 태자가 되었다가 이 때 이르러 왕위를 계승하니 ── [文武王五年立爲太子 至是繼位 ──]<『삼국사기』권 제8「신라 본기 제8」「신문왕」>

d. 제31 신문왕[第三十一 神文王]. 김 씨이다[金氏]. 이름은 정명이다 [名政明]. 자는 일소이다[字日炤].36) 아버지는 문호왕이다[父文虎 王]. 어머니는 자눌왕후이다[母慈訥王后]. <u>비는 신목왕후이다[妃神 穆王后]. 김운공의 딸이다[金運公之女].37)</u> 신사년에 즉위하였다[辛 巳立]. 11년 동안 다스렸다[理十一年].

<『삼국유사』권 제1「왕력」>

그런데 정명은 (30a)에서 보듯이 665년에 태자로 봉해질 때 '王子政 明(왕자 정명)'이라고 기록되었다. '원자 정명'이라 하지 않았다. 왜 이럴 까? 정명은 문무왕의 원자가 아니기 때문이다. 그러면 그는 태종무열왕 의 원손일까? 아니다. 그렇게 적히지 않았다. 이는 그가 문무왕의 첫아 들이 아님을 의미한다.

신문왕은 즉위 시의 기록에는 (30b)에서 보듯이 '文武大王長子(문무

'判(판)'이 어떤 관청의 장이라는 것이 흥미롭다. 이 관등명은 훈독, 음독으로 처리할 관등 명이 아니다. (보충주: 「찬기파랑가」에는 '화판(花判)'이 나온다. 화랑도를 관장하는 병부령 등의 관직명을 나타내는 것일 수도 있다.

36) 『삼국유사』권 제3「탑상 제4」「대산 오만 진신」에는 그의 자를 日照(일조)라 하였다. (30b) 의 日炤(일초)는 측천무후의 이름 자 照(조)를 피휘하여 炤(초)로 적은 것으로 보인다. 그러 나 이 글자는 '슬플 悩(초)'이다. 왕의 字(자)에 들어갈 글자가 아니다. 왕력의 이 '炤(소)' 자 가 정상적으로 피휘한 글자로 보인다.

37) 金運公(김운공)은 金歆運公(김흠운공)의 줄인 말로 보인다. 『삼국사기』권 제8「신라본기 제8」「신문왕」즉위년의 기록에 비는 소판 흠돌의 딸인데 그 뒤에 아버지가 난을 일으키는 데에 연좌되어 출궁되었다고 한 것과 비교해 보면, 『삼국유사』권 제1「기이 제1」「왕력」 은 683년 5월 재혼한 김흠운의 딸 신목왕후를 정식 왕비로 적고 있음을 알 수 있다.

대왕 장자'라고 기록되었다. 이 장자는 맏아들이란 말일까? 원자와 같은 뜻일까? 그럴 리가 없다. 이 자리는 보통 '○○왕의 태자', 또는 아주 드문 경우 '○○왕의 원자'라고 적히는 자리이다. 원자라 하지 않아 맏아들이 아님을 증언한 책이, '장자'라 하고 있으니 '원자', '장자', '왕자'는 무엇인가 변별되는 의미가 있는 단어들임에 틀림없다. 그런데 앞에서 본 백제의 경우에서나 (26c)의 신라의 경우에서 보듯이 '장자'로 기록된 사람은 여러 사람이다. 고구려에도 장자로 기록된 사람은 많이 있다.

'정명이 원자로 적히지 않았다.'는 사실은 무엇을 의미하는가? 그것은 문무왕의 맏아들이 따로 있었다는 것을 의미한다. 문무왕의 맏아들은 확실히 할아버지 태종무열왕이 즉위하기 전에 태어났다. 그러므로 그가 출생했을 때는 원손이 아니었다. 그런데 할아버지가 즉위한 뒤에는 태종무열왕 2년[655년] 3월에 아버지[법민]이 원자로 적히어 태자로 봉해지고, 그도 원손이 되고 태손이 되었을 가능성이 크다. 그런데 그 원손, 태손이 일찍 죽었을 것이다. 신문왕 정명은 문무왕의 맏아들이 아니고 차자 이하의 아들일 것이다. 원손은 사망한 그의 형이 가졌던 칭호이다.

그러면 '장자'는 무엇인가? 모른다. 다만 추정한다면, 여기서의 '장자'는 살아남아 있는 아들들 가운데 가장 나이가 많은 아들이라는 뜻을 나타낸다.'는 것이다. 이 장자는 첫아들, 맏아들이란 뜻이 아니다. 그냥 살아 있는 아들들 가운데 '가장 어른인 아들'이라는 뜻이다. '어른 長'임을 잊어서는 안 된다.

정명에게는 형이 있었다. 그 형은 전쟁에서 전사하였을 가능성이 크다. 이것을 보여 주는 것이 (31)의 문무왕의 유조(遺詔)이다. 이 유조의 전문을 정성들여 읽어 보면 죽음을 앞에 둔 문무왕이 얼마나 왕실과 국가의 장래를 걱정하고 있었는지 잘 알 수 있다.[38]

(31)

a. 유조는 이르기를[遺詔曰], 과인은 국운이 분분하고, 전쟁하는 시기를 당하여 서쪽을 정벌하고 북쪽을 토벌하여 강토를 봉하여 정하고, 반역을 정벌하고 손잡는 이를 불러들여 원근의 땅을 평정하였다[寡人 運屬紛紜 時當爭戰 西征北討 克定疆封 伐叛招携 聿寧遐邇]. 그리하여 위로는 종조의 남긴 돌아봄을 위로하고 아래로는 아버지와 아들의 오랜 억울함을 갚았다[上慰宗祧之遺顧 下報父子之宿寃].

b. 전쟁에서 죽고 산 모든 사람들을 찾아서 상 주어 관작을 내외에 고루 나누어 주었다[追賞遍於存亡 疏爵均於內外]. 병기를 녹여 농구를 만들고, 백성들을 인수의 터전에 살게 마련하고, 세금을 가볍게 하고 부역을 덜어주니 집집마다 넉넉하고 사람들이 만족하여 민간이 편안하고, 나라 안에 우환이 없고 곡식이 창고에 산 같이 쌓이고 감옥은 텅 비어 무성한 풀밭을 이루었다[鑄兵戈爲農器 驅黎元於仁壽],薄賦省徭 家給人足 民間安堵],域內無虞 倉廩積於丘山 囹圄成於茂草]. 가히 유현에 부끄러움이 없고 무사와 백성들에게 빚진 것이 없다 말할 만하나 스스로는 바람과 서리를 무릅씀으로써 드디어는 고질을 얻고 정치와 다스림에 걱정과 노고가 겹쳐 더욱 병이 심하여졌다[[可謂無愧於幽顯 無負於士人 自犯冒風霜 遂成痼疾 憂勞政教 更結沉痾]. 명운이 가고 이름만 남는 것은 예나 지금이나 마찬가지이므로 문득 대야로 돌아간들 무슨 여한이 있겠는가[運往名存 古今一揆 奄歸大夜 何有恨焉].

---

38) 아버지를 이렇게 고통스럽게 만든 아들을, 감은사를 지어 아버지의 은혜에 감사하려 했다는 효자처럼 호도하는 역사 기술은 후손들이 배울 것이 없는 역사 기술이다. 그는 부도덕하고, 옹졸했으며, 어머니와 장모의 치마폭에 쌓여 할아버지, 아버지의 양장, 현신들을 죽인 나쁜 왕으로 지탄받아야 한다. 감은사는 문무왕이 호국 사찰로 짓다가 미완성된 것을 이어서 완성한 것으로 설명해야 한다.

c. 태자는 일찍 일월의 덕을 쌓으며 오래 동궁 자리에 있었으니 위로
   는 여러 재신들의 뜻을 좇고 아래로는 뭇 관리에 이르기까지 <u>가는</u>
   <u>사람을 잘 보내 주는 의리를 어기지 말며 있는 사람을 잘 섬기는</u>
   예절을 빠트리지 말라[太子早蘊離輝 久居震位 上從群宰 下至庶寮
   送往之義勿違 事居之禮莫闕]. <『삼국사기』권 제7「신라본기 제7」
   「문무왕 하」>

(31a)에서 '下報父子之宿寃(하보부자지숙원[=아래로는 아버지와 아들의
오랜 억울함을 갚았다]).'고 하였다. 이 '부자'는 그냥 아버지와 아들로 '태
종무열왕과 문무왕'을 가리키는 것일까? 일반적으로 그렇게 해석하고
있다. 그러나 그렇게 해석하는 것은 합리적이 아니다. '아버지의 숙원',
'나의 숙원'을 '부자의 숙원'이라 하는 것은 이상한 일이다. 이 글은 문
무왕의 유조이므로 아버지는 '문무왕의 아버지'이고 아들은 '문무왕의
아들'이라고 보아야 한다.

아버지의 억울함은 김춘추의 딸 고타소의 죽음을 의미하는 것으로 보
인다. 그것이 김춘추로 하여금 고구려로, 당나라로 군사를 빌리러 가게
한 근본 동인이다. 그리고 둘째 사위 김흠운의 죽음을 포함해도 좋을
것이다.

그러나 '아들의 억울함'은 무엇이었을까? 이 아들은 문무왕의 아들이
다. 이 구절이, 현존 역사 기록 가운데 유일하게 '문무왕의 맏아들이 전
쟁에서 전사하였다.'는 증언을 하고 있다.[39] '문무왕의 원자', 아니 '태

---

[39] 『삼국사기』가 왜 이 사실을 기록하지 않았을까? 신라 시대부터 역사 기록에서 원손, 태손의
전사가 치욕적이어서 적지 않았을 가능성이 크다. 「신라본기」가 655년[태종무열왕 2년] 정
월의 기록에 고구려가 백제, 말갈과 더불어 북변을 침범하였다고만 적고 태종무열왕의 사
위 김흠운의 전사를 적지 않은 것도 같은 차원일 것이다. 그러나 「열전」에 김흠운을 넣기
로 하고 그의 생애를 기록할 때는 전사 사실을 적지 않을 수 없었을 것이다. 「열전」이 「본
기」보다 더 풍부한 내용을 담고 있는 이유가 이런 것이다. 『삼국사기』의 「열전」이 「본기」

종무열왕의 원손'은 전쟁에서 사망하였을 것이다.[40] 그가 죽은 후 665년에 아우 정명이 태자로 봉해졌다. 그러므로 문무왕의 맏아들은 고구려와의 전쟁보다는 백제와의 전쟁에서 사망했을 가능성이 더 크다. 그렇다면 태종무열왕은 큰 딸 고타소, 큰 사위 김품석, 그리고 둘째 사위 김흠운을 백제와의 전쟁에서 잃었고, 거기에 더하여 원손까지 잃었을 가능성이 크다.

[3] 신문왕의 원자

(A) 원자와 왕자 이홍

이제 '신문왕의 원자'의 경우를 생각해 보자. 신문왕의 원자는 (32c)에서 보듯이 687년 2월에 태어났다.[41] 신문왕은 681년 7월에 즉위하였

보다는『삼국유사』에 더 가까운 까닭도 이런 데 있다. 이 기록들이 고스란히 남아 있었으면 신라의 왕족이 노블리스 오블리주를 몸으로 실천하였다고 칭송할 수 있었을 것이다. 그러나 기록에 없다고 못할 일도 아니다. 명확히 태종무열왕의 큰 사위, 큰 딸, 둘째 사위, 그리고 문무왕의 맏아들이 최전선에 있었고 전사한 것이다. 화랑 관창만 해도 그렇게 칭송의 대상이 되는데, 태종무열왕의 원손, 문무왕의 맏아들이 전사하였다는 것이 후손들에게 얼마나 자랑스러운 역사가 되겠는가? 병역 기피는 이 하나로 예방할 수 있다. 동서고금을 막론하고 자신이 군에 가지 않고, 아들을 군에 보내지 않은 지도자들은 나라를 책임질 자세가 안 된 사람들이다.

40) 필사본『화랑세기』에는 태손 소명전군이 있었으나 조졸하였다고 되어 있다. 이 소명전군이 태종무열왕의 명으로 전사한 김흠운의 딸과 혼인하게 되어 있었다. 그러나 소명전군이 일찍 사망하는 바람에 이 김흠운의 딸이 소명제주가 되기를 자청하였고, 그 소명궁에 자의왕후를 따라 드나들던 정명태자와의 사이에 이공전군[효소왕]을 낳았다고 되어 있다. 필사본『화랑세기』가 진서를 필사한 것이라면 이것이 진실일 것이고, 위서라면 박창화의 설정이 이 유조에서 나왔을 것이다. 만약 후자라면 그는 현대의 어떤 연구자보다 더 역사에 대한 통찰력이 뛰어난 역사가이다. 아무도 문무왕의 이 유조를 눈여겨 읽지 않았고, 그의 상상력이 미치는 수준에 가지 못하였다. 그 필사본의 세부 내용은『삼국사기』,『삼국유사』의 빈칸을 채워서 합리적 설명을 할 수 있는 내용들로 가득 차 있다. 그러나 아직 필자에게는 그 필사본이 진서를 보고 필사하였다는 것을 증명할 능력이 없다.

41) 이것은 유일례로서 매우 특이한 기록이다.『삼국사기』에는 '元子生(원자생)'이라는 기록이 이 한 번밖에 없다. 무자하지 않은 왕들의 경우 모두 원자가 태어났다고 보아야 한다. 하루

다. 그리고 681년 8월에 '김흠돌의 모반'을 겪고 김흠돌의 딸인 왕비를
출궁시켰다. 그 후 (32a, b)에서 보듯이 683년 5월 7일 새로 김흠운의
딸[신목왕후]와 재혼하였다. 이렇게 재혼한 지 4년 후에 이 '원자'가
태어났다. 이 원자는 현직 왕인 신문왕과 새로 왕비가 된 신목왕후 사
이에서, 아마도, 태어났을 것이다. 그렇다면 이 원자는 '신라에서는 아
버지가 재위 중에 태어난 것이 확실한 유일한 원자'이다.

신문왕은 (32d)처럼 691년에 '王子理洪(왕자 이홍)'을 태자로 책봉하
였다. 그리고 (32e)에서 보듯이 혼인한 해로부터 8년 후 태자를 봉한 다
음 해인 692년에 승하하였다. 이어서 태자 효소왕이 제32대 왕으로 즉
위하게 된다.[42]

(32)

a. 신문왕 3년[683년] —— <u>일길찬 김흠운 소녀를[43] 들여 부인으로 삼</u>
<u>았다.</u> 먼저 이찬 문영과 파진찬 삼광을 보내 기일을 정했다.. 대아
찬 지상을 시켜 납채를 보냈는데 비단이 15수레이고 쌀, 술, 기름,
꿀, 간장, 된장, 말린고기, 젓갈이 135수레이고, 조곡이 150수레였

를 살아도 '元子生'이라 기록할 수 있다. 다른 원자들은 그 출생 기록을 남기지 않았으면서
유독 신문왕의 원자만 기록을 남긴 것도 의미심장하다. 고려 시대에 기록하면서 왜 신라
시대의 일들의 미세한 점에 대해서 이렇게 세심하게 적고 있는지 더 추구해 볼 필요가 있
다. 역시 '무복지상'이 기준일 수 있다.

42) 이 왕의 원래 시호는 '孝照'이었을 것이다. '照'가 당나라 여황제 측천무후의 이름이므로
피휘하여 '불 火'를 떼고 '昭'로 쓴 것이 孝昭王이다. 그러므로 '文武王'을 '文虎王'이라고
하지 않듯이 이 왕의 시호도 '孝照王'으로 하는 것이 옳다. '照知王'을 '炤知王'으로 쓴 경
우도 마찬가지이다. 그러나 이 글에서는 통용되는 말을 따라 효소왕으로 불러 둔다. 자주적
역사 기술이 이루어지려면 중국 황실의 이름 자를 피하기 위하여 임시로 적은 피휘자를 제
위치로 돌리는 것이 필요하다.

43) 김흠운이 전사한 655년을 기준으로 생각하면 이 딸은 신문왕과 혼인한 683년에 28살 이상
이어야 한다. 『삼국사기』는 나이 많은 이 처녀를 왜 '少女'라 했을까? 통일 신라 시기 납비
시의 기록을 보면 모든 왕비에 대하여 '妃는 ○○ ○○○之女'라고 적고 있는 관행을 볼
수 있다. 이 '少'자는 '之'자의 誤刻임이 틀림없다.

다.
b. 5월 7일에 이찬 문영과 개원을 그 댁으로 보내어 부인으로 책봉하였다. 그 날 묘시에 파진찬 대상, 손문. 아찬 좌야, 길숙 등을 보내어 각기 그 처량과 함께 급량부, 사량부 두 부의 부녀 각 30명씩으로 부인을 모셔오게 하였다. 부인은 수레를 타고 좌우에서 시종하는 관인과 부녀자 등으로 매우 성황을 이루었다.
c. 7년[687년] 봄 2월, <u>원자가 출생</u>하였다. 이 날 음침하고 어두우며 큰 우레와 번개가 쳤다.
d. 11년[691년] 봄 3월 1일에 왕자 이홍을 봉하여 태자로 삼았다.
e. 12년[692년] 가을 7월, 왕이 돌아가시므로 신문이라 시호하고 낭산 동쪽에 장사지냈다. [원문 36~37면 참조]
<『삼국사기』권 제8「신라본기 제8」「신문왕」>

(32c)의 이 원자가 효소왕이 되었다면 효소왕과 관련된 모든 기록에는 '신문왕의 원자'라는 칭호가 따라다녔을 것이다. 그러나 효소왕에게는 (32d), (34)에서 보듯이 '王子理洪(왕자 이홍)', '신문왕의 태자'라는 칭호만 따라다녔지 결코 '신문왕의 원자'라는 말이 따라다니지 않았다.

효소왕[효조왕]은 『삼국유사』에 의하면 (33)에서 보듯이 692년에 16살로 즉위하여 702년에 26살로 승하하였다.[44] 그러면 효소왕은 677년생이다. 성덕왕은 702년에 22살로 즉위하였다. 그러면 성덕왕은 681년생이다.

---

44) (보충주: 이 왕의 원례 시호는 효조왕(孝照王)이었다. 그런데 이 '조' 자가 측천무후의 이름자이다. 무주(武周)의 여황제 측천무후, 그녀의 이름이 무조(武照)였다. 신라는 '照' 자를 쓸 수 없었다. 그리하여 '불 灬'를 떼고 '昭'로 적은 것이다. 거기에 측천후는 측천자를 만들었다. 그 글자 중에 하나가 이 '照'를 대치한 '瞾(조)'이다. 허공(空)에 뜬 해[日]와 달[月]이다. 이 글자에서 '공'을 떼면 '명'이 남는다. 그래서 『삼국사기』권 제8「신라본기 제8」의 결표지에는 이 왕을 孝明王(효명왕)이라고 적었다. 통일 신라가 어떤 나라인지 적나라하게 보여 준다 할 것이다. 우리는 미국 대통령 이름을 이웃집 강아지 이름처럼 부르고 산다. 한반도의 일부 지역에서는 누구의 이름을 경칭 없이는 못 부르고 산다.)

(33) 살펴보면 효조*{조는 소로 적기도 한다.}*는 천수 3년 임진년 [692년]에 즉위하였는데 그때 나이가 16세였으며, 장안 2년 임인 년[702년]에 붕어했으니 누린 나이가 26세였다. 성덕이 이 해에 즉위하였으니 나이 22세였다. [원문 44면 참조] <『삼국유사』 권 제3 「탑상 제4」 「대산 오만 진신」>

효소왕의 어머니는 (34)에서 보듯이 신목왕후이다. (35)의 『삼국유사』 「왕력」도 동일하다. 그리고 (34)는 효소왕 즉위 시의 기사인데 '신문왕 의 태자'라고 적었지 결코 '신문왕의 원자'라고 적지 않았다. 이것은 고 구려의 유리왕, 모본왕, 장수왕의 경우와는 다른 것이다. 그들은 즉위 시의 기사에서는 '원자'라고 적혔다. 왜 이러할까?

신목왕후는 (32a, b)에서 본 대로 683년 5월 7일에 신문왕과 정식으 로 혼인하였다. 그러니까 효소왕 이홍은 부모가 혼인하기 6년 전에 이 미 태어났다. 성덕왕 효명도 부모가 혼인하기 2년 전에 태어났다.

(34) [692년] 효소왕이 즉위하였다[孝昭王立]. 휘는 이홍*{홍은 공으 로 적기도 한다.}*이다[諱理洪*{一作恭}*]. 신문왕의 태자이며 어 머니 성은 김 씨 신목왕후로 일길찬 金欽運*{運은 雲이라고도 한 다.}*의 딸이다[神文王太子 母姓金氏 神穆王后 一吉飡金欽運*{一 云雲}*女也]. <『삼국사기』 권 제8 「신라본기 제8」 「효소왕」>
(35) 제32 효소왕[第三十二 孝昭王]. 이름은 이공*{공은 홍으로 적기도 한다.}*이다[名理恭*{一作洪}*]. 김 씨이다[金氏]. 아버지는 신문 왕이다[父神文王]. 어머니는 신목왕후이다[母神穆王后]. 임진년에 즉위하여 10년 동안 다스렸다[壬辰立 理十年]. 능은 망덕사 동쪽 에 있다[陵在望德寺東]. <『삼국유사』 권 제1 「왕력」>

(32)~(35)가 우리에게 말해 주는 것은, 효소왕과 성덕왕이 정명태자

와 김흠운의 딸[훗날의 신목왕후]가 혼인하기 전에 이미 그들 사이에서 혼외자로 태어났다는 사실이다. 김흠운은 태종무열왕의 사위이다.

(보충주: 효소왕의 이름은 이공(理恭)이다. '공' 자가 피휘에 걸렸을 것이다. 그래서 '홍(洪)'으로 바꾸어 적은 것이다. '공'이 왜 피휘 대상이 되었는지 아직 모른다. 효소왕의 어머니인 신목왕후는 김흠운과 태종무열왕의 공주 사이에서 태어났다. 태종무열왕의 손자인 신문왕에게는 그 공주가 고모이다.)

그러므로 이 둘[신목왕후와 신문왕]은 내외종간이다. 이 둘이 정상적 혼인이 아닌 관계에서 이 아들들을 낳은 것이 틀림없다. 왜냐하면 이때 이미 정명태자에게는 정실 태자비가 있었기 때문이다. 저 앞 (30b=36)에서 보았듯이 '왕자 정명'은 태자로 책봉될 때 이미 김흠돌의 딸과 혼인하였던 것이다.

(36) (681년) 신문왕이 즉위하였다. 이름은 정명이다*{명지라고도 하고 자는 일초다}*. 문무대왕의 장자이다. 어머니는 자의*{儀는 義로도 쓴다}*왕후다. 비는 김 씨이다. 소판 흠돌의 딸이다. 왕이 태자가 될 때 들였다. (태자비가 된 지) 오래이나 아들이 없었다. 후에 아버지가 난을 모의한 데에 연좌되어 궁에서 쫓겨났다. [원문 95면 참조] <『삼국사기』 권 제8 「신라본기 제8」 「신문왕」>

691년 3월 1일에 태자로 책봉되고 692년에 효소왕으로 즉위한 '왕자 이홍'은 687년 2월에 태어난 '신문왕의 원자'가 아니다.45) 『삼국사기』

45) 서정목(2013d, 2014a, b, 2015a)에서 이런 주장을 편 뒤에, 조범환(2015)가 『삼국유사』 「대산 오만 진신」의 기사에 따라 이 두 왕의 출생 시기를 각각 677년과 681년으로 잡고 성덕왕의 즉위 과정을 합리적으로 설명해 가는 논지를 전개하고 있다. 이제 논의가 올바른 궤도에 들어서고 있음을 볼 수 있다. 그 논문은 현대 한국사학계의 기존 학설이 『삼국사기』의 기록을 따르고 『삼국유사』의 기록을 믿지 않은 데에서 오류에 도달하였다고 쓰고 있다. 그러나 그것은 그렇지 않다. 『삼국사기』는 '687년 2월 元子生[원자가 출생하였다.'고 하였고, '691년 3월 1일 封王子理洪爲太子[왕자 이홍을 책봉하여 태자로 삼았다.]'고 하였다. 그러

는 원자가 태자가 되지 않았다는 것을 '왕자 이홍'이 태자가 되었다고 함으로써 분명하게 증언하고 있다.[46]

필자가 이 글에서 주장하는 '원자의 자격'은 '왕{혹은 나중에 왕이 된 사람 포함}과 정상적인 혼인 관계에 있는 여인 사이에서 태어난 맏아들이라야 한다.'는 것이다. 호동 왕자의 경우를 확대 해석하면 원비(元妃)의 맏아들이어야 하고 차비(次妃)의 맏아들은 안 된다는 것까지 생각해야 한다. 정상적인 혼인 관계의 범위를 어떻게 정하는가에 따라 달라질 수 있다. 현재로서는 왕비가 아닌 빈, 후궁에게서 태어난 원자가 있는지 확인할 수 없기 때문에 이 정도에서 멈춘다. 왕이 아니었다가 나중에 왕이 된 사람의 경우 그의 원자는 정상적 부인에게서 태어난 맏아들이어야 할 것은 당연하다. 달리 말하여 '혼외 관계'에서 태어난 아들은 '원자나 원손이 되지 못한다.' 이것이 모든 국어사전의 '원자의 뜻풀이'

므로 『삼국사기』는 '元子'와 '王子'라고 구분함으로써 이 두 사람이 동일인이 아니라는 것을 명백히 하였고, 따라서 잘못된 것이 아니다. 잘못된 것은 '元子(원자)'와 '王子(왕자)'를 구분하지 못하고 같은 사람으로 간주하여 원자가 효소왕이 된 것처럼 착각하고, 효소왕이 6살에 즉위하였다고 한 현대 한국사 연구자들이다. 글자 한 자, 점 하나, 획 하나에 명운을 거는 '원전 판독'이나 '문헌 비평'의 차원에서 논의를 진행하는 필자는, 그 잘못을 지적하는 것이다.

46) 이렇게 왕자, 태자로 적힌 효소왕과 그의 아우 원자를 같은 사람으로 간주하는 사람들은 이 경우를, 고구려의 유리왕, 모본왕, 장수왕의 경우와 비슷한 것으로 보아, "『삼국사기』가 '원자'와 '왕자'를 구분하지 않고 자의적(恣意的)으로 사용하였다."고 주장할 수도 있을 것이다. 그러나 유리왕과 모본왕, 장수왕은 태자로 봉해질 때 '왕자'라 하였고 즉위 시에는 '원자'라 하였지만, 효소왕은 태자로 봉해질 때는 '왕자', 즉위 시에는 '신문왕의 태자'라고만 하였다. 이 차이를 무시하면 안 된다. 유리왕, 모본왕, 장수왕의 출생에 어떤 사연이 있었기에, 아버지를 찾아왔을 때와 태자로 봉해질 때는 '왕자'로 적혔지만 즉위 시에는 '원자'로 적혔는지 알지 못한다. 그러나 효소왕은 한 번도 '신문왕의 원자'나 '문무왕의 원손'이라고 적히지 않았다는 것을 강조해 둔다. 호동이 원비의 아들이 아니고 차비의 아들이어서 비극적 자살을 하고, 원비의 아들이어서 그의 이복아우임에 틀림없는 포악한 적자 모본왕이 대무신왕의 원자로 기록될 정도로 『삼국사기』는 '원자'라는 용어의 사용에 민감한 사서(史書)이다. '원자'와 '왕자'를 섞어서 사용하였을 리가 없다.

에 반영되어야 한다.

이홍이 출생한 677년은 물론 문무왕 17년으로 할아버지 왕의 재위 때이다. 정식 혼인 관계에서 태어났으면 이홍은 '원손(元孫)'으로 불리었을 것이다. 그는 원손으로도, 원자로도 적히지 않고 왕자 또는 태자로만 적히었다. 아마도 679년에 태어났을 것으로 보이는 보천태자도 원손, 원자일 수 없다. 681년에 태어난 성덕왕도 원손도, 원자도 아니었다. 만약 성덕왕이 된 효명태자가 683년 5월 7일 부모가 혼인한 후에 태어났으면 그가 원자가 되었을 것이다. 그러나 『삼국사기』에 '신문왕의 원자'는 687년 2월에 태어난 것으로 기록되었다.

(B) 혼외 출생의 효소왕

『삼국유사』 권 제3 「탑상 제4」 「대산 오만 진신」의 기록이 신빙성이 없다고 생각하는 현대 한국 국사학계의 두 학설대로, 691년에 태자로 봉해진 왕자 이홍이 그 원자라면 (37)과 같이 된다.

(37)
a. 687년 2월에 태어난 신문왕의 원자는 691년 3월 1일에 태자로 봉해 져서 6세인 692년 (7월)에 효소왕이 되었고 702년 7월에 16세로 승 하하였다.
b. 702년 7월 효소왕의 승하 후에 그의 {이복형인 성덕왕이 22세에, 혹은 그의 동생 성덕왕이 12세에} 오대산에서 와서 왕위에 올라 737년 2월에 {57세, 47세}의 나이로 승하하였다.

(37)과 같은 현대 한국 국사학계의 두 학설이 틀렸다고 생각하고, 『삼 국유사』 권 제3 「탑상 제4」 「대산 오만 진신」과 「명주 오대산 보ㅅ내

태자 전기」의 증언이 신빙성이 있다고 생각하는 필자의 주장은 (38)과
같다.

(38)

  a. 687년 2월에 태어난 원자는 691년 3월 1일에 태자로 봉해진 왕자
     이홍이 아니다. 그 원자는 효소왕 즉위 후에 부군으로 봉해졌는데
     왕과 왕위를 다투다가 부군에서 폐위되었다. 이는 700년의 '경영의
     모반'과 관련된 일일 것으로 보인다(서정목(2013, 2014a, b), 조범환
     (2015) 참조).

  b. 692년 (7월)에 16세로 즉위한 그 원자의 형 효소왕은 677년생으로
     정명태자와 훗날의 신목왕후 사이의 혼전, 혼외자이고, 702년 7월
     에 26세로 승하하였다.

  c. 효소왕이 승하한 후에는 다시 그 폐위된 부군이 아니라, 효소왕의
     둘째 동생 효명태자가 국인들에 의하여 오대산에서 모셔져 와서
     22세인 702년에 성덕왕으로 즉위하였고, 737년 2월에 57세의 나이
     로 승하하였다(서정목(2015a)).

   (37)과 (38) 가운데 어느 것이 '역사의 진실'일까? '원자'라는 말의 용
법을 통하여 보면, 효소왕이 신문왕의 원자라는 것이 틀렸고,『삼국유사』
의 증언대로 '효소왕은 이 원자가 아닌 다른 사람이라.'는 것이 옳음이
보인다 할 것이다.

   제23대 법흥왕은 아버지가 즉위한 후에 태어났다. 법흥왕은 아버지가
눌지왕의 외손자 지증왕이고, 어머니는 모량리 상공의 딸 큰 대변녀이
다. 지증왕의 정실부인이다. 문무왕은 태어났을 때, 아버지도 할아버지
도 왕이 아니었다. 문무왕은 아버지가 진평왕의 외손자이다. 문무왕은
'태어날 때는 원자가 아니다.' 물론 할아버지가 왕이 아니므로 '원손도

아니다'. 그러나 나중에 아버지가 왕이 되면서 그에 따라 원자가 되고 태자가 된 것이다. 문무왕의 출생이 정식 혼인 관계에서 태어난 것일까? 아니다. 그러나 그의 지위가 정해질 때인 태자로 책봉되고 왕위에 오를 때는, 어머니가 문명왕후가 되었고 태종무열왕의 정실부인이 된 것이 틀림없다. 그러니까 문무왕은 태어날 때는 원손, 원자를 따지지 않았다. 태자로 봉해질 때, 그리고 즉위할 때 그것을 따졌고 그 시점에서는 원자인 것이다. 그러나 일연선사는 이에 동의하지 않은 듯하다. 『삼국유사』 권 제1 「왕력」은 문무왕을 '태종왕의 자(子)'라고만 적었다.

그러나 효소왕은 그렇지 않았다. 『삼국유사』 권 제3 「탑상 제4」 「대산 오만 진신」의 기사대로 효소왕이 677년에 정명태자의 아들로 태어났다면, 이홍이 태어났을 때 할아버지는 문무왕이었고 아버지는 665년부터 그때까지는 12년간(즉위년인 681년까지는 16년간) 태자로 있은 정명이다. 어머니는 태자비가 아니고 아버지의 고종사촌 누이이다. 그는 태어나자 말자 원손인지 아닌지를 판정받아야 할 처지에 놓였다. 아버지가 태자이기 때문이다. 어떻게 할 것인가? 그의 출생이 합법적으로 공인되어 증조모인 문명왕후와 조모인 자의왕후, 그리고 법적인 어머니 태자비가 양자로라도 받아들여 주었어야 '원손(元孫)'이라도 될 수 있는 처지인 것이다. 그러나 그는 원손으로 불리지 못하였다.

정명태자의 태자비는 문명왕후의 언니 정희의 아들인 김흠돌의 딸이었다.[47] 문명왕후는 생질(甥姪) 김흠돌과 밀착되어 있었고 왕실 안방 권

---

47) 필사본 『화랑세기』는 김흠돌이 김유신의 사위라고 하였다. 김유신의 딸 진광이 그의 부인이고 진광의 동생 신광이 문무왕의 후궁으로 들어가 있었다. 이 필사본에서는 김유신의 누이 정희가 달복과 혼인하여 낳은 아들이 흠돌이라고 하였다. 『삼국사기』 권 제47 「열전 제7」 「김흠운」 조는, 김흠운이 태종무열왕의 사위이면서 迊湌(잡찬) 달복의 아들이라고 하였다. 김흠돌과 김흠운은 형제간이다. 결국 크게 보면, 태종무열왕의 후계 세력과 김유신의 후계

력은 문명왕후가 쥐고 있었다. 문명왕후가 친정 조카딸인 김흠돌의 부인 진광(晉光[=김유신의 딸])과 그녀의 딸인 태자비의 의견을 무시하고 정명의 혼전, 혼외 아들 이공을 인정하였겠는가? 더욱이 이공의 어머니는 문명왕후의 언니 정희의 또 다른 아들인 생질(甥姪) 김흠운의 딸로서 태종무열왕의 외손녀이고 나중에 신목왕후가 된 사람이다.

이공은 정명태자의 아들로 태어났지만 정식 혼인 관계에서 태어난 것이 아니다. 그리하여 '元孫(원손)'으로 적히지 못한 것이고 '元子(원자)'로 적히지 못한 것이다. 효소왕은 (4b, 나)에 해당한다. 그는 원자가 될 수 없다. 역으로 '신문왕의 원자'는 효소왕이 아니다.

앞에서 본 문무왕의 경우는 (4c, 나)에 해당한다. 그러니 그는 원자이고 태자인 것이다. 국어사전에 따라서 '원자'는 '왕의 맏아들'이라는 것을 왕이 되기 전의 잠저 시의 아들도 포함한다고 볼 수 있는 경우는 (4c, 나)의 경우이다. 여기에 대해서도 『삼국유사』는 흔쾌히 동의하지 않은 듯, '子(자)'라고만 적고 있다. 그러나 효소왕은 (4c)에 해당하지 않는다. 그는 (4b, 나)에 해당한다.

이 두 경우를 구분하지 않고 뭉뚱그려서 '(4c, 나)에 해당하는 문무왕이 아버지가 왕이 아닐 때 태어났지만 원자로 불리었으니까', '이공도 만약 677년 아버지가 왕이 아니었을 때 태어났다면, 아버지가 왕이 된 뒤에는 원자로 불리었을 것이다.'라는 말을 할 수 있겠는가? 그러므로 '687년 2월에 신문왕의 원자가 출생했다고 했으니 효소왕은 677년에 태어난 것이 아니라 687년에 태어난 것이다.' '신문왕 7년[687년]에 태어난 신문왕의 원자가 효소왕이 아니라는 것은 역사 왜곡이다.'는 논지

세력들끼리 권력 다툼을 벌인 것이라 할 수 있다.

는 성립할 수 없다.[48]

현대 한국의 국사학계에서 통용되는 '효소왕이 687년 2월에 태어난 원자로서 6세에 즉위하여 16세에 승하하였다.'는 주장은 효소왕이 (4a, 가)의 경우에 해당한다고 보는 것이다. 그러면 현 왕의 맏아들이 재위 중에 태어난 것이므로 아주 정상적인 경우가 되어 아무 문제가 없다. 그러면 681년에 왜 신문왕의 장인 김흠돌이 모반하였겠는가? 왕비가 무자하여 폐비하였더니 왕비의 친정 아버지가 모반하였다고 하고 싶을 것이다. 그러나 그렇지가 않다. 『삼국사기』 권 제8 「신라본기 제8」 「신문왕」 즉위년의 기사에서 분명히 '난이 먼저 있었고 그에 연좌되어 그 딸이 궁에서 쫓겨났다.'고 적고 있다. 왕비가 폐비되기 전에 먼저 왕비의 아버지가 반란을 일으킨 것이다. 이것이 신문왕 즉위 직후인 681년 8월 8일에 있었던 일이다. 그런데 신문왕의 맏아들이 687년 2월에 태어난 원자이고, 정명태자에게는 여자도 없었고 아들도 없었다고 해서야 어찌 왕비의 친정 아버지의 모반을 설명할 수 있겠는가?

(보충주: 그 모반으로 신문왕의 할아버지 태종무열왕, 아버지 문무왕, 김유신을 따라 백제, 고구려 정복에 큰 공을 세운 화랑 출신 고위 장군들이 폭군 신문왕에

---

48) 여기서 간접 인용한 말은 필자의 논문 「기(파)랑은 김군관 장군이다.」를 '게재 불가'에 가까운 악평으로 폄하하고 '수정 후 재심' 하겠다던 어떤 자의 심사평이다. 물론 그 논문은 '기랑이 김군관이라.'는 직접적 증거를 못 찾았기 때문에 증명된 것은 아니다. 그러나 국문학의 처지에서는 그런 가설이 꼭 있어야 하고 그것을 밝히려는 증거 찾기가 전개되어야 한다. 그런데 엉뚱하게 필자가 여러 차례에 걸쳐 논증한 '효소왕이 신문왕의 원자가 아니라.'는 내용을 수정하라고 그렇게 몇 번씩 따라다니며 강요하는 것이 너무나 심기에 거슬렸다. 필자는, 이것을 수정하는 것이 그 논문의 목숨을 끊는 것이라고 판단하고 수정과 재심을 거부하였다. 필자는 게재하지 않으면 그만이다. 아무리 좋은 논문도 수준 이하의 심사자를 만나면 빛을 볼 수 없는 것이 현실이다. 그러니 좋은 논문이 아닌 것 한 편 정도가 묵혀 있다고 하여 큰일 날 것도 아니다. (보충주: 그렇게 '수정 후 재심'에 걸려 빛을 보지 못했던 그 논문은 2년 후에 '효소왕이 신문왕의 원자가 아니라.'는 것은 전혀 손대지 않고 약간 손질하여 전원 일치 '무수정 게재 가' 판정을 받고 서정목(2017b)로 공간되었다.)

의하여 무더기로 주륙되었다. 권력 투쟁, 정치 싸움은 그런 것이다. 사람다운 사람으로 살고 싶으면 내내 이기거나 근처에 가지 않는 것이 좋다.)

현대 한국의 국사학계가 '김흠돌의 모반'을 올바로 설명하지 못하고 백제, 고구려 정복 후 진골 귀족 세력의 거세라느니, 왕당파와 비왕당파의 대립이라느니 하는 것은 '신문왕의 원자가 효소왕이라.'고 보았기 때문이다. 이것은 사소한 일이 아니고 묵과할 수 있는 일이 아니다. 그것이 향가에 대한 정상적인 이해를 얼마나 방해했는지 생각해 보라. 그런 역사 이해의 틀로는 피비린내 나는 치열한 권력 투쟁의 와중에서 창작된 것으로 보이는 「모죽지랑가」도, 「찬기파랑가」도, 「원가」도, 「안민가」도 하나도 제대로 설명할 수 없다. 이것을 지적하고 반성하지 않으면 학문은 발전할 수 없다. 아무리 그들이 방어하고 항거하여도 당장 대학원생들은 그것을 따르지 않을 것이다. 2015년 이후에도 효소왕이 6살에 즉위하여 16살에 승하하였다는 틀린 학설을 따르는 대학원생이 한 명이라도 나오면 이 나라 학문의 비판 정신은 죽은 것이다.

(보충주: 북한이나 일본의 연구물들이 어떻게 되어 있는지 궁금하다.)

선덕여왕 즉위 때 성골남은 모두 없어졌고, 진덕여왕이 승하함으로써 성골녀도 모두 없어진 상황인데 진골 세력을 거세한다는 것이 말이나 되는가? 왕도, 왕비 집안도 모두 진골 세력이다. 진골 세력 가운데 어떤 세력을 거세했는지를 밝혀야 한다. 거세된 것은 김흠돌과 친인척으로 맺어진 진공, 흥원, 군관 등 화랑도 출신 사조직으로 681년 8월에 모두 죽었다. 그들은 무자한 신문왕비 김흠돌의 딸 편을 들었고, 신문왕과의 사이에 혼외의 아들 셋을 두고 있는 신문왕의 고종사촌 누이인 김흠운의 딸 편을 들지 않았다. 그렇게 죽은 사람들이 어떻게 비왕당파인가?

자의왕후와 김흠운의 부인인 태종무열왕의 공주[요석궁의 홀로 된 공주]

는 김흠운의 딸 편을 들었다. 김흠운의 딸 편을 든 사람들을 왕당파라고 본다면 그 속에는 맨 먼저 김흠운의 부인이 있고, 그 다음에 자의왕후, 자의왕후의 동생 김순원, 자의왕후의 여동생 운명과 그의 남편 김오기, 그 아들 김대문 정도가 들어갈 것이다. 문무왕의 동생 개원, 김유신의 아들 삼광, 그 밖에 문영, 지상, 대상 등 (32a, b)에 등장하는 인물들은 굳이 나눈다면 왕당파에 들 것이다. 즉, 김흠돌 파를 제외한 나머지가 왕당파가 된다. 죽은 자도, 살아남은 자도 모두 진골 귀족 세력이다.

그런데 왕당파, 비왕당파라는 추상적인 개념이 무슨 의미가 있는가? 요체는 '김흠운의 딸과 이공[효소왕]을 편드는 세력'과 '김흠돌의 딸 편을 들어 이공을 배척하는 세력' 사이의 싸움이다. 이렇게 말해야 신문왕 즉위 시의 '김흠돌의 모반'에 대한 진실한 역사 기술이 된다. 이것이 역사를 고귀하게 만들지 않고 천박하게 만드는 것인가? 비록 어둡고, 필자도 언급하고 싶지 않은 사연이 많이 들어 있지만, 그래도 있었던 것 그대로 쓰는 것이 엉뚱한 말 하는 것보다는 낫다.49) 그래야 향가가 설명되고 『삼국유사』의 기사들이 이해된다. 그리해야 『삼국유사』라는 보배 같은 책을 남긴 일연선사의 역사가로서의 가치를 제대로 평가하는 것이다.50)

---

49) 이 말을 내가 하지 않고 외국 학자가 한다면 얼마나 민족적 수치가 되겠는가? 혹시 외국 학자들이 한국인들은 부끄러운 과거 역사를 그럴 듯하게 포장하여 호도하고 있다고 하면 어쩔 것인가? 남들의 역사 왜곡을 말하기 전에 자신들의 역사 왜곡부터 바로 잡으라고 하면 논전은 지고 만다.

50) '효소왕이 6살에 왕위에 올라 16살에 승하하였다.'거나 '성덕왕이 효소왕의 이복형이라.'는 주장이 논증되지 않는 한, 그런 주장을 흔쾌히 고쳐야 앞으로 신라 중대 정치사 연구가 올바른 궤도에 오르게 될 것이다. 이런 주장을 하고 있는 신라 중대 정치사 연구는 어떤 근거에서 그런 주장을 하는지 모두 샅샅이 재검토해야 한다. 그냥 넘어갈 일이 아니다. 대학원생들은 앞으로 신라 중대 정치사 분야에서 (내 글도 포함하여) 기존하는 어떤 학설도 깨부술 수 있는 새로운 학설을 얼마든지 창안할 수 있다는 희망을 가지기 바란다.

(39a)에서 보듯이 665년에 왕자 정명이 태자로 봉해졌다. (39b)에서 보면 태자로 책봉될 때 태자비 김흠돌의 딸과 혼인하였다. 정명은 태자로 봉해질 때 몇 살이었을까?

(39)

a. 문무왕 5년[665년], 왕자 정명을 세워 태자로 삼았다]. 널리 사면하였다. [원문 223면 참조] <『삼국사기』 권 제6 「신라본기 제6」 「문무왕 상」>

b. (681년) 신문왕이 즉위하였다. 이름은 정명이다*{명지라고도 하고 자는 일초다}*. 문무대왕의 장자이고 어머니는 자의*{儀는 義로도 쓴다}*왕후다. 비는 김 씨로 소판 흠돌의 딸이다. 왕이 태자가 될 때 들였다. 오래 아들이 없었다. 후에 아버지가 난을 모의한 데에 연좌되어 궁에서 쫓겨났다. [원문 223~224면 참조] <『삼국사기』 권 제8 「신라본기 제8」 「신문왕」>

문무왕이 626년생이니(조범환(2015:95)), 20세에 정명을 낳았다면 정명은 646년생이고 665년에는 20살이다. 20살에 혼인했다고 보는 것은 좀 늦게 혼인한 것으로 본 것이므로 5살 정도 감하는 것은 가능하다. 정명이 15~20세에 태자로 봉해져서 16년간이나 태자로 있었으므로, 681년 즉위 시에는 31~36세이다. 30세가 넘은 그에게 681년 즉위할 때까지 태자비를 제외하고는 여자도 없었고 아들도 없었을까? 태자비는 아들을 낳지 못했다. 그러나 다른 여인이 정명태자의 아들을 낳았을 가능성은 얼마든지 있다. 그러므로 신문왕이 37~42세쯤 되었을 687년 2월에 태어난 원자가 신문왕의 첫아들일 것이라는 것은 어불성설이다. 있을 수 없는 일이다. 이 원자는 신문왕의 첫아들이 아니라, 신문왕과 신목왕후의 정상적 혼인 관계에서 태어난 첫아들이다.

정명태자에게는 더 일찍 태어난 아들들이 있었는데 그 중 첫아들을 정명태자 시절에 원손이라 적지 못하였고, 신문왕이 즉위한 뒤에도 원자로 적지 못한 것이다. 왜 그랬을까? 아무 근거가 없어 불분명하다. 그러나 고구려 산상왕의 아들 동천왕[교체]의 경우를 보면, 혼외 관계에서 태어난 아들을 원자라고 적지 않았고 그의 아들 '연불'을 원손이라 적지 않았다. 더욱이 호동 왕자의 경우를 보면 차비의 아들은 첫아들이라도 원자가 되지 못하고, 더 어린 원비의 아들인 모본왕이 대무신왕의 원자로 기록되었다. 이것이 김부식이 『삼국사기』에 반영한 그의 원자, 장자 등의 술어에 대한 개념이라면 효소왕 이공도 분명히 혼외 관계에서 태어난 아들이다. 그러니까 효소왕은 결코 원자로 적히지 않은 것이다.

효소왕의 혼인 문제, 그의 왕비는 어떤 상황이었는지 기록이 없다. 과거 '효소왕이 6세에 왕위에 올라 16세에 승하하였다.'고 할 때에는 효소왕이 혼인하지 않은 채 사망하였다고 보았기 때문에 이 문제가 대두되지 않았었다. 아니, 그 틀린 학설이 이 문제에 눈길을 돌릴 수 없게 만들었다. 그러나 이제 효소왕의 왕비 문제가 수수께끼의 시작이 된다. (후술)

(C) 신문왕의 원자 김사종

687년[신문왕 7년] 2월 원자가 태어났다. 합법적인 혼인 관계에서 아버지가 재위 중일 때 태어난 첫 번째 아들이므로 『삼국사기』 권 제8 「신라본기 제8」 「신문왕」 7년 조는 그를 '원자'로 적었다. 그것은 이공{이홍}이 677년[문무왕 17년] 할아버지 문무왕이 재위하고 있을 때 태어나서 원손이 될 수 없었던 것과 대조를 이룬다. 효소왕 이공의 인생은 첫출발부터 어렵게 시작된 것이다.

이 신문왕의 원자는 누구일까? 출생 기록만 남기고, 태자 지위도 10살 위인 형 이공에게 내어주고 왕위도 동부동모의 혼전 아들인 큰 형 이공에게 빼앗긴 이 정통 원자는 어떻게 되었을까? 700년의 '경영의 모반'으로 부군에서 폐위되고 효소왕 사후 702년에 다시 오대산에서 스님이 되어 있던 셋째 형 성덕왕에게 왕위를 내어 준 이 원자는 누구일까?

성덕왕의 아우로서 당나라에 사신으로 간 두 사람이 역사 기록에 이름을 남기고 있다. (40a)에는 金釿(欽}質(김근{흠}질)이 있다. (40b)에는 金嗣宗(김사종)이 있다. 현재 기록에 이름이 남은 성덕왕의 아우 가운데 원자를 찾으라면 이 둘 가운데 한 사람을 선택할 수밖에 없다. 누구를 선택할 것인가? 이 선택의 기준이 될 만한 근거는 없을까?

(40)

a. 성덕왕 25년[726년] 여름 4월 김충신을 당에 파견하여 하정하였다[二十五年 夏四月 遣金忠臣入唐賀正]. 5월 왕제 김근*{『책부원구』는 흠으로 적었다.}*질을 당으로 파견하여 조공하니, 당에서는 낭장 벼슬을 주어 돌려보내었다[五月 遣王弟金釿*{冊府元龜作欽}*質 入唐朝貢 授郎將還之].

b. 27년[728년] 가을 7월 왕제 김사종을 당에 보내어 방물을 바치고 겸하여 자제가 국학에 입학할 것을 청하는 표를 올렸다[二十七年 秋七月 遣王弟金嗣宗 入唐獻方物 兼表請子弟入國學]. (당 현종은) 조칙을 내려 허락하고, 사종에게 과의 벼슬을 주어 머물러 숙위하게 하였다[詔許之 授嗣宗果毅 仍留宿衛].

c. 32년[733년] 겨울 12월 왕질 지렴을 당에 파견하여 사은하였다[冬十二月 遣王姪志廉朝唐謝恩]. --- (이때 당 현종은) 지렴을 내전으로 불러 향연을 베풀고 속백을 하사하였다[詔饗志廉內殿 賜以束帛].

<『삼국사기』 권 제8 「신라본기 제8」 「성덕왕」>

그 제1 근거는 이름과 벼슬을 따져보는 일이다. '사종[宗統(종통)을 물려받다]', 이 이름을 아무에게나 붙일 수는 없다. 이 사람이 신문왕의 원자일 가능성이 크다. '김근질'은? 그가 성덕왕의 친 아우가 맞다면 신문왕이 또 다른 여인과의 사이에 낳은 아들일 것이다. 그는 낭장을 받고 귀국하였다.

(보충주: 이 낭장이 당나라 관등 정 5품 상이라는 것을 주목했어야 하였다. 그리고 '돌려보내었다[還]'가 반드시 신라로 귀국한 것을 의미하는 것이 아니라는 것에도 유의했어야 한다. 번역을 잘못하면 이렇게 틀린 길로 빠진다.)

그런데 김사종은 과의[당나라 관등 정6품 상(보충주: 상이 아니고 하가 옳다.)]를 받았고 머물러 숙위하게 하였다. 이제 신문왕이 신목왕후와 정식으로 혼인한 뒤에 태어난 원자가 누구인지, 효소왕, 성덕왕의 아우인 그 원자가 누구인지 60% 이상은 밝혀졌다. 그 제1 후보는 (40b)에서 볼 수 있는 728년 7월 당나라에 사신으로 간 김사종이다.[51]

그 제2 근거는 그가 한 일로부터 온다. (40b)의 뒤 문장 '兼表請子弟入國學[겸하여 자제가 국학에 입학할 것을 청하는 표를 올렸다].'가 유독 눈길을 끈다. 아무 의미 없는 말이라면 적힐 리가 없다. 신라의 왕실, 귀족 가문의 모든 자제들을 당나라 국학에 입학하기를 청하였을 수도 있다. 왜 수많은 다른 사신들이 아닌 김사종이, 왜 보통 때가 아니 지금 국학에 자제들의 입학을 요청하였을까? 이미 (41a)에서 보듯이 640년[선덕여왕 9년] 5월에 선덕여왕은 자제들을 당나라로 파견하여 국학에 입학할 것을 당 태종에게 요청하지 않았는가? 그리고 (41c)에는 3260명의 학생을 수용할 수 있는 학사를 짓고, 사방의 학자들이 당나라 서울로 구름 같이 몰려들었다고 하지 않았는가? (41d)에서 보듯이 당 태종

---

51) 서정목(2014a:261, 270)에서 이 사종이 신문왕의 원자라는 것을 이미 논증하였다.

시대에 고구려, 백제, 고창, 토번이 또한 이미 자제들을 보내어 국자감에 입학시켜 공부시키고 있었다고 하지 않았는가? 당연히 신라의 자제들도 입학하여 있었을 것이다.

(41)

a. 선덕여왕 9년[640년] 여름 5월 왕은 자제들을 당나라에 보내어 국학에 들기를 청하였다[九年 夏五月 王遣子弟於唐 請入國學].

b. 이때 태종은 천하의 명유들을 많이 징발하여 학관으로 삼고 수시로 국자감에 행차하여 그들로 하여금 강론하게 하였다[是時 太宗大徵天下名儒爲學官 數幸國子監 使之講論].

c. 학생으로서 능히 하나의 대경[『예기』, 『춘추』, 『좌씨전』] 이상을 밝게 통달한 사람은 모두 관리에 보임될 수 있게 하였다[學生能明一大經已上 皆得補官]. 학사를 1200간으로 증축하고 학생을 3260명이 차도록 늘렸다[增築學舍千二百間 增學生滿三千二百六十員]. 이때 사방의 학자들이 서울로 구름같이 모여들었다[於是 四方學者雲集京師].

d. 이때에 고구려, 백제, 고창, 토번*{'창'과 '토'는 『당서』 「유학전」에 의거하여 보충하였다.}*이 역시 자제들을 보내어 입학시켰다[於是高句麗百濟高昌吐蕃*{昌及吐據唐書儒學傳補之}*亦遣子弟入學].

<『삼국사기』 권 제6 「신라본기 제6」 「선덕왕」>

그런데 왜 지금 이 시점, 88년이나 지난 728년 당 현종 시기에 김사종이 뜬금없이 뒷북치는 소리를 하고 있는 것일까? 오로지 신라의 자제들만 이 국자감에 들어가지 못하여 특별히 이때에 김사종이 그것을 당 현종에게 청한 것일까? 그럴 리가 없다. 여기에는 그동안 이 기록을 잘못 읽은 오해가 들어 있음에 틀림없다. 이 기록도 신중히 읽어야 한다.

(41)과 (40b)를 연결지어 생각하면 김사종이 당 현종에게 청한 자제의

국학 입학은 신라 왕실, 귀족 가문의 모든 자제를 입학시켜 달라고 청한 것만은 아니다. 여기서 김사종이 당 현종에게 요청한 것은, 신라 왕실, 귀족 가문의 모든 자제들의 국학 입학뿐만 아니라 자신의 아들의 당나라 유학을 허락해 줄 것을 요청한 것으로 필자는 본다. 아니, 실제로는 신라에 두고 온 아들, 왕이 되지 못한 정통 원자의 아들, 그 문무왕의 종통을 이어받은 종손인 증손자, 언제 모반한다고 역적으로 몰려 어떻게 죽을지 모르는 운명에 놓여 있는 그 아들을 당나라로 데려오려 한 것으로 필자는 본다.

그런데 놀랍게도 (40c)에서는 733년 12월 성덕왕이 王姪[왕의 조카] 김지렴을 당나라로 보내었다. 현종은 그를 내전으로 불러 향연을 베풀고 속백을 주었다. 성덕왕의 조카라면 누구의 아들일까? 성덕왕의 형 효소왕은 무자하였다(?)고 한다. 또 다른 형 하나는 오대산 중대에서 보천암을 화엄사로 고쳐 짓고 큰 스님이 되어 있는 '봇내태자'이다. 이 사람도 아들이 있었을 것 같지 않다. 그 다음의 성덕왕의 아우는 '687년 2월에 태어난 원자'이다.

지렴의 아버지, 신문왕의 원자는 누구일까? 김근{흠}질? 그는 낭장을 받고 돌아왔다. 그가 신문왕의 원자라면 형 성덕왕이 이미 왕이 되어 있는 서라벌로 돌아오기 어렵다. 언제든 모반의 중심 인물이 될 수 있기 때문이다.

(보충주: 여기서 김근{흠}질을 어디로 돌려보냈을까를 깊이 생각했어야 한다. 이것만 보고서는 그가 신라로 돌아갔다는 판단을 할 수 없다. '還'은 '돌아오다'일 수도 있고 '돌려보내다'일 수도 있다. '(당 현종이) 낭장을 주어 돌려보내었다.'로 번역하면 '돌려보내었으나', '신라로 돌아가지는 않았다.'가 가능하기 때문이다.)

또 한 사람은 김사종이다. 그는 과의 벼슬을 받고 남아서 숙위하였다.

서라벌로 오지 않을 준비가 되었다. 이 사람이 그 원자이라면, 김지렴은 김사종의 아들일 확률이 매우 높다.

　김사종은 지렴의 당나라 국학 입학을 당 현종에게 청한 것이다. 김지렴은 당나라에 온 지 1년 2개월 뒤인 735년 2월 당나라 현종으로부터 '홍려소경원외치'라는 벼슬을 받았다. 이 '홍려소경'은 738년[효성왕 2년] 당 현종이 사신 형숙에게 내린 벼슬이다. 지렴이 얼마나 융숭한 대우를 받는가를 보여 준다. 왜 그랬을까? 당나라도 김사종과 지렴이 신문왕의 적통임을 알고, 태종무열왕-문무왕-신문왕-원자 사종-지렴으로 이어지는 통일 신라 왕실의 종통(宗統)에 대하여 합당한 예우를 한 것이 아닐까? 남은 기록 어디에서도 이 두 사람이 신라로 돌아왔다는 기사를 찾을 수 없었다. 망명하고 이민한 사람은 이렇게 흔적 없이 역사에서 사라진다.[52]

　그 제3 근거는 주변 사람이 그를 어떻게 불렀는가를 통하여 찾을 수 있다. (40a)에는 726년[성덕왕 25년] 당나라에 사신으로 간 김충신(臣)이 있다. (40a)의 '金忠臣(김충신)'은 (42a)의 '金忠信(김충신)'을 잘못 적은 것임에 틀림없다. 그런데 (42a)에서 지렴을 종질(從姪)이라고 지칭하는 사람이 김충신이다. 종질은 5촌 조카[종질], 7촌 조카[재종질], 9촌 조카[3종질]이다. 이제 지렴을 종질이라고 부르는 김충신의 정체를 밝힐 수 있다. 이들은 모두 한 집안 사람들인 것이다. 어느 집안? 그것은 왕실일 수밖에 없다.

(42)

　a. 33년[734년] 정월 ── 이때 당에 들어가 숙위하던 ── 김충신이 황

---

[52] 왕족 지만, 지량 등에 대해서도 좀 더 깊은 사유가 필요하다.

제에게 표를 올려 말하기를[入唐宿衛 — 金忠信上表曰] — 이때를 당하여 교체할 사람인 <u>김효방</u>이 죽어 마침 신이 그대로 숙위로 머물게 되었습니다[當此之時爲替人金孝方身亡 便留臣宿衛]. 신의 본국 왕이 신으로 하여금 오래 천자의 조정에서 모시어 사신 <u>종질 지렴</u>을 파견하여 신과 교대하도록[臣本國王 以臣久侍天庭 遣使從姪 志廉 代臣] — 이때에 이르러 지렴에게도 홍려소경원외치라는 벼슬을 주었다[及是 授志廉鴻臚少卿員外置].

b. 34년[735년] 봄 정월 형혹이 달을 범했다. <u>김의충</u>을 당에 보내어 하정하였다. 2월 부사 <u>김영</u>이 당에서 죽어서 광록소경을 추증하였다. <u>의충</u>이 돌아올 때 (당 황제는) 칙령을 내려 패강 이남의 땅을 주었다[三十四年 春正月 熒惑犯月 遣金義忠入唐賀正 二月 副使金榮 在唐身死 贈光綠少卿 義忠廻 勅賜浿江以南地].

c. 36년[737년] 2월 — 왕이 승하하였다[王薨]. 시호를 성덕이라 하고 이거사의 남쪽에 장사지냈다[諡曰聖德 葬移車寺南]. <『삼국사기』 권 제8 「신라본기 제8」 「성덕왕」>

(43)에는 '효신공'이 나온다. 붉은 비단 옷을 입은 어느 여인이 효신공의 문 앞에서 조정의 정사를 비방하였다고 한다. 효신은 조정의 중신이고 그 당시 실권을 쥐고 있던 사람이다. 그 당시의 실세는 김순원 집안의 사람이다. 이 효신이 자의왕후의 친정, 소덕왕후의 친정, 그리고 혜명왕비의 친정 김순원 집안의 사람임에 틀림없다.

(43) 효성왕 4년[740년] — 가을 7월 붉은 비단 옷을 입은 한 여인이 예교 아래로부터 나와 조정의 정사를 비방하며 <u>효신공</u>의 문 앞을 지나갔으나 홀연히 보이지 않았다[秋七月 有一緋衣女人 自隸橋下 出 謗朝政 過孝信公門 忽不見]. <『삼국사기』 권 제9 「신라본기 제9」 「효성왕」>

그런데 (42)의 충신(忠信)이라는 이름은 (43)의 '효신(孝信)'이라는 이름과 불가분의 관계에 있다. '충효'에서 한 자씩 따고 거기에 '믿을 信'을 붙여 형제의 이름을 지었다. 그렇다면 '충신'이 '효신'의 형이다. 필자의 상식으로는 그렇다. 이제 다시 자의왕후의 친정 집안을 주목하게 된다. 『삼국유사』권 제1 「왕력」, 「효성왕」 조에서 말하는 혜명왕비의 아버지가 '순원 각간'인가, 아니면 '진종 각간'인가 하는 문제까지 합쳐서 고려해 보아야 할 필요가 있다.

[4] 성덕왕의 자녀들

(A) 성덕왕의 즉위와 혼인

성덕왕의 자녀들에 대하여 깊고 넓게 논의할 필요가 있다. (44a)에서 보듯이 성덕왕은 오대산에 들어가서 스님이 되었다가, 702년 효소왕이 갑자기 승하하여 국인들의 뜻에 따라 왕위에 올랐다.[53]

(44)
  a. 702년, 성덕왕이 즉위하였다[聖德王立]. 휘는 흥광이다. 본명 융기가 현종의 휘와 같아서 선천에 바꾸었다*(당서는 김지성이라 하였다)*[諱興光 本名隆基與玄宗諱同 先天中改焉*{唐書言金志誠}*].[54]

---

53) 이 역사적 사건을 적은 것이 『삼국유사』 권 제3 「탑상 제4」, 「대산 오만 진신」과 「명주 오대산 봇내태자 전기」이다. 서정목(2015a), 조범환(2015)에 자세한 분석이 들어 있다.
54) '先天(선천)'은 당 현종의 즉위년인 임자년[712년]을 가리키는 연호이다. 당 예종은 712년 9월 8일[이융기의 27번째 생일]에 셋째 아들 황태자 이융기에게 황제의 위를 물려주고 선천으로 연호를 고쳤다. 현종은 713년에 다시 연호를 開元(개원)으로 고쳤다. 그러므로 선천은 4개월 동안 사용된 연호이다. 당 현종은 712년 선천 4개월, 713년 개원 원년으로부터 29년, 다시 天寶(천보)로 고쳐 14년 도합 44년, 756년까지 재위하였다. 이 구절을 '먼저[先] 天中으로 고쳤다[改].'로 번역한 책들도 있다. 그래서 성덕왕의 이름이 융기-천중-흥광으로 바뀐 것으로 본 번역서도 있다. 선천이 연호인 줄 모르니 그렇게 번역한 것이다. 성덕왕의 이

신문왕 제2자로 효소왕의 동모제이다[神文王第二子孝昭同母弟也].
효소왕이 승하하였으나 아들이 없어 국인들이 세웠다[孝昭王薨無
子國人立之]. 당나라 측천무후는 효소왕이 죽었다는 부음을 듣고
위하여 애도식을 거행하고*{'거애'에는 상제가 머리를 풀고 곡을
하여 초상을 알리다는 뜻도 있다.: 필자.}* 이틀간 조회를 열지 않
았다[唐則天聞孝昭薨 爲之擧哀 輟朝二日].

b. 3년[704년] 여름 5월에 승부령 소판*{구본에는 반이라 했는데 이
번에 바로 잡았다.}* 김원태의 딸을 들여 왕비로 삼았다[夏五月 納
乘府令蘇判*{舊本作叛 今校正}*金元泰之女爲妃.].

<『삼국사기』 권 제8 「신라본기 제8」 「성덕왕」>

(44a)에서 성덕왕이 신문왕의 제2자라고 한 것은 과거에 잘못된 것으
로 간주하였다. 그러나 효소왕이 사망하였으므로 그를 빼고 살아 있는
신문왕의 아들 서열로 보면 봇내태자에 이어 그가 제2자가 맞다.[55] 성
덕왕은 효소왕의 동모제이기 때문에 그의 어머니는 신목왕후이다. 효소
왕이 아들이 없어 국인들이 세웠다고 한다. 그 국인들의 중심에는 성덕
왕의 외할머니 요석공주가 자리하고 있다.

성덕왕은 702년 즉위한 후 (44b)에서 보듯이 704년 3월 아간[그 당시

_____

름은 처음에 융기였다가 당 현종이 즉위한 선천[712년]에 현종의 이름 융기를 피휘하여 흥
광으로 고쳤다는 말이다. 『삼국사기』 권 제9 「성덕왕」, 11년[712년] 3월 조에 '당에서 사신
노원민을 보내어 왕명을 고치라는 칙령을 내렸다[大唐遣使盧元敏 勅改王名].'고 되어 있
다. '中'은 향찰이나 이두에서 처격 조사 '-에'를 적는 데에 사용되었다. 그러므로 '선천중
에'로 번역하는 것보다 '선천에'로 번역하는 것이 옳다.

55) 필자는 처음에는 "신문왕의 제3자가 옳다. 효소왕이 제1자, 봇내태자가 제2자, 성덕왕이 제3
자이다. 『삼국유사』 「대산 오만 진신」 조에도 제2자라 하였는데 『삼국사기』의 이 기록을
그대로 옮겨 쓴 것이라 할 수 있다. 오대산에서 스님이 된 보ㅅ내태자를 제외하고 왕이 된
아들만 헤아렸을 가능성이 있다."고 썼다. 그러나 2015년 11월 30일 현재로는 제2자가 옳다
고 본다. 왜냐하면 제2자라는 말이, 살아 있는 아들 가운데 둘째라는 의미로 사용된 것 같
기 때문이다. 죽은 아들까지 헤아릴 때는 次子(차자)라는 말을 쓴다. 이 제2자는 효소왕이
승하하였으므로 '봇내태자'와 '성덕왕'을 헤아린 것일 가능성이 크다.

관등, 소판은 최종 관등] 김원태의 딸과 혼인하였다. 이 왕비는 시호가 나와 있지 않지만 아마도 '엄정왕후'일 것이다. 왜 2년이나 있다가 혼인하였을까? 그때 왕실에는 성덕왕의 할머니 자의왕후도, 어머니 신목왕후도 없는 상태였다. 이 성덕왕의 혼인은 외할머니의 영향력이 강한 상태에서 이루어졌을 것이다.

성덕왕은 702년부터 737년까지 35년이란 긴 세월을 왕위에 있었다. 왕비도 성정왕후, 엄정왕후, 소덕왕후 등이 기록되어 있어 혼인 생활도 복잡하다. 자녀들도 혼인 전에 태어난 아들이 있는 것처럼 보이고, 또 여러 명이 등장하여 그 관계가 어떻게 되는지 잘 알 수 없게 기록되어 있다.

(보충주: 성정왕후가 효소왕의 왕비이고 수충이 효소왕의 친아들인데, 성덕왕이 효소왕비 성정왕후를 형사취수하고 형의 아들 수충을 양자로 삼았다고 보면 쉽게 이해되는 일이다. 이 형사취수 제도가 신라에도 있었다고 하면 여러 이상한 문제들이 해명된다. 태종무열왕의 아버지 문제, 신문왕의 왕비 김흠돌의 딸과 김흠운의 딸의 문제 등이 그것이다. 왕실에서만 그러했을까? 귀족 가문들에도 그런 제도가 있었을 가능성이 크다. '신국에는 신국의 도가 있다. 어찌 중국의 도로 하겠는가?' 이런 말이 필사본 『화랑세기』에는 들어 있다.)

가장 주목되는 점은 성덕왕의 '원자'가 기록에 없다는 사실이다. 아무데도 없다. 성덕왕의 원자는 어떻게 된 것일까? 그는 성덕왕이 정식으로 혼인한 704년 3월 이후 출생하여야 한다. 아마도 705~6년에 출생하였을 것이고, 조졸하였을 것이다.

(B) 효소왕의 친아들 김수충

성덕왕의 아들로, 기록에 맨 먼저 나오는 사람은 '왕자' 김수충이다.

(45a)에서 보듯이 714년[성덕왕 13년] 2월 당나라에 갔다가 (45b)와 같이 717년 9월에 돌아왔다. 그가 효소왕의 아들이라면 '왕질'이라고 적혔을 것이고, 신문왕의 아들이라면 '왕제'라고 적혔을 것이다. 김수충이 성덕왕 대에 '왕자'로 적혔다는 것은, 일단 그가 성덕왕의 아들 자격을 지녔다는 말이다. 형의 아들을 양자처럼 들여도 아들은 아들이다. 이 '왕자'는 그렇게 해석된다.

(45)

a. 13년[714] 2월 — 왕자 김수충을 당으로 보내어 숙위하게 하니 현종은 주택과 의복을 주고 그를 총애하여 조당에서 대연을 베풀었다[春二月 — 遣王子金守忠 入唐宿衛 玄宗賜宅及帛以寵之 賜宴于朝堂]. — 겨울 10월 당 현종은 우리 사신을 위하여 내전에서 연회를 베풀고 재상과 4품 이상 관리들이 참예하게 하였다[冬十月 唐玄宗宴我使者于內殿 勅宰臣及四品以上諸官預焉].

b. 16년[717년] 가을 9월에 당으로 들어갔던 대감 수충이 돌아와서 문선왕, 십철, 72 제자의 도상을 바치므로 그것을 태학에 보냈다[秋九月 入唐大監守忠廻 獻文宣王十哲七十二弟子圖 卽置於大學]. <『삼국사기』 권 제8 「신라본기 제8」 「성덕왕」>

그런데 이 김수충의 어머니가 누군지 모른다. 만약 어머니가 성덕왕과 704년 5월에 정식으로 혼인한 왕비인 엄정왕후이고 혼인 후에 태어났으면 당연히 이 수충이 '원자'로 기록되어야 한다. 그렇다고 둘째 아들로 보기에는 너무 어린 나이에 당나라에 숙위 간 것이 된다. 수충이 성덕왕의 정식 왕비 엄정왕후의 아들이라면 혼전, 혼외자일 것이고, 그렇지 않다면 그는 엄정왕후의 아들이 아니다.

김수충도 효소왕처럼 아버지와 어머니가 혼인하기 전에 혼외자로 태어났을 가능성도 있다. 그러면 그의 어머니가 수충을 낳은 뒤에 나중에 왕비가 되었다고 볼 수도 있다. 그러면 엄정왕후가 어머니가 된다. 수충의 어머니는 어떻게 보아도 어지럽다. 논리가 서지 않는다. 우리의 생각이 잘못 되었기 때문이다.

그런데 성덕왕의 왕비 시호가 『삼국사기』에는 (46)처럼 成貞王后*{또는 嚴貞이라고도 하다.}*라 되어 있고, 『삼국유사』에는 (47)처럼 엄정왕후라 되어 있다.

> (46) 성덕왕 15년[716년] 3월 성정*{또는 엄정이라고도 한다.}*왕후를
>   내보내는데, 채단 500필, 전 200결, 조 10000석, 가택 1구를 주었
>   다. 가택은 강신공의 구택을 사서 주었다[三月──出成貞*{一云嚴
>   貞}*王后 賜彩五百匹田二百結租一萬石 宅一區宅買康申公舊居賜
>   之]. <『삼국사기』 권 제9 「신라본기 제9」 「성덕왕」>
> (47) 제33 성덕왕, 이름은 흥광이다[第三十三 聖德王 名興光]. 본명은
>   융기이다[本名 隆基]. 효소왕의 동모제이다[孝昭之母弟也]. 선비
>   는 배소왕후이다[先妃陪昭王后]. 시호는 엄정이다[諡嚴貞]. 원대
>   아간의 딸이다[元大阿干之女也]. 후비는 점물왕후이다[後妃占勿王
>   后]. 시호는 소덕이다[諡炤德]. 순원 각간의 딸이다[順元角干之
>   女]. <『삼국유사』 권 제1 「왕력」>

성덕왕은 704년 24살에 혼인하였다. 중간에 혼인에 관한 다른 기록이 없으므로 이때 혼인한 왕비가 (46)에 나오는 출궁되는 성정왕후라고 착각하게 되어 있다. 모두 다 그렇게 해석해 왔다. 그런데 여기에는 깊이 생각해야 할 점이 있다. 704년에 혼인한 왕비가 성정왕후라는 보장은 아무 데도 없다. 704년에 혼인한 왕비를 716년에 내보낸 것이 아닐 수도 있다.

그런데 (46)을 보면 '*{一云 嚴貞[또는 엄정이라고도 한다.]}*'고 하였다. '一云'은 그 사람의 이름이 피휘 문제 등으로 둘이라서 '달리 적히기도 한다.'는 뜻도 되고 향찰 표기가 다르게 적혔다는 뜻도 되고 '다른 곳에는 달리 되어 있다.'는 뜻이기도 하다. 여기서는 둘째의 향찰 표기 문제가 먼저 제외된다. 그 다음 '成' 자를 피휘한다는 생각을 하지 않는 한 '成'과 '嚴'은 엄연히 다르다. 그런데 '成' 자는 피휘 대상 글자가 아니다. 孝成王(효성왕)에 사용되고 있다. '成'을 '嚴'으로 피휘한다는 것도 적절하지 않다. 그렇다면 여기서는 '다른 곳에는 달리 되어 있다.'는 뜻이다.

그런데 『삼국유사』의 (47)을 보면 성덕왕의 첫 왕후의 시호는 '嚴貞'이다. 이를 어떻게 해석해야 할 것인가? 이 기록에 대한 가장 정확한 해석은 (48)처럼 되어야 한다.

(48)

a. 『삼국사기』의 편찬자가 보고 있는 기록이 두 가지 이상이었다. 그런데 일군의 문서들에서는 '성정'이라고 하고 다른 문서들에서는 '엄정'이라고 하였다.

b. 이에 반하여 『삼국유사』의 편찬자가 보고 있는 문서들에는 일관되게 '엄정'이라고 되어 있었다.

만약 일연선사가 보고 있는 문서들에도 '성정'이라는 말이 있었으면 일연선사는 그것을 꼭 기록해 두었을 것이다. 적지 않을 분이 아니다. 그리고 『삼국사기』를 보면서 역사를 서술하고 있는 일연선사가 굳이 『삼국사기』의 '성정'이라는 말을 무시하고, 적지 않은 것은 이 왕비의 시호가 '성정'이 아니라는 것을 뜻한다.[56) 그러면 704년에 혼인한 성덕왕의 정식 왕비의 시호는 '엄정왕후'일 가능성이 훨씬 높아진다. 704년에 혼인한 이름이 밝혀져 있지 않은 왕비, 아간 김원태의 딸은 '엄정왕후'이다.

그러면 (46)의 성정왕후는 누구인가? 모른다. 여기서 제일 중요한 말은 '出'이다. 이 '出'을 모두, '폐비시키는 것'으로 생각해 왔다. 서정목 (2014a)도 그렇게 보고 왜 폐비시키는 왕비에게 이렇게 많은 위자료를 주는지 의아하게 생각해 왔다. 그것이 김순원 집안이 성정왕후를 폐비시키고 소덕왕후를 들이기 위한 정지 작업을 하는 것쯤으로 생각해 왔다. 그러나 그렇지 않을 수도 있다. 이 '出'은 폐비가 아니라 단순하게 궁에서 내어보낸다는 뜻일 수도 있다. 성정왕후가 궁에서 나가면 궁에 남는 왕비는 엄정왕후이다.

여기서 성정왕후와 엄정왕후가 다른 사람일 수도 있다는 생각을 하게 된다. 성덕왕은 즉위 전반기에 두 사람의 왕비가 있는 상황에서 살았을 수도 있다. 그럴 경우 가장 큰 가능성을 가지는 가설은 '성정왕후는 효소왕의 왕비이고', '엄정왕후는 성덕왕의 왕비라.'고 보는 것이다.[57] 그러면 효소왕이 700년 5월의 '경영의 모반'으로 702년 승하하여, 새로

---

56) 필자는 『삼국유사』를 먼저 공부하고, 나중에 『삼국사기』의 해당 연도를 찾아 내용을 맞추어 보는 과정을 거쳤다. 그런데 두 기록에서 차이가 날 때는 거의 『삼국유사』의 기록을 신뢰하게 되었다. 두 가지 예만 들어 둔다. 태종무열왕의 자녀들에 관한 기록은 『삼국유사』를 믿어야지 『삼국사기』를 믿을 수는 없다. 효성왕의 계비 혜명왕비의 아버지도 『삼국유사』를 믿어야지 『삼국사기』를 믿으면 안 된다.

57) 효소왕의 왕비는 현재까지 거론된 바 없다. 과거에는 '효소왕이 6세에 즉위하여 16세에 승하하였다.'고 보았으니 혼인도 하지 않았고 아들도 딸도 없고 왕비도 없다고 했을 것이다. 이제 '효소왕이 16세에 즉위하여 26세에 승하하였다.'는 것이 밝혀졌으므로 효소왕의 왕비가 핫 이슈로 떠오르게 된다. 필자의 이 말도 무시하려나? 다른 학문 분야라면 난리가 났을 일이다. 그들은 양심도 없는 자들이다. (보충주: 얼마나 세월이 지난 후에 제대로 된 반응이 나타나는지 지켜볼 것이다. 불치하문(不恥下問)을 생각하기 바란다.)

즉위한 성덕왕이 형수인 성정왕후를 책임졌고 그 왕비의 아들 수충을 양자처럼 하여 자기 아들로 길렀다고 보게 된다.[58] 만약 그렇다면 수충은 실제로는 효소왕의 아들이어야 한다. 그러면 수충이 효소왕의 원자일 수도 있고, 신문왕의 정통 종손이 된다.

그런데 성덕왕이 즉위하였으니 실제로는 형의 아들인 조카 수충과 성덕왕의 아들 '원자'가 부딪히게 된다. 왕위 계승에 상당한 문제가 생길 수 있다. 그런 수충을 아들처럼 하려니, 성덕왕이 정식 혼인하기 전에 태어난 것이 되고 따라서 '원자'로 적히지 않은 것이 된다. 『삼국유사』 권 제5 「신주 제6」 「혜통항룡」 조에는 명백하게 효소왕의 '왕녀'가 등장한다. 그뿐만 아니라 이제 필자의 주장대로, 효소왕이 16세에 즉위하여 26세에 승하하였다는 학설이 정설이 되면, 필연적으로 효소왕의 혼인 문제가 논제로 떠오르게 되어 있다. 왕녀 한 명까지 둔 효소왕이 혼인하지 않고 승하하였다는 것은 있을 수 없는 일이다. 그것은 효소왕이 6살에 즉위하여 16살에 승하하였다는 '원자'와 '왕자'조차 구분하지 못하던 2013년까지의 시대에나 통하던 소리이다.

이렇게 설명할 경우 가장 큰 문제는 성덕왕의 정식 왕비인 엄정왕후

---

58) 이는 문무왕의 맏아들이 일찍 사망하여 그 약혼자 김흠운의 딸[훗날의 신목왕후]를 정명태자가 책임져야 했던 사정과 같다. 665년 정명이 태자로 봉해진 것은 그의 형이 665년보다 더 앞에 사망하였음을 뜻한다. 그러므로 677년에 태어난 이공은 정명의 사망한 형의 아들이 아니다. 그러나 효소왕이 702년에 사망하였으므로, 김수충이 697년에 태어났다면(보충주: 실제로는 696년에 태어났다.) 그는 효소왕의 아들일 가능성이 훨씬 더 크다. 오대산에서 온 성덕왕은 처음에는 외할머니의 지시대로 형수를 책임지고 그 아들을 자기 아들로 삼아 키우다가 당나라에 숙위 보내었을 가능성이 크다. 왕위 계승 문제는 조선조의 경우와 비교해서 살펴볼 필요가 있다. 성종이 즉위하였을 때, 승하한 숙부 예종과 계비 안순왕후 사이에서 태어난 제안대군이 성종의 첫 아들 연산군의 즉위와 관련하여 어려움을 제기한 것과 비슷한 상황이다. 영조 즉위 후, 만약 경종에게 아들이 있었다면 사도세자(또는 진종)을 거쳐 정조로 왕위가 계승되기 어려웠을 수도 있다.

의 훗날이 역사 기록에서 포착되지 않는다는 점이다. 하기야 모든 왕비의 훗날이 역사 기록에서 포착되는 것은 아니다. 720년[성덕왕 19년] 소덕왕후가 들어오기 전에 사망하였을 가능성이 크다. 필자는 지금까지, 716년 성정왕후를 내보내고 720년에 소덕왕후를 들이기까지 시간 간격이 좀 뜨다는 생각을 하였다. 그 간격은 성정왕후가 엄정왕후가 아니라는 이 설명으로써 해명된다. 그 다음으로는 중경, 승경, 헌영[헌영은 소덕왕후의 아들일 가능성이 크다.] 등 성덕왕의 다른 아들들이 성정왕후 소생인지, 엄정왕후 소생인지 따져야 하는 문제가 있다.

성덕왕이 702년에 오대산에서 와서 즉위하여, 704년 엄정왕후와 혼인하였기 때문에 수충은 그 전에 다른 여인과의 사이에서 혼전, 혼외로 낳았을 가능성도 있다. 그러면 수충은 당연히 원자로 적히지 않고 왕자로 적히는 것이 옳다. 그러나 이럴 가능성은 거의 없다. 성덕왕이 오대산에서 왔을 때 외할머니 요석공주는 700년의 '경영의 모반'으로 딸 신목왕후를 잃었고 이어서 702년에 첫외손자 효소왕도 잃었다. 요석공주는 오대산에서 와서 새로 즉위한 성덕왕에게 형수와 조카를 책임지라고 하였을 것이다. 성정왕후는 효소왕의 왕비이었다가 효소왕 사후 다시 성덕왕의 왕비로 살았다. 김수충은 효소왕의 아들이기도 하고 성덕왕의 아들이기도 하다.

왕자 김수충과 그의 어머니, 이 속에 효소왕과 성덕왕을 위요(圍繞)한 신라 중대 왕실 속사정의 여러 비밀이 들어 있다. 그 비밀의 문을 열 열쇠가 '성정왕후'와 '엄정왕후'의 '成'과 '嚴'이다. 그리고 해외에 있는 열쇠는 중국에서 최초의 등신불이 된, 이름이 '교각(喬覺)'인 신라 왕자이다. 그는 키가 7척이었고, 그가 신은 짚신은 길이가 40cm에 가까웠으

며 그의 발자국은 35cm도 더 되는 거인이었다.[59]

중국 안휘성 구화산에서 등신불이 되어 오늘날도 지장보살의 화신으로 추앙받고 있는 신라 왕자 김교각 스님, 그 스님이 이 김수충일 가능성이 크다. 813년에 당나라 비관경(費冠卿)이 지은 『구화산 화성사기(九華山 化城寺記)』에 의하면 김교각 스님은 721년 24세에 당나라에 갔다고 한다. 그러면 그는 698년생이다. 그리고 그는 75년을 수도하고 794년에 99세로 입적하였다고 한다. 그러면 그는 696년생이다. 2년 차이가 난다. 그런데 나이를 보면 24세 되던 해가 721년이 아니라 719년이다. 그러면 그는 696년생이고 719년 24살 때 다시 당나라로 간 것이다. 그러면 721년이라는 연대가 틀린 것이다. 그가 당나라에 다시 간 해는 719년이 되어야 한다. 719년에 당나라로 갈 24세 정도의 왕자는 수충밖에 없다. 이미 그는 714년에 당나라에 숙위 갔다가 717년에 돌아왔었다.

성덕왕이 702년에 22세였으니 696년에는 16살이다. 아들을 낳았을 수도 있는 나이이긴 하다. 그러나 그 시기에 성덕왕은 오대산에 가 있었다. 그러므로 수충의 실제 아버지는 성덕왕이 아니고 효소왕이다. 수충은 실제로는 효소왕의 아들이고 자라기는 숙부 성덕왕의 아래에서 자랐다. 마치 김춘추가 김용수가 사망한 후에 김용춘의 아들처럼 자라서 기록상으로 김용수의 아들이기도 하고 김용춘의 아들이기도 한 것과 같다.[60] 김용춘이 천명공주를 책임졌는지 어떤지는 아직 모른다.

---

59) 이들은 어디에서 온 사람들일까? 필자가 중앙아시아 키르키즈탄의 비쉬케크에서 만난 원주민들 중에는 경주 괘릉[원성왕릉]의 석인들과 똑 같이 생긴, 키가 크고 코가 높고 눈이 움푹 들어간 사람들이 있었다. 그들이 신라 김 씨 왕족과 같은 종족일 가능성이 열려 있다.

60) 이 문제, 형이 일찍 죽으면 아우가 형수를 책임지고 그 형의 아들을 자기 아들처럼 키워야 하는 제도를 깊이 연구해야 한다. 고구려의 산상왕이 형수를 책임졌고, 신라의 김용춘이 형

(보충주: 필사본 『화랑세기』에는 용수가 죽은 뒤 용춘이 형수 천명공주를 아내로 삼고 김춘추를 아들로 삼았다고 되어 있다. 다만 필자의 계산에 의하면 용수가 죽은 때 그의 나이가 70여 세이고 용춘이 그때 68세이며 김춘추가 40세를 넘었다는 것이 약간의 의문점을 남기고 있다.)

김수충은 696년 태어나서 (45a)에서 보듯이 714년 19살에 당나라로 숙위 갔다. 그리고 (45b)에서 보듯이 717년 22살에 귀국하였다. 김수충은 그 2년 후 719년에 다시 당나라로 갔을 것이다. 그리하여 그가 99세 된 794년에 성불하여 열반한 3년 뒤, 제자들이 석관에 들어 있던 시신을 꺼내어 썩지 않은 그 시신에 금도금을 하여 구화산 '육신보전(肉身寶殿)'에 모셔 두었고 그 후로도 줄줄이 등신불이 등장하였다. 1218년이 지난 오늘날까지도 중국인들은 그를 지장보살의 화신으로 추앙하고 있다. 오늘도 한국 관광객들이 상해를 거쳐 절강성, 안휘성의 유적들을 둘러보면서 '웬 신라 왕자가 여기까지 와서 성불하였담.?' 하고 고개를 갸우뚱하는 사연은 이렇게 하여 생긴 것이다.

그 김교각 보살은 제32대 효소왕의 왕자[어쩌면 원자]로서 아버지가 사망하지 않았으면 왕이 될 제1 후보였었다. 그런데 아버지가 700년 5월의 '경영의 모반'으로 상처를 입어 702년 26세에 승하하였다. 이에 아버지의 외할머니 요석공주는 오대산에 가서 스님이 되어 있던 삼촌을 데려와서 즉위시켰으니 이 이가 성덕왕이다. 어머니 성정왕후와 더불어 숙부 성덕왕의 보살핌을 받던 그는 714년 2월에 숙위[인질]로 당나라 황궁에 보내졌다. 그가 당나라에 머물던 715년 12월 숙부 성덕왕은 자신의 아들 중경을 태자로 책봉하였다. 왕위를 두 번씩이나 도둑맞게 된

김용수의 아들 김춘추를 책임졌다. 신문왕이 형수가 될 뻔한 형의 약혼녀를 책임졌다. 이제 성덕왕이 형 효소왕의 왕비와 아들을 책임졌다는 것이 추가된다.

수충의 어머니 성정왕후는 극렬히 항의하였을 것이다. 그에 대한 위자료로 성덕왕은 많은 재물을 주어 성정왕후를 궁 밖으로 내보내었다.

이 소식을 들은 수충은 당나라에서 부랴부랴 귀국하였다. 717년 9월이었다. 서라벌에 왔더니 717년 6월에 태자 중경이 사망하여 있었다. 다시 왕위를 이을 희망을 가지고 기다렸지만 그에게 기회는 오지 않았다. 다음 태자 차례는 죽은 사촌 동생 중경의 아우인 승경이 차지할 것이 뻔했다. 더욱이 720년 3월 아버지 효소왕을 지극히 사랑한 아버지의 외할머니 요석공주의 정적인 김순원의 딸 소덕왕후가 숙부 성덕왕의 계비로 들어왔다. 아버지의 외할머니, 자신들의 후원자 요석공주가 사망한 후이기 때문이다.

귀국 후 2년쯤, 효소왕, 성덕왕을 섬기던 어머니 성정왕후도 궁 밖으로 나가 있고, 양아버지 성덕왕이 이미 중경을 후계자로 정하였다가 중경이 죽자 다시 자신을 배제하고 승경을 후계자로 정할 것 같은 서라벌의 사정을 고뇌 속에서 지켜 본 뒤에, 효소왕의 왕자 김수충은 719년 훌훌히 속세의 번뇌를 털어 버리고 당나라 구화산에 들어가 수도하여 성불하였다.

5천년 역사를 자랑하고, 시대별 사서가 『삼국사기』, 『삼국유사』, 『고려사』, 『조선왕조실록』으로 남아 있다고 자랑하는 대한민국의 역사학계가 어찌하여 불과 1294년 전 왕위를 두고 피비린내 나고 넌더리나는 골육상쟁이 벌어지고 있는 조국에 환멸을 느끼고 당나라로 망명한 후, 불교에 귀의하여 성불한 왕자 한 분의 정체를 밝히지 못하여 수많은 관광객들이 구화산(九華山) 등신불을 보고도 '저 분이 신라 왕자 맞어?' '어느 왕 아들이지?', '왜 그랬지?' 하고 아무 것도 모르는 중국 동포 안

내자에게 묻고 또 묻게 만든단 말인가? 효소왕의 왕자 김수충, 그리고 等身佛(등신불) 金喬覺(김교각) 地藏菩薩(지장보살), 그것은 필자가 닷새 동안, 그것도 『삼국사기』, 『삼국유사』를 몇 장 대조해 보고 찾아낼 수 있었던, 이렇게 명백하게 기록된 역사적 사실이었다.

(C) 중경과 승경

성덕왕과 엄정왕후는 704년 3월에 정식 혼인하였으므로 아마 705~6년경에 맏아들이 태어났을 것이다. 그 원자가 기록에 남지 않은 것은 조졸하였기 때문인 것으로 보인다. 그것은 (49a)의 그의 아우의 이름 중경(重慶)을 보면 짐작이 간다. '거듭, 다시 重'은 '중경'이 거듭된 경사임을 뜻한다. 첫 경사는? 그것은 아마 원자의 출생이었을 것이다. 원자의 이름은 필자의 상식에 따르면 '元慶(원경)'이었을 것이다.

(49)

a. 성덕왕 14년[715년] 12월 —— 왕자 중경을 봉하여 태자로 삼았다 [十二月 —— 封王子重慶爲太子].

b. 15년[716년] 3월 성정*{또는 엄정이라고도 한다.}*왕후를 내보내는데, 채단 500필, 전 200결, 조 10000석, 가택 1구를 주었다. 가택은 강신공의 구택을 사서 주었다[三月——出成貞*{一云嚴貞}*王后 賜 彩五百匹田二百結租一萬石 宅一區宅買康申公舊居賜之].

c. 16년[717년] 6월 태자 중경이 죽어 시호를 효상태자라고 하였다[六月 太子重慶卒 諡曰孝殤].

d. 16년[717년] 가을 9월에 당으로 들어갔던 대감 수충이 돌아와서 문선왕, 십철, 72 제자의 도상을 바치므로 그것을 태학에 보냈다[원문 252면 참조]. <『삼국사기』 권 제8 「신라본기 제8」 「성덕왕」>

중경은 둘째 아들의 이름이다. 그는 708~9년경에 태어나서 715년 12월에 태자로 책봉되었다. 이 중경의 태자 책봉 직후인 716년 3월에 성정왕후가 궁을 나갔다는 것은 매우 중요하다. 성정왕후는 자신의 아들인, 당나라에 숙위로 가 있는 수충이 왕위 계승으로부터 멀어진 데 대하여 항의하였을 것이다. 이에 대하여 무마하고 나가살라고 한 것이 저 위자료일 수 있다. 이제 성덕왕은 왕위 계승 문제까지 거론하는 형수 성정왕후를 더 이상 책임질 수 없게 되었다.

그리고 717년 6월 태자 중경이 사망하였다. 10살 정도, 下殤(하상)이다. 그의 시호가 孝殤太子(효상태자)이다.[61] 이 중경은 김교각 스님이 절대로 아니다. 공교롭게도 당나라에 가 있던 수충이 이 해 9월에 귀국하였다. 공자, 10철, 72 제자의 도상을 들고 와서 왕에게 바쳤고 성덕왕은 그 도상들을 태학에 보냈다. 소식이 가고 그가 오는 데에 4개월 정도 걸린다. 수충은 어머니가 쫓겨난 사실은 알고 왔을 것이다. 그러나 태자 중경의 사망 소식은 듣지 못한 채 귀국길에 올랐다고 보아야 한다.

성덕왕의 그 다음 아들은 효성왕 承慶(승경)이다. 그 뜻은 '이어진 경사'이다. 710~11년 경에 태어나서 724년 태자로 책봉되고 737년 왕위에 올랐으나, 온갖 어려움을 겪다가 이복아우 헌영을 태자로 책봉하고 742년 5월에 갑자기 의문스럽게 승하하였다.

---

61) 이 '殤(상)' 자는 '일찍 죽을 상'이다. 7세 이하에 죽은 것을 무복지상(無服之殤), 8세부터 11세 사이에 죽은 것을 하상(下殤),), 12세부터 15세 사이에 죽은 것을 중상(中殤), 16세부터 19세 사이에 죽은 것을 장상(長殤)이라 한다. 그는 성덕왕과 성정왕후의 둘째 아들이기 때문에 빨라야 707년생이다. 717년 유월에 죽었으니 나이가 많아야 10살이다. 무조건 하상에 속한다. (참고, 『예기』: 주 나라 사람이 은 나라 사람의 관으로 장상을 장례지냈다[周人以殷人之棺槨葬長殤]). (보충주: 신라 중대 정치사 연구로 박사학위를 받았다는 어떤 책은 이 '孝殤太子'를 '孝傷太子'로 적고 있다. 오식이려니 하지만 사료를 이렇게 대충 읽으면 역사의 진실에 접근하기 어렵다. 점 하나, 획 하나에 주의를 기울여 읽어야 한다.)

이 효성왕의 생모(生母)가 누구일까? 이름으로 보면 重慶(중경)과 承慶(승경)이 한 어머니에게서 난 형제이다. 효성왕이 『삼국사기』, 『삼국유사』가 공히 증언하는 대로 소덕왕후(炤德王后)의 아들일까? 소덕왕후는 720년 3월에 성덕왕과 혼인하여 724년 12월 사망할 때까지 만 5년 혼인생활을 하였다. 그 5년 사이에 소덕왕후가 승경, 헌영, 경덕왕 2년에 당나라 사신으로 가는 왕제, 거기에 제37대 선덕왕의 어머니 사소부인 등을 낳을 수가 없다. 헌영의 뒤로 태어난 자녀들도 문제이지만 헌영의 앞에 소덕왕후가 승경을 낳았을 것으로 볼 수는 없다. 승경과 그의 형 중경은 엄정왕후의 아들임에 틀림없다.

『삼국유사』 권 제1 「왕력」의 「효성왕」 조의 혜명왕비는 박 씨 왕비를 폐하고 맞이한 최종의 법적인 왕비이다. 이로 보면 성덕왕의 계비 소덕왕후도 성덕왕의 최종 왕비로서 효성왕에게는 법적 어머니이다. 그러면 효성왕을 소덕왕후의 아들이라고 적은 것은 성덕왕의 최종 왕비로서 법적인 어머니를 적은 것이고, 생모인 엄정왕후를 적지 않은 것으로 해석된다. 그렇다면 효성왕 승경의 생모는 성덕왕의 정식 왕비 엄정왕후이다.

그러면 엄정왕후 소생인 효성왕 승경과 소덕왕후 소생인 경덕왕 헌영 사이의 권력 쟁투로, 주 나라 말기의 형제간의 골육상쟁 사이에서 이러지도 저러지도 못하는 주 나라의 신하들의 처지를 읊은 시 「角弓」의 교훈을, 효성왕이 잊을 뻔하였다는 『삼국유사』 권 제5 「피은 제8」의 「신충 괘관」 조가 해명되고, 「怨歌(원가)」가 제대로 해석된다(서정목(2015b) 참조).

「원가」의 가사는 (50)과 같다. 이 시는 마지막 두 행이 망실된 것[後

句亡]으로 알려져 왔으나 노래 내용을 보면 마지막 두 행은 남아 있고 없어진 것은 제5행과 제6행이다. 해독은 김완진(1980)을 그대로 따랐다. 다만 '하니져[重히 여겨]'로 해독한 '多支行齊'를 '아름드비 너겨 녀리로다.'로 수정하였다. 현대어 해석은 필자가 하였다. 김완진(1980)에서 '지나가는 물결에 대한 모래로다.'로 해석한 '行尸浪 阿叱沙矣以支如支'의 현대어역을 '흘러가는 물결의 모래로다.'로 해석하였다.

<pre>
(50) 物叱好支栢史   갓 됴흔 자시시
     秋察尸不冬爾屋支墮米   フ술 안둘 므르디매
     汝於多支行齊敎因隱   너를 아름드비 너겨 녀리로다
                             ᄒ시므론
     仰頓隱面矣改衣賜乎隱冬矣也   울월던 ᄂ치 가시시온 겨스레여

     ○○○○○○   ○○○○○○
     ○○○○○○○○○○   ○○○○○○○○○○
     月羅理影支古理因淵之叱   ᄃ라리 그르메 ᄂ린 못 ᄀ
     行尸浪 阿叱沙矣以支如支   녈 믌겨랫 몰개로다.

     兒史沙叱望阿乃   즈시사 ᄇ라나
     世理都 之叱逸烏隱第也   누리 모돈 갓 일흔 더여.
</pre>

현대어 해석: 질 좋은 잣나무
         가을에 아니 말라 떨어지듯
         너를 아름다이 여겨 가리라 하시므로
         우러르던 낯이 변하신 겨울에여.

         ○○○○○○
         ○○○○○○○○○○

달이 그림자 내린 못가
흐르는 물결의 모래로다.

모습이야 바라나
세상 모든 것 잃은 처지여.

이 노래의 해독에서 가장 중요한 것은 제3행 '汝於多攴'의 해독이다. 그 가운데서도 '多'를 제대로 읽는 것이 중요하다. 이 '多'를 훈독하라는 지시를 하는 지정문자가 '攴'이다. '多'의 훈은 '하-, 많-, 아름다이 여기-, 중히 여기-'이다. 특히 임금이 신하에게 하는 말 속에 들어 있는 '多'는 거의 '아름다이 여기-'의 뜻으로 사용된다. 그러면 이 타동사의 목적어가 그 앞에 와야 한다. '汝於'가 그것이다. '너를'이다. '어조사, 입겿 於'는 '늘 於'라는 훈도 가진다. 김완진(1980:140)은 이 '늘 於'의 '늘'이 '-를'일 것이라고 적고 있다.

제1연의 3행 '너를 아름다이 여겨 가리라'까지는 태자 승경이 신충과 잣나무 아래서 바둑을 두면서 맹서한 내용을 소재로 하여, 신충이 반간접 화법[semi-indirect narration]으로 읊은 것이다. 완전 간접 화법이 되려면 '너를'이 '나를'로 바뀌어야 한다. 제1연의 제4행은 효성왕이 즉위한 뒤에 공신들을 상 줄 때, '신충이 不第(부제)하였다.'는 것을 소재로 하여 나타낸 말이다. 효성왕은 신충을 공신록에 넣지 못하고 작록을 주지 못한 것이다. 그리고 이 시가 지어진 시기는 737년 2월 겨울이다.

제2연의 망실된 앞 두 행의 자리에는 '모래로다'의 주어가 와야 한다. '흐르는 물결의 모래', 그것도 달밤의 그 모래는 보이지도 않는다. 그것은 드러나지 않는 존재, 보잘 것 없는 존재로서 시의 화자 자신을 가리키는 것이다. 그러므로 그 주어는 '시인 자신의 처지'이다. 신충은 효성왕 승경을 편듦으로써 정계 주류를 형성하고 있는 승경의 이복아우 헌영을 편드는 세력에게서 배척당하고, 줄을 잘못 선 일에 대하여 후회하고 있다. 효성왕은 아무 실권 없는 허수아비 왕으로서 즉위 후 공신 책봉에서마저 제 뜻대로 하지 못하는 처지이다. 즉위 전에는 태자이므로 왕으로 즉위하는 것까지야 당연하여 잣나무 아래의 맹서로 뜻을 같이 하였지만 즉위한 후에 하는 것으로 보아서는 제대로 왕 노릇을 할 수 있을 것 같지가 않은 효성왕인 것이다.

제3연에는 그러한 정치적 상황에서 더 이상 효성왕 측에 있는 것이 이득이 될 것이 없음을 알고, 효성왕의 편을 떠나 김순원의 외손자, 소덕왕후의 아들 헌영[경덕왕]에게로 가겠다는 속마음이 드러나 있다.

(51)에『삼국사기』권 제9「효성왕」대 기록에서 필요한 부분을 가져왔다. 이 효성왕 대 기록은 여러 면에서 무성의하게 기록되었다는 느낌을 준다.

(51)

a. (효성왕) 2년[738년] 봄 2월 당 현종은 성덕왕이 승하하였다는 부음을 듣고 애도하고 아까워하기를 오래 하였다[二年 春二月 唐玄宗聞 聖德王薨 悼惜久之]. 좌찬선대부 형숙을 홍려소경으로 파견하여[遣 左贊善大夫邢璹 以鴻臚少卿], 가서 조문하고 제사를 지내고[往弔 祭], (성덕왕에게) 태자태보를 추증하고[贈太子太保],[62] 또 사왕을 책봉하여 개부의동삼사 신라왕으로 삼았다[且冊嗣王爲開府儀同三 司新羅王].── 당에서 사신을 파견하여 조칙으로 왕비 박 씨를 책

---

62) 서정목(2015b:49)에서는 이 태자태보를 형숙에게 준 것으로 착각하고 신라 태자의 스승 역할을 하라는 것인 것처럼 썼다. 이를 읽은 사학과의 이종욱 교수는 '이 태자태보는 현종이 성덕왕에게 추증한 것으로 보라.'고 일러 주었다. 감사드린다. 이 글을 통하여 잘못을 고친다. 이 문장은 '현종이 성덕왕에게 태자태보를 추증한 것'을 적은 것이다. '태자태보'는 당나라 관직 종1품이다.

봉하였다[唐遣使詔冊王妃朴氏].

b. 3년[739] 봄 정월 조부, 부의 묘에 제사하였다. 중시 의충이 죽어 서 이찬 신충을 중시로 삼았다. —— 2월 왕제 헌영을 제수하여 파 진찬으로 삼았다.[春正月拜祖考廟 中侍義忠卒 以伊飡信忠爲中侍 —— 二月 拜王弟憲英爲波珍飡].

c. 3월 이찬 순원의 딸 혜명을 들여 비로 삼았다[三月 納伊飡順元女惠 明爲妃]. <『삼국사기』 권 제9 「신라본기 제9」 「효성왕」>

(51a)에서 보듯이 738년 2월에 당나라는 박 씨를 왕비로 책봉하였다. (51b)에서 보면 739년 2월 효성왕은 아우 헌영을 파진찬으로 삼고, (51c)에서 보듯이 3월 김순원의 딸 혜명을 왕비로 들였다.

그러나 (52)에서 보는 『삼국유사』 「왕력」 「효성왕」 조는 혜명왕후의 아버지가 '진종 각간'이라 하였다. (53)의 같은 「왕력」 「성덕왕」 조는 소덕왕후가 '순원 각간'의 딸이라고 적었다. 이렇게 『삼국유사』는 혜명 왕비와 소덕왕후의 아버지를 다른 사람으로 적었다.

(52) 제34 효성왕[第三十四 孝成王]. 김 씨이다[金氏]. 이름은 승경이 다[名承慶]. 아버지는 성덕왕이다[父聖德王]. 어머니는 소덕태후 이다[母炤德大后]. 왕비는 혜명왕후이다[妃惠明王后]. 진종 각간 의 딸이다[眞宗角干之女也]. 정축에 즉위하였다[丁丑立]. 5년 동 안 다스렸다[理五年]. 법류사에서 화장하여 뼈를 동해에 뿌렸다 [法流寺火葬 骨散東海]. <『삼국유사』 권 제1 「왕력」 「효성왕」>

(53) 제33 성덕왕, 이름은 흥광이다[第三十三 聖德王 名興光]. 본명은 융기이다[本名 隆基]. 효소왕의 동모제이다[孝昭之母弟也]. 선비 는 배소왕후이다[先妃陪昭王后]. 시호는 엄정이다[諡嚴貞]. 원대 아간의 딸이다[元大阿干之女也]. 후비는 점물왕후이다[後妃占勿王 后]. 시호는 소덕이다[諡炤德]. 순원 각간의 딸이다[順元角干之 女]. <『삼국유사』 권 제1 「왕력」 「성덕왕」>

그러나 『삼국사기』는 (54), (55)처럼 이 두 왕비를 모두 '이찬 순원'의 딸이라고 적고 있다. 『삼국사기』와 『삼국유사』가 명백한 차이를 보이는 것이다. 필자는 이 경우는 『삼국유사』가 옳고 『삼국사기』가 그르다고 생각한다. 실제로 (55)의 '순원'은 오식이다.

> (54) 성덕왕 19년[720년] ―― '3월 이찬 순원의 딸'을 들여 왕비로 삼았다[三月 納伊飡順元之女'爲王妃]. <『삼국사기』 권 제8 「신라본기 제8」 「성덕왕」>
> (55) 효성왕 3년[739년] ―― '3월 이찬 순원의 딸' 혜명을 들여 비로 삼았다[三月 納伊飡順元女'惠明爲妃]. <『삼국사기』 권 제9 「신라본기 제9」 「효성왕」>

그것을 어떻게 아는가? (54)와 (55) 사이에는 무려 19년이라는 시간 간격이 있다. 그 19년 동안 순원이 내내 '이찬'이다. 그러면 그는 이찬으로 사망하였어야 한다. 그런데 (53)을 보면 그 순원의 관등이 '각간'으로 올라 있다. 순원이 효소왕 7년[698년] 2월 중시 당원의 퇴직에 따라 대아찬으로서 중시 직을 맡았을 때 55세였다고 상정해 보자. 그러면 739년에는 96세이다. 96세까지 이찬으로 있다가 그 뒤에 각간이 된다는 것은 상상하기 어렵다. 그러므로 혜명왕비를 '이찬 순원의 딸'이라고 적은 『삼국사기』의 (51c=55)의 '순원'은 오식인 것이다.

혜명왕비의 아버지는 '진종'이다. 이 '진종 각간'이 이찬일 때 혜명이 효성왕의 계비로 들어간 것이다. 그런데 '이찬 진종'이라고 써야 할 이 자리에 『삼국사기』는 (55)에서 보듯이 '이찬 순원'이라고 잘못 썼다. 공교롭게도 (54)와 (55)의 '三月 納伊飡順元(之)女'가 똑 같다. 이럴 경우 쓰는 사람, 새기는 사람, 교정하는 사람이 실수할 가능성이 크다.

'이찬 진종'과 '이찬 순원'은 『삼국사기』가 바꾸어 적을 만큼 혼동을 일으키는 사람이라 할 수 있다. 그렇다면 이 둘의 관계는 무엇일까? 같은 집안이다. 가까운 관계인 것은 분명하지만 근거가 없어 알 수 없다. 가장 가까운 것은 바로 '부자간'이고, 조금 멀면 '숙질간'다. 그렇다면 혜명왕비는 어떻든 성덕왕의 계비 소덕왕후의 친정 조카딸이라 할 수 있다. 촌수가 두 촌쯤 멀어질 가능성은 열어 둔다. 지금까지 이 두 왕비를 자매 관계로 본 것은 당장 수정하여야 할 것이다. 그러면 혜명왕비는 소덕왕후의 아들 경덕왕에게는 외사촌 누이가 된다.

더 놀라운 사실은 (56)의 기록이다. 효성왕 승경은 법적 어머니는 소덕왕후이지만 생모는 일찍 죽은 효상태자 중경과 마찬가지로 엄정왕후이다.

> (56) 효성왕 3년[739년] 여름 5월 파진찬 헌영을 책봉하여 태자로 삼았다[夏五月 封波珍湌憲英爲太子]. <『삼국사기』권 제9 「신라본기 제9」「효성왕」>

효성왕의 생모 엄정왕후가 704년 봄에 혼인하여 첫아들 원경, 둘째 중경을 낳고 그 다음에 승경을 낳았다면, 승경은 아무리 빨라야 710년 생이다. 그리고 소덕왕후가 720년 3월에 들어왔으니 승경은 그 전에 태어났다. 그러면 아무리 늦어도 719년 이전 생일 것이다. 그러므로 739년에는 적어도 20세 이상, 많아야 29세 이하의 청년 왕이다. 그에게 무슨 결격 사유가 있었기에 739년 3월에 새로 혼인하고 5월에 아우를 태자로 봉했을까?

효성왕이 아들을 못 낳을 것이니 아우를 태자로 삼자는 주장을 할 수 있는 사람은 누구인가? 혜명왕비일 것이다. 정상적인 경우라면 혜명왕비는 자신이 원자를 낳아 그 원자를 왕위에 올리려 하였을 것이다. 그러나 혜명왕비는 친정 고모의 아들이자 시동생인 헌영을 남편의 후계자로 세우는 것에 동의하였다. 이상한 일이다. 기록은 (57)처럼 이어진다.

(57)
a. 4년[740년] 봄 3월 당이 사신을 보내어 <u>부인 김 씨를 책봉하여 왕비로 삼았다</u>[四年 春三月 唐遣使冊夫人金氏爲王妃].
b. 가을 7월 <u>붉은 비단 옷을 입은 한 여인이 예교 아래로부터 나와 조정의 정사를 비방하며 효신공의 문 앞을 지나갔으나</u> 홀연히 보이지 않았다[秋七月 有一緋衣女人 自隷橋下出 謗朝政 過孝信公門 忽不見]. <『삼국사기』 권 제9 「신라본기 제9」, 「효성왕」>

(57a)가 혜명왕비와 순원이 김 씨임을 보여 준다. 이 기록으로부터 혜명왕비가 김 씨이고 그의 아버지로 기록된 순원이 김 씨라는 것이 증명된다. 그러면 '진종 각간'도 김 씨이다. 이제 성덕왕 19년[720년], 효성왕 3년[739년]에 걸쳐 두 번씩 소덕왕후, 혜명왕비를 배출하며 권력의 실세로 군림한 집안이 김 씨임을 알 수 있다. 왕족인 것이다.

이 당시에 이 정도의 권력을 행사할 만한 집안은 자의왕후의 친정 집안뿐이다. 왜냐하면 681년의 '김흠돌의 모반'으로 김군관, 진공, 흥원 등이 죽고 대부분의 군부 출신 귀족들이 축출되었다. 그리고 '경영의 모반'으로 또 한 그룹이 제거되었다. 『삼국사기』에는 더 이상의 기록이 없다. 『삼국유사』에는 신문왕, 효소왕과 관련되는 많은 암시적인 기록이 있다. 그러나 직접적으로 이 집안을 말한 것은 없다.63)

---

63) 필사본 『화랑세기』에는 김순원의 아버지가 '김선품'이다. 김선품은 자의왕후와 순원의 아버

이 모든 일은, 누가 주체가 되어 추진한 것일까? 김순원은 아무리 늦어도 아버지 김선품이 이승을 떠난 643년[선덕여왕 12년]이나 644년에는 태어났어야 하므로, 살아 있었다면 739년에는 96세를 넘었을 것이다. 살아 있기 어렵다. 이 일은 김순원의 아들이나 손자들이 정략적으로 한 일이다. 김순원이 자의왕후의 동생이므로 자의왕후의 친정 집안이 대를 이어 권력의 실세가 되어 있었다.[64] 그들이 새 왕 효성왕을 전왕 성덕왕처럼 집안의 사위로 삼은 것이다.

지로서 진지왕의 동생 김구륜의 아들이다. 선품은 당나라에 사신을 다녀온 뒤에 곧 사망하였다. 자의왕후는 태종무열왕의 6촌 동생이고 문무왕의 7촌 고모이다. 그러므로 김순원은 신문왕의 8촌 재종조부이면서 외삼촌이다. 『삼국사기』 권 제5 「신라본기 제5」, 「선덕왕」에는 643년[선덕여왕 12년] 9월에 당나라에 사신을 보내어 청병하였는데, 당 태종이 그 사신(김다수)를 면담하면서 당나라 군사 주둔, 당나라 군복과 기 빌려 주기, 여왕을 폐하고 당 태종의 친척 한 명을 왕으로 삼고 군사와 함께 주둔하기 등 세 가지 계책을 내어 놓고 선택하라고 하고, 그가 대답하지 못하자, '그를 용렬한 사람이라 하고 위급할 때 구원병을 청할 능력이 없다고 탄식하였다.'는 기록이 있다. 이런 말을 듣고 병이 들어 귀국하여 곧 죽은 그 사신단의 일원이 김선품일 것이다. 아니면 (김다수)가 김선품일 수도 있다. 필사본 『화랑세기』는 이러한 기록을 모두 활용하여 재구성한 위서일 수도 있고, 진서를 필사한 것일 수도 있다. 그러므로 위서라 하더라도 그가 재구성한 신라 사회의 모습은 역사적 진실에 가까울 것이다. 그런 면에서 그 필사본은 『삼국유사』만큼 신뢰할 수 있다. 필자의 그 필사본에 대한 신뢰는, 만약 그 필사본이 위서로 판명된다고 하더라도 변하지 않을 것이다. 신라 중대 역사에 관한 한 필사본 『화랑세기』가 가장 역사적 사실에 가깝게 적고 있다. 그 문서는 위서일 때 가장 찬란한 빛을 발하는 문서이다. 만약 그 책이 일본 어딘가에 감추어져 있는 진서 『화랑세기』를 보고 베껴 쓴 필사본이라면 그 가치는 0으로 떨어지고, 그 진서가, 김대문이 그 시대에 아버지 김오기와 공저로 2대에 걸쳐서 적었으므로 가장 진실에 가까이 가는 문서가 된다.

64) 필사본 『화랑세기』에 의하면 선품의 딸이 운명이다. 운명은 김오기의 부인으로 김대문의 어머니이다. 김순원의 딸이 제33대 성덕왕의 계비 소덕왕후이고, 손녀가 제34대 효성왕의 계비 혜명왕비이다. 성덕왕은 효소왕의 왕비 성정왕후를 책임 진 상태에서 엄정왕후를 맞아들였고, 그 후 엄정왕후의 거취는 불분명한 채 720년에 다시 소덕왕후를 들였다. 성덕왕의 아들 효성왕은 첫 왕비 박 씨의 거취가 불분명한 채(?) 혜명왕비를 들인다. 효성왕은 새 어머니 소덕왕후의 친정 질녀와 혼인한 것이다. 지금까지는 이모와 혼인한 것으로 보고 있었는데 그것은 틀린 것이다. 소덕왕후의 아들 헌영이 효성왕 3년에 태자[부군]으로 봉해졌다가 효성왕 6년에 형이 승하하자 즉위하여 제35대 경덕왕이 되었다(서정목(2015b) 참조). 이렇게 되면 경덕왕이 효성왕의 왕비 혜명왕비를 책임졌을 것이라는 추정이 가능하다.

(51a)에서 보았듯이 이미 박 씨가 당나라로부터 왕비로 책봉되어 있었는데, (57a)에서는 김 씨 혜명이 왕비로 책봉되었다. 당나라에서 동일 시기에 두 사람의 왕비를 책봉하였을까? 아마도 박 씨 왕비는 사망하였거나 폐비되었을 것이다.[65] (57b)에서는 '붉은 비단 옷을 입은 여인이 정사를 비방하며 효신공의 집 앞을 지나갔다.'

효신공이 누구일까? 아무 근거가 없다. 무슨 정사를 비방하였을까? 청년 왕인 효성왕이 시퍼렇게 살아 있는데도, 그리고 금방 자신의 누이를 왕비로 들여 놓고도, 다시 고모의 아들 헌영을 태자로 책봉하게 하는 정사를 펴고 있는 효신공을 비방한 것이라고 볼 수밖에 없다. 혜명 왕비의 형제, 소덕왕후의 친정 조카로 보이는 효신공은 누구일까? 그는 김진종의 아들 김효신일 것이다. 김순원의 손자이다. 739년에 김순원 96세쯤, 김진종 76세쯤, 김효신 55세쯤, 나이는 기가 막히게 맞아떨어진다. 김효신은 김진종의 아들이고 김진종이 김순원의 아들일 것이다. 이렇게 하여 효성왕은 이복동생 헌영을 태자로 봉하여 부군으로 두게 되었다.

왕비 혜명이 헌영의 태자 책봉에 동의한 이유는 (58a)의 '영종의 모반'에서 찾을 수 있다. 효성왕은 파진찬 영종의 딸인 후궁을 총애하다가 왕비의 투기를 샀다. 왕비가 친정 집안 사람들[族人]과 모의하여 영종의 딸을 죽였다. 이에 죽은 후궁의 아버지가 반란을 일으켰다.

---

65) 그러나 알 수 없다. 고구려 대무신왕은 분명히 원비와 차비로 구분되는 두 왕비를 두었다. 신라 혜공왕의 사후 기록에도 원비와 차비가 적혀 있다. 이는 선비와 후비로 적는, 폐비나 사망한 왕비와 재혼한 왕비의 구분과는 다른 것이다.

(58)

a. 4년[742년] 8월 파진찬 영종이 모반하다가 복주되었다[八月 波珍湌
永宗謀叛伏誅]. 이에 앞서 영종의 딸이 후궁에 들었다[先是永宗女
入後宮]. 왕이 지극히 사랑하여 은혜가 날이 갈수록 심하여졌다[王
絶愛之恩渥日甚]. 왕비가 투기를 하여 족인들과 모의하여 죽였다
[王妃嫉妬與族人謀殺之]. 영종이 왕비의 종당들을 원망하여 이로
인하여 모반하였다[永宗怨王妃宗薰 因此叛].

b. 6년[744년] — 여름 5월 유성이 삼대성을 범하였다[夏五月 流星犯
參大星]. 왕이 승하하였다[王薨]. 시호는 효성이다[諡曰孝成]. 유명
으로 널을 법류사 남쪽에서 태우고 동해에 유골을 뿌렸다[以遺命
燒柩於法流寺南 散骨東海].

<『삼국사기』 권 제9 「신라본기 제9」 「효성왕」>

효성왕이 후궁을 총애하였다는 사실은 그가 남자로서 무능력하지는
않았다는 것을 의미한다. 그렇다면 혜명이 자신의 고종사촌이자 시동생
인 헌영을 태자로 책봉하는 데 동의한 까닭은 무엇일까? 효성왕은 혜명
왕비를 좋아하지 않은 것이 아닐까? 효성왕은 혜명을 왕비로 들였지만
첫사랑 박 씨 왕비를 내보내고 들어온 혜명왕비를 좋아할 수 없었을 것
이다. 그렇다면 혜명왕비는 효성왕의 아들을 낳을 희망을 잃은 것이다.

혜명은 후궁에게 빠진 효성왕을 버리고 이미 친정 오빠 효신의 영향
아래에 있는 시동생이자 고종사촌인 헌영에게 기대어 미래를 도모하기
로 하였을 것이다. 이것이 헌영이 효성왕의 태자가 되어 경덕왕으로 즉
위하게 되는 과정이다. 훗날 경덕왕이 또, 일찍 죽은 형 효성왕의 왕비
인 혜명을 책임졌는지 어떤지는 현재 전하는 기록만으로는 알 수 없다.

(보충주:『삼국사기』 권 제9 「신라본기 제9」 「경덕왕」 7년[748년] 8월 조의
'태후가 영명신궁으로 이거하였다[太后移居永明新宮].'는 기록의 태후가 혜명왕
비라면 충분히 그리했을 가능성이 있다.)

후궁 피살 사건은 효성왕을 정상적인 왕 역할을 하지 못하게 하였을 것이다. 740년 8월의 '영종의 모반' 사건 후 742년[효성왕 6년] 5월에 효성왕이 사망하였다. 그런데 그의 사후 처리는 (58b)에서 보듯이 초라하다. 그냥 '유명'으로 '柩(구)'를 태우고 동해 바다에 산골하였다고 되어 있다.

　(보충주: 신라 중대 왕으로서 왕릉이 없는 유일한 왕, 효성왕의 비참한 인생이 이렇게 백일하에 드러났다. 우리도 이미 국립묘지에 유택이 없는 대통령이 있고 또 있을지도 모르는 시대를 역사 기록에 남겨야 하는 운명에 놓여 있다. 하기야 이 세상이 끝나면 동작동 국립묘지 같은 것이야 무슨 의미가 있겠는가?)

　『삼국사기』 권 제9 「신라본기 제9」 「경덕왕」에 실린 당의 제(制[詔書])에서66) '아우가 형의 뒤를 잇는 것도 常經(상경)'이라고 한 것을 보면 효성왕과 경덕왕의 교체는 순조로운 것이 아니었다. 끝에 효경(孝經) 1부를 보낸 것이 의미심장하다.

　이 시기의 권력 실세는 성덕왕의 장인이며 경덕왕의 외할아버지인 김순원이었고, 만약 김순원이 죽었다면 그의 아들 김진종과 손자들이 대를 이어 권력을 행사하고 있었을 것이다. 붉은 비단 옷 입은 여인의 비방을 받은 김효신이 김순원의 손자일 것이다.

　『삼국사기』의 혜명왕비의 아버지 '이찬 순원'은 '이찬 진종'이 잘못 적힌 것이다. 『삼국유사』의 혜명왕비의 아버지가 '진종 각간'이라는 것이 옳다. 김진종은 김순원의 아들이고 김충신과 김효신은 그 김진종의 아들이다. 그러면 이 집안의 가계도는 (59a)와 같이 그려진다. (59b)는 성덕왕의 가계도이다.

---

66) '詔書(조서)'이다. 측천무후의 이름 照(조)와 음이 같은 詔(조)를 포함한 詔書를 못 쓰게 하고 '制書'로 바꾸었다. 지독한 여황제이다.

(59)

a. 진흥-구륜──선품──순원/자의──진종/소덕-충신/효신/혜명
b. 진흥-진지-용수/용춘-태종-문무──신문──효소/성덕/사종-효성
/경덕//지렴
(/는 형제, //는 4촌)

구륜과 진지왕[사륜]이 형제이다. 김선품과 김용수가 4촌이다. 김순
원과 태종무열왕은 6촌이다. 그런데 문무왕이 7촌 고모 자의왕후와 혼
인함으로써 김순원은 문무왕의 처남이 되었고, 신문왕에게는 외삼촌이
되었다. 김순원의 아들 김진종에게 자의왕후는 고모이고, 자의왕후의 아
들 신문왕은 김진종의 고종사촌이다. 그러면 김진종의 아들인 김충신과
김효신은 효소왕, 성덕왕, 김사종과 6촌이다. 따라서 김지렴이 김사종의
아들이면, 그는 정확하게 김충신의 7촌 종질이 된다. 그 김지렴을 김충
신이 저 앞 (42a)에서 당나라 황제에게 정확하게 종질(從姪[7촌 조카])이
라고 지칭하고 있는 것이다. 그러므로 김사종은 신문왕의 원자이고, 김
지렴은 김사종의 아들일 가능성이 거의 95% 이상이라 할 것이다. 이보
다 더 정확한 1281년 전의 역사 기록이 어디에 있겠는가? 이걸 읽어내
지 못하고 30여 년을 헤매었다니.

이제 시대가 바뀌었다. 요석공주가 사망한 것이다. 태종무열왕의 서녀
로 태어나 655년 정월 남편을 잃고 청상과부가 되어, 딸 신목왕후를 키
워 왕비로 만들고, 외손자 둘, 효소왕과 성덕왕을 왕위에 올리며, 원효
와의 사이에 낳은 설총을 키우면서 당나라의 측천무후처럼 절대 권력을
누렸던 그 공주의 시대가 저문 것이다. 눈 깜짝 할 사이에 벌써 시간은
흘러 딸의 손자인 증손자들 효성왕, 경덕왕이 왕위 다툼을 벌이고 있는
것이다.

김순원도 요석공주가 사망한 후 720년 자신의 딸 소덕왕후를 들여 성덕왕을 사위로 삼음으로써 공고한 세력을 구축하였다. 더 이상 원자를 밀거나 원자를 붙들고 이용할 필요성을 느끼지 않았다. 원자 사종의 이용가치가 떨어진 것이다. 그리고 그에게도 이미 경덕왕은 외손자이다.

(보충주: 김사종은 무상선사가 되었다. 그의 일대기에는 그가 경주에서 군남사로 출가하였다고 되어 있다. 그러므로 700년 '경영의 모반'에 연루되어 부군에서 폐위된 김사종은 이미 신라에 있을 때부터 승려가 되었다. 그러면 728년[성덕왕 27년] 당나라에 사신으로 갈 때 승려의 신분으로 갔다고 보아야 한다. 제5장을 참고하기 바란다.)

성덕왕도 효소왕 때 부군이었던 원자 아우가 버거웠다. 이 원자가 서라벌에 있는 한 언제든지 그의 정통성을 내세우고 그를 앞세워 쿠데타를 일으켜 왕위 찬탈에 나설 세력이 상존하고 있다. 성덕왕과 새 국구 김순원은 원자 김사종을 당나라로 보낸 것이다. 일종의 정치적 망명이다.

이제 김순원, 김진종, 김충신/김효신으로 『삼국사기』에 등장하여 자의왕후, 소덕왕후, 혜명왕비 3명의 왕비를 대대로 배출하면서 당대의 최고 권력 실세가 되었던 김순원의 집안이 진흥왕의 셋째(?) 아들 김구륜의 후손이었음이 드러났다. 진흥왕의 큰 아들 동륜태자 집안은 진평왕 이후 더 이상 성골남이 없어서 선덕여왕, 진덕여왕으로 이어지다가 가문을 닫았다. 진흥왕의 둘째 아들 사륜[진지왕]의 후손들은 용수/용춘-태종무열왕-문무-신문-효소/성덕-효성/경덕-혜공왕으로 이어지다가, 김효방[성덕왕의 사위]의 아들인 성덕왕의 외손자 김양상[제37대 선덕왕]이 외사촌 동생 제36대 혜공왕을 시해함으로써 문을 닫았다.67)

---

67) 이 효방의 처인 성덕왕의 딸 사소부인이 누구인지도 추구해야 한다. 그가 만약 소덕왕후의

요석공주의 뜻에 따라, 692년 7월 아버지 신문왕의 혼전, 혼외 아들인 형 효소왕에게 왕위를 빼앗기고, 700년 5월의 '경영의 모반'에 연루되어 부군 지위에서 폐위되었으며, 702년 7월 효소왕 사후에, 오대산에서 온 스님 형 성덕왕에게 왕위를 내어 준 그 신문왕의 원자 부자가 왕위를 포기하고 정치적 망명의 길을 떠난 것이다. 요석공주의 탐욕이 빚은 정치적 소용돌이, '김흠돌의 모반'과 '경영의 모반'이 결말을 지은 것이다.

성덕왕 34년[735년] 조는 나중에 딸이 경덕왕의 만월왕비가 되는 김의충이 사신으로 당나라에 갔다가 돌아올 때 현종으로부터 대동강 이남의 땅을 신라에 준다는 약속을 받아왔음을 적고 있다. 당 태종문무대성대광효황제와 신라 태종무열왕의 약속이 근 100여 년이나 지나서 이행된 것이다.[68] 이에 대하여 감사의 뜻을 적은 736년[성덕왕 35년] 6월에 당나라에 보낸 성덕왕의 편지는 낯이 뜨거울 만큼 아첨으로 가득 차

딸이라면 경덕왕의 누나이거나 여동생이다. 만약 그렇다면 성덕왕의 태자 승경은 5년 간 왕비 지위에 있은 소덕왕후의 아들이 더 더욱 아니다. 제36대 혜공왕을 시해하고 왕위에 오른 김양상[제37대 선덕왕]도 김순원의 딸의 딸의 아들, 즉 외증손자일 수 있다.

68) 태종무열왕과 당 태종문무대성황제가 약속할 때 백제와 고구려의 평양 이남 땅을 신라에 준다는 조항이 있었다. 문무왕이 설인귀에게 보낸 답서에 그렇게 나와 있다. 그러나 이후에 전개된 역사, 고구려 고토의 대부분이 당나라 영토로 편입된 것, 고구려 고사계 장군의 아들 고선지 장군이 당나라의 중앙 아시아 정벌군의 선봉장 안서도호부 도독이 되어 이용당한 후 황제의 명에 따르지 않고 군대를 움직였다는 죄목으로 사형당한 것, 문무왕이 백제 영토를 무단 점유한 죄를 묻는 당 고종에게 사죄사 김흠순과 양도를 보내어 그 중 양도가 당나라 감옥에서 옥사하는 것, 고구려 멸망 후 당 고종이 소정방에게 왜 신라를 정복하지 않고 그냥 왔는가고 묻는 것 등을 보면, 당나라는 삼한을 신라에 준다는 생각이 전혀 없었다. 나라가 망하면 그 유민들이 어떻게 된다는 것과 강대국의 힘을 빌려 이웃을 멸망시키면 그 후에 어떤 일이 벌어진다는 것을 이보다 더 분명하게 보여 주는 역사적 사실도 드물다 할 것이다. 김춘추의 당 청병과 백제, 고구려 평정이 원대한 미래 계획에 의하여 한반도와 그 주변을 경영한다는 포부로부터 이루어진 것이 아니고, 고작 부하의 아내를 빼앗아 부하로부터 배신당한 사위와 함께 죽은 딸 고타소의 원한을 갚기 위한 사적 탐욕에서 기인한 것이라는 필자의 기본 인식은 이런 데에 바탕을 두고 있다.

있다. 마치 당 현종이 대동강 이남의 중국 땅을 신라에 하사한 것처럼 적혀 있는 것이다.

백제, 고구려의 고토를 차지하기 위하여 당나라와 군사적 대결을 벌였던 문무왕 시대의 대당 투쟁은, 신문왕 이후 그 아들들의 시대에는 구걸하는 자세로 바뀌었고, 당연히 되찾아온 고구려의 고토 일부를 받고는 그 은덕에 감읍하는 모습으로 나타나고 있다. 왕자들 사이의 왕위 쟁탈, 그리고 부도덕하고 불의하게 계승된 왕권을 지키기 위하여 궁정 유혈 정변에 골몰한 사이에, 이미 통일 위업이니, 백제, 고구려 고토의 회복이니 하는 대외 정책은 실종되어 버린 것이다. 필자의 생각으로는 그들은 집안싸움 하다가 망해 버린 못난 선조들이다.

그런데 저 김충신이, 김순원의 손자인 김충신이 「원가」의 작가 '신충' 일 가능성이 매우 높다. 이찬으로서 중시를 거쳐 상대등에 오를 수 있는 사람은 그 당시의 세력 구도로 보아 김순원의 손자 김충신 외에는 따로 없기 때문이다. 그러면 『삼국유사』 권 제5 「피은 제8」의 「신충 괘관」에서 일연선사가 김충신의 이름을 '신충'으로 쓸 때나, 『삼국사기』 권 제9 「효성왕」 대에서 '이찬 신충'을 중시로 삼을 때나 「경덕왕」 대에 상대등으로 삼을 때나 면직될 때는 이 김신충이 당나라에서 귀국하여 이름을 바꾼 것으로 보아야 한다. 기록이 없으니 알 수 없는 일이다. 노회한 노정객, 변신과 처세의 달인인 김충신이면 충분히 그렇게 했을 가능성이 있다. 효성왕이 혜명왕비와 재혼하는 739년[효성왕 3년]에 김순원이 살아 있었다면 96세, 김진종은 76세, 그 해에 중시가 된 신충 [김충신]이 57세라면, 신충이 상대등에서 물러난 경덕왕 22년[763년] 에 그는 81세쯤 되었다. 나이는 정확하게 김충신과 신충이 동일한 인물임을 시사하고 있다. 신충이 괘관하고 피은한 것이 아니라 노쇠하여 기상 이변에 대한 책임을 지고 물러났다는 서정목(2015b)의 설명은 이런 근거에 토대를 두고 있다.[69] 어떻게 따져 보아도 경덕왕 22년 이후에 신충이 괘관하고 「원가」를 지었다는 (초고 살림: 국사학계의) 주장은 앞뒤가 맞지 않는 학설이다.

그러면 태자 승경이 잣나무 아래에서 신충과 '지킬 수 없었던 약속'을 한 것은 이복동생의 친외삼촌 김신충을 붙들고 애원한 것으로 보아야 한다. 그리고 그 맹약의 다짐을 받고 김신충은 태자 승경을 즉위시키는 것이 옳다고 주장하였을 것이다. 그러나 김신충의 아우 김효신은 친생질인 헌영이 왕위를 계승해야 한다고 맞섰을 것이다. 이 형제 사이에도 어느 정도 의견 대립이 있었을 것이다. 「원가」의 배경 설화 속에 있는 공신들을 상 줄 때 신충이 不第(부제)하였다는 말은 이를 상징하는 것일 수 있다.

효성왕 즉위 후에 「원가」 사건을 거치면서 김신충은 무능한 효성왕에게 실망하여 아우 김효신이 옳다고 판단하고, 다시 왕위를 헌영에게로 넘기도록 하는 데에 전력투구한 것이다. 물보다야 피가 더 진한 것이다. 친고모의 핏줄을 믿을 수 있지, 고모부가 전처와의 사이에 둔 자식을 어떻게 믿을 수 있겠는가? 그리하여 자신들의 누이인 혜명왕비와 효성왕의 재혼이 파탄이 난 후에 그들은 과감하게 헌영을 태자, 즉 부군으로 책봉할 것을 요구하였다. 효성왕에게 그것을 거역할 힘이 없었던 것

---

69) 성호경 교수의 제보에 의하면 이륙의 문집 『청파집』에는 단속사에 대한 기록이 있는데, 그 기록에는 그 절에 솔거가 그린 면류관을 쓴 두 왕, 효성왕과 경덕왕의 그림이 있고, 이순의 진영이 있다고 적혀 있었다고 한다. 『삼국유사』가 말하는 진영은 신충의 진영이 아니라 이순의 진영인 것이다.

은 당연하다.

(보충주: 위의 내용을 보면 2015년 12월 이 논문의 교정을 볼 때까지도 충신과 신충이 동일인일지도 모른다는 현대 한국의 국사학계의 속설에 속고 있었음을 알 수 있다. 이듬해 봄 서정목(2016a), 『요석-「원가」에 대한 새로운 생각: 효성왕과 경덕왕의 골육상쟁』을 교정하면서 어느 새벽 불현 듯, '아! 충신은 효신과 형제이고, 신충은 의충과 형제이다.'는 생각이 떠올랐다. 그 생각이 떠오른 순간, 순식간에 '선품-자의/운명/순원-진종/소덕-충신/효신/혜명'으로 가는 신문왕의 외가 족보와 '선품-자의/운명(배우자: 오기)/순원-대문-신충/의충'으로 가는 신문왕의 이모 집 족보가 그려졌다. 그것이 반영된 것이 『요석』의 최종안이고, 이어서 서정목(2016b, c)가 저절로 써졌다. 그리고 2016년 추석 다음날인 9월 16일 '무루'를 알고서부터 또 한 꼭지가 대폭 손질되어 서정목(2016d)로 세상에 모습을 드러내었다. 학문적 사유의 발전인지 퇴보인지 모르지만 새로운 생각이 떠오르는 과정은 오랜 인고의 세월을 거치는 것이 틀림없다. 그 새로운 생각은 우연히 어느 날 새벽에 문득 찾아온다. 그 새벽의 새로운 생각은 잠 못 이루는 인고의 세월을 거치면서 오래 기다리고 준비한 사람에게 찾아오지 아무에게나 찾아오지는 않는다. 어슴푸레한 새벽꿈에 나타나는 문수보살을 놓치지 말아야 한다. 효소왕의 출생년도도, 요석공주도 그렇게 내 앞에 나타났고, 무상이 684년생이면 687년 2월생 원자는 김근{흠}질이라는 것도 그렇게 찾아왔다. 그러나 그 상상들은 춘몽처럼 순식간에 사라진다. 모든 것은 헛된 꿈이다. 길고 길 학문적 암흑의 시대가 다가오고 있다. 한자, 한문을 모르는 세대가 학문할 앞으로는 아무도 이런 꿈을 꾸지 않을 것이다. 우선 한자, 한문부터 배우고 넓고 오래 된 세상을 올바로 이해하려는 노력을 해야 한다. 먼 훗날, 외국인 학자들이 이런 이야기 하는 것을 듣고 어느 먼 나라 이야기인가 하고 착각하지 말고 그것이 바로 우리, 특히 김 씨 선조들의 이야기이다.)

두 달 전에 자기 누이를 새 왕비로 들이고, 711년생이라면 739년 3월에 많아야 29살밖에 안 된 젊은 왕이 아들을 낳지 못할 것이라며 자신들의 고모의 아들[고종사촌] 헌영을 태자, 부군으로 책봉하는 저 조정의 엉망진창의 정사를 비방하며 효신공의 문 앞을 지나간 것이 (57b)에서 본 '붉은 비단 옷을 입은 여인'이다.

　김충신은 (60)을 보면 그와 교체하여 신라에서 당나라로 파견될 예정이었던 김효방(方)이 사망하여 자신이 계속하여 숙위로 머물고 있었다고 하였다. 만약 이 '김효방'이 성덕왕의 사위 '김효방(芳)'이라면 그들 사이에도 인척 관계가 맺어진다. 성덕왕의 왕비 소덕왕후가 김충신의 고모이다. 그 소덕왕후의 딸 사소부인이 김효방의 아내이다. 사소부인은 김충신의 고종사촌 누이이다. 그 사소부인의 아들 김양상은 김충신의 고종사촌 누이의 아들이다. 그 김양상이 혜공왕을 시해하고 왕위에 올랐다.

> (60) 33년[734년] 정월 — 이때 당에 들어가 숙위하던 — 김충신이
> 　　황제에게 표를 올려 말하기를[入唐宿衛 — 金忠信上表曰] —
> 　　이때를 당하여 교체할 사람인 <u>김효방</u>이 죽어 마침 신이 그대로
> 　　숙위로 머물게 되었습니다[當此之時爲替人金孝方身亡　便留臣宿
> 　　衛]. 신의 본국 왕이 신으로 하여금 오래 천자의 조정에서 모시어
> 　　사신 <u>종질 지렴</u>을 파견하여 신과 교대하도록[臣本國王 以臣久侍
> 　　天庭 遣使從姪志廉 代臣] — 이때에 이르러 지렴에게도 홍려소
> 　　경원외치라는 벼슬을 주었다[及是 授志廉鴻臚少卿員外置].
> 　　　　　　　　　<『삼국사기』 권 제8 「신라본기 8」 「성덕왕」>

　한편으로 성덕왕의 딸 사소보인은 경덕왕의 누이이다. 김효방이 경덕왕에게 매부가 된다. 그러면 경덕왕의 아들 혜공왕에게 사소부인은 고모가 되고 김양상은 고종사촌이다. 혜공왕은 이 고종사촌에게 죽임을 당하였다. 이로써 태종무열왕의 후손들이 대를 이은 신라 중대는 막을

내리고 외손 쪽으로 왕위가 넘어가게 되었다. 그것도 제37대 선덕왕 김양상 한 번뿐이었다. 선덕왕이 5년 재위한 후로는 내물왕의 12세손인 김경신[제38대 원성왕]과 그 후손들이 이어 간다.

681년 8월의 신문왕 즉위 시의 '김흠돌의 모반' 때에는 자의왕후와 신목왕후의 어머니 요석공주가 동맹 관계를 맺고 있었다. 그렇기 때문에 자의왕후의 아우인 김순원도 김흠돌의 딸인 신문왕의 첫 왕비를 내보내고, 683년 5월 7일에 김흠운의 딸을 새 왕비로 들이는 데까지는 요석공주와 손잡고 있었을 것이다.70)

그러나 691년 3월 1일 '왕자 이홍'을 태자로 책봉할 때는 이 동맹 관계가 깨어진 것으로 보인다. 왜냐하면 687년 2월 신문왕과 신목왕후[정실 왕비] 사이에서 원자가 출생하였기 때문이다.

(보충주: 첫 원자 김사종의 출생은 684년이다. 687년 2월은 둘째 원자 김근{흠}질의 출생월이다.)

이 상황에서 태자를 책봉할 때 요석공주는 신문왕과 신목왕후의 혼전, 혼외자인 '왕자 이홍'을 지지하였을 것이다. 그러나 김순원은 법적 정통성이 확보된 원자를 밀었을 것이다. 왜냐하면 누나 자의왕후가 사망한 후 요석공주, 신목왕후 쪽으로 급격히 기우는 권력의 쏠림 현상이 있었을 것이고, 그 속에서 김순원이 살아남기 위해서는 혼전, 혼외자 이홍에게 전 생애의 명운을 걸었던 이 모녀를 견제할 필요가 있었기 때문이다.71) 이때 김순원은 요석공주와 맞섰을 것이다.

---

70) '김흠돌의 모반'을 진압한 군대가 북원 소경[원주]에서 서라벌까지 내려온 김오기의 군대라는 것이 필사본 『화랑세기』의 증언이다. 자의왕후의 명에 의하여 호성장군이 된 김오기가 원래의 호성장군 진공과 맞서 있고, 진공이 '전하가 위독하고 상대등이 아직 문서를 내리지 않는데 어떻게 호성장군 인을 넘겨 주겠는가.' 하고 맞서고 있다. 이 상대등이 김군관이다.

71) 김순원의 처지에서는, 이홍이 왕이 되면 자형 김오기가 자의왕후와 더불어 목숨을 걸고 '김

그리고 692년 7월 신문왕이 사망하고 효소왕이 즉위하였다. 효소왕이 즉위한 후 김순원은 요석공주와 타협점을 찾았을 것이다. 원자 김사종을 부군으로 삼을 것을 요청하였을 것이다. 이로써 효소왕 이후의 왕위는 원자에게로 가는 것으로 정해졌을 것이다. 신문왕과 신목왕후의 두 번째 아들인 봇내태자와 세 번째 아들인 효명태자는 692년이나 693년의 8월 5일 오대산으로 입산하였다.[72] 그로부터 태화 원년인 진덕여왕 즉위 2년[648년, 정관 22년]은 대략 45년 전이다.

이상에서 살펴본 바를 종합하여 고찰하면, 통일 신라 제30대 문무왕부터 제36대 혜공왕, 나아가 제37대 선덕왕 때까지의 왕실을 둘러싼 신라 중대 정치적 대립 상황을 완벽하게 파악할 수 있다.

첫 번째 대립은 '김흠운의 딸 신목왕후의 아들 이홍을 편드는 세력'과 '김흠돌의 딸을 편드는 세력' 사이의 대립이다. 이 대립은 681년 8월의 '김흠돌의 모반'으로 종결되었다.

두 번째 대립은 '효소왕을 지지하는 세력'과 '신문왕의 원자, 부군 김사종을 편드는 세력' 사이의 대립이다. 이 대립은 700년 5월의 '경영의 모반'으로 종결되었다.

흠돌의 모반'으로 뒤집은 김유신 후계 세력, 김흠돌의 세력을 겪은 것이 수포로 돌아갈 우려가 있기 때문이었다. 김흠운의 부인 요석공주와 신목왕후의 영향을 강하게 받는 이홍은 김순원이 뜻대로 할 수 없는 사람이다. 아무래도 요석공주의 영향을 덜 받은 원자가 왕위에 오르는 것이 요석공주 세력을 견제하는 데 도움이 될 것이었다.

[72] 『삼국유사』 권 제3 「탑상 제4」 「명주 오대산 봇내 태자 전기」에서 '태화 원년[648년] 8월 5일 입산하였다.'는 기사에서 입산 연도는 자장법사의 오대산 게식 시기와 관련하여 오산된 것으로 틀린 것이다. 두 왕자가 입산한 해는 648년으로부터 45년 후인 692년부터 693년 사이의 어느 해로 보인다. 그러나 8월 5일이라는 날짜는 다른 이유가 없는 한 믿어도 되는 날짜이다. 조범환(2015:98-103)에서는 이 시기를 더 늦게 잡아 효소왕 8년[699년]경에 부군의 임명이 있었을 것으로 추정하고, 700년 5월에 '경영의 모반'이 있었으니 그 사이에 두 왕자가 오대산에 유완 갔다가 숨어든 것으로 설명하고 있다. 성덕왕이 오대산에서 몇 년 정도 수도하였는지에 달려 있다.

세 번째 대립은 '성덕왕의 첫 정실 왕비 엄정왕후의 아들 중경, 승경 [효성왕]을 편드는 세력'과 '성덕왕의 둘째 정실 왕비 소덕왕후의 아들 헌영[경덕왕]을 편드는 세력' 사이의 대립이다. 이 대립은 미약하긴 하지만 '영종의 모반'에 이은 742년 5월의 효성왕의 의심스럽고 갑작스러운 승하와 경덕왕의 즉위로써 종결되었다.

신라 중대 정치사에 관한 한 이보다 더 명쾌한 설명은 존재할 수 없다. 그러나 더 중요한 것은, 그 배후에 신목왕후의 어머니 요석공주와 자의왕후의 친정 동생 김순원 사이의 세력 다툼이 들어 있었다는 사실이다. 결국은 김순원 집안이 대를 이어 왕비를 배출하면서 권력의 실세로 군림하게 된다. 그 집안은 진흥왕의 셋째(?) 아들 구륜의 후예들이다. 그들은 진흥왕의 둘째 아들 진지왕의 후예들인 왕들과 혼인으로 맺어지면서 자의왕후, 소덕왕후, 혜명왕비 등을 배출하였다. 그 반대편에는 요석공주와 딸 신목왕후, 그리고 성덕왕의 첫 정실 왕비 엄정왕후와 효성왕의 첫 정실 왕비 박 씨가 있었다. 그렇지만 그들은 일찍 사망하거나 쫓겨나서 결국 요석공주만 홀로 버티었다. 그러나 요석공주의 사후에는 자의왕후 친정 집안의 독무대가 된다. 자의왕후, 그의 조카딸 소덕왕후, 또 그의 조카딸 혜명왕비 이 3명의 왕비가 3대를 이어, 제30대 문무왕, 제33대 성덕왕, 제34대 효성왕의 왕비로 들어오고, 그 다음에 소덕왕후의 아들 경덕왕이 효성왕을 어떻게 하고 즉위함으로써 이제 신라 중대 정치 권력의 핵은 김순원의 집안으로 굳어졌다. 자의왕후의 친정 동생 김순원 집안, 그 집안은 신라의 '물실국혼(勿失國婚)'을 몸으로 보여 준 집안이다. 왕비 집안을 중시하지 않는 왕실 연구(보충주: 왕조사 연구 포함)는 성공하기 어렵다.

[5] 경덕왕의 외아들 혜공왕

서정목(2014a:255)는 "적어도 '삼국사기'가 원자라는 말을 엄밀하게 정의하여 사용하지 않은 것만은 틀림없다."고 썼다. 그것은 틀린 것이다. 이 글을 통하여 정정한다. 필자가 그런 틀린 추론에 도달하게 된 것은 경덕왕의 외동아들 혜공왕 때문이었다. 그는 태자로 책봉될 때 '왕자 건운'이라고 적혔고, 왕위에 오를 때는 '경덕왕의 적자'라고 적혔다. 외동아들인데도 그는 '원자'로 적히지 않은 것이다. 이것은 어떻게 된 일일까? 하나도 이상할 것이 없다. 그는 맏아들이 아닌 것이다.

경덕왕 헌영은 이복형이자 외사촌 누이의 남편인 효성왕 승경의 태자[부군]으로 봉해졌다. 그리고 742년 형 효성왕이 의심스럽고 갑작스럽게 승하한 후 즉위하였다. 그런데 이 시기에 『삼국유사』 권 제5 「피은 제8」 「신충 괘관」 조에는 그 유명한 「원가」가 실려 있다. 이 시를 이해하기 위해서는 효성왕과 경덕왕의 왕위 계승 과정을 밝혀야 하고 그 과정은 앞에서 본 바와 같다.73)

경덕왕에게는 즉위 시에 (61a)처럼 순정의 딸인 왕비가 있었다. 그러나 (61b)처럼 743년 4월 새로 뿔칸 김의충의 딸을 맞아 왕비로 삼았다. 『삼국유사』 권 제2 「기이 제2」 「경덕왕 충담사 표훈대덕」에서 말하는 무자한 사량부인[삼모부인]의 폐비와 후비 만월부인의 책봉은 이를 가리키는 것이다.

---

73) 『삼국유사』 권 제5 「피은 제8」 「신충 괘관」과 「원가」에 대한 가장 최신의 해석은 서정목 (2015b)를 참고하기 바란다. 그리고 곧 출간될 서정목(2016 예정), 『요석-「원가」: 효성왕과 경덕왕의 골육상쟁』에 신라 중대 정치사에 대한 전반적인 새로운 해석이 들어 있다.

(61)

a. 742년, 경덕왕이 즉위하였다. 휘는 헌영이고 효성왕의 같은 어머니 아우이다[景德王立 諱憲英 孝成王同母弟]. 효성왕이 아들이 없어 헌영을 세워 태자로 삼았으므로 왕위를 이을 자격을 얻었다[孝成無子立憲英爲太子故得嗣位]. 왕비는 이찬 순정의 딸이다[妃伊湌順貞之女也].

b. 2년[743년] 3월 당의 현종은 찬선대부 위요를 파견하여 선왕을 조문하고 제사지내고 왕을 책봉하여 신라왕으로 삼고 선왕의 관작을 이어받게 했다[二年 春三月 —— 唐玄宗遣贊善大夫魏曜來弔祭 仍冊立王爲新羅王 襲先王官爵] —— 조서에 말하기를[制曰] —— 신라왕 김승경의 아우 헌영은[新羅王金承慶弟憲英] —— 요즘에 형이 나라를 이었으나 돌아간 후에 사자가 없으므로 아우가 그 위를 계승하게 되었으니 문득 생각하면 이것도 떳떳한 법도라 할 것이다[頃者兄承土宇 沒而絶嗣 弟膺繼及 抑推常經]. 이에 빈례의 뜻으로 우대하여 책명하니 마땅히 옛 왕업을 번장의 이름으로 계승하도록 하라[是用賓懷 優以冊命 宜用舊業 俾承藩長之名]. —— 아울러 어주 효경 1부를 하사하였다[幷賜御注孝經一部]. —— 여름 4월에 뿔칸 김의충의 딸을 들여 왕비로 삼았다[夏四月納舒弗邯金義忠女爲王妃].

c. 17년[758년], 가을 7월 23일 왕자가 태어났다[秋七月 二十三日 王子生].

d. 19년[760년], 가을 7월 왕자 건운을 책봉하여 왕태자로 삼았다[秋七月 封王子乾運爲王太子].

e. 22년[763년], 8월 복숭아, 오얏이 다시 꽃피었다. 상대등 신충과 시중 김옹이 면직되었다[八月桃李再花 上大等信忠侍中金邕免].[74] 대내마 이순은 왕의 총신이 되었는데 홀연히 하루 아침에 속세를 피하여 산으로 가서 여러 번 불렀으나 취임하지 않고 머리를 깎고 중이 되어 왕을 위하여 단속사를 짓고 살았다[大奈痲李純爲王寵臣 忽一旦 避世入山 累徵不就 剃髮爲僧 爲王創立斷俗寺居之]. <『삼국사

---

74) 이 기록이 『삼국유사』에 잘못 인용되어 신충의 「원가」가 「피은」 편에 들어 있다. 신충은 피은한 적이 없다. 피은한 것은 대내마 이순이다. 서정목(2015b)를 참고하기 바란다.

(62)의 『삼국유사』 권 제1 「왕력」도 사량부인이 삼모부인으로 되어 있는 것만 차이가 있고 동일한 내용을 적고 있다.

> (62) 제35 경덕왕[第三十五 景德王]. 김 씨이다[金氏]. 이름은 헌영이다[名憲英]. 아버지는 성덕이다[父聖德]. 어머니는 소덕태후이다[母炤德太后]. <u>선비는 삼모부인으로 출궁하였는데 무후하였다[先妃三毛夫人 出宮无後]. 후비는 만월부인으로 시호는 경수*{수는 목으로 적기도 한다}*왕후이다[後妃滿月夫人 謚景垂王后*{垂一作穆}*]. 의충 뿔칸의 딸이다[依忠角干之女].</u>
>
> <『삼국유사』 권 제1 「왕력」>

효성왕이 742년 5월에 승하하였으므로 경덕왕은 그 후에 즉위하였다. 그런데 (61a, b)와 (62)를 보면 무후하여 출궁한 것으로 보이는 삼모부인을 폐비시킨 지 불과 1년 이내인 743년[경덕왕 2년] 4월에 경덕왕은 만월부인과 재혼하였다.

경덕왕의 첫 혼인이 언제인지 기록이 없지만, 경덕왕은 소덕왕후가 성덕왕과 혼인한 720년 3월로부터 빨라야 1년 정도 뒤에 출생하였을 것이니 721년생쯤 된다. 15살에 혼인하였다면 736년에 혼인한 것이다.[75) 그로부터 첫 왕비를 폐비시키는 743년은 많아야 불과 7년 후이고, 그의 나이 많아야 23살 때이다. 7년의 결혼 생활 후 무자하다고 왕

---

75) 이는 서정목(2015b:53-55)에 따라 효성왕이 소덕왕후의 아들이 아니라고 보고 계산한 것이다. 만약 현재 통용되는 학설대로 효성왕이 소덕왕후 소생이라면, 경덕왕은 그보다 2년쯤 뒤에 태어난 것이 되어 723년생쯤 되고 혼인 시기도 더 늦어져서 5년 정도만에 첫째 왕비를 출궁시킨 것으로 계산된다.

비를 출궁시키고 새 왕비를 들인 경덕왕은 몇 년이나 새 왕비가 아들을 낳기를 기다리고 참아 주었을까?

경덕왕은 (61c)에서 보듯이 758년 7월 23일에 '왕자 건운'을 낳았다. 얼마나 기다렸는가? 743년 만월부인을 들인 뒤로부터 무려 15년을 기다린 것이다. 왜 삼모부인은 7년도 안 살아보고 아들을 못 낳는다고 출궁시켰는데, 만월부인에게는 이렇게 관대하게 그 두 배도 더 되는 세월을 참고 기다렸을까? 답은 하나다. 만월부인은 그 15년 사이에 다른 아이들을 낳았을 것이다. 딸도 낳고 아들도 낳고, 아마도 아들들은 조졸하였을 것이다.

(보충주: 만월부인의 친정이 권력이 세어서 그리했을 수도 있다. 그러나 이 가능성은 떨어진다. 아이를 하나도 못 낳고 15년을 친정의 세력으로 버티다가 15년만에 첫아들을 낳았다는 것은 설득력이 떨어진다. 이런 것이 비합리적인 이유이다.)

건운이 경덕왕의 첫아들일까? 그런데 왜 '원자 건운'이라고 적히지 않았을까? 아마도 왕자 건운은 맏아들이 아니었을 것이다. 날짜까지 적혀 있는 이 왕자 건운의 출생은 그만큼 중시된 기록으로 보인다. 부모의 혼인 후 무려 15년이나 지나서 기다리고 기다리던 왕자가 태어난 것이다. 표훈대덕이 상제에게 오르내리면서 여아를 남아로 바꾸어 왔다는 것이 『삼국유사』 권 제2 「기이 제2」 「경덕왕 충담사 표훈대덕」의 기사다. 그 사이에 그의 형들이 출생하여 조졸하였을 가능성은 충분히 있다.

그런 '왕자 건운'이 만 2살이 된 760년 7월에, 경덕왕은 (61d)에서 보듯이 '왕자 건운을 왕태자로 봉하였다.' 이 '태자 건운'이 765년 8살에 혜공왕으로 즉위하였는데, 그때의 『삼국사기』의 기록은 (63a)처럼 '景德王之嫡子'라는 표현을 쓰고 있다. 그는 정식 왕비에게서 난 嫡子(적자)이긴 하지만 元子(원자)는 아닌 것이다. 맏아들이 아니라는 말이다.

이런 사정으로 보아 혜공왕의 형이 여럿 태어났으나 일찍 사망하였을 것으로 짐작할 수 있다.

(63)

a. 혜공왕이 즉위하였다[惠恭王立]. 휘는 건운이다[諱乾運]. 경덕왕의 적자이다[景德王之嫡子]. 어머니는 김 씨 만월부인으로 뿔칸 의충의 딸이다[母金氏 滿月夫人 舒弗邯義忠之女]. 왕이 즉위할 때 나이가 8세여서 태후가 섭정하였다[王卽位時 年八歲 太后攝政]. <『삼국사기』 권 제9「신라본기 제9」「혜공왕」>

b. 제36 혜공왕[第三十六 惠恭王]. 김 씨이다[金氏]. 이름은 건운이다[名乾運]. 아버지는 경덕이다[父景德]. 어머니는 만월왕후이다[母滿月王后]. 선비는 신파부인인데 위정 뿔칸의 딸이다[先妃神巴夫人魏正角干之女]. 왕비는 창사부인인데 김장 각간의 딸이다[妃昌思夫人 金將角干之女]. 을사년에 즉위하였다[乙巳立]. 15년 동안 다스렸다[理十五年]. <『삼국유사』 권 제1「왕력」「혜공왕」>

(63a)에서 보듯이 혜공왕이 8살에 즉위하고 만월부인이 섭정하였다. 혜공왕 시기의 중요 일들을 『삼국사기』에서 보면 (64)와 같다.

(64)

a. (혜공왕) 원년[765년], 널리 사면하고 태학에 행차하여 박사들에게 상서의 뜻을 강론하게 하였다[元年 大赦 幸太學 命博士講尙書義].

b. 4년[768년], 가을 7월 일길찬 대공이 아우 아찬 대렴과 더불어 모반하여 무리를 모아 왕궁을 33일이나 포위하였다[秋七月 一吉湌大恭 與弟阿湌大廉叛 集衆圍王宮三十三日]. 왕군이 토평하고 9족을 죽였다[王軍討平之 誅九族].

c. 6년[770년], 가을 8월 대아찬 김융이 모반하여 죽였다[秋八月 大阿湌金融叛 伏誅].

d. 11년[775년], 여름 6월 이찬 김은거가 모반하여 죽였다[夏六月 伊 湌金隱居叛 伏誅]. 가을 8월 이찬 염상이 시중 정문과 더불어 모반 하므로 죽였다[秋八月 伊湌廉相 與侍中正門 謀叛 伏誅].

e. 13년[777년], 여름 4월에 또 지진이 있었고 상대등 김양상이 상소 하여 시정에 대하여 극론하였다[夏四月 又震 上大等金良相上疏極論 時政].

f. 16년[780년] —— 이찬 지정이 모반하여 무리를 거느리고 궁궐을 포 위하여 범하였다[伊湌志貞叛 聚衆圍犯宮闕]. 여름 4월에 상대등 김 양상이 이찬 경신과 더불어 군사를 일으켜 지정 등을 죽였다[夏四 月 上大等金良相 與伊湌敬信擧兵 誅志貞等]. 왕은 태후, 왕비와 함 께 난병에게 살해된 바 되었다[王與后妃爲亂兵所害].[76] —— 원비 신보왕후는[77] 이찬 유성의 딸이다[元妃新寶王后 伊湌維誠之女]. 차 비는 이찬 김장의 딸인데 입궁 연월은 역사가 잃어버렸다[78][次妃 伊湌金璋之女 史失入宮歲月].

<『삼국사기』 권 제9 「신라본기 제9」 「혜공왕」>

전반적으로 자연재해와 이변이 많고 모반이 많은 시기라고 할 수 있

---

76) 여기서의 后妃는 后와 妃가 되어 태후와 왕비로 번역해야 한다. 이 반란으로 혜공왕, 경수 태후, 왕비 昌思夫人이 모두 시해된 것으로 이해된다.

77) 『삼국사기』 권 제9 「신라본기 9」 혜공왕 16년 조 '元妃 新寶王后 伊湌維誠之女[원비 신보 왕후는 이찬 유성의 딸이다.]'에서 신보왕후로 적힌 이 이름은 『삼국유사』 「왕력」에서는 '先妃 神巴夫人 魏正角干之女[선비 신파부인은 위정 각간의 딸이다.]'로 신파부인으로 적 혔다. 그렇다면 이는 '寶(보)'와 '巴(파)'가 우리말의 같은 음을 적는 데 사용되었음을 시사 한다. '巴'의 음이 '-보'와 통한다는 것은 이기문(1970)을 참고하기 바란다.

78) 여기서 입궁 시기를 모르는 것이 원비와 차비 둘 모두의 입궁 시기인지 아니면 차비만인지 알 수 없다. 아마도 차비가 언제 입궁했는지 원비는 어떻게 되었는지 그런 사정을 모른다 는 것에 가깝다. 왕비가 둘인 상황인지 아니면 원비를 내보내고 차비를 들였는지도 불분명 하다. 신문왕, 경덕왕의 경우는 첫 왕비를 폐하고 둘째 왕비를 들인 것이 확실하다. 그러나 성덕왕, 효성왕의 경우는 첫 왕비를 어떻게 하고 둘째 왕비가 들어왔는지 알 수 없다. 성덕 왕과 성정왕후의 관계도 불분명하다. 선비, 원비, 차비라는 말을 쓰고 있는 것을 보면 혜공 왕의 경우도 첫째 왕비는 출궁시켰을 것이다. 공식적으로 왕비가 둘일 수는 없을 것이다. 그러므로 '지정의 모반' 때에 죽은 왕비는 차비인 창사부인으로 보아야 한다. '역사가 입궁 시기를 잃어버렸다.'는 말은 이 시대의 기록이 불충분하다는 것을 보여 준다. 신라 시대 왕 의 혼인에 대해서는 이영호(2011)에 자세히 밝혀져 있다.

다. 이 많은 모반은 혜공왕과 어머니 경수태후의 문제로 귀결될 것이다.

(보충주: 이런 식으로 고위 벼슬아치들이 모반으로 몰려 죽는 것은 정치 투쟁이 극심하였음을 뜻한다. 올바른 말 하는 정적들을 역적으로 몰아 죽인 것이다. 충신을 죽이고 간신을 가까이 하는 것, 그들은 멸망의 지름길로 들어선 것이다.)

765년부터 780년까지 15년 동안 편안한 해가 거의 없다. 이 대목에 대한 『삼국유사』「경덕왕 충담사 표훈대덕」의 기록은 표훈대덕이 상제에게 청하여 여아를 남아로 바꾸어 왔다는 희한한 설화 (65a)가 나온 뒤에 (65b)와 같이 적혀 있다.

(65)

a. 왕이 하루는 표훈대덕을 불러 말하기를[王一日詔表訓大德 日], 짐이 복이 없어 뒤를 이을 아들을 얻지 못하였다[朕無祐 不獲其嗣]. 원컨대 대덕이 상제에게 청하여 아들이 있게 해 주시오[願大德請於上帝而有之]. 표훈이 하늘에 올라가서 천제에게 고하고 돌아와서 아뢰기를[訓上告於天帝 還來奏云], 천제의 말씀이 있었으니 여아를 구하면 가하지만 남아는 불가하다[帝有言 求女卽可 男卽不宜] 합니다. 왕이 말하기를[王曰], 원컨대 여아를 바꾸어 남아로 해 주시오[願轉女成男]. 표훈이 다시 하늘에 올라가서 청하였다[訓再上天請之]. 천제가 말하기를[帝曰], 그렇게 하려면 그렇게 할 수 있다. 그러나 남아가 되면 나라가 위태로울 것이다[可則可矣 然爲男則國殆矣]. ── 왕이 말하기를[王曰], 나라가 비록 위태로워도 아들을 얻어 후사를 이으면 족하다[國雖殆 得男而爲嗣足矣].

b. (왕이) 어려서 태후가 조정에 임하였는데 정사가 이치에 맞지 않아 도적들이 벌떼같이 일어났으나 막을 준비가 되어 있지 않았다[幼冲 故太后臨朝 政條不理 盜賊蜂起 不遑備禦]. 표훈대덕의 말이 그대로 증험되었다[訓師之說驗矣]. 왕이 이미 여자였는데 남아로 만들어서 돌 때부터 왕위에 오르기까지 늘 부녀자의 놀이를 하였다[小帝旣女爲男 故自期晬至於登位 常爲婦女之戱]. 비단 주머니 차기를

좋아하고 도류들괴 어울려 놀기를 좋아하였다[好佩錦囊 與道流爲 戲]. 그리하여 나라에 큰 난리가 나서 결국 선덕왕과 김경신에게 시해되었다[故國有大亂終爲宣德與金良相[敬信의 誤·필자]所弑]. 표 훈 후로 신라에 성인이 나지 않았다 운[自表訓後 聖人不生於新羅 云]. <『삼국유사』 권 제2 「기이 제2」 「경덕왕 충담사 표훈대덕」>

(65b)와 관련하여 『삼국유사』 권 제2 「기이 제2」, 「혜공왕」 조에는 (66)과 같은 기록이 있다.

(66) 뿔칸 대공의 집 배 나무 위에 참새가 무수히 모였다[角干大恭家梨 木上雀集無數]. 안국병법의 하권에서 말하기를 천하에 군대의 대 란이 일어났다고 하였다[據安國兵法下卷云 天下兵大亂], 이에 널 리 사면하고 닦아 반성하였다[於是大赦修省]. 7월 3일 대공 뿔칸 이 반란을 일으켜 왕도와 5도 주군의 96 뿔칸이 서로 싸워 큰 난 리가 났다[七月三日 大恭角干賊起 王都及五道州郡幷九十六角干相 戰大亂]. 대공 뿔칸의 집이 망하였다[大恭角干家亡]. 그 집의 자 산과 보물과 비단을 왕궁으로 옮겼다[輸其家資寶帛于王宮].── 반 란이 석 달이나 지나서 가라앉았는데 상 받은 자도 많고 목 베어 죽인 자도 헤아릴 수 없이 많았다[亂彌三朔乃息 被賞者頗多 誅死 者無算也]. 표훈의 말, 나라가 위태로워짐은 이것이었다[表訓之言 國殆 是也]. <『삼국유사』 권 제2 「기이 제2」 「혜공왕」>

『삼국사기』와 『삼국유사』, 두 사서가 거의 비슷하게 혜공왕의 비극을 적고 있다. 이는 이 시기 역사의 흐름이 두 사서에 정확하게 반영되었 음을 뜻한다. 『삼국사기』가 정사로서 역사적 사실을 있은 그대로 기록 하였다면, 『삼국유사』도 역사 기록에 누락된 중요 일들을 일연선사의 관점에서 정리하여 교훈이 될 만한 이야기들을 적어 후세를 경계하고 있는 것이다.

(65a)에서 보듯이 경덕왕의 부탁으로 표훈대덕이 상제에게 청탁하여 아이 없는 경덕왕에게 아이가 있게 해 달라고 하였다. 상제가 여아는 가하지만 남아는 불가하다고 하니, 왕은 다시 여아를 남아로 바꾸어 달라고 하였다. 상제는 가능하긴 하지만 남아가 되면 나라가 위태로울 것이라 하였다.[79] 이 말을 전해 들은 경덕왕이 말하기를 '나라가 비록 위태로워도 남아를 얻어 후사를 이으면 족하다[王曰雖國殆 得男而爲嗣足矣].'고 하였다. 이 말은 왕이 할 말이 아니다. 나라가 위태로워지는 것보다 더 큰 일이 어디에 있는가? 그에게는 나라가 위태로워지는 것을 감수해야 할 만큼 큰 일이 있었다. 경덕왕에게는 아들을 얻어서 후사를 잇는 것이 나라가 위태로워지는 것보다 더 중요하고도 시급한 일이었다. 왜 그랬을까?

그 대답은, 동생을 부군으로 두었다가 나중에 아들이 태어나고 '경영의 모반' 이후 죽은 경덕왕의 큰아버지 효소왕의 경우와, 형 효성왕의 경우가 반면교사가 되었다는 것이다. 경덕왕의 큰 아버지 효소왕은 아들이 없을 때 아우인, 아버지 신문왕의 원자를 부군으로 두었다. 그러나 696년에 왕자 수충이 태어났다. 효소왕은 더 이상 아우인 신문왕의 원자를 부군으로 둘 수 없었다. 자신의 아들 김수충을 태자로 삼아 왕위에 올려야 하기 때문이다. 이에 항의하여 일어난 것이 700년 원자를 즉위시키려는 음모였을 '경영의 모반'이다. 경영은 원자의 인척이었을 것이다. 이때 효소왕은 어머니 신목왕후를 잃었고, 자신도 702년 원인이 알려지지 않은 채 사망하였다.

---

79) 성전환 수술도 없었을 이 시기에 어찌 이런 일이? 이것은 여아를 낳아 놓고 남장시켜 세상을 속였다는 말이다. 그러지 않고는 어떤 해석도 과학적인 결과에 이르지 않는다.

경덕왕의 형 효성왕[승경]은 첫 왕비 박 씨가 있었으나 폐비 여부가 불투명한 채, 새 어머니 소덕왕후의 아버지 김순원의 손녀, 즉 김진종의 딸을 왕비로 맞았다. 이 이가 혜명왕비이다. 효성왕과 혜명왕비가 혼인 하자 말자 왕제 헌영[경덕왕]이 태자로 책봉된다. 혜명왕비는 효성왕이 자신과의 사이에 후사를 볼 생각이 없음을 알아채고 친정 아버지, 형제 들을 움직여서 시동생이자 고모의 아들인 헌영을 태자[부군]으로 봉하 여 후계자로 삼은 것이다. 그리고 효성왕을 어떻게 하고 헌영은 경덕왕 으로 즉위하였다.

그런데 경덕왕에게도 742년 12월 당나라에 사신으로 가는 왕제가 있 었다. 성덕왕은 소덕왕후와 사별한 후 다른 왕비를 들이지 않은 것으로 보인다. 이 왕제는 어머니가 누구인지 불분명하다. 경덕왕은 자신도 후 사가 없으면 아우를 부군으로 봉해야 하고 왕위를 빼앗긴다는 우려를 했을 것이다.

그러나 아들을 얻어서 후사를 이으면 뭐 하나? 나라가 위태로워져 망 하게 되면 아들도 후사도 다 소용이 없는 것을. 경덕왕이 현명한 왕이 아니었다는 것은 이 한 마디 말로도 알 수 있다. 그 왕의 시대에 지어 진 좋은 향가, 그의 시대에 이루어진 좋은 건축물, 그것들이 우리의 훌 륭한 문화 유산임에는 틀림없지만, 그 아름다운 불국사. 석굴암, 그 심 금을 울리는 「도천수관음가」, 「제망매가」, 「안민가」가, 그가 훌륭하여 이루어진 것이 아니라, 그가 못나고 나쁜 왕이었기에 이루어진 것이라 고 필자가 보는 것은 이 말 때문이다. 지도자를 잘못 만나면 아랫사람 들이 아무리 잘 해도 나라와 집안, 회사는 망하게 되어 있다.

4. 결론

이 글은 『삼국사기』에서 '元子(원자)'라는 말이 사용된 용례를 살펴보고 그에 따라 신라 중대 중요 왕자들의 사정을 검토한 것이다. 『삼국사기』에서 원자라고 일컬어진 사람들의 특징, 또 원자로 일컬어지지 않은 사람들의 특징을 정리하고 왕이 된 중요 인물들이 왜 원자로 적히지 않았는지 그 이유를 밝혔다. 『삼국사기』에는 '원자'라는 단어가 모두 20번 나온다. 그 20번 중에서 중복되는 경우와 「열전 제10」의 「견훤」 조의 '원자'를 빼면, 『삼국사기』에 기록된 원자는 모두 14명이다. 이 14명을 나라별로 나누어 보면 신라 3명, 고구려 4명, 백제 7명이다.

고구려 제2대 유리왕은 주몽과 예 씨 사이에서 주몽이 부여를 떠난 뒤에 태어났다. 나중에 '일곱 모 난 바위 위의 소나무 아래 있는 신표'를 찾아서 고구려를 건국한 아버지를 찾아 졸본으로 왔을 때는 '왕자'로 적혔다가 '태자'가 되었고, 즉위할 때는 '원자'로 적혔다. 고구려 제5대 모본왕은 즉위 시에 '大武神王元子(대무신왕 원자)'로 적혔다. 그러나 태자로 봉해질 때는 '王子解憂(왕자 해우)'로 적혔다. 그는 元妃(원비)의 嫡子(적자)로 보인다. 그러나 그보다 나이가 더 많은 것이 확실한 호동 왕자는 次妃(차비)의 아들이기 때문에 항상 왕자로만 적혔고 결코 원자로 적히지 않았다. 고구려 제20대 장수왕은 아버지 광개토왕이 왕위에 오른 뒤에 태어났다. 그런데 그도 태자로 봉해질 때는 '王子巨連(왕자 거련)'이라고 적혔다. 그러나 즉위할 때는 '開土王之元子[개토왕의 원자]'로 적혔다.

고구려 제11대 東川王(동천왕)은, 제10대 山上王(산상왕)과 주통촌(酒

桶村)의 여인 사이에서 태어났다. 동천왕은 산상왕의 첫아들일 가능성이 있다. 그러나 동천왕은 태자로 봉해질 때 이름인 '郊彘(교체)'로만 적혔고, 원자나 왕자 등의 칭호가 붙지 않았다. 태자로 봉해진 교체가 태자 시절 낳은 아들이 '然弗(연불)'이다. 연불은 태자 교체의 첫아들일 가능성이 매우 높다. 그러나 '王孫(왕손)'으로 적히었지 '元孫(원손)'으로 적히지 않았다. 이 연불도 태자가 되어 나중에 中川王(중천왕)으로 즉위하였다. 이를 보면 『삼국사기』는 혼외의 자식은 원자로 적지 않았고, 그런 아들이 낳은 왕의 손자도 원손으로 적지 않았다고 할 수 있다.

백제의 경우 7명의 기록된 원자 가운데, 4명은 태자로 봉해질 때와 즉위 시 모두 원자로 적혔다. 나머지 3명은 태자로 봉해질 때의 기록은 없고 즉위 할 때는 모두 원자로 적혔다.

신라에는 『삼국사기』에 기록된 원자가 3명뿐이다. 법흥왕은, 아버지 지증왕이 제19대 눌지왕의 외손자 자격으로 64세에 왕위에 올랐다. 지증왕이 64세에 모량리의 큰 대변녀와 혼인한 것이 초혼이라면 법흥왕은 아버지가 왕일 때 태어났다. 법흥왕은 태자로 봉해진 기록은 없고 즉위 시에는 명백하게 '智證王元子(지증왕원자)'로 기록되었다. 문무왕은 아버지 태종무열왕이 26대 진평왕의 외손자로서 왕위에 올랐다. 문무왕은 태어났을 때 할아버지가 왕이 아니다. 원손 여부를 따질 필요가 없다. 그리하여 문무왕은 어머니 문명왕후의 지위를 원비로 보는가, 보지 않는가에 따라 원자로 적힐 수도 있고 고구려 동천왕 교체처럼 혼외자로 취급될 수도 있었다. 『삼국사기』는 문무왕이 태자로 봉해질 때도 '元子 法敏(원자 법민)'으로 기록하였고, 즉위 시에도 '太宗王之元子[태종왕의 원자]'로 기록하였다. 태종무열왕 즉위 후 법민이 태자로 책봉되는 655

년 3월을 기준으로 한 것이다. 그러나 『삼국유사』는 법민이 태어나던 당시의 문희의 지위를 기준으로 하였는지 혼외자로 취급한 듯이 '太宗王之子也[태종왕의 아들이다]'로 적었다.

그러나 687년 2월에 태어난 '신문왕의 원자'에 대해서는 '元子生(원자생)'이라는 기록만 있고 그 후의 기록이 없다. 그리하여 정확한 실상이 파악되지 않고 의견이 엇갈리고 있었다. 이 글은 687년 2월에 출생한 '신문왕의 원자'가 691년 3월 1일 태자로 책봉된 '왕자 이홍', 즉 효소왕과 동일한 인물이 아니라는 것을 밝혔다. 이를 밝히기 위하여 이 글은 '원자'가 되는 자격 요건으로 '정상적 혼인 관계에서 태어난 아들인가', 아니면 '혼외 관계에서 태어난 아들인가' 하는 것이 고려되었다는 기준을 제안하였다.

이 '원자'의 개념과 관련하여 중요한 의미를 가지는 신라 중대 왕자들의 경우를 모두 살펴본 결과는 다음과 같다.

문무왕의 원자[태종무열왕의 원손]은 전사한 것으로 보인다. 그는 아마도 640년대 초반에 태어나서 665년 정명이 태자로 책봉되기 이전에 사망하였을 것이다. 백제와의 전쟁에서 전사한 것으로 보인다. 그 근거는 문무왕의 遺詔(유조) 속의 '下報父子之宿寃[아래로는 아버지와 아들의 오랜 원한을 갚았다.]'라는 말이다. 신문왕은 태자로 책봉될 때 '왕자 정명'으로 적혔고 즉위 시에는 '문무대왕 장자'로 기록되었다. 정명은 문무왕의 원자가 아니다. '장자'는 위로 여러 형이 사망하고 남은 아들들 가운데 가장 나이가 많은 '어른인 아들'로 해석된다.

효소왕은 즉위 시 기록에는 '神文王太子(신문왕 태자)'라고 되었고 태자로 책봉될 때는 '王子理洪(왕자 이홍)'으로 기록되었다. '원자'로 적힌 모든 왕이 즉위 시에 '원자'라고 기록되었는데, 효소왕은 즉위 시에도 '神文王太子'라고만 기록되었다. 효소왕은 『삼국유사』권 제3 「탑상 제4」, 「대산 오만 진신」조의 증언에 의하면 677년에 태어났다.[80] 『삼국사기』는 신문왕과 김흠운의 딸[신목왕후] 사이에서 효소왕이 태어났으며, 김흠운이 태종무열왕의 사위라고 함으로써 정명과 신목왕후가 내외 종간이라는 것을 보여주고 있다. 신목왕후는 외사촌 오빠인 정명과의 사이에서 효소왕과 봇내태자, 성덕왕을 낳은 것이다. 그런데 신문왕과 신목왕후는 683년 5월 7일에 정식으로 혼인하였다. 신목왕후는 혼인 전에 외사촌 오빠인 정명태자와의 사이에서 효소왕을 낳은 것이다. 677년은 당연히 문무왕 재위 중일 때이다. 만약 효소왕이 정상 혼인 관계에서 태어났으면 그는 '원손'으로 적혔을 것이다. 그러나 그는 '원손', '원자'로 적힌 적이 없고, 항상 '왕자', '태자'로만 적히었다. 효소왕은 혼외자인 것이다. 681년에 태어난 것으로 추정되는 성덕왕도 원손도, 원자도 아니었다.

『삼국사기』에 의하면 '신문왕의 원자'는 부모가 정식으로 혼인한 뒤인 687년 2월에 태어났다. 이 신문왕의 원자는 태자도 되지 못하였고 왕도 되지 못하였다.

그는 효소왕 때 부군으로 있다가 700년 '경영의 모반'에 연루되어 폐위되었다. 왕이 될 자격을 잃은 것이다. 그는 728년[성덕왕 27년] 당나

---

80) 682년 5월의 『삼국유사』권 제2 「기이 제2」, 「만파식적」에 등장하는 태자[효소왕]는 677년에 태어난 이홍이다. 691년의 「효소왕대 죽지랑」에 등장하는 효소왕, 692년의 「혜통항룡」에 등장하는 효소왕의 왕녀 등은 모두 사실에 근거한 기록으로 677년에 효소왕 이홍이 출생하였음을 옹변하고 있다. 그 밖에도 『삼국유사』에는 「백율사」, 「대산 오만 진신」, 「명주 오대산 봇내 태자 전기」등 효소왕이 나오는 기사가 많이 있다. 이 기사들은 한결같이 '효소왕이 692년에 16살로 즉위하여 702년에 26살로 승하한 677년생 청년 왕이라.'고 보지 않으면 도저히 설명되지 않는 내용들을 담고 있다.

라에 사신으로 가서 과의 벼슬을 받은 김사종이다. 김사종의 아들은 733년[성덕왕 34년] 당나라에 사신으로 간 김지렴이다. 이 김지렴을 종질이라고 지칭하는 김충신은 김진종의 아들로서 김순원의 손자이다.

(보충주: 김사종은 684년에 태어났다. 그러니 그가 신문왕의 첫 번째 원자이다. 그러나 700년 '경영의 모반'에 연루되어 부군에서 폐위되었다. 원자의 자격도 잃었을 것이다.)

효소왕은 16세에 즉위하여 26세에 승하하였다. 그러므로 그는 혼인하였다. 앞으로 필연적으로 그의 왕비에 관한 논의가 대두될 것이다. 이 글은 효소왕의 왕비가 성덕왕 15년[716년]에 쫓겨나는 성정왕후이고, 효소왕의 아들이 714년 2월 당나라에 숙위로 가는 왕자 김수충이라는 것을 밝혔다. 김수충은 696년에 출생하였을 것이다. 그때 성덕왕이 되는 효명태자는 오대산에 가 있었다. 그러므로 김수충은 효소왕의 아들이다. 그런데 효소왕이 26세로 승하하여 성덕왕이 오대산으로부터 와서 즉위하면서 형수 성정왕후와 조카 수충을 책임졌다. 수충은 716년 어머니 성정왕후가 쫓겨난 후인 717년 서라벌로 돌아왔다. 엄정왕후와 성덕왕의 아들인 태자 중경이 죽어, 수충은 효성왕이 되는 승경과 태자 후보로 경쟁하다가 양아버지인 숙부 성덕왕이 720년 소덕왕후와 혼인하기 직전인 719년 24세에 다시 당나라로 갔다. 그 김수충이 중국 安徽省(안휘성) 九華山(구화산)의 최초의 等身佛(등신불)이 된 신라 왕자 김교각(金喬覺) 스님이다. 그는 효소왕의 친자이고 성덕왕의 양자이다.

성덕왕의 원자는 기록에 남지 않았다. 그는 엄정왕후의 첫 아들로서 일찍 사망한 것으로 보인다. 성덕왕의 첫 태자 중경은 엄정왕후의 둘째 아들이다. 효성왕 승경은 엄정왕후의 셋째 아들이다. 효성왕이 성덕왕의 '제2자'로 기록된 것은 죽은 원경, 중경을 제외하고 살아 있는 아들 양자 김수충에 이어 제2자라는 뜻으로 보인다. 소덕왕후가 효성왕의 법적 어머니임에는 틀림없지만 생모는 아니다. 엄정왕후에 대한 기록은 거의 없다. 720년에 성덕왕과 혼인한 계비 소덕왕후는 경덕왕 헌영과 743년 당나라에 사신으로 가는 왕제, 제37대 선덕왕 김양상의 어머니 사소부인을 낳았을 것이다. 경덕왕 즉위 시 기록에 성덕왕 몇째 아들이라는 기록이 없는 것이 기이하다.

효성왕의 계비 혜명왕비는 『삼국유사』「왕력」의 기록대로 '진종 각간'의 딸이다. 『삼국사기』권 제9 「효성왕」 3년[739년] 조의 '納伊湌順元女惠明爲王妃[이찬 순원의 딸 혜명을 들여 왕비로 삼았다].'의 '順元(순원)'은 '眞宗(진종)'의 오식이다. 김진종은 김순원의 아들이다. 김충신, 김효신은 김진종의 아들로서 혜명왕비의 형제들이다. 이들이 자신들의 고종사촌 헌영을 효성왕의 태자로 삼게 했고, 결국 효성왕의 의심스럽고 갑작스러운 승하 뒤에 태자 헌영이 경덕왕으로 즉위하였다. 효성왕과 경덕왕은 이복형제이고, 효성왕 즉위년[737년]에 그 형제의 왕위 다툼에 따른 골육상쟁의 와중에서 신충의 「원가」가 창작되었다.

경덕왕의 아들 건운은 첫아들이 아니다. 경덕왕은 만월부인과 재혼한 후 몇 명의 아들을 낳았을 것으로 보인다. 원자는 일찍 사망하고 살아남은 유일한 왕자가 표훈대덕이 여아를 남아로 바꾸어 온 혜공왕 건운이다. 일연선사가 「안민가」 조에서 (67)과 같이 쓴 것은 이 혜공왕의 출생으로 신라가 하늘[上帝]로부터 버림받았다는 것을 뜻한다.[81]

---

81) 이로부터 시작되는 '신라 중대사 새로 쓰기'는, 지금 우리가 하지 않으면, 일본 학자, 중국 학자들이 먼저 할 것이다. 그들은 『삼국사기』, 『삼국유사』, 필사본 『화랑세기』를 연결하여 새로운 진실들을 수없이 밝혀낼 것이다. 필자는 그 동안 오해된 향가들을 신원해 주기 위하여, 그 향가 때문에 이러고 있다. 그런데 본격적인 역사 논쟁이 벌어지면 중국사, 일본사에 통달하고 『삼국사기』, 『삼국유사』, 필사본 『화랑세기』를 원전으로 줄줄 읽을 줄 아는 그

(67) 自表訓後 聖人不在於新羅云[표훈으로부터 후로 성인이 신라에는 없었다.]

<『삼국유사』 권 제2 「기이 제2」 「경덕왕 충담사 표훈대덕」>

758년 혜공왕 출생 이후 118년이 지나서 즉위한 헌강왕(憲康王) 대의 「처용랑(處容郎) 망해사(望海寺)」 조에서, 다시 일연선사는 (68)과 같이 적어 후인들의 뼈를 아프게 한다.

(68)
a. 智理多都波[지리다도파]

b. 都波等者 盖言以智理國者 知而多逃 都邑將破云謂也[도파 등은 대개 지혜로써 나라를 다스리던 사람들이 알고서 많이 도망하여 도읍이 장차 파괴될 것이라고 말한 것이다.] 乃地神山神知國將亡 故作舞以警之[이에 지신, 산신들이 나라가 장차 망할 것을 알고 고로 춤을 추어 이를 경계한 것인데],

c. 國人不悟 謂爲現瑞 耽樂滋甚[국인들이 깨닫지 못하고 상서로운 조짐이 나타났다고 하고는 쾌락에 탐닉하기를 더욱 심하게 하였다.]

d. 故國終亡[고로 나라가 결국 망하였다.] <『삼국유사』 권 제2 「기이 제2」 「처용랑 망해사」>

그러나 그렇게 아파할 일만도 아니다. 백성들의 처지에서는 안 좋은 왕실이 망하고 탐욕스러운 집권자들이 망하는 것이야 뭐 그리 대단한 일이었겠는가? 더 좋은 왕실, 더 훌륭한 지도자가 나타나서 백성들 괴롭히지 않고 덜 탐욕스럽게 잘 다스리면 그것으로 족한 것이다. 다만 경계할 것은, 이보다 더 좋은 나라가 없는데 그 나라를 지도층이 잘못하여 망치고 백성들이 더 안 좋은 지도층들의 아래로 들어갈까 봐 그것

들과 논쟁하여야 한다. 그것도 영어로 논쟁해야 한다. 할 일이 많다.

을 걱정해야 하는 것이다. 신라가 망하고 후삼국 시대의 혼란을 겪은 뒤 고려가 섰으니, 백성들이야 고려의 백성이 되면 그만이었다. 그 동안의 싸움에서 희생된 사람들만 헛고생한 것이다.

(보충주: 좋은 나라의 국민으로 태어난다는 것은 복 받은 일이다. 좋은 나라를 후손들에게 물려주는 선대는 행복한 세대이다.)

<핵심어: 원자, 모본왕, 장수왕, 동천왕, 신문왕, 효소왕, 김사종, 김수충, 등신불, 지장보살, 김교각, 정식 혼인>
<투고: 2015.10.5. 심사 완료: 2015.11.20. 게재 확정: 2015.11.30.>

The Usage of Wonja in *Samkooksaki* and

Princes of the Middle Era of Shilla

In this paper, I scrutinize the usage of the term 'Wonja[the first legal son of a King]' in *Samkooksaki*. There are fourteen persons who were called Wonja in *Samkooksaki*: 3 in Shilla, 4 in Kokuryeo, and 7 in Baikje.

King Yoori, Mobon and Jangsoo of Kokuryeo were recorded as Wonja when they succeeded the throne. However, Yoori was recorded as Wangja when he came to Kokuryeo, and Mobon and Jangsoo were recorded as Wangja when they were nominated as the Crown Princes. The 5th King Mobon of Kokuryeo was recorded as King Taemoosin's Wonja while the famous Wangja Hodong, who was the Prince of King Taemoosin and an elder brother of King Mobon, was always recorded as 'Wangja Hodong.' His mother was the second Queen of King Taemoosin.

The mother of 11th King Dongcheon of Kokuryeo was a lady in Jootongchon. He was born in an abnormal relation between his father King Sansang and the lady of Jootongchon. Therefore, he wasn't recorded as Wonja. King Dongcheon's son Yeonbul was born when his father was the Crown Prince. However, Yeonbul who was to become the 12th King Jungcheon, was not recorded as Wonson which means the first legal Grandson of a King.

The 32nd King Hyoso of Shilla was recorded as Wangja Ihong when nominated as the Crown Prince, and was recorded as Shinmoon's Thaeja even when he succeeded the throne. The fact that he was never recorded as

Wonja is very significant. He must be an illegal son born out of normal marriage relation.

Of the three recorded Wonja in Shilla, Wonjong[King Beopheung] was recorded as Wonja when he succeeded the throne, and no records were remained on his nomination as the Crown Prince. Beopmin[King Moonmoo] was recorded as Wonja when he was nominated as Crown Prince, and succeeded the throne. But the case of King Shinmoon's Wonja who was born on February, 687 A.D., was not so simple and remains much to be discussed.

I assert that King Shinmoon's Wonja is not the identical person with the Prince Ihong[King Hyoso] who was nominated as the Crown Prince on March 1st, 691 A.D. To prove this fact, I suggest a hypothesis that one of the conditions to be a Wonja is that the son should be a legal son who was born in a normal marriage or that the son should be the first son of the first Queen. King Shinmoon's Wonja is King Seongdeok's younger brother Kim Sajong, who went to Tang in 728 A.D., and his son is King Seongdeok's nephew Kim Jiryeom, who went to Tang in 733 A.D.

King Hyoso must be born in 677 A.D. as *Samkookyusa* says apparently. When he was born, the King of Shilla was his Grandfather King Moonmoo. If he had been born in a legal marriage, he should be recorded as Wonson. However, he was always recorded as Wangja or Thaeja. King Shinmoon legally married Hyoso's mother Queen Shinmok at May 7th, 683 A.D. King Hyoso must be born in an illegal relation. The birth of King Shinmoon's Wonja was recorded on February 687 A.D. Therefore, the King Shinmoon's Wonja is not Wangja Ihong who was nominated as the Crown Prince, and to be King Hyoso.

The fact that nobody except King Moonmoo and King Shinmoon's Wonja, was recorded as Wonja in the middle era of Shilla alludes that most of the first sons of Kings died in their early ages. The first sons of King Moonmoo,

King Seongdeok, and King Kyeongdeok must have died early.

Prince Kim Soochoong, the son of King Hyoso and Queen Seongjeong went to Tang in 714 A.D. and returned to Shilla in 717 A.D. After four years, Prince Kim Soochoong must have gone to Tang in 719 A.D. He became a Buddhist priest and eventually was made the first life-size golden Bodhisattva in Mt. Kuhwa, Ahnwhi Province, China. His name as a Buddhist priest is Kim Kyogak[金喬覺].

Key words

Wonja, King Mobon, King Jangsoo, King Dongcheon, King Shinmoon, King Hyoso, Kim Sajong, Kim Soochoong, life-size golden Bodhisattva, Kim Kyogak, legal marriage

제 5 장

입당 구법승 교각[지장], 무상, 무루의
정체와 출가 계기

입당 구법승 교각[지장], 무상, 무루의 정체와 출가 계기

1. 당나라 고승이 된 신라 왕자 3명

옛 당나라 강역(疆域)에는 신라 왕자 출신 세 승려의 흔적이 남아 있다. 사천성(四川省) 성도(成都) 정중사(淨衆寺) 터의 500 나한(羅漢) 중 1명 무상선사(無相禪師), 영하(寧夏) 회족자치구(回族自治區) 은천(銀川) 하란산(賀蘭山) 백초곡(白草谷)의 석(釋) 무루(無漏[번뇌가 없다]), 안휘성(安徽省) 지주시(池州市) 청양현(靑陽縣) 구화산(九華山)의 지장보살(地藏菩薩) 김교각(金喬覺)이 그들이다. 이 세 승려는 『송고승전(宋高僧傳)』, 『역대법보기(歷代法寶記)』, 『구화산(九華山) 화성사기(化城寺記)』 등에 명백하게 신라 왕자이고 왕위 계승과 관련하여 복잡한 정쟁(政爭)을 겪다가 패배하거나 스스로 양보하고 당나라로 간 것처럼 기술되어 있다.

(초고 살림: 그러나 국내의 연구 논저들은 이 세 왕자에 대하여 충실한 정보를 주지 못하고 있다. 불교사와 관련된 논저들은 이 세 왕자에 대하여 중국 측의 기록만 보고 『삼국사기』, 『삼국유사』를 보지 않아 정확하지 않은 내용을 쓰고 있다.

정치사와 관련된 논저들 중에는 왕실 사정이나 왕위 계승 과정을 논의할 때 이 세 승려 왕자에 대하여 언급하지 않고 있다. 그리고『삼국사기』의 김사종과 김근 {흠}질에 대하여 성덕왕의 친아우가 아니라거나, 지장보살 김교각이 성덕왕의 아들이라는 등 역사 기록과 일치하지 않는 주장들을 하고 있다. 그것은 중국 기록을 보지 않았기 때문이다.

이 논제가 지금까지 이렇게 오리무중에 빠져 있었던 원인은 전해 오는 사료를 폭 넓게 읽지 않았기 때문이다. 그리고 특별히『삼국유사』의 관련 기록들을 면밀하게 읽지 않았기 때문이다.『삼국유사』의 관련 기록과『삼국사기』의 해당 시기의 기록을 연결하여 살펴보면 이 세 고승의 정체와 출가 계기는 저절로 밝혀지게 되어 있다. 이 글은 문헌, 그 중에서도『삼국유사』를 제대로 읽지 못하고 있는 현대 한국의 지식인 사회가, 학문의 기본으로 돌아가서 문헌을 충실히 읽는 훈련부터 새로 시작하여야 함을 경고하기 위하여 작성한다.

'『삼국유사』300회 읽기'를 목표로 하는 일본 학자들의 단체가 생겼다는 말을 듣고 필자는 '아! 드디어 올 것이 왔구나!' 하는 전율을 느꼈다. 필자가 '일본 사람들이 본격적으로 손대기 전에 얼른 한 문제라도 더 먼저 해결해 놓아야겠다.'고 조바심치는 이유가 여기에 있다. 그들이 하나하나 손대어 자기들 입맛에 맞게 윤색하여 내놓을 때, 이 나라 한국학계에는 그에 대응할 만한 능력을 갖춘 사람이 단 한 사람도 없을 것이다. 왜냐하면 우리 학문 후속 세대들은 한자도, 한문도 읽을 줄 모르기 때문이다. 한 나라가 망하는 것은 무력과 경제력만에 의해서가 아니다. 자신들의 선조가 남겨 준 문헌을 제대로 읽지 못하고 외국인에게 읽어 달라고 의뢰하는 민족이 어찌 외국인들에게 존경받을 수 있겠는가? 한국학계에 종사하는 사람들은 누구든지 한자, 한문 배우기를 이제라도 시작해야 한다.)

이 글은 이 왕자들이 누구의 친아들인지, 그리고 이들이 왜 이 땅을 떠나 당나라로 가지 않으면 안 되었는지를 밝히고자 한다. 이 세 왕자의 입당 구법 동기는, 왕위 계승을 두고 형이나 사촌 동생과 경쟁을 벌이다가 패배하거나 사양한 데 있다. 즉, 이 글은 (1)과 같은 사실(史實)

을 증명하고자 한다.

(1)

a. 500 나한 가운데 455번째 나한인 무상선사는 31대 신문왕의 넷째 아들 684년생 김사종이다. 그는 부모가 정식 혼인한 후에 태어난 첫 적통 원자이다.

b. 756년 당 숙종과 함께 '안사의 난'을 진압하기 위한 백고좌 강회를 연 석 무루는 신문왕의 다섯째 아들 687년 2월생 김근{흠}질이다.

c. 지장보살의 화신 김교각은 32대 효소왕과 성정왕후의 왕자 696년생 김수충이다. 그는 702년 부왕 효소왕 사후 왕위를 삼촌 성덕왕에게 빼앗기었다.

(1)에 정리한 사실은 『삼국유사』의 (2)의 기록이 역사적 진실임을 말하는 것이다. 그런데 (2)에 따르면 효소왕은 692년에 16세였으니 677년생이다. 그의 아버지 신문왕은 681년 8월 8일의 '김흠돌의 모반'으로 김흠돌의 딸인 선비를 폐비시킨 후에 683년 5월 7일 김흠운의 딸인 신목왕후와 다시 혼인하였다. 그렇다면 효소왕은 부모가 혼인하기 전에 혼외관계에서 태어난 아들이다. 이것이 '김흠돌의 모반'의 원인임에 틀림없다. (서정목(2014a, 2016a 등)을 참고하기 바란다.)

(2) 생각해 보면 효조*{조는 소로 적기도 한다.}*는 천수 3년 임진 즉위 시에 나이가 16세였고 장안 2년 임인 붕어했으니 누린 나이 26세였다. 성덕이 이 해에 즉위하였으니 나이 22세였다. [원문 44면 참조] <『삼국유사』 권 제3 「탑상 제4」 「대산 오만 진신」>

『삼국사기』의 (3a)에는 신문왕의 원자가 687년 2월에 태어났다고 하였다. 그러니 이 원자가 태자가 된 이홍이 아닌 것은 분명하다.

(3)

a. 687년[신문왕 7년] 2월 원자가 출생하였다. 이 날, 날이 음침하고
   어두우며 큰 번개와 우레가 쳤다.
b. 691년[신문왕 11년] 봄 3월 1일 왕자 이홍을 책봉하여 태자로 삼았
   다. 13일 널리 사면하였다. [원문 37면 참조] <『삼국사기』 권 제8
   「신라본기 제8」 「신문왕」>

   현재의 국사학계의 통설은 683년 5월 7일 혼인한 신문왕과 신목왕후
사이에서 687년 2월에 태어난 신문왕의 원자가 691년 3월 1일 태자로
책봉된 이홍과 동일인이고, 태자 이홍이 692년 7월 6세에 효소왕으로
즉위하였다는 것이다. 이 때문에 여성구(1998)에서 볼 수 있는 대로 석
무루에 대한 정체 파악이 혼란스럽기 짝이 없게 되어 있다. 그는 무루
가 성덕왕의 아들이라고 추정하고, 지장(696년생~794년졸)은 성덕왕의 아
들이기에는 생몰연대가 맞지 않다는 등 어지러운 억측을 하고 있다.

   (초고 살림: 처음에는 이 기록을 읽은 사람들[신종원(1987), 이기동(1998) 등]이
'元子'와 '王子'를 주의 깊게 보지 못한 것으로 보인다. 서정목(2013d)에서 필자가 처
음 "'원자'와 '왕자'가 다르니 효소왕이 원자가 아니다."고 했을 때 논문 심사자들의
반응이 너무 의외였다. 그들은 '원자가 왕자지 다르긴 뭐가 다른가?' 하며 '신문왕의
원자는 효소왕이므로' 필자의 주장을 역사 왜곡이라고 하였다. 그래서 필자는 서정목
(2015c)를 통하여 '원자는 아버지가 왕이고 어머니가 원비인 부부 사이에서 태어난 맏
아들이다. 맏아들이 아니거나, 차비나 후궁 소생, 혼외자는 원자일 수 없다.'는 것을
증명하였다. '원자'와 '왕자'에 대한 이 착각이 사소한 일인 것처럼 보일 수도 있다.
그리고 '그러면 그 두 사람이 다른 사람이라고 하지 뭐.' 할 수도 있다. 그러나 687년
2월생 원자와 691년 3월 1일 태자로 책봉된 이홍이 다른 사람이라고 고치는 순간, 지
금의 신라 중대 정치사 연구 결과는 다 틀린 것이 된다. 왕실 내부 사정도 모두 달리

파악해야 한다. 즉, 지금 존재하는 신라 중대 정치사를 다 포기하고 새로운 신라 중대 정치사를 써야 한다. 그만큼 지금의 신라 중대 정치사 연구는 역사적 사실과 거리가 멀다. 신라 중대 정치사 연구자들과 서정목이 서로 명운을 건 싸움을 할 수밖에 없다. 둘 다 옳다는 접점은 절대로 찾아지지 않는다. 그러니 필자와 다른 주장을 하면서 자신이 옳다고 하는 국사학자들은 자신의 주장이 옳음을 철저히 논증하라. 그것은 필자의 주장을 반증하는 것이다.)

2. '경영의 모반'의 실상

『삼국유사』의 (4)와 (5)는 정신[신문왕]의 태자[효소왕]의 아우가 부군이었고, 그 부군이 효소왕과 왕위를 다투었음을 말하고 있다. 그 결과 효소왕이 사망하고 그의 아우는 부군에서 폐위되었다. 이 때문에 명주의 오대산에 입산하여 승려가 되어 있던 효명[융기, 흥광]이 서울[경주, 徐伐]로 와서 성덕왕이 되었다.[1] 성덕왕은 어부지리로 왕이 된 것이다.

(초고 살림: 이 기록에 대한 기존 논저들의 번역은 모두 오역을 포함하고 있어서 도대체 무슨 말을 하고 있는지 알 수가 없다. 가장 정확한 번역은 서정목(2016a: 제6

---

[1] 이 기록의 '新羅[셔블]'은 국명인 '新羅'가 아니다. 이 '新羅'는 '徐羅伐, 徐伐, 東京'처럼 우리말 '시벌>셔블>서울'을 한자를 이용하여 적은 것이다. '國'도 '나라' 전체를 가리키는 말이 아니다. '國'은 원래 중국에서 宮, 城, 廓을 포함하는 지역으로 왕궁을 중심으로 그 주변 지역을 가리키는 단어이다. 그 바깥은 郊이고 郊의 바깥은 野이다. '國' 字 자체가 도읍, 수도라는 뜻을 가진다. 신라 시대의 기록을 거의 그대로 옮겨 적은 「명주 오대산 봇내태자 전기」에는 '新羅'와 '國'이 그런 뜻으로 사용되고 있다. 그러나 고려 시대에 일연선사가 그것을 보고 새로 재구성한 「대산 오만 진신」에는 그 자리에 '在新羅'를 쓰지 않았고, '歸' 뒤에도 '國'을 쓰지 않았다. 일연선사의 언어 의식으로는 '新羅'는 더 이상 '서라벌'이 아닌 국명 '新羅'로 자리 잡았고, '國'도 더 이상 '都邑, 서울'이 아니라 오늘날의 '나라'로 자리 잡았음을 볼 수 있다. 「명주 오대산 봇내태자 전기」와 비슷한 「고기」가 먼저 있고, 그것을 보고 일연선사가 「대산 오만 진신」을 재구성하였으며, 그 「고기」를 간략히 한 「명주 오대산 봇내태자 전기」를 「대산 오만 진신」 뒤에 실어 둔 것이다.

장)에서 볼 수 있다. 거의 한 자도 고칠 것이 없으리라고 자신하지만 혹시 번역과 역사 해석에 문제가 있으면 구체적으로 지적하여 비판해 달라. 정당한 비판이면 흔쾌히 받아들여 고치겠다.)

(4)

a. 정신의 태자가 아우인 부군과 서울[경주]에서 왕위를 다투다가 사망하였다[淨神太子(與)弟副君在新羅爭位誅滅]. (與 字가 결락되었음은 (5a)를 보면 알 수 있다.)

b. 국인이 장군 4인을 보내어 오대산에 이르러 효명태자 앞에서 만세를 부르니 즉시 오색 구름이 오대산으로부터 서울[경주]에 이르기까지 7일 밤낮으로 빛을 비추었다[國人遣將軍四人 到五臺山孝明太子前呼萬歲 卽時有五色雲自五臺至新羅七日七夜浮光].

c. 국인이 빛을 찾아 오대산에 이르러 두 태자를 모시고 서울[나라, 경주]로 돌아가려 하였으나 봇내태자는 울면서 가지 않으므로 효명태자를 모시고 서울[경주]로 와서 즉위시켰다[國人尋光到五臺 欲陪兩太子還國 寶叱徒太子涕泣不歸 陪孝明太子歸國卽位].

d. 재위 20여 년, 신룡 원년 3월 8일 비로소 진여원을 열었다. 운운[在位二十餘年 神龍元年 三月八日 始開眞如院云云]. <『삼국유사』 권제3「탑상 제4」「명주 오대산 봇내태자 전기」, 이하 「태자 전기」로 약칭>

(5)

a. 정신왕(태자)의 아우가 왕과 왕위를 다투었다[淨神王(太子)之弟與王爭位]. (이 문장에서 太子가 결락되었음은 (4a)를 보면 알 수 있다.)

b. 국인이 (정신왕의 태자의 아우를 부군에서) 폐위하고 장군 4인을 보내어 산에 이르러 맞아오게 하였다. 먼저 효명암 앞에서 만세를 부르니 이때 오색 구름이 7일간 드리워 있었다[國人廢之 遣將軍四人 到山迎之 先到孝明庵前呼萬歲 時有五色雲 七日垂覆].

c. 국인이 구름을 찾아 이르러 노부를 벌여놓고 두 태자를 맞아 가려 하였으나 보천은 울면서 사양하여 이에 효명을 받들어 돌아와서 즉위시켰다[國人尋雲而畢至 排列鹵簿 將邀兩太子而歸 寶川哭泣以辭

乃奉孝明歸卽位].

    d. 나라를 다스린 지 수 년*{기에 말한 재위 20여 년은 대개 붕어년의
    나이가 26세라는 것의 와이다. 재위는 단지 10년뿐이다. 또 신문왕
    의 아우가 왕위를 다툰 일은 국사에 글이 없다. 미상이다.}* 신룡
    원년에, *{당 중종 복위의 해로서 성덕왕 즉위 4년이다.}* 을사 3
    월 초 4일 비로소 진여원을 개창하였다. [원문 141~142면 참조].
    <『삼국유사』 권 제3 「탑상 제4」 「대산 오만 진신」, 이하 「오만 진
    신」으로 약칭>

이 왕위 쟁탈전은 어떤 사건일까? 『삼국사기』에는 효소왕 때의 모반
사건이 하나만 기록되어 있다. 700년 '경영의 모반'이 그것이다. 이 왕
위 쟁탈전은 (6)의 '경영의 모반'을 가리키는 것일 수밖에 없다.

    (6)

    a. 700년[효소왕 9년] —— 여름 5월 이찬 경영*{영은 현으로도 적는
    다.}*이 모반하여 죽였다. 중시 순원이 연좌되어 파면하였다. [원문
    39면 참조]

    b. 702년[효소왕 11년] 7월에 왕이 승하하였다. 시호를 효소라 하고
    망덕사의 동쪽에 장사지냈다. [원문 41면 참조] <『삼국사기』 권
    제8 「신라본기 제8」 「효소왕」>

이 '경영의 모반'은 실패한 모반이다. '실패한 모반'에서 중요한 것은
'누구에 대한 모반인가, 누가 진압했는가?' 하는 것이다. 그러나 묘하게
도 이 '경영의 모반'은 이긴 자가 누구인지 분명하지 않다. '누가' 경영
을 죽이고 '누가' 순원을 파면했을까? 겉으로 보면 효소왕이다. 그러나
이 반란을 진압한 세력은 효소왕이나 신목왕후가 아니다. 왜냐하면 이
반란 2년 후에 효소왕이 승하하였다. 그런데 「황복사 석탑 금동사리함

기」에 의하면 신목왕후는 700년 6월 1일에 사망하였다. 신목왕후는 5월에 일어난 반란에서 다쳐서 곧바로 6월 1일에 죽은 것이다. 이들은 '경영의 모반'으로 다치고 죽은 것이므로 이 모반을 진압하고 경영을 죽이고 순원을 파면시킬 수 없다. 그들을 조종하는 세력이 있다. 그 세력이 (4), (5)에서는 '국인'으로 표현되어 있다.[2] 이 문맥에서의 국인은 그 당시의 실권자 요석공주[신목왕후의 어머니]를 중심으로 개원 등 그녀의 형제들을 가리키는 것으로 보인다.

이 모반은 (4)와 (5)를 보면 효소왕의 아우 부군이 형의 왕위를 빼앗으려 한 사건이다. 그런데 그 사건에서 효소왕이 죽은 것이다. 그리고 부군, 효소왕 둘 모두의 어머니인 신목왕후가 죽었다. 『삼국유사』는 (4), (5)처럼 명백하게 효소왕이 아우인 부군과 왕위를 다투다가 '주멸'하였다고 적었다.

(초고 살림: 한쪽은 사인이 없고, 다른 한쪽은 사인을 명백하게 밝히고 있다. 어느 쪽 기록을 믿을 것인가? 일단 사인을 밝힌 쪽 기록을 믿고 그 사인이 진실일까 하고 추정해 나가야 한다. 그런데 『삼국유사』는 믿을 수 없으니 그 사인은 믿을 수 없고, 『삼국사기』는 다 옳은 정사(正史)인데 그 책이 사인 없이 사망하였다고 하니 효소왕은 사인 없이 죽었다가 옳겠는가? 신라 중대사 연구자들의 말대로 하면 16세짜리 청년 왕인데, 그가 갑자기 죽었는데 사인이 없겠는가? 그 2년 앞에는 '경영의 모반'이 있는데? 그리고 「황복사 석탑 금동사리함기」에는 700년 5월 '경영의 모반'이 있었던 직후인 700년 6월 1일 왕의 어머니 신목왕후가 죽었다고 되어 있는데? 그것을 종합하여 생각하지 않아도 되겠는가?)

이 '경영의 모반'의 성격은 효소왕과 신목왕후에 반대하는 경영, 순원

---

2) 국인(國人)은 시대에 따라, 문맥에 따라 지칭하는 대상이 달라진다. 어떤 문맥에서는 그 당시의 실권자, 또 어떤 문맥에서는 나라의 백성들로 해석되기도 한다. (보충주: 진지왕 폐위 시의 국인은 명백하게 진흥왕비 사도태후이다.)

세력이 효소왕을 몰아내고 그 아우인 부군을 즉위시키려 한 모반이다. 이것이 '경영의 모반'에 대한 설명에 꼭 들어 있어야 한다.

왜 이런 일이 생겼을까? 그것은 신문왕의 왕자들을 보아야 알 수 있다. (3)을 다시 보자. 이를 보면 687년 2월에 태어난 원자는 691년 3월 1일 태자로 책봉된 왕자 이홍이 아니고, 또 692년 7월 즉위한 효소왕이 아니다. 효소왕은 687년 2월보다 5년 전의 일을 적은『삼국유사』권 제2「기이 제2」「만파식적」조에 6살쯤의 아이로 등장한다. 태자[효소대왕]이 682년 5월 17일에 월성에서 기림사 서편 함월산의 용연 폭포까지 말을 타고 아버지 신문왕을 마중 왔다. 용이니 옥대니 피리니 하는 것은 믿을 수 없는 상징 조작이다. 그러나 김흠운의 딸과 신문왕이 혼인한 683년 5월 7일 이전인 682년 5월 17일에 이미 신문왕의 첫아들 이홍이 태어나 있었고 말을 탈 수 있을 정도의 나이에 이르렀다는 것은 진실이다. 그리고 692년 여름의 일인 신문왕의 장례와 관련된『삼국유사』권 제5「신주 제6」「혜통항룡」조에는 효소왕의 딸[王女]가 등장한다. 그러므로 효소왕은 어린 왕이 아니다. 6세에 즉위한 왕이 아니다. 물론 16세에 죽은 것도 아니다.

효소왕은 677년생으로 문무왕 재위 중에 태어난 정명태자의 혼외자이다. 이홍이 정식 태자비의 맏아들로 태어났다면 그때는 문무왕 재위 시기이므로 그는 '원손'이지 '원자'일 수 없다. 효소왕 이홍은 '절대로' 신문왕의 원자가 아니다. 효소왕이 677년에 혼외자로 태어나서 그가 '원자'가 아니고, 부모 신문왕과 신목왕후가 683년 5월 7일 정식으로 혼인한 후에 태어난 그의 아우가 '원자'라는 것을 인정해야 모든 문제가 이해된다.

이제 신문왕의 원자, 효소왕의 적통 아우가 있어야만 『삼국유사』의 (4), (5)의 '부군'과 효소왕의 쟁위도 성립할 수 있고, 「만파식적」설화도 성립할 수 있으며, 『삼국사기』의 (3)의 '원자', '왕자'도 성립할 수 있다. 그리고 (6)의 '경영의 모반'도 경영과 순원이 옹립하려 한 '원자'가 있어야만 합리적으로 설명될 수 있다. 그러므로 신문왕의 원자가 누구인가 하는 것을 궁구(窮究)하는 것이 신라 중대 정치사 연구의 핵심 과제가 된다.

(초고 살림: 누구든지 신라 중대사를 들여다보면 곧바로 '신문왕의 원자가 누구인가?'가 핵심 쟁점이 된다는 것을 알 수 있다. 여기에 대하여 궁금함을 가지지 않았다면 그는 학문을 한 사람이 아니다. 학문적 활동은 궁금한 사항을 밝히는 것이다.)

3. 신문왕 넷째 사종: 500 나한의 455번째 나한 무상선사

신문왕의 첫 번째 원자는 넷째 아들 김사종(金嗣宗)이다. '宗을 이어받았다.'는 이름이니 그가 신문왕의 원자임에 틀림없다. 이홍[효소왕], 봇내, 효명[성덕왕]의 세 혼외자를 제외하고 683년 5월 7일의 부모의 혼인 후에 태어난 원비의 맏아들인 그 원자가 김사종이다. 성덕왕의 아우[王弟] 김사종은 (7b)에서 보듯이 728년 7월 당나라에 가서 과의(果毅[당나라 종 6품 하])를 받고 돌아오지 않았다. 자제[아들]의 당나라 국학 입학을 요청한 것이 특이하다. 그런데 (7c)에는 성덕왕의 조카 김지렴이 당나라에 갔다. 이 지렴이 사종의 아들이다.

(초고 살림: 원자가 왕위 계승의 제1순위 정통성을 갖추었다고 보면 통일 신라

의 왕위 계승은 '문무왕–신문왕–사종–지렴'으로 이루어졌어야 한다.)

신문왕의 또 다른 왕자는 (7a)의 726년 5월에 당나라에 사신으로 간 성덕왕의 아우[王弟] 김근{흠}질이다. 그는 낭장(郞將[당나라 정5품 상])을 받고 돌아왔다[還之]. 그러나 어디로 돌아왔는지 모른다. (보충주: '당나라가 낭장을 주어 돌려보냈다. 그러나 어디로 갔는지 모른다.'가 옳다. (7a)에서 번역을 제대로 해 놓고 이렇게 쓰다니---). 신라로 오지는 않은 것 같다. 왜냐하면 그 뒤의 신라 왕위 계승 과정에 그의 흔적을 볼 수 없기 때문이다. 이 두 왕자가 당 현종으로부터 받은 벼슬 낭장[정 5품 상]과 과의[종 6품 하]의 품계 차이가 크다는 것이 주목된다.

(7)

a. 726년[성덕왕 25년] 여름 4월 김충신을 당에 파견하여 하정하였다. 5월 왕제 김근*{『책부원구』에는 흠으로 썼다.}*질을 당으로 파견하여 조공하니, 당에서는 낭장 벼슬을 주어 돌려보내었다..

b. 728년[동 27년] 가을 7월 왕제 김사종을 당에 보내어 방물을 바치고 겸하여 자제가 국학에 입학할 것을 청하는 표를 올렸다. (당 현종은) 조칙을 내려 허락하고, 사종에게 과의 벼슬을 주어 머물러 숙위하게 하였다.

c. 733년[동 32년] 겨울 12월 왕질 지렴을 당에 파견하여 사은하였다. ─ (이때 당 현종은) 지렴을 내전으로 불러 향연을 베풀고 속백을 하사하였다. [원문 243~244면 참조] <『삼국사기』 권 제8 「신라본기 제8」 「성덕왕」>

불교에서는 선종(禪宗)의 하나인 정중종(淨衆宗)을 창시한 무상선사(無相禪師)가 신라의 왕자라고 한다. 무상선사는 45살인 728년에 당나라에 왔다고 되어 있다. 728년에 당나라로 간 왕자는 신문왕의 왕자, 성덕왕의 왕제 김사종뿐이다. 사종이 728년에 당나라에 가서 무상선사가 된 것이다. 그는 755년 12월 '안사의 난'이 일어난 후 사천성 성도로 피란 온 현종을 다시 만났다. 현종은 그에게 정중사에 주석(駐錫)하여 수도하게 하였다. 정운(2009)은 (8)과 같이 기술하였다.

> (8) 무상대사는 신라 성덕왕(재위 702~737)의 셋째 왕자였다. 무상대사가 어릴 적 손위 누나가 출가하기를 간절히 기원했는데, 왕가에서는 억지로 그녀를 시집보내려 하였다. 누나는 칼로 본인의 얼굴을 찔러 자해하면서까지 출가하고자 하는 굳은 마음을 사람들에게 보였다. 무상은 누나의 간절히 출가하고자 하는 불심을 지켜보면서 '어린 여자도 저런 마음을 갖고 출가하고자 하는데, 사내대장부인 내가 출가해 어찌 법을 깨치지 않을 수 있겠는가!'라고 강한 의지를 품었다.
> 　이후 성인이 된 무상은 군남사(群南寺)로 출가한 뒤 728년(성덕왕 27년) 무상은 나이 44세에 당나라로 건너갔다. ─중략─ 무상대사는 선정사에 머물다가 사천성으로 옮겨가 자주(資州 현 자중현) 덕순사(德純寺)에 머물고 있던 처적선사를 찾아가 법을 구해 처적선사로부터 가사와 법을 받고 '무상(無相)'이라는 호를 받았다. ─중략─ 무상대사는 정중사에 머물며 제자를 지도하다가 762년 세속 나이 79세로 열반에 들었다. <정운(2009)>

　(8)에서 말하는 무상선사의 이 누나는 신문왕과 어느 여인 사이에서 태어난 딸일까? 왕실에서 혼인시키려 하였다는 기록의 흐름으로 보아 무상선사보다 10여 세 이상 더 많아 보인다. 신목왕후는 677년 효소왕, 679(?)년 봇내, 681년 성덕왕, 684년 무상선사, 687년 2월 김근{흠}질을 낳았다. 무상선사의 누나는 신목왕후의 딸이 아닐 가능성이 크다. 그러면 그 누나는 누가 낳았을까? 신문왕의 선비 김흠돌의 딸이 그 누나를 낳았을 가능성이 크다. 그 신문왕의 선비는 신문왕이 태자가 될 때

인 665년 8월에 혼인하였다. 오래도록 아들이 없었다[久而無子]고 한다. 이것이 신라 중대 최대의 내란인 '김흠돌의 모반'의 근본 원인이다. 그런데 태자비 김흠돌의 딸은 아들을 못 낳았지, 딸까지 못 낳은 것은 아닌 것 같다. 태자비 김흠돌의 딸이 낳은 딸이 무상선사의 이 누나로 보인다. 그 누나가 문무왕의 첫손주이고 김유신의 외증손주이다. 이 여인이 사나이로 태어났으면 신라 왕위 계승 서열이 이 사람보다 앞서는 사람은 없다. 이로써 그가 왜 왜 혼인하지 않고 출가하여 비구니가 되려 했는지 완벽하게 설명된다.

(초고 살림: 그런데 그 공주가, 불행히도 아들로 태어나지 못하고 딸로 태어났다. 이것은 사가(私家)에서도 집안에 망조(亡兆)가 든 것으로 여겨진다. 집안이 왕실이면 나라에 망조가 든 것이다. 그로 하여 이 공주의 외가 세력 대 정명태자와 김흠운의 딸 사이에서 677년에 혼외로 태어난 이홍에게 왕위를 물려주려는 세력 사이에 서벌(徐伐)에서 내전이 일어났다. 이 싸움이 소위 '김흠돌의 모반'이다. 이 싸움에서 681년 8월 8일 그 공주의 외할아버지 김흠돌과 그를 둘러싼 집안과 화랑 출신 진골 귀족 장군들이 몰살되는 피비린내 나는 비극적 사건이 일어났다. 「찬기파랑가」는 이 모반 때에 전우 김흠돌에 대한 절의를 지키다가 '모반할 것을 알고도 일찍 고변하지 않았다.'는 이유로 적자 1명과 함께 681년 8월 28일에 자진당한 문무왕의 마지막 상대등 겸 병부령 김군관의 죽음을 슬퍼하는 노래이다. 가을 날 새벽 제사 때 지은 노래로 보인다. 이 공주가 670년에 태어났다고 치면 681년 8월에 12살이다. 이 어린 공주의 가슴에 무엇이 들어 있었겠는가? 그 공주가 시집가서 정상적인 혼인 생활을 할 수 있었겠는가? 또 누가, 언제 모반으로 몰려 죽을지 모르는 이 공주에게 장가들려 하겠는가? 사나이로 태어나지 못하고 아낙네로 태어난 죄 때문에 어머니를 폐비시키고, 외가를 쑥밭으로 만들어 영원히 역적 집안으로 만들어 버린 근본 원인이 자신에게 있다는 것을 뼈저리게 느꼈을 그 공주가, 얼굴을 칼로 찌르는 자해를 해 가면서까지 혼인을 거부하고 불가(佛家)에 들어 평생을 참회하며 살겠다는 굳은 결심을 한 것이 정운(2009)의 저 기록

(8)의 첫 단락이다.)

　무상선사는 728년에 우리 나이로 45세이니[44세는 만 나이임] 684
년생이다. 그러면 그는 681년생 성덕왕에 이어서 신문왕의 넷째 아들이
다. 그런데 그의 이름 '사종(嗣宗)'이 매우 특이하다. '종통(宗統)을 이어
받다.' 이 이름을 누구에게 붙일 수 있을까? '문무왕-신문왕-사종'으로
이어지는 그 집안의 적통 원자라는 말일 것이다. 실제로 그는 684년생
이니 신문왕과 신목왕후가 혼인한 683년 5월 7일 이후 처음 태어난 아
들이다. 부모가 정식으로 혼인한 후에 태어난 원비의 맏아들인 그가 '신
문왕의 원자'임에 틀림없다.

　그런데 사종이 684년생이라면, (3)의 687년 2월의 '元子生(원자생)'은
무슨 기록일까? 왜 사종의 출생년 684년이 아닌 687년 2월에 '원자생'
이 기록되어 있는 것일까? 684년생 사종이 원자가 아니거나, 687년 2월
이 사종의 출생년월이 아니거나 둘 중에 하나밖에 길이 없다. 서정목
(2014a), 『향가 모죽지랑가 연구』를 쓸 때에는 무상선사를 몰랐다. 그러
니 무상선사인 사종이 684년생이라는 것도 몰랐다. 그리하여 687년 2
월이 원자 사종의 출생 기록이라고 썼다.

　그러나 무상선사의 존재를 알고 난 후인 서정목(2016a), 『요석』에서는
굉장히 혼란스러웠다. 그리하여 서정목(2016a:423-27)에서는 『삼국사기』
가 684년에 적어야 할 '원자생'을 687년 2월에 잘못 적었다고 썼다. 단
순한 실수로 파악한 것이다. 그리고 687년 2월은 (7a)의 사종의 동생 김
근{흠}질이 태어난 연월일 것이라고 추정하였다. 즉, 형의 출생 연월을
아우의 출생 연월에 잘못 기록했다고 설명한 것이다.

　(초고 살림: (9)는 서정목(2016a:434-37)을 그대로 가져온 것이다.

(9) 무상선사가 당나라에 가서 말한 나이가 4살 많게 된 것인지, 아니면 이것저것 보고 옮겨 적은 『삼국사기』의 '687년 2월에 원자가 출생했다.'는 정보가 틀린 것인지 알 수 없다. 필자의 판단으로는 중국 측 기록의 684년이 옳다. 설마 자신의 나이를 밝힌 무상선사의 증언에 토대를 두었을 중국 측 기록이 틀렸겠는가? 나중에 이곳저곳의 기록을 보고 베껴 적은 『삼국사기』의 687년이 틀렸을 가능성이 더 크다.

신문왕의 원자가 687년에 태어난 것이 아니라 684년에 태어났을 가능성도 충분히 있다. 그 이유는 신문왕과 신목왕후가 683년 5월 7일에 혼인하였다는 사실이다. 혼인하기 전 677년에 이홍, 679(?)년에 보ㅅ내, 681년에 효명을 낳은 이 부부가, 683년 5월 7일에 정식 혼인한 뒤에 그 다음 아이를 684년에 낳았다는 것이야 너무나 당연하다. 필자는 684년 쪽에 더 무게를 둔다.

성덕왕은 681년생이다. 그러므로 684년에 태어났다는 이 무상선사를 낳을 수 없다. 무상선사가 687년에 태어났다고 해도 성덕왕은 이 사람을 낳을 수가 없다. 하물며 현대 한국사학계의 통설대로 성덕왕이 691년생이라면 이 무상선사는 아버지보다 더 먼저 태어났으니 더욱 더 성덕왕의 아들일 수 없다. 김재식 선생의 블로그 일부를 인용한다.

(30) 그런데 무언가 조금 이상하다. 중국 학자들이 정설로 받아들이는 김교각 스님의 출생연도가 696년이고 무상 선사가 684년인데—, 성덕왕이 691년 출생하였다면 무상은 아버지보다 나이가 많고, 5살에 교각을 낳은 것이 된다. 중국 자료가 잘못되었는지? 삼국사기 역시 당시로는 각종 기록을 참고하였겠지만 오백 년 후에 적은 것이니 잘못되었을 수도 있고? 이런 것 좀 제대로 연구하는 데 지원해야 하는 것 아닌가 생각을 하며 대원문화원을 나서면서—. <김재식 블로그(2015.10.31. 안휘성 지주 구화산 대원문화원 – 김교각은 왜 중국으로 건너갔나?>

김 선생은 자신이 엔지니어라고 하였다. 그런 분이 연세 들면서 인문학과 역사에 관심을 가져 중국 문헌과 인터넷을 읽고 이런 블로그를 운영하고 있다. 김 선생의 의문에 대하여, 대한민국의 국어 선생으로서 의무감을 가지고 명예를 걸고 답한다.

(31) '성덕왕이 691년에 출생하였다.'는 것은 『삼국사기』에 없다. 성덕왕의 출생연도 691년은, 현대 한국사학자들이 『삼국사기』가 말한 '687년 2월에 태어난 신문왕의 원자'가 '691년 3월 1일에 태자로 책봉된 왕자 이홍'과 동일 인물이라고 착각하고, '692년에 즉위한 효소왕'이 '6세로 즉위하여 702년에 16세로 승하하였다.'는 그릇된 계산을 한 데서부터 나온 틀린 연도이다. 그 그릇된 계산 위에 다시 형인 효소왕이 702년에 16세로 승하하였으니, 효소왕의 아우인 성덕왕은 702년에 12세쯤으로 즉위했을 거라는 주먹구구식 계산을 하여 성덕왕이 691년에 출생했을 것이라는 이중으로 그릇된 연도가 나왔다.

그러나 『삼국유사』에는 '효소왕은 692년에 16세로 즉위하여 702년에 26세로 승하하였고, 성덕왕이 이 해에 22세로 즉위하였다.'고 되어 있다. 그러면 효소왕은 677년생이고, 성덕왕은 681년생이다. 그런데 그들의 부모인 신문왕과 신목왕후는 683년 5월 7일 정식으로 혼인하였다. 이것이 역사적 진실이다.

<중략>

687년생(?) 원자는 692년에 혼외 출생의 첫째 형 효소왕에게 왕위를 내어 주었고, 702년 효소왕이 승하하자 또 혼외 출생의 셋째 형 성덕왕에게 왕위를 내어 주었다. 그 원자가 김사종이고 그가 728년[성덕왕 27년] 당나라에 사신으로 가서 과의[당나라 종 6품] 벼슬을 받았다. 그의 아들은 김지렴으로 733년[성덕왕 32년] 12월에 당나라로 숙위를 떠나 734년에 당나라 조정에 도착하였다. 이 신문왕의 원자 김사종이 무상공존자(無相空尊者)가 되었을 가능성이 가장 높다. 그런데 중국 기록에 그 무상선사가 684년생이라 하니 저 믿을 수

없는 사서 『삼국사기』가 또 실수를 한 것으로 보인다.

> (31)이 대한민국의 국어 선생으로서 부끄럽지 않게 죽기 위하여
> 목숨을 걸고 달리는 필자가 이에 관심을 가진 한 엔지니어가 던
> 진 의문에 대하여 현재로서 줄 수 있는 최선의 답이다. <서정목
> (2016a), 『요석-「원가」에 대한 새로운 생각: 효성왕과 경덕왕의 골
> 육상쟁』, pp. 434-37, 글누림>

필자는 그 책에서 '저 믿을 수 없는 사서 『삼국사기』가 또 실수를 한
것'이라 한 설명이 늘 마음에 걸렸다. 아무리 『삼국사기』에 틀린 기록
이 많다 하더라도 이런 것까지 틀리는 것은 좀 심하지 않은가? 그러나
역시, 우리 세대가 틀리면 틀렸지 우리 선조들이 틀릴 리가 있겠는가?
『삼국사기』가 그런 것까지 틀릴 그렇게 허망한 사서(史書)야 아니지 않
은가? 이 추정은 단견에서 나온 것이었다. 불과 6개월 전에 최종 교정
지가 내 손을 떠나 2016년 4월 중순에 인쇄된 이 책도 틀린 것이다.

새로운 생각은 다음과 같다. 687년 2월에 원자가 태어났다는 것도 진
실이다. 그러나 그렇게 된 사정은 단순 실수에 의한 것이 아니다. 김사
종은 700년의 '경영의 모반'에 연루되었기 때문에 폐위되었다. 역적으
로 몰렸다. 당연히 원자의 자격도 잃었을 것이다. 700년 이후에는 신문
왕의 유일한 적통 아들[원자]는 다섯째 아들 김근{흠}질이다. 그러니
새 원자 김근{흠}질이 태어난 687년 2월에 '원자생'이 기록되는 것은
당연한 일이다. 김사종이 700년경 부군에서 폐위되어 군남사(群南寺)로
출가한 뒤로부터는 김근{흠}질이 왕위 계승 서열 1순위가 된다. 당 현
종이 김사종에게는 과의[종 6품 하]를 주고 김근{흠}질에게는 낭장[정
5품 상]을 준 것은 아우 김근{흠}질을 형 김사종보다 중(重)하게 대우

하였다는 뜻이다. 김사종이 모반에 연루되어 부군에서 폐위되고 원자 자격을 잃었음에 비하여, 김근{흠}질은 당당한 신문왕의 원자이기 때문 이다. 당나라는 여차하면 성덕왕을 폐위시키고 김근{흠}질을 즉위시킬 준비를 해 둔 것이다. 이런 생각을 함으로써 『삼국사기』의 687년 2월 '원자생'이라는 기록과 중국의 무상선사에 관한 기록의 출생년 684년 사이에 생기는 모순은 아무 문제없이 해결되었다.

681년 8월의 '김흠돌의 모반'으로 김흠돌의 세력을 꺾은 자의왕후와 요석공주, 신문왕은 김유신의 사위 김흠돌의 딸인 왕비를 폐비하고, 683 년 5월 7일 새로 김흠운의 딸을 신목왕후로 들였다. 그때 신목왕후는 이홍[=이공, 677년생, 효소왕], 봇내[679(?)년생], 효명[=융기, 홍광, 681년생, 성덕왕]을 이미 낳았다. 그 아들들도 정식 왕비가 된 어머니 신목왕후를 따라 월지궁에서 대궁으로 왔다. 그 후 신문왕과 신목왕후 가 정식 혼인한 후의 첫아들인 넷째 아들 사종이 684년에 태어난 것이 다. 그리고 687년 2월에 다섯째 아들 김근{흠}질이 태어났다.

이제 677년생 이홍이 왕위 계승권자가 될 것인지, 684년생 사종이 왕위 계승권자가 될 것인지 문제가 된다. 이것이 691년 3월 1일 이홍을 태자로 책봉할 때 부딪힌 문제이다. 15세의 첫째 아들 '왕자 이홍'을 미 는 세력과 8세의 넷째 아들 '원자 사종'을 미는 세력이 대립하였다. 요 석공주 측은 첫 외손자 이홍을 밀었을 것이다. 자의왕후 측[김순원이 중심]은 정통성을 갖춘 원자인 넷째 손자 사종을 밀었을 것이다. 왕자 이홍을 미는 세력이 이겨서 (3b)에서 보았듯이 '원자'가 아닌 '왕자' 이 홍이 태자가 되었다. 692년 7월 '태자 이홍'이 즉위하여 효소왕이 되었 다.

(초고 살림: 여기서의 '왕자'는 '원자'가 아니라는 뜻이 들어 있다. 그리고 이홍은 월성 대궁의 주인이 되었다. 효소왕이 왕위에 올랐지만 정통성은 원자에게 있다.『삼국유사』권 제3「탑상 제4」「오만 진신」과「태자 전기」는 효소왕 때에 왕의 아우가 부군으로 책봉되어 있었음을 명백하게 적고 있다. 왕의 아우를 부군으로 책봉했다는 것은 두 세력이 대립하고 있었음을 보여 준다. 효소왕의 출생의 비밀을 문제 삼아 혼외자 효소왕이 정통성이 없으므로, 혼인 후 출생자인 적통 원자 사종을 왕으로 해야 한다는 세력이 있었다. 요석공주 측은 이 갈등에서 9세의 원자 사종을 부군으로 삼기로 하고 상대방과 타협하였을 것이다. 그리하여 효소왕의 부군인 신문왕의 넷째 아들 적통 원자 사종이 동궁, 월지궁의 주인이 되었다. 이제 사종의 형 봇내와 효명은 설 곳이 없어졌다. 그리하여 봇내와 효명은 692년이나 693년 8월쯤 오대산으로 갔다. 이것이『삼국유사』의 이 기록이 갖는 의미이다. 692년에 봇내는 154세(?), 효명은 12세이다.)

『삼국유사』의 위 기록에 의하면 아우 부군이 형과 왕위를 다투어 부군에서 폐위되었다. 이로 보면 효소왕 즉위 후에 그의 아우가 부군으로 책봉되어 있었음을 알 수 있다. 그 부군은 원자 사종일 것이다. 원자 사종이 부군에서 폐위된 것이다. 700년 '경영의 모반'에 연루되었기 때문이다. 그러면 '경영의 모반'은 신목왕후, 효소왕에 반대하고 적통 원자 사종을 옹립하려는 반란이다. 경영은 사종의 처가 쪽 사람이었을 것이다. 사종은 700년에 17세이다. 혼인할 충분한 나이였다. 이 모반에 연루된 사종은 원자 지위까지 잃은 것으로 보인다.

김사종이 728년에 당나라로 가서 당 현종을 만난 것은『삼국사기』에 기록되어 있다. 사종은 691년 이홍의 태자 책봉 시 태자 후보 제1순위였다. 그러나 태자도 못 되고 692년 혼외의 동복형 효소왕에게 왕위를 빼앗겼다. 효소왕 즉위 후에 부군으로 책봉되었으나 700년 '경영의 모반'에 연루되어 부군에서 폐위되고 원자의 자격도 잃고 출가하여 승려가 된 것이다.

그러면 그로부터 2년 후 효소왕이 사망한 702년에는 누가 왕위를 계승할 것인가? 이 문제가 남아 있다. 700년부터 행방이 묘연한 사종은 28년이나 흐른 먼 훗날 성덕왕 시대인 728년 7월 당나라로 숙위 가서 돌아오지 않았다. 그리고 사종, 아니 무상은 무억(無憶[과거의 모든 일을 기억하지 말라.]), 무념(無念[현재에 대한 일체의 걱정을 하지 말라.]), 막망(莫妄[미래에 대한 헛된 망상을 갖지 말라.])의 삼구(三句) 설법(說法)으로 중생을 제도(濟度)하고 나한(羅漢[500 나한의 455번째 나한])의 반열에 오른 것이다.

4. 효소왕의 아들 김수충: 지장보살 김교각

김사종이 부군이 된 것은 효소왕 유고 시에 사종이 왕위를 잇는다는 뜻이다. 이것은 효소왕에게 아들이 없을 때 가능하다. 그런데 『삼국사기』에는 (10a)에서 보듯이 714년 당나라로 숙위를 가는 왕자 김수충(金守忠)이 있다. 이 왕자는 누구의 아들일까?

(보충주: 박노준(1982) 등에서는 성덕왕과 성정[=엄정]왕후의 아들이라고 보았다. 그러나 성덕왕은 절대로 수충을 낳을 수 없다.)

그리고 (10c)에서 보듯이 715년 12월 성덕왕은 중경을 태자로 책봉하고 716년 3월 성정왕후를 쫓아내었다.

(초고 살림: 대부분의 연구자들은 이 성정왕후가 누구의 왕비인지 모른다. 조금 아는 사람들은 성덕왕의 선비 엄정왕후와 동일인이라고 하고 있다. 그러나 이 두 왕비는 같은 사람이 아니다.)

성정왕후의 아들 중경을 태자로 책봉하였다면 태자의 어머니 왕비를 쫓아낼 리가 없다. 이것은 중경이 성정왕후의 아들이 아니라는 것을 의미한다. 717년 6월 태자 중경이 사망하고 717년 9월 수충이 신라로 돌아온다. 그리고 수충은 그 후의 역사 기록에서 종적을 감추었다.

(10)

a. 714년[성덕왕 13년] 2월 ― <u>왕자 김수충을 당으로 보내어 숙위하게</u> 하니 현종은 주택과 의복을 주고 그를 총애하여 조당에서 대연을 베풀었다[春二月 ― 遺王子金守忠 入唐宿衛 玄宗賜宅及帛以寵之 賜宴于朝堂].

b. 715년[동 14년] 12월 ― <u>왕자 중경을 책봉하여 태자로 삼았다[十二</u>月 ― 封王子重慶爲太子].

c. 716년[동 15년] 3월 ― <u>성정*{다른 데서는 엄정이라고 했다.}*왕후를 쫓아내었다[三月 ― 出成貞*{一云嚴貞}*王后</u>]. 비단 500필과 밭 200결과 조 1만 석, 주택 1구역을 주었다[賜彩五百匹 田二百結 租一萬石 宅一區]. 주택은 강신공의 옛집을 사서 주었다[宅買康申公舊居賜之].

d. 717년[동 16년] 6월 <u>태자 중경이 죽어 시호를 효상태자라고 하였</u>다[3]) ― 가을 9월에 당으로 들어갔던 <u>대감 수충이 돌아와서 문선왕, 십철, 72 제자의 도상을 바치므로 태학에 보냈다.</u> [원문 261면, 252면 참조] <『삼국사기』 권 제8 「신라본기 제8」 「성덕왕」>

수충은 714년에 당나라에 숙위 갈 때 몇 살이나 되었을까? 만약 수충을 704년에 성덕왕과 혼인한 왕비가 낳았다면, 수충은 많아야 10살이다. 그러면 그는 성덕왕의 원자가 되어야 한다. 그러나 아무 데서도 수

---

3) 이 '殤' 자는 '일찍 죽을 상' 자이다. 7세 미만에 죽으면 무복지상(無服之殤), 8~11세 사이에 죽으면 하상(下殤), 12~15세 사이에 죽으면 중상(中殤), 16~20세 사이에 죽으면 장상(長殤) 또는 상상(上殤)이라 한다.

충을 성덕왕의 원자라 적지 않았다. 성덕왕의 원자는 기록에 없다. 그리고 성덕왕의 첫 태자는 중경(重慶)이다. 거듭된 경사라는 이 이름으로 보아 중경은 둘째 아들이다. 맏아들 원자[元慶(?)]가 조졸한 것이다. 중경은 빨라야 707년생이다. 수충이 704년 성덕왕과 혼인한 왕비의 아들이라면 709년 이후 출생이다. 714년에 6살이다. 6살짜리가 당나라 황제 근위 부대의 병사가 되어 숙위할 수는 없다. '대감'이라는 관직도 어린이가 가질 수 있는 직은 아니다. 수충은 절대로 704년 혼인한 왕비와 성덕왕의 친아들이 아니다.

기록을 보면 수충은 성덕왕의 태자 중경보다 나이가 많아 보인다. 그렇다면 수충은 성덕왕보다 더 앞의 왕의 아들이다. 33대 성덕왕의 앞 왕은 32대 효소왕이다. 수충은 효소왕의 왕자이다. 이제 효소왕이 몇 살에 즉위하여 몇 살에 승하하였는지가 다시 문제된다. '효소왕이 6살에 즉위하여 16살에 승하하였으며, 혼인도 하지 않고 아들도 없었다.'는 국사학계의 통설 아래서는 아무도 수충이 효소왕의 아들이라는 생각을 할 수가 없다.

(초고 살림: 『삼국사기』를 잘못 읽고 『삼국유사』를 불신한 결과이다.)

그러나 『삼국유사』의 '효소왕이 16살에 즉위하여 26살에 승하하였다.'는 기술을 받아들이고 믿으면 효소왕은 혼인도 하고 아들도 있었다고 할 수 있다.

수충이 효소왕의 아들이라면 그를 낳은 왕비가 있어야 한다. 신목왕후 이후 처음 등장하는 왕비는 704년에 성덕왕과 혼인한 왕비이다. 그런데 수충은 그 왕비가 혼인하기 전에 태어났다. 그 왕비는 수충을 낳을 수 없다. 기록상 그 다음으로 등장하는 왕비가 성정왕후이다. 그런데 성정왕후는 중경이 태자로 책봉된 715년 12월로부터 3개월 지난 716년 3월 쫓겨났다. 성정왕후가 704년에 혼인한 왕비이라면, 그리고 성정왕후의 아들 중경이 태자로 책봉되었다면 그 왕비를 쫓아낼 리가 없다.

(초고 살림: 태자의 어머니를 내어보낼 간 큰 왕과 신하가 어디에 있겠는가?)

신라 시대 어느 왕비의 폐비에 위자료를 주었던가? 위자료를 받은 유일한 왕비가 성정왕후이다. 그러면 상식적으로 이 대목에는 2명의 왕비가 등장하는 것이 옳다. 수충을 낳은 성정왕후와 704년에 성덕왕과 혼인하여 태자 중경을 낳은 왕비가 그 둘이다.

(10c)에서 보는 성정왕후를 쫓아낸 것은 그 왕비가 무엇인가에 불만이 있기 때문이다. 그 왕비는 무슨 일에 불만이 있었을까? 그 앞에 있는 일은 중경의 태자 책봉이다. 자신의 아들이 태자로 책봉된 데 대해 불만을 가졌을까? 그럴 리가 없다. (10c)의 '성정왕후를 쫓아냄' 사건은 성정왕후가 자신의 아들이 아닌 중경이 태자가 된 데 항의하다가 쫓겨난 것이다. 그러면 중경은 성정왕후의 아들이 아니다.

그러면 성정왕후의 아들은 누구일까? 이 시기에 등장한 왕자로 중경을 빼고 나면 남는 것은 수충뿐이다. 수충은 704년 혼인한 왕비의 아들도 아니고, 성덕왕의 아들도 아니다. 수충은 효소왕의 아들이다. 그러면 수충의 어머니가 될 수 있는 왕비는 성정왕후이다. 정상적이라면 성정왕후는 효소왕의 왕비이다. (10c)는 성정왕후가 자신의 아들 수충이 당나라에 가 있는 사이에, 성덕왕과 704년에 혼인한 동서 왕비의 아들 중경을 태자로 책봉한 것에 대하여 항의하다가 쫓겨난 것이다. 중경은 성정왕후에게는 시조카이다. 그래서 성덕왕은 형수를 쫓아내었다. 이제 수충과 성정왕후의 정체가 정확하게 밝혀졌다.

(초고 살림: 여기서 잠깐, 이 수충이라는 왕자의 아버지 효소왕, 그리고 성정왕

후의 쫓겨남과 관련하여 현대 한국의 국사편찬위원회가 펴낸 『한국사』가 어떻게 적고 있는지를 보기로 한다.

(11)
a. 효소왕은 6세의 어린 나이로 왕위에 올랐는데, 母后가 섭정하는 등 스스로에 의한 정상적인 왕위수행은 어려웠을 것으로 생각되기 때문이다.

b. 성덕왕이 행한 왕권강화 노력은 —— 일정한 왕당파 세력의 지지와 협력을 받았을 것으로 보인다. —— 孝昭王代의 정치에 참여하였다가 몰락하여 소외당하고 있던 인물들에게 커다란 관심을 갖고 중용했다. 진골귀족세력의 영향을 벗어나기 위하여 선택한 방법이었다고 할 수 있다. —— 이들 세력은 성덕왕의 후비로 딸을 바친 金順元으로 대표되는 것으로 보인다.

c. 그렇지만 이와는 달리 엄정왕후로서 상징되며 성덕왕의 왕권을 제약하던 진골귀족세력은 상대적으로 크게 위축되었을 것임은 틀림이 없다. 그러므로 이러한 두 세력의 대립 충돌은 필연적이었을 것이다. 이러한 두 세력의 대립 충돌을 상징적으로 보여주는 사건이 바로 성덕왕의 첫째 왕비인 엄정왕후의 出宮事件이다. <국사편찬위원회(1998), 『한국사 9』「통일신라」96-101면>

(11a)를 보면 효소왕이 6세에 왕위에 올랐다고 하였다. 효소왕은 692년에 왕위에 올랐다. 692년에 6세였으면 사망한 702년에는 16세이다. 이렇게 생각하면 (10a)에서 보는 714년에 20살쯤 되어서 당나라에 숙위 가는 수충이 효소왕의 아들이라는 것을 상상도 할 수 없다. 달리 말하면 (11a)와 같은 틀린 역사 기술이 역사의 진실을 볼 수 있는 길을 아예 막고 있다.

(11b)를 보면 성덕왕이 '진골 귀족 세력'의 영향권을 벗어나기 위하여 후비로 딸을 바친 '김순원 세력'과 손을 잡은 것처럼 적었다. 그러면 김순원은 진골 귀족 세력이 아니다. (11c)에서는 엄정왕후가 성덕왕의 왕권을 제약하던 진골 귀족 세력의 상징이며, 그 세력이 김순원 세력과 충돌하였다고 적었다.

이것을 증명하려면 김순원은 진골이 아니고 성골이나 육두품이라고 해야 한다. 그렇지 않을 것이다. 진평왕 사후 성골남이 진(盡)하여[모두 없어져] 선덕여왕이 즉위하였고, 또 선덕여왕 승하 후에 진덕여왕이 즉위하였다. 그리고 성골녀도 진하여 진골로 족강되었던 진지왕의 아들 용수의 아들인 춘추가 태종무열왕이 되었다. 그런데 이때 무슨 성골이 있겠는가? 육두품이 아닌 김순원도 당연히 진골이다. 그러므로 이 충돌은 진골 세력과 비진골 세력의 충돌이 아니고 그냥 '엄정왕후 세력과 소덕왕후 세력의 충돌'이다.

성덕왕의 선비 엄정왕후 세력 대 성덕왕의 후비 소덕왕후 세력의 대립은 당연한 것 아닌가? 그 사실을 왜 이렇게 '진골 귀족 세력'이니 '효소왕대에 정치에 참여하였다가 몰락하여 소외당하고 있던 인물들'이니 하고 어렵게 쓰고 있는가? 그냥 '선비 세력 대 후비 세력의 대립'이라고 썼으면 진작에 신라 중대의 정치적 갈등의 실상을 파악하였을 것이다. 이 정치적 갈등을 엉뚱하게도 진골 귀족 세력 거세와 그에 대한 반발이라고 함으로써 역사적 진실을 파악하지 못하게 막고 있었던 것이 지금까지의 신라 중대 정치사 연구이다.

김순원이 700년[효소왕 9년] 5월 '경영의 모반' 때 중시였는데 그 모반에 연좌되어 파면되었다고 사실 그대로 써야 하지, 이렇게 '효소왕대에 정치에 참여하였다가 몰락하여 소외당하고 있던 인물'이라고 모호하게 표현하면 안 된다. '정치에 참여하였다가 몰락하고 소외당한 것'과 '모반에 연좌되어 파면당한 것'이 같은가? 같지 않다. 왜 국가 기관의 역사 기술을 사실대로 쓰지 않고 빙빙 돌려 표현하는가? 그러니 김순원이 누구인지 제대로 모른다고 할 수밖에 없지. 필자는 (11)을 쓴 사람이 700년 5월에 '경영의 모반'에 연좌되어 파면된 중시 '대아찬 순원'과 720년 3월 성덕왕의 후비로 소덕왕후를 들이는 '이찬 순원'이 동일인이라는 것을 몰랐다고 생각하지는 않는다.

알았으면 그대로 썼어야지 저렇게 윤색하면 안 된다. 저렇게 윤색하여 기술하면 독자들은 700년 5월에 파면된 '중시 대아찬 순원'이 720년 3월의 '이찬 순원'과 동일인이라는 것을 알 수가 없다. 700년에 요석공주에게 파면당한 '중시 순원'이 720년에 딸을 성덕왕의 후비로 들이는 '이찬 순원'과 동일 인물이라는 것을 한국사 연구자들만 알고 일반 독자는 몰라야 하는가? 그것을 아는 것이 얼마나 중요한 일인지 모르는가?

모반에 연좌되어 파면되었던 인물이 20년 뒤에 딸을 왕비로 들인다면 그 사이에 어떤 일이 일어났겠는가? 정권 교체가 있었던 것이다. 700년에 모반을 진압한 세력이 720년에는 권력으로부터 쫓겨나고, 700년에 모반으로 쫓겨난 자들이 다시 정권을 잡는 일이 벌어진 것이다. 이런 것이 바로 정치사 연구의 주제이다. 이런 것을 기술하여야 신라 중대 정치사를 기술하였다고 할 수 있다. 그러니 이런 것을 놓친 지금의 신라 중대 정치사 연구는 뭘 모르는 사람들이 기술한 것이라고 할 수밖에 없다.

하물며 이런 사람들이 어찌 739년 효성왕이 후비 '혜명왕비'를 들일 때 왕비의 아버지로 기록된 '이찬 순원'은 '이찬 진종'의 오식이고, '순원'과 '진종'이 부자지간이라는 것을 알았다고 할 수 있겠는가? 하긴 몰랐으니 '효성왕이 이모와 혼인하였다. <국사편찬위원회(1998), 『한국사 9』「통일신라」, 103면>'고 버젓이 적었겠지. 김순원은 자의왕후의 동생이고 문무왕의 처남이며 신문왕의 외삼촌이다. 그 것을 알면 그 집안이 '자의왕후[문무왕비]-소덕왕후[성덕왕비]-혜명왕비[효성왕비]'의 3대에 걸쳐서 왕비를 배출했다는 것을 알 수 있다. 그것도 소덕왕후와 혜명왕비는 선비를 어떻게 했는지 알 수 없게 기록도 없이 후비로 들어온 왕비들이다. 그 집안이 바로 자의왕후의 친정 집안이고 통일 신라의 실세이다. 이것을 모르고 쓴 신라 중대 정치사는 모두 핵심을 놓치고 있는 것이다. 핵심을 놓치고는 주변부가 제대로 연구되지 않는다.

(11c)를 보면 (10c)에서 말한 716년 3월의 '성정왕후를 쫓아냄'을 엉뚱하게도 '엄정왕후의 출궁사건'이라 하고 있다. 이 글의 필집자는 '성정왕후=엄정왕후'라고 알고 있거나 또는 성정왕후로 쓸 것을 엄정왕후로 잘못 썼거나, 혹은 성(成)과 엄(嚴)을 구분하여 읽지 못했거나, 이 셋 중의 하나를 범한 것이다. 이것이 필자의 눈에 안 띄었으면 내내 이대로 있다가 중국, 일본 학자들에게 지적된 후에서야 '아차!' 했을 것이다.

『삼국사기』의 원문을 다시 읽어 보자.

(10'c) 성정*{*다른 데에는 엄정이라고 하였다.*}*왕후를 쫓아내었다[出
成貞*{*一云嚴貞*}*王后].

이 기록은 무조건 '성정왕후를 쫓아내었다'를 적은 것이다. 절대로 '엄정왕후의
출궁사건'을 적은 것이 아니다. 그러므로 (11)의 필집자는 역사 기록을 읽을 줄 모
르는 사람이다. 역사 기록을 읽을 줄 모르는 사람은 역사를 기술하면 안 된다. 국
사편찬위원회가 어떻게 역사 기록을 읽을 줄 모르는 사람에게 통일 신라의 정치
사 기술을 위촉하였는지 모를 일이다.

이제 이 논란이 '一云嚴貞'이라고 한 세주를 어떻게 읽고 어떻게 번역하여, 어
떤 뜻으로 해석하는가 하는 문제라는 것을 알 수 있을 것이다. (11c)의 붓 잡은 이
는 아마도 이 세주를 '한편으로는 엄정이라고도 일컫는다. 달리는 엄정이라고도
한다. 성정의 다른 이름은 엄정이다.'는 정도로 이해하였던가 보다. 그렇게 이해했
으면 그렇게 번역하고, 그렇게 이해했다고 각주에 밝혀야 한다. 제 마음대로 해석
하여 이해하고 원문도 밝히지 않고 그 원문에 대한 번역도 안 붙이면 독자는 아
무 것도 모르고 속아 넘어간다.

『삼국유사』의 기록에 의하면 이 성정왕후니, 엄정왕후니 하는 것은 죽은 뒤에
붙인 시호(諡號)이다. 이대로 해석하면 죽은 뒤에 시호를 '성정'으로 붙였다가 그
뒤에 '엄정'으로 바꾸었다는 말이 되는데 왜 시호를 바꾸겠는가? 만약 바꾸었다면
그 바꾼 과정을 다 밝혀야 비로소 '성정왕후를 쫓아내었다'를 '엄정왕후를 쫓아내
었다'로 바꾸어 쓸 수 있다. 이런 것이 증명되지 않았으면 역사 기록 그대로 '성
정왕후를 쫓아내었다'로 쓰는 것이 옳다. '성정'을 '엄정'으로 마음대로 바꾸는 권
한이 아무 것도 모르고 베껴 쓰거나 하는 필집자에게는 주어지지 않는다.

'엄정왕후의 출궁사건'이라니? 어찌하여 '출궁사건'인가? 거기에 '궁(宮)'자가
어디에 있는가? 이렇게 쓰면 자신이 스스로 '출궁'했는지 남에게 '쫓겨났는지' 알
수가 없다. 엄밀히 말하면 궁에서 나왔다가 도로 들어가는 것도 출궁이다. 그러나
한 번 쫓겨나면 다시는 들어갈 수 없는 것이 '출(出)'이다. '出成貞王后'의 '出'
은 타동사이다. 그러면 '성정왕후'는 목적어이다. 정확하게 번역하면 '성정왕후를

쫓아내었다'이다. '출궁'이 아니다. '궁'이라는 말이 여기에 들어오면 안 된다. 이렇게 건성으로 기록을 읽으면 역사의 진실을 볼 수 없다. 역사의 진실을 보지 못하면 역사를 지어내어서 쓰게 된다. 그것이 오늘날 우리가 보는 현대 한국의 신라 중대 정치사 연구물들이다.

'一云'은 '一作'과는 다른 것으로 보인다. 필자가 보기로는 'A一作B'는 거의 'A는 B로도 적혀 있다'는 뜻에 가깝다. 어떤 글자를 피휘 등의 이유로 통용되는 다른 글자로도 적는다는 뜻에 가깝다. 그에 비하여 'A一云B'는 거의 'A는 다른 데서는 B라고도 되어 있다'는 뜻에 가깝다. 이 경우는 두 가지 이상의 해석이 가능하다. 'A를 달리는 B라고도 하였다.'는 뜻일 수도 있다. 그러면 A=B가 된다. 그러나 이렇게 확실하지 않고, 'A를 이 기록에서는 A라 했는데 다른 기록에서는 B라고도 했다. 그런데 어느 것이 옳은지 모르겠다.'의 뜻으로 붙인 주일 수도 있다. 『삼국사기』의 편찬자도 신라 시대 일을 정확하게 모르는 상태에서, 지금 문제되는 이 왕비, 즉 성덕왕의 왕비를, 어떤 데서는 성정왕후라 하기도 하고, 또 어떤 데서는 엄정왕후라 하기도 한다는 말이다. 그런데 사실은 성정왕후는 효소왕의 왕비였다가 효소왕 사후 성덕왕이 형사취수한 왕비일 것이다. 그리고 엄정왕후는 704년 성덕왕과 정식으로 혼인한 김원태의 딸이다.)

김수충은 아버지 효소왕이 일찍 사망하지 않았으면 왕이 될 제1 후보였다. 그런데 아버지가 700년 5월의 '경영의 모반'으로 상처를 입어 702년 26세에 승하하였다. 이에 국인이 오대산에 가서 스님이 되어 있던 22세의 삼촌을 데려와서 즉위시켰으니 이 이가 성덕왕이다.

성덕왕은 (12a)에서 보듯이 704년에 첫 혼인을 하였다. 그런데 그 왕비가 성정왕후인지 엄정왕후인지는 『삼국사기』만 보아서는 알 수가 없다. 그러니까 (10c)의 '성정*{一云 엄정}*왕후'를 '성정=엄정'인지, '성덕왕의 왕비를 A 기록에서는 성정왕후라 했는데 B 기록에서는 엄정왕후라 했다.'는 뜻인지 정확히 알 수 없다. 필자는 후자라고 본다. 그리고 성덕왕은 (12b)에서 보듯이 720년에 김순원의 딸과 둘째 혼인을 하였다. (12c)에서 보듯이 그 왕비는 소덕왕비이다.

(12)
a. 704년[성덕왕 3년] 여름 5월에 승부령 소판*{구본에는 반이라 했는데 이번에 바로 잡았다.}* 김원태의 딸을 들여 왕비로 삼았다[夏五月 納乘府令蘇判*{舊本作叛 今校正}*金元泰之女爲妃].
b. 720년[성덕왕 19년] 3월 이찬 순원의 딸을 들여 왕비로 삼았다[三月納伊湌順元之女爲王妃]. 6월 왕비를 책립하여 왕후로 삼았다 [六月 冊王妃爲王后].
c. 724년[성덕왕 23년] 겨울 12월에 ― 소덕왕비가 사망하였다[冬十二月 ― 炤德王妃卒].
<『삼국사기』 권 제8 「신라본기 제8」 「성덕왕」>

그러나 『삼국유사』 권 제1 「왕력」은 성덕왕의 이 두 왕비에 대하여 (13)과 같이 적어 아주 간명하게 저간의 사정을 알 수 있게 해 준다.

(13) 제33 성덕왕, 이름은 흥광이다. 본명은 융기이다. 효소왕의 동모제이다. 선비는 배소왕후이다. 시호는 엄정이다. 원태 아간의 딸이다. 후비는 점물왕후이다. 시호는 소덕이다. 순원 뿔칸의 딸이다. [원문 267면 참조] <『삼국유사』 권 제1 「왕력」 「성덕왕」>

『삼국유사』는 정확하게 성덕왕의 첫 왕비인 김원태 아간의 딸이 살아서는 배소왕후이고 죽어서는 엄정왕후라고 적었다. 『삼국유사』를 보지 않고 『삼국사기』만 보면 이 간명한 진실을 전혀 이해할 수 없게 되어 있다. 더욱이 '성정*{일운 엄정}*왕후'라는 『삼국사기』의 불필요한 주 기록은 쓸 데 없는 혼란만 불러왔다.

(초고 살림: 이 주는 『삼국사기』의 편찬자들이, 성덕왕의 왕비는 엄정왕후로 되어 있는데 갑자기 성정왕후가 나오니, '어! 다른 데에는 엄정왕후라고 했는데.' 하고 붙인 것이다. 그들도 성정왕후와 엄정왕후에 대하여 잘 몰랐다.)

(13)에는 성정왕후가 성덕왕의 왕비라는 흔적도 없다. 누가 보아도 성정왕후는 엄정왕후와 다른 사람이라는 것을 알 수 있다.

(초고 살림: 그러면 당연히 성정왕후는 누구의 왕비인가 하는 의문을 가지게 되고, 제대로 생각하는 사람이라면 당연히 성정왕후는 효소왕의 왕비일 것이라고 추론하게 되어 있다. 이 경우에는 『삼국유사』가 『삼국사기』보다 더 정확하고 믿을 수 있는 사서인 것이다. 그러니 『삼국유사』를 믿지 않으면 신라 중대의 실상에 다 갈 수 없는 것이다.)

704년 성덕왕은 (12a)에서 보듯이 엄정왕후와 혼인하고 맏아들 원경(?), 둘째 중경, 셋째 승경을 낳았다. 맏아들은 조졸하였다. 성덕왕은 형 효소왕의 아들인 조카 수충과 자신의 아들 중경 가운데 누구를 후계자로 할지 고민하였다. 그래서 수충을 714년 2월에 당나라로 보내었다. 그래 놓고 715년 12월에 자기 아들 중경을 태자로 책봉하였다. 남편 사후 왕위를 아들에게 승계시키지 못하고 시동생에게 빼앗기고, 이제 그 후계 자리마저도 시앗 같은 동서 엄정왕후의 아들에게 빼앗긴 성정왕후는 항의하였을 것이다.

그리고 성정왕후는 716년 3월 쫓겨났다. 위자료는 충분히 받은 것으로 보이지만 2번에 걸쳐 천하(天下)를 빼앗긴 성정왕후로서는 억울하였다. 당나라에 있는 아들 수충에게 알렸다. 그래서 수충이 717년 9월에 귀국하였다. 와서 보니 태자 중경이 717년 6월 사망하였다. 아들을 잃은 숙부, 숙모에게 수충이 항의할 여지도 없었다. 이제 다시 태자로 책봉되기를 기다려야 했다. 그러나 사촌동생 승경이 버티고 있었다. 수충은 엄정왕후의 셋째 아들 승경과 왕위 계승 경쟁을 벌일 수밖에 없었다.

700년의 '경영의 모반'은 이 김수충[696년 생]의 출생으로 왕위 계승 가능성이 없어진 신문왕의 원자 김사종 측의 항의이다.

(초고 살림: 아마도 경영은 김사종의 장인일 것이다. 684년생 사종은 700년에 17세이다. 혼인하였다. 그의 아들은 733년 12월 아버지를 찾아 당나라로 떠난 김지렴이다. 그리고 김순원은 자의왕후의 동생으로서 사종을 지지함으로써 요석공주와 대립하였다. '경영의 모반'으로 신목왕후가 사망하였다. 효소왕도 다쳤다. 요석공주는 원자 김사종을 부군에서 폐위시키고 원자 자격도 박탈하였을 것이다. 그것이 저 기록 (5b)이다.

> (5') b. 국인이 (정신왕의 태자의 아우를 부군에서) 폐위하고 장군 4인
> 을 보내어 산에 이르러 맞아오게 하였다. 먼저 효명암 앞에 도
> 착하여 만세를 부르니 이때 오색 구름이 7일간 드리워 있었다.
> [원문 314면 참조]

김사종은 역사에서 지워졌다. 조정에서는 언급할 수도 없는 역적이 되었다. 그러니 사종의 출생년 684년은 원자 출생년이었다가 지워졌다. 그리하여 김근{흠}질의 출생 연월에 '원자생'이 적힌 것이다. 이 모반으로 경영이 죽고 순원이 중시에서 파면되었다. 이것이 나중에 문제가 된다. 702년 효소왕이 승하하였다. (4a)가 말하는 것이 이것이다.)

> (4') a. 정신의 태자가 아우인 부군과 서울에서 왕위를 다투다가 주멸
> (사망)하였다. [원문 314면 참조]

이 모반에서 다쳐서 '주멸한[사망한]' 것은 (4a)에서 본 대로 효소왕[정신의 태자]이다. 왕의 어머니가 죽고 왕이 다치는 이 모반을 다스린 세력은 국인이다. 요석공주를 중심으로 한 문무왕의 형제, 누이들이다.

이에 요석공주는 '경영의 모반'의 핵 외장증손자 김수충과 넷째 외손자 사종을 제쳤다. 사종은 형의 왕위에 도전했으니 역적으로 몰렸다. 당연히 부군에서 폐위되고 원자 자격까지 잃었을 것이다. 왕자가 아니었으면 사형될 죄목이다. 그리고 696년생 수충도 5살밖에 안 되어 난국을 수습하기에는 적절하지 않았다. 그리고 수충은 '경영의 모반'을 야기한 직접 요인이기도 하다.

그러면 남은 유자격자는 신문왕의 다섯째 아들 687년 2월생 김근{흠}질이다. 그는 이때 14살이다. 충분히 왕위에 오를 수 있는 나이가 되었다. 그런데 무슨 까닭에서인지 국인은 다섯째 외손자 근{흠}질을 제치고 오대산에 가 있던 둘째와 셋째 외손자들을 데려오게 했다. 이 다섯째 근{흠}질이 제외된 것이 주목을 끈다.

(4c), (5c)에서 보듯이 3~4살 때 서라벌의 정쟁 '김흠돌의 모반'을 경험한 형 봇내는 울면서 오지 않으려 하여 효명을 데려와 성덕왕으로 즉위시켰다. 그렇다면 성덕왕은 적통 아우 사종, 근{흠}질, 장조카 수충 등 3명의 왕위 계승 우선권자를 제치고 왕위에 오른 것이다. 성덕왕은 '형사취수' 제도에 의하여 효소왕의 미망인 성정왕후와 조카 수충을 책임졌을 것이다. 수충은 성덕왕의 양자처럼 되고 성정왕후는 성덕왕의 왕비처럼 보이게 된다.

아마 이후 어느 시점에 요석공주가 사망하였을 것이다. 719년쯤으로 보인다. 655년 남편 김흠운이 전사했을 때 20여세라고 보면 85세 정도 된다. 요석공주 세력이 와해되고 엄정왕후의 지위도 흔들렸다. 정권교체가 이루어진 것이다.

이때 다시 700년 5월 '경영의 모반'에 연좌되어 파면되었던 김순원이 등장한다. (12b)에서 보듯이 720년 3월 성덕왕은 김순원의 딸 소덕왕후와 재혼하였다. 엄정왕후는 사망했는지 폐비되었는지 기록이 없다. 719년 성덕왕의 새 혼인이 추진되는 상황에서 김수충은 이제 자신에게 왕위가 오기 어려움을 알았다. 그 당시 가장 강력한 집안 자의왕후의 친정 출신인 새 숙모 소덕왕비가 또 사촌동생을 낳으면 왕위는 옛 숙모 엄정왕후가 낳은 사촌동생 김승경[효성왕]에게 가기도 어려웠다.[4] 수충은 아버지 효소왕의 왕위를 삼촌 성덕왕에게 빼앗겼고 또 양아버지인 그 숙부의 뒷자리마저도 이을 수 없게 되었다.

안휘성(安徽省) 지주시(池州市) 청양현(靑陽縣)의 구화산(九華山)에는 세계 최초의 등신불[＝肉身佛]이 있다. (보충주: 구화산은 지장보살의 성지이다. 관세음보살의 성지 보타산(普陀山), 보현보살의 성지 아미산(蛾眉山), 문수보살의 성지 오대산(五臺山)과 함께 중국 4대 불교 명산으로 꼽힌다.) 지장보살의 화신으로 추앙받는 신라 왕자 김교각(金喬覺)이다. 그는 794년 99세로 입적하였다. 그 곳에는 그의 99세 입적을 기념하는 99미터 높이의 동상이 서 있다. 1999년 9월 9일 9시 9분에 착공하여 2013년 8월에 완공하였다. 『구화산 화성사기』에 의하면 김교각은 당나라에서 75년 동안 수도하였다고 한다. 794년에서 75년을 빼면 그가 당나라에 온 것은 719년이다. 그는 794년에 99세이니 696년생이다. 696년의 신라왕은 효소왕이다. 이 해는 677년생 효소왕이 20세 되던 해이다.

696년에 태어난 왕자는 효소왕의 왕자이다. 그리고 714년에 당나라로 숙위를 간, 아무도 아버지를 모르는 왕자 김수충은 아마도 그때 19

---

4) 그런데 720년에 혼인한 소덕왕후가 헌영[경덕왕]을 낳았다. 헌영은 순원의 외손자이다. 승경은 엄정왕후의 친아들로 김원태의 외손자이다. 승경과 헌영 사이의 왕위 계승전의 와중에서 737년에 신충의 「원가」가 창작되었다.

세나 20세는 되어 보인다. 696년생이면 714년에 19세이다. 수충이 당나라로 숙위 가던 때에도 19세쯤 되어야 한다. 그 정도는 되어야 황제의 근위 부대에서 숙위를 할 수 있을 것이다. 696년생 지장보살 김교각은 효소왕의 왕자임에 틀림없다. 그리고 『삼국사기』에서 그에 해당하는 인물은 714년에 19세쯤의 나이로 숙위를 간 김수충밖에 없다. 696년생 수충은 719년에는 24세이다.

수충은 719년경 김순원의 딸 소덕왕후를 들이는 숙부 성덕왕의 재혼이 추진될 때쯤에 이 땅을 등지고 당나라로 갔다. 그가 김교각이 되어 지장보살의 화신으로 추앙되다가 794년 99세로 입적한 후 육신불이 되었다.

(초고 살림: 죽은 후 3년 뒤에 석관을 열어 보고 시신이 썩지 않았으면 금을 입혀 육신불로 만들라는 그의 유언에 따라 제자들이 만들었다고 한다. 그 후 구화산에는 줄줄이 육신불이 등장하였다.)

지장보살의 화신, 세계 최초의 육신불(肉身佛)인 등신불 김교각은 효소왕과 성정왕후의 아들 이 김수충임에 틀림이 없다.

(초고 살림: 김수충이 19세인 714년에 당나라에 숙위 가서 당 현종을 만나고 717년 돌아온 것은 『삼국사기』에 남아 있다. 그러나 두 번째 영원히 이 땅을 등진 기록은 우리 사서에는 없다. 그러나 당나라에서의 활동은 『구화산 화성사기』에 자세히 들어 있다. 이 왕자 수충은 효소왕의 적장자로 효소왕이 승하하였을 때 성덕왕, 사종, 근{흠}질보다 왕위 계승 서열이 앞선다. 그는 혼외자의 아들일 뿐 그 자신은 효소왕의 적통 장자[원자일 수도 있다]이다. 그런데 702년 신문왕의 셋째 혼외자인 삼촌 성덕왕에게 왕위를 빼앗겼다. 이러한 선택의 주체는 수충의 외증조모 요석공주였다.

그 후 그는 숙부 성덕왕 아래에서 사촌동생인 성덕왕의 아들 중경과 태자 자리를 다투었고 717년 귀국해서는 또 다른 사촌동생 승경과 태자 자리를 놓고 경쟁하였다. 그는 이 사촌동생들과의 태자 자리 다툼에서 패배하고 719년 당나라로 다시 가서 보살[지장보살]의 반열에 올랐다. 이렇게 써 두고 추석을 맞았다.)

5. 신문왕의 다섯째 아들 김근{흠}질: 은천 하란산의 석 무루

추석에 중국에 있는 김재식(金載軾) 선생이 다니러 왔다가 만나자고 하였다. 2016년 9월 16일 3시에 (초고 살림: 선물로 책 『요석』, 『향가 모죽지랑가 연구』와 논문 「신라 제34대 효성왕의 계비 혜명왕비의 아버지에 관하여」를 들고) 가든 호텔에 가서 김 선생을 만났다. 만나자 말자 김 선생은 (14)와 같이 말하였다.

> (14) 교수님, 그런데 한 분이 더 있습니다. 무루(無漏)라는 신라 왕자 출신 스님이, 756년경에 당나라 숙종(肅宗)이 '안사(安史)의 난'을 진압할 때 백고좌(百高座) 강회(講會)에 참석하였다고 되어 있습니다.

순간 나는 '전율(戰慄)', 그 자체를 느꼈다. 온몸이 부르르 떨렸다. 이 사람은 도대체 어떤 사람이기에 이렇게 내가 궁금해 하는 것마다에 창칼을 들이대는 것일까? 그리고 곧 (15)와 같이 대답하였다.

> (15) 687년 2월생 김근{흠}질이 726년 당나라 사신으로 다녀온 후 행방이 묘연하고, 사종의 아들 지렴이 733년에 당나라에 가서 어떻게 되었는지 기록에 없습니다.

김 선생은 '지렴은 왕의 아들이 아니니, '무루(無漏)'는 김근{흠}질이 다시 당나라로 간 것이겠네요.' 하였다.

(초고 살림: 이 김지렴도 필자로 하여금 지금까지 쓴 논저들에 중대한 수정을 가해야 할 만한 사고를 낼 것이다. 그가 733년 당나라에 가서 당 현종의 융숭한 대우를 받고 국학[국자감]에 들어가서 공부한 것은 『삼국사기』의 기록을 보면 어느 정도 짐작할 수 있다. 그러나 공부를 마친 후에 어떤 일을 했는지를 알 수가 없다. 당나라에서 고위직에 올랐을 수도 있고 귀국하여 어떤 일을 했을 수도 있다. 그는 '태종무열왕–문무왕–신문왕–사종–지렴'의 종통을 이어받은 신문왕의 적통 손자이다. 김교각 수충이 '신문왕–효소왕–수충'으로 가는 비적통 장손이라면 지렴은 적통 첫손자인 것이다. 신문왕의 두 왕비와 그 후손들의 삶은 아직 미궁에 빠져 있는 것이 많다.)

그렇다. 김근{흠}질이 무루가 된 것이 옳다. 그리고 김 선생은 무루에 관한 논문은 이 1편밖에 없다고 하면서 국회도서관에서 입수하였다는 여성구(1998)의 복사본을 건네주었다. 살펴보니 깊이 생각한 흔적은 보였지만, 1997년에 「신라 중대의 입당 구법승 연구」로 박사학위를 받았다는 그도 역시 국사학계의 통설인 '효소왕이 6세에 왕위에 올라 16세에 승하하였다.' '성덕왕이 691년에 태어났다.'는 그 울타리에 갇혀 있었다.

그러나 그 논문은, 『송고승전(宋高僧傳)』, 『구당서(舊唐書)』, 『불조통기(佛祖統紀)』, 『불조역대통재(佛祖歷代通載)』 등 다른 나라 문헌에 대한 고증이 필자가 지금까지 본 어떤 한국사 논문보다 더 충실하고 출중하였다. 단 하나 안타까운 것은, 그가 효소왕이 677년생이고 성덕왕이 681년생으로 신문왕과 신목왕후가 혼인하기 전에 낳은 혼전, 혼외자라는 것을 상상도 하지 못하고, 스스로를 '효소왕이 687년생이고 성덕왕이 691년생이라.'는 울타리에 가두어 두고 있는 것이다.

(초고 살림: 어찌하여 자신이 『삼국사기』의 '687년 2월 원자생'과 '691년 3월 1일 왕자 이홍 태자 책봉'의 원문을 읽고 이 원자와 왕자 이홍이 같은 사람인지, 다른 사람인지 궁구해 보려 하지 않았을까? 이 세상에 믿을 글, 믿을 사람이 어디 있다고 '元子'와 '王子'도 구분하지 못하는 사람들이 써 놓은 통설에 스스로를 가두었을까? 자신이 검증하지 않은 남의 주장을 믿고 따르면 낭패(狼狽)를 만나게 되어 있다. 제대로 된 공부를 하려면 항상 연구 주제와 관련된 모든 문헌 기록을 다시 검증해야 한다. 여성구(1998)은 '수충을 지장(696~794)으로 본' 사수전(謝樹田(1993))에 대하여, '지장의 생몰년을 보아 무리인 것 같다.'고 하였다. 謝樹田(1993)이 '수충을 지장(696~794)으로 보았다.'고 한다. 보라, 외국인들은 이미 이렇게 말하고 있지 않는가? 謝樹田(1993)의 이 추정은 만고의 진리(眞理)이다. 국사학계가 이렇게 헤매고 있는 동안에 일본인, 중국인이 먼저 이 진리를(서정목(2016a:머리말)), 그리고 그와 유사한 다른 사실을(서정목(2016a:502)) 밝힐 것이라고 우려하지 않았던가? 그런데 이미 그들이 이 진리를 밝힌 것이다. 그러나 謝樹田(1993)도 수충을 성덕왕과 성정왕후 사이의 아들로 보고, 중경을 성덕왕과 김비(金妃)의 아들로 보며, 승경, 헌영, 五子(경덕왕의 왕제: 필자)를 소덕왕후의 아들로 보는 등 헤매고 있다. 수충이 효소왕과 성정왕후의 아들이고, 소위 김비라고 한 김원태의 딸이 엄정왕후라는 것 등을 밝히지는 못한 것이다. 아직은 외국의 한국사학계도 이 정도 수준밖에 안 되는가 보다. 그러나 '지장(696년~794년)이 수충이라.'는 것은 진리이다. 이미 현대 한국의 신라사 학계는 지장보살의 화신 김교각에 대한 연구에서는 외국에 진 것이다. 이 진리를 우리 스스로 찾아내지 못하게 가로막은 것은, 『삼국사기』의 '687년 2월 원자생'과 '691년 3월 1일 왕자 이홍 태자 책봉'에서 이 '원자'가 '왕자 이홍'과 동일인이라고 오독하고, 효소왕이 6세에 즉위하여 16세에 승하하였으니 혼인하지도 않았고 아들도 없었다고 섣불리 못을 박은 신종원(1987)이다.)

그는 현재 이 이상의 추론은 불가능하나 무루가 신문왕의 아들일 가능성보다는 성덕왕의 아들일 가능성이 많다고 하겠다.'고 하고, (16)처럼 결론짓고 있다.

(16) 무루는 왕자 출신으로 형제들 간의 왕위계승을 놓고 알력이 일어나자 ── 성덕왕의 아들이었을 것으로 비정되며, 입당시기는 확실치 않으나 ── 756년 이전에는 入唐하였을 것이다.

<여성구(1998:178)>

(초고 살림: 아깝다. 불교 사상사는 그렇게 자세히 쓰면서 어찌하여 제 나라 왕실의 왕위 계승을 둘러싼 골육상쟁에 대해서는 이렇게 소홀하게 기술하고 있을까? 학문하는 기본이 안 되어 있기 때문이다. 문헌, 『삼국사기』, 『삼국유사』를 제대로 읽지 않은 것이다.)

그 논문은 '성덕왕은 691년생이다.' '근{흠}질은 692~693년에 태어났을 것이다.' '근{흠}질이 성덕왕의 동생일 확률은 적어지고 아마 사종과 마찬가지로 從弟(종제)로 보는 것이 타당하지 않을까?' 하고 있다. 사종은 성덕왕의 종제가 아니다.

(초고 살림: 성덕왕의 4촌 동생, 또는 6촌 동생이면 누구의 아들인가? 신문왕의 형 소명은 아들이 없었을 것이다. 신문왕의 아우 인명의 아들이 사종인가? 아니면 문무왕의 아우 가운데 한 명의 아들이 사종인가?)

『삼국사기』는 (7b)에서 본 대로 성덕왕 27년[728년] 조에서 사종을 '王弟[왕의 아우]'라고 분명히 적었다. 그때 왕제이면 성덕왕의 아우이다. 『책부원구』가 '從弟(종제)'라고 적었지만, 『당회요』는 성덕왕이 '弟 金嗣宗(제 김사종)'을 사신으로 보냈다고 적었다. 『삼국사기』는 (7a)에서 보았듯이 성덕왕 25년[726년] 조에서 김근{흠}질에 대해서도 '王弟(왕제)'라고 명백하게 밝히고 있다.

(초고 살림: 이 두 사람을 성덕왕의 친동생이 아니라고 보는 신라 중대 정치사 학계는 『삼국사기』도 제대로 읽지 않는 것일까? 아니면 『삼국사기』를 믿지 않는 것일까? 『삼국사기』도, 『삼국유사』도 믿지 않으면 무엇을 믿고서 신라 중대 정치사를 연구하는가? 한 걸음만 더 나아가지, 왜 거기에서 멈추었을까?

지장보살(696년~794년)의 생몰년과 수충의 생몰년 사이에 무슨 무리가 있는가? 696년생 지장보살의 아버지가 효소왕일 것이라는 생각을 왜 못했을까? 696년의 신라왕이 누구인지를 모른단 말인가? 수충이 성덕왕과 성정왕후의 아들이라고 지레 짐작한 것이 무리이지. 『삼국사기』에 수충의 출생연대가 있는가? 성정왕후가 성덕왕의 왕비라는 기록이 있는가? 714년에 당나라에 숙위 가는, 19살은 더 되었을 수충이 어찌 702년에 즉위하여 704년에 혼인한 성덕왕의 아들일 수 있겠는가? 『삼국유사』에는 성덕왕의 선비 김원태의 딸은 엄정왕후라고 하지 않았는가? 그러므로 성정왕후는 엄정왕후가 아니다. 이런 기록들을 종합해서 읽었으면 저렇게 헤매지는 않았을 것이다. '효소왕이 16세에 즉위하여 26세에 승하하였고 성덕왕이 22세에 즉위하였다.'는 『삼국유사』의 기록 (2)를 한 번만 돌아보았으면 이렇게 혼란한 억측을 넘어서서 올바른 추론에 의한 실제적 역사를 기술할 수 있었을 것이다.

여성구(1998)은 현대 한국의 신라 중대 정치사 연구자들이 쳐 둔 가시 울타리에 갇힌 것이다. 그 가시 울타리를 짓밟고 넘어서지 못하면 절대로 신라 중대 왕실의 진실을 보지 못한다. 온몸이 가시에 찔려서 피투성이가 되어도, 수십 번 '게재 불가'를 당해도 저들이 쳐 둔 이 가시 울타리를 짓밟고 넘어서야 신라 중대 왕실의 진실을 볼 수 있다.

선조들이 남긴 문헌, 『삼국사기』와 『삼국유사』를 존중하면 당연히 696년생 수충은 효소왕의 아들이고 성정왕후는 효소왕의 왕비인 것을 알게 된다. 그러면 수충은 794년 99세로 입적한 지장보살 김교각에 해당한다. 『삼국유사』의 효소왕이 아우 부군과 쟁위하여 죽은 것, 국인이 부군을 폐위한 것을 고려하면 당연히 684년생 원자 김사종이 728년 45세에 당나라에 가서 762년에 79세로 입적한 무상선사가 된다.)

『송고승전(宋高僧傳)』은 어떤 왕의 제3자인 무루(無漏)를 '將立儲副[태자로 책립하려]' 하였음을 (17)처럼 적고 있다. 그러나 그 왕자는 '연릉의 사양[延陵之讓]'을 흠모하여 형에게 왕위를 양보하고 출가하였다가 당나라로 간 것으로 보인다.[5)]

> (17) 스님 무루는 성이 김 씨로 신라 국왕의 제3자이다[釋無漏 姓金氏 新羅國王 第三子也]. 본토에서 그 땅에 적장자가 있었으나 저부[태자, 부군]으로 책립하려 하였다[本土以其地居嫡長將立儲副]. 그러나 무루는 어려서부터 연릉의 사양을 사모한 고로 석가법의 왕자가 되기를 원할 따름이었다[而漏幼慕延陵之讓 故願爲釋迦法王子耳]. 마침내 도망하여 바다에 와 배를 타고 중화의 땅에 도달하였다[遂逃附海艦 達于華土]. <『송고승전』 권 제21 감통 6-4. 당 삭방 영무 하원 무루전[唐朔方靈武下院無漏傳](대정장(大正藏) 권 50, p. 846 상>

이 무루가 누구일까? 신라 왕자로서 저부(儲副[=태자])가 될 수 있는 위치에 있던 사람, 그리고 당나라에 간 기록이 있는 왕자, 여러 정치적 상황에서 겪은 안 좋은 경험 때문에 왕이 될 수 있는 기회를 사양할 만한 사연을 갖고 있는 왕자를 찾아야 한다.

(초고 살림: 김근{흠}질을 제3자라 한 것도 주목의 대상이 된다. 신문왕의 아들을 다 헤아리면 효소왕, 봇내, 성덕왕, 사종, 근{흠}질의 다섯이다. 근{흠}질은 다섯째 아들이다. 그러나 근{흠}질이 당나라에 간 시기에는 효소왕이 사망하였고 형 사종이 역적으로 몰리어 없는 것으로 치부되었다. 그러면 남은 아들은 봇내, 성덕왕, 그리고 근{흠}질이다. 장자가 살아 있는 아들들 가운데 첫째라는 말이듯

---

5) 그가 '延陵之讓'을 흠모하였다는 것은 형에게 왕위를 양보하였다는 의미로 보인다. '연릉지양'은 吳王 壽夢의 넷째 아들이었던 季札이 아버지의 왕위 계승 명령을 어기고 형에게 양보하고 연릉에 봉해진 것을 뜻한다.

이, 제3자라는 말이 살아 있는 아들들 가운데 셋째 아들이라는 말임을 알 수 있다.)

(7') a. 726년[성덕왕 25년] 여름 4월 김충신을 당에 파견하여 하정하였다. 5월 왕제 김근*{『책부원구』에는 흠으로 썼다.}*질을 당으로 파견하여 조공하니, 당에서는 낭장 벼슬을 주어 돌려보내었다. [원문 243면 참조]
<『삼국사기』 권 제8 「신라본기 제8」 「성덕왕」>

(7'a)에는 726년 5월 성덕왕의 아우[王弟] 김근{흠}질이 당나라에 조공사로 갔다. 성덕왕의 아우면 신문왕의 아들이다. 당에서는 낭장[정 5품 상]을 주어 돌려보내었다. 그러나 그가 돌아왔는지 안 왔는지 모른다. '授郞將還之[낭장을 주어 돌려보내었다].'는 『삼국사기』의 '還'이 얼른 보면 신라로 돌아왔다는 것을 의미하는 것으로 보일 수도 있다. 그러나 '還'의 목적지가 최종적으로 어디였는지는 아직 모른다.

(보충주: 돌아왔다면 그 뒤에 다시 당나라에 간 것이다. 그러나 그럴 가능성은 훨씬 낮다.)

700년 김사종은 부군에서 폐위되고 원자 자격을 잃었다. 요석공주는 다섯째 외손자 김근{흠}질을 효소왕의 부군[儲副]에 책봉하려 하였다. 그러나 근{흠}질은 부군이 되기를 거부하였다. 그는 부처님 나라의 왕자가 되기를 원했다. 김근{흠}질은 이미 5살 때 691년 3월의 태자 책봉의 논란을 보았고, 700년 14살 때 '경영의 모반'으로 어머니가 죽고 형 사종이 부군에서 폐위되어 원자 자격도 박탈당한 채 절로 쫓겨 가는 것을 보았다.

702년 효소왕이 승하하였다. 이제 신문왕의 적통 왕자는 김근{흠}질

하나뿐이었다. 그는 왕이 될 제1 후보였다. 그러나 700년의 '경영의 모반' 뒤에 부군 책봉을 거부했던 그는, 또 형 효소왕이 702년에 승하하는 것을 보고는 왕위가 더 두려워졌다. 그는 왕실의 골육상쟁에 트라우마를 가지게 되었을 것이다. 그는 극구 왕위를 사양하였다. 근{흠}질은 왕위를 오대산에 가 있는 형들[봇내, 효명]에게 양보하고 대궁으로부터 도망쳤다. 할 수 없이 국인[요석공주]는 오대산의 효명[융기, 흥광, 성덕왕]을 데려와서 즉위시켰다. 이 왕이 33대 성덕왕이다. 근{흠}질은 형 효명에게 왕위를 양보한 것이다.

김근{흠}질은 그 후의 행적은 불분명하지만, 726년 5월 형 성덕왕의 명을 받아 당나라에 조공사로 갔다. 근{흠}질이 사신으로 당에 간 기회에 서역으로 가려다가 지금의 영하 회족자치구 은천의 하난산 백초곡에 들어갔을 가능성도 배제되지 않는다. 그러면 그는 726년에 이 땅을 떠나 당나라에 간 것이다. 입당 시기는 726년일 가능성이 매우 높다. 영하 은천은 원래 신라 김 씨 왕족들의 선조인 흉노족의 거주지였고 이때는 돌궐족이 당나라와 국경을 맞대고 있었다. 이 김근{흠}질이 무루(無漏)가 된 것이 틀림없다.

755년 12월부터 763년 2월까지 계속된 '안사의 난' 때 당 현종은 756년에 사천성의 성도로 피난을 갔다. 그리고 현종의 아들 숙종은 영주(靈州)에서 진압군을 지휘하였다. 숙종은 756년 7월부터 757년 10월까지 영주 행궁에 머무르면서 백고좌 강회를 열기도 하였다. (18)을 보면 그 숙종의 꿈에 금색의 승려가 보여서 불러 왔으니 이 이가 무루이다.

(18) 신라 승려 무루[新羅僧無漏]: 그때 도적의 난리가 사방에 성하자 [時寇難方盛], 어떤 이가 황제에게 마땅히 부처의 도움에 의지하기를 권하였다[或勸帝宜憑佛祐]. 이에 승려 100인을 불러 행궁에 들어 아침저녁으로 찬불 공양을 하게 하였다[詔沙門百人入行宮朝夕諷唄]. 황제가 어느 날 저녁 몸이 금색인 승려가 보승여래를 외우고 있는 꿈을 꾸었다[帝一夕夢沙門身金色誦寶勝如來]. 좌우에 물으니 어떤 이가 말하기를[以問左右 或對曰] '하란산 백초곡에 신라 승려 무루가 있는데 늘 이 부처 이름을 외웁니다[賀蘭白草谷有新羅僧無漏常誦此名].'고 답하였다. 불러서 보고 행궁에 있게 하였다[召見行在]. 이미 불공이 와 있어서 그를 따라 함께 머무르며 복을 빌도록 하였다[旣而不空至 遂并留之託以祈福]. <『불조통기(佛祖統紀)』권 제40 p. 375하 376상>

(18)을 보면 무루가 당 숙종의 초청으로 백고좌 강회에 참가한 것은 756년에서 757년 사이인 것으로 보인다. 무루는 행궁에 있는 동안 여러 번 백초곡으로 돌아가기를 주청하였으나 허락을 얻지 못하고 (19)에서 보듯이 758년[경덕왕 17년]에 입적하였다. 687년 2월생이니 향년 72세였다. 세 스님 중 누린 수가 가장 짧다. 아마도 병으로 사망한 것으로 보인다.

(19) 신라의 무루가 공중에 떠서 서서 입적하다[新羅無漏凌空立化]: 이해[758년, 경덕왕 17년]에 신라 승려 무루가 우합문에서 합장하고 공중에 떠서 서서 발이 땅을 떠나 한 자나 되게 하여 입적하였다[是歲新羅僧無漏 示寂于右閤門 合掌凌空而立 足去地尺許]. 좌우로부터 듣고 황제가 놀라서 아래로 거둥하여 와서 보았다[左右以聞 帝驚異降蹕臨視]. 옛 (백초)곡에 돌아가 묻히기를 원하는 남긴 표를 얻었다[得遺表乞歸葬舊谷]. 옛 거처로 호송하고 탑을 세우라는 조서가 있었다[有詔護送舊居建塔]. 회원현의 하원에 이르

렸을 때 수레의 끌채가 움직이지 않았다[至懷遠縣下院 軒擧不動].
그에 따라 향기로운 진흙으로 전신을 바르고 하원에 머물렀다[遂
以香泥塑全身 留之下院]. <『불조역대통재(佛祖歷代通載)』권 13,
43(『대정장(大正藏)』권49, p. 598 하>

왜 형 사종보다 아우인 근{흠}질이 더 먼저 당나라에 갔을까? 둘 다
이미 출가하여 승려가 되어 있었던 것은 틀림없다. 아마도 사종은 이미
부군에서 폐위되고 원자의 자격도 잃어서 성덕왕의 왕위에 직접적인 위
협은 되지 않았을 것이다.

그러나 근{흠}질은 달랐다. 그는 비록 부군 책봉을 사양하고, 또 702
년에 형 성덕왕에게 왕위를 양보하고 도망쳤지만 엄연히 신문왕의 적통
원자이다. 성덕왕으로서는 가장 두려운 정적 아우이다. 720년 소덕왕후
를 새 왕비로 들인 김순원 측으로서는 근{흠}질을 당나라로 보내 버리
는 것이 가장 급선무였을 것이다. 근{흠}질이 당나라에 간 시기[726년
5월]의 직전[726년 정월]에 김순원의 손자 김충신이 당나라에 간 것도
예사롭게 보이지는 않는다.

(초고 살림: 김근{흠}질은 출가하여 승려가 되어 있다가 726년 5월 형 성덕왕
의 명을 받아 당나라에 조공사로 갔다. 이런 것은 모두 『삼국사기』, 『삼국유사』를
잘 읽으면 알 수 있는 명백한 역사적 사실이다. 당나라에서의 활동은 『송고승전』
만 보아도 알 수 있다. 스님 무루(無漏)는 당연히 신문왕의 다섯째 아들 새 원자
687년 2월생 김근{흠}질이다. 그도 신문왕의 원자의 지위를 가지고 형 효소왕,
성덕왕 아래에서 살기가 힘들었다. 언제 모반으로 몰릴지 모른다.

김재식(金載軾) 선생과 헤어지고 집으로 와서 그의 블로그를 열었다. 그는
2016년 9월 11일자로 '寧夏(영하) 回族自治區(회족자치구) 銀川(은천) 賀蘭山(하
란산)에서 발견한 신라인의 족적'이라는 제목 아래 무루(無漏) 스님에 대한 사연

을 자세하게 기록해 두고 있었다. 그 내용은 『송고승전』의 그것과 거의 같다. 필자는 9월 17일자로 그 블로그의 댓글에 위에서 논의한 사연을 자세히 적어 두었다.

석 무루는 신문왕의 다섯째 아들 김흠{근}질이다. 그에 대한 기록도 충분한 편이다. 『삼국사기』에 687년 2월 '元子生(원자생)'이라는 기록을 남긴 신문왕의 원자가 이 김근{흠}질이다. 원래는 그가 원자가 아니고 그의 형 684년생 김사종이 원자였다. 그러나 효소왕 즉위 후 부군으로 책봉되기까지 했던 사종이 700년 5월의 '경영의 모반'에 연루되어 『삼국유사』에 의하면 부군에서 폐위되고, 아마도 원자 지위까지 잃은 것으로 보인다.

다시 말하지만 현대 한국의 신라 중대 정치사 학계가 이렇게 간단한 사실을 밝히지 못한 것은, 순전히 '효소왕이 6살에 즉위하여 16살에 승하하였고, 성덕왕이 12살에 즉위하였다.'는 잘못된 주장에 기인한 것이다. 이 그릇된 주장 때문에 파묻힌 신라 중대의 역사적 진실이 한 둘이 아니다. 당장 이를 폐기하고 「만파식적」부터 다시 읽고 재해석해야 한다.)

6. 왜 역사 기록이 윤색되었을까: 통일 신라는 외척의 시대

(초고 살림: 『삼국사기』가 왜 '효소왕이 무자하였다.'고 적었는지, 그리고 『삼국유사』「왕력」이 「효소왕」 조에 왜 왕비 정보를 안 적었는지 이상하다.

그러나 「혜통항룡」 조에 등장하는 효소왕의 '왕녀'와 세계 최초의 육신불 김교각의 존재를 해명하기 위해서는 효소왕의 왕비 성정왕후와 그의 아들 수충을 설정하는 것이 꼭 필요하다. 그리고 '경영의 모반'과 '684년생 무상선사'를 설명하기 위해서는 신문왕의 원자와 효소왕의 부군, 그리고 그 부군의 폐위, 687년 2월생 김근{흠}질의 '元子生(원자생)' 기록 등을 설정해야 한다. 중경의 태자 책봉과 성정왕후의 쫓겨남도 효소왕의 왕자 수충을 통하지 않고서는 설명이 안 된다.

『삼국유사』도 이 부분은 『삼국사기』를 보고 적은 것이다. 『삼국사기』는 『구당서』, 『신당서』, 『자치통감』, 『책부원구』 등을 보고 재구성한 것이다. 이 책들은 신라가 당나라 조정에 보고한 것을 그대로 적었다. 그 표문들과 성덕왕 즉위 후의 역사 기록은 이긴 자의 관점에서 조정 윤색되었다.

신라의 역사 기록은 김대문을 떠나서 논의하기 어렵다. 그는 '김흠돌의 모반'을 진압한 김오기의 아들이다. 김오기는 자의왕후의 여동생 운명의 남편이다. 자의왕후의 남동생 순원의 아들 진종과 김오기의 아들 김대문이 내외종간이다. 자의왕후의 아들 신문왕은 김대문의 이종사촌이다. 김진종의 아들들이 충신, 효신이고, 김대문의 아들들이 신충, 의충인 것으로 파악된다(서정목(2016a:제7장 참고)). 신문왕의 아들 성덕왕과 이들이 6촌이다. 충신이 사종의 아들 지렴을 당 현종에게 올린 표문에서 '종질(從姪[7촌 조카])'라 지칭하고 있다.

자의왕후의 친정인 김순원 집안과 자의왕후의 제부인 김오기 집안은 효소왕, 성정왕후, 수충, 엄정왕후, 효성왕, 박 씨 왕비를 희생시키고, 성덕왕, 성덕왕의 계비 소덕왕후[순원의 딸], 효성왕의 계비 혜명왕비[순원의 손녀] 경덕왕[헌영, 소덕왕후 아들], 경덕왕의 계비 만월부인[의충의 딸, 김대문의 손녀]를 정통으로 하는 역사를 쓴 것이다. 성덕왕 효명이, 수충을 제치고 즉위한 명분을 만들기 위하여 '효소왕이 무자하여'를 지어내었다. 그러면 수충과 성정왕후는 설 곳이 없다. 수충이 어느 왕의 아들인지와 성정왕후가 어느 왕의 왕비인지 모르게 되어 있는 것은 바로 이 때문이다. 그러나 그들도 진실을 다 지우지는 않아서 714년부터 717년까지의 일들이 (7), (10)에서 보았듯이 자세하게 적혀 있다. 잘 읽어 보면 역사 기록이 비교적 사실 그대로 적혀 있음을 알 수 있고 그 기록을 통하여 그 시대 역사의 실상을 알 수 있다.

그리고 소덕왕후의 아들 헌영[경덕왕]을 즉위시키기 위하여, 엄정왕후와 그 아들 효성왕[승경]에게 보인 험한 정치적 압박이 (20)에서 보는 대로 『삼국사기』 권 제9 「효성왕」 조에 순원의 손녀 혜명왕비와의 혼인, 헌영의 태자 책봉, 혜명왕비가 족인들과 모의하여 후궁을 죽임, 후궁의 아버지 '영종의 모반', 순원의 손자 효신공의 역할, 효성왕 승하 후 화장과 동해 산골 등으로 자세히 적혀 있다(서정목(2016a: 제7장) 참고). 효성왕의 생모를 밝히지 않은 것, 소덕왕후의 아들[법적인 어머니일 것이다.]이라고 적은 것 등은 정상적인 역사 기술로 보아야 할 것이다 (서정목(2016b, c) 참고).)

(20)
   a. 739년[효성왕 3년] 봄 정월 조부, 부의 묘에 제사하였다[春正月拜祖 考廟]. <u>중시 의충이 죽어서 이찬 신충을 중시로 삼았다</u>[中侍義忠卒 以伊飡信忠爲中侍]. — 2월 왕제 헌영을 제수하여 파진찬으로 삼았 다[— 二月 拜王弟憲英爲坡珍飡].

   b. 동년 3월 <u>이찬 순원*{진종의 오식: 필자}*의 딸 혜명을 들여 비로 삼았다</u>[三月 納伊飡順元*{眞宗의 誤: 筆者}*女惠明爲妃].[6]

   c. 동년 여름 5월 파진찬 헌영을 봉하여 태자로 삼았다[夏五月 封波珍 飡憲英爲太子].

   d. 740년[동 4년] 봄 3월 당이 사신을 보내어 <u>부인 김 씨를 책봉하여 왕비로 삼았다</u>[四年 春三月 唐遣使冊夫人金氏爲王妃].

   e. 동년 가을 7월 붉은 비단 옷을 입은 한 여인이 예교 아래로부터 나 와 <u>조정의 정사를 비방하며</u> 효신공의 문앞을 지나가다가 홀연히 보이지 않았다[四年 — 秋七月 有一緋衣女人 自隷橋下出 謗朝政 過 孝信公門 忽不見].

   f. 동년 8월 <u>파진찬 영종이 모반하여 복주하였다</u>[八月 波珍飡永宗謀叛 伏誅]. 이에 앞서 <u>영종의 딸이 후궁에 들었는데</u> 왕이 지극히 사랑 하여 은혜가 날이 갈수록 심하였다[先是 永宗女入後宮 王絶愛之 恩 渥日甚]. <u>왕비가 투기하여 족인들과 모의하여 죽였다</u>[王妃嫉妬 與 族人謀殺之]. 영종이 왕비의 종당들을 원망하여 이로 인하여 모반 하였다[永宗怨王妃宗黨 因此叛].

   g. 742년[동 6년] 봄 2월 동북 지방에 지진이 있었는데 우레 같은 소 리가 있었다[六年 春二月 東北地震 有聲如雷]. 여름 5월 유성이 삼

---

6) 혜명왕비가 '이찬 순원의 딸'이 아니고 '진종의 딸'임을 밝힌 것은 서정목(2016b)를 참고하기 바란다. 『삼국사기』가 '진종'으로 적어야 할 것을 '순원'으로 잘못 적은 것이다. 『삼국유사』 의 혜명왕비는 '진종 각간의 딸'이라는 것이 옳은 기록이다.

대성을 범하였다[夏五月 流星犯參大星]. 왕이 승하하였다[王薨].
시호를 효성이라 하였다 [諡曰孝成]. <u>유명으로 구를 법류사 남쪽에
서 태우고 동해에 유골을 뿌렸다[以遺命 燒柩於 法流寺南 散骨東
海]</u>. <『삼국사기』 권 제9 「신라본기 제9」 「효성왕」>

희생된 자들은 요석공주 후계 세력이고 이긴 자들은 자의왕후 후계 세력이다.
가장 큰 희생자는 화장당하여 동해에 뼈가 뿌려진 34대 효성왕이다. 신라 중대 왕
들 가운데 왕릉이 없는 유일한 왕이다. 역사 기록은 '유명'에 의하여 그렇게 하였
다고 되어 있다. 모든 역사는 마지막 임종 자리를 지킨 자에 의하여 조작된다. 고
구려 9대 고국천왕의 마지막 임종 자리를 지킨 왕비 우(于) 씨의 '시동생 바꿔치
기'가 가장 적나라하게 그 원리를 보여 준다. 그렇게 시동생 바꿔치기 당한 10대
산상왕은 형수 우 씨를 왕비로 삼았다. 죽은 뒤에 그것은 내 유지가 아니었다고
아무리 떠들어도 이승은 죽은 자의 관할 밖에 있다. 죽기 전에 다 정리하고 하나
도 남기지 말아야 한다.

한때는 시누이 요석공주와 올케 지의왕후가 연합하여 공동의 적 김흠돌을 제거
하였다. 그러나 신문왕 후의 왕위를, 첫 외손자 이홍에게 승계시키려는 요석공주
와, 신문왕과 신목왕후가 정식으로 혼인한 후에 태어난 넷째 손자 원자 김사종에
게 승계시키려는 자의왕후 세력 사이에 의견이 갈렸다. 700년 5월 효소왕을 폐위
시키고 사종을 즉위시키려던 '경영의 모반' 때 중시에서 파면된 김순원이 효소왕,
요석공주 세력에게 앙심을 품었다. 그리고 요석공주 사후 720년 3월 순원의 딸을
성덕왕의 후비 소덕왕후로 들임으로써 그 세력이 최후의 승리자가 되었다. 영원한
동지도 영원한 적도 없는 것이 세상사이다.

통일 신라, 즉 신라 중대 역사는 이 두 여걸, 올케 자의왕후와 시누이 요석공주
사이의 세력 다툼으로 파악하는 것이 가장 역사적 진실에 가까이 간다. 지금의
'전제 왕권 강화와 진골 귀족 세력 거세' 이론은 이미 공상의 산물임이 증명되었
다. 신라 중대사를 새로 써야 한다.

새로 쓰는 신라 중대사는 다음과 같이 요약된다. 654년 29대 태종무열왕 즉위

시부터 719년[성덕왕 18년]까지의 전반기는 '태종무열왕 자녀들의 지배: 문무왕, 요석공주, 개원 등이 권력 실세'이다. 720년 소덕왕후 입궁 시부터 785년 27대 선덕왕 승하 시까지의 후반기는 '자의왕후 친정 세력의 지배: 김순원, 아들 진종, 손자 충신, 효신, 그들의 6촌 신충, 의충 등이 권력 실세'이다. 소덕왕후, 혜명왕비는 순원의 딸과 손녀이다. 만월부인은 의충의 딸이다. 선덕왕 김양상은 소덕왕후의 외손자이다. 즉, 통일 신라는 태종무열왕의 자녀들의 시대와 신문왕의 외가의 시대이다. 요석공주를 신문왕의 고모로 보지 않고 신목왕후의 어머니로 보면 결국 외척들이 전황한 시대이다.

이것이 필자가 지난 1년 남짓한 기간에 『삼국사기』와 『삼국유사』를 읽고 새로 쓴 통일 신라 정치사이다. 그런데 이 역사는 많은 사학자들이 70여 년 동안 연구한 결과와 완전히 다르다. 국사편찬위원회(1998), 『한국사 9』 「통일신라」의 정치사 부분[90면-110면]에는, '효소왕은 6살에 왕위에 올라 16살에 승하하였다. 효성왕은 이모와 혼인하였다. 신문왕이 '김흠돌의 모반'을 진압하고 효소왕이 '경영의 모반'을 진압하여 성덕왕이 전제 왕권의 극성기를 구가하였다. 효성왕이 진골 귀족을 거세하자 전 왕비 박 씨의 아버지 '영종이 모반하였다.'고 되어 있다. 이 역사 기술은 틀린 것이다. 그것은 통일 신라의 역사가 아니다. 그 주장들에는 전혀 근거가 없다. 이런 공상의 역사 기술을 고쳐서 진실로 통일 신라 시대가 어떠한 시대였는지, 그 애상적인 향가는 왜 지어졌는지, 당나라 승려 지장보살의 화신 김교각과 정종중의 창시자 김무상 선사, 그리고 당 숙종이 연 백고좌 강회에 참가한 무루 스님은 누구인지, 그리고 그들이 왜 신라 왕자의 지위를 버리고 승려가 되어 당나라로 갔는지, 그런 것을 밝히는 일은 누구나 할 수 있는 공부로서 한국학 종사자 모두의 과제이다.

그러나 자의왕후 세력도 김대문의 손녀인 의충의 딸을 만월왕비로 들이는 데까지는 갔으나 혜공왕 때 실정하여 고종사촌 형 선덕왕(宣德王) 김양상이 혜공왕을 시해하고 스스로 왕위에 올랐다. 선덕왕은 소덕왕후의 딸 사소부인과 사위 김효방(金孝芳)의 아들이다. 선덕왕에게 성덕왕은 외할아버지이고, 김순원은 어머니의 외할아버지, 즉 외외증조부이다. 선덕왕도 김순원 세력이고 자의왕후 세력이다. 그러나 그는 재위 5년만에 후사 없이 죽었다. 그가 만약 아들이 있어 그 아들이 왕위를 잇고 그 후손이 대를 이었으면, 필자는 지증왕, 진흥왕, 태종무열왕 등의 전례와 마찬가지로 혜공왕이 무자하여 '성덕왕의 외손자가 즉위하였다.'로 이해했을 것이다.

그러나 선덕왕 김양상이 아들 없이 죽고 김경신이 원성왕으로 즉위하였다. 엄밀히 말하면 37대 선덕왕까지가 신라 중대이고, 38대 원성왕부터가 신라 하대이다. 신라 하대는 원성왕의 후손들끼리 죽고 죽이는 왕위 쟁탈전을 벌이면서 나라는 돌이킬 수 없을 만큼 쇠락(衰落)해 갔다. 장보고의 희생이 말하는 바이다. 왕권이 통치력을 미치는 영역은 점점 줄어들었다. 이제 이 망국(亡國)의 과정을 제대로 밝혀야 한다. 그리고 거기서 역사의 교훈을 찾아야 한다.)

(보충주: 혜명왕비의 아버지 진종을 이 영종과 관련짓거나, 박 씨 왕비가 후궁이 되어 계속 효성왕의 총애를 입어 혜명왕비가 죽었을 것이라는 현대 한국의 신라 중대 정치사 연구물들은 앞뒤를 헤아려 보지 않은 억측들이다.)

7. 결론: 무상은 김사종, 무루는 김근{흠}질, 교각은 김수충이다

이 글에서는 입당 구법승으로 알려진 정중종을 창시한 500 나한의 한 분 무상선사(無相禪師), 당 숙종과 함께 '안사의 난'을 진압하기 위한 백고좌 강회를 연 석 무루(無漏), 지장보살(地藏菩薩)의 화신 김교각(金喬覺)의 정체와 그들이 출가하여 승려가 되고 이 땅을 떠나 당나라로 가서 수행하게 된 정치적 배경을 밝혔다. 무상선사는 신문왕의 넷째 아들 684년생 김사종이다. 석 무루는 신문왕의 다섯째 아들 687년 2월생 김근{흠}질이다. 지장보살 김교각은 효소왕의 왕자 696년생 김수충이다.

(초고 살림: 『삼국사기』와 『삼국유사』, 『송고승전』, 『구화산 화성사기』, 『불조

통기』, 『불조역대통재』 등을 통하여 재구성한 이 세 왕자들의 사정을 둘러싼 그 당시의 왕실 상황은 (21)과 같이 정리된다.

(21)
a. 31대 신문왕의 첫 원자 김사종은 684년에 태어났다. 그는 691년 3월 1일 형인 '왕자(王子) 이공{홍}(理恭{洪})'의 태자 책봉 시에 태자 후보 제1위였다. 부모가 683년 5월 7일 혼인한 후 처음 태어난 적통 원자였기 때문이다. 그러나 혼전, 혼외 출생의 동복형 677년생 이공에게 태자 자리를 내어 주었다. 그래서 692년 7월 32대 효소왕이 즉위할 때 왕위를 빼앗긴 것이다.

    『삼국유사』에 의하면 사종은 692년 효소왕이 즉위한 후 부군(副君)으로 책봉되어 있었다. 그러나 700년 '경영의 모반'에 연루되어 부군에서 폐위되고 출가하여 승려가 되었다. 『삼국사기』에는 그가 728년 7월 33대 성덕왕의 왕제라는 지위로 당나라에 숙위 가서 과의(果毅[종 6품 하])를 받고 돌아오지 않았고, 당 현종에게 자제의 당나라 유학을 요청하였으며, 733년 김지렴이 당나라에 사신으로 갔다고 되어 있다. 이 지렴은 사종의 아들이다.

    사천성 성도의 정중사 터에 가면 정중종을 창시한 5백 나한의 한 분 무상선사가 신라의 왕자라고 한다. 그는 45세 때인 728년에 당나라에 왔다고 한다. 그러면 그는 684년생이다. 728년에 당나라에 간 왕자는 신문왕의 왕자 김사종이다. 이 김사종이 무상선사가 되었다.

b. 『송고승전』에 의하면, 석 무루는 저부(儲副[태자])로 책봉하려 하자 '연릉의 사양[延陵之讓]'을 흠모하여 형에게 왕위를 양보하고 출가한 것으로 되어 있다. 이를 『삼국유사』에 비추어 보면, 700년 경 형 김사종이 부군에서 폐위된 후 국인은 김근{흠}질을 부군으로 책봉하려 한 것으로 보인다. 702년 효소왕이 승하했을 때는 근{흠}질이 왕위 계승 제1 후보였다. 사종이 부군 지위에서 폐위되었기 때문이다. 그러나 근{흠}질은 극구 왕위에 오르기를 사양하였다. 『삼국사기』의 687년 2월 '元子生(원자생)' 기록은 신문왕의 두 번째 원자,

이 근{흠}질의 출생연월이다.

『삼국사기』에는 김근{흠}질이 726년 5월 성덕왕의 왕제의 지위로 조공사로 당나라에 갔고[이미 이때 승려 신분이었던 것으로 보인다.] 당이 낭장(郎將[정 5품 상])을 주어 돌려보냈다[還之]고 하였다. 그러나 '還'의 목적지가 신라라는 보장이 없으므로 그가 돌아왔는지 안 돌아왔는지는 모른다. 그 김근{흠}질이 영하 회족자치구 은천의 하란산 백초곡에서 수도하여 석 무루가 되었다.

c. 이에 國人[요석공주]는 692~3년경 오대산에 숨어든[隱入] 봇내[寶川], 효명[융기, 흥광]을 모셔오려 하였다. 그러나 봇내는 사양하여 효명을 모셔와서 성덕왕으로 즉위시켰다. 이로 보면 신문왕과 신목왕후에게는 혼전에 태어난 677년생 효소왕, 679(?)년생 봇내, 681년생 성덕왕이라는 세 아들, 그리고 683년 5월 7일의 혼인 후에 태어난 684년생 사종, 687년 2월생 근{흠}질이라는 두 아들, 모두 합쳐서 다섯 아들이 있었음이 확실하다.

d. 안휘성 지주 청양의 구화산은 지옥의 모든 중생을 구제하겠다는 서원을 한 지장보살의 성지이다. 구화산에는 지장보살의 화신으로 불리는 신라 왕자 김교각의 시신에 금을 입혀 육신불(肉身佛)로 만든 세계 최초의 등신불이 있다.

813년에 당나라 비관경(費冠卿)이 지은 『구화산(九華山) 화성사기(化城寺記)』에 의하면, 김교각은 721년(?) 24세에 당나라에 왔고, 75년 수도하고 99세 되던 794년에 입적하였다고 한다. 그의 99세 입적을 기념하는 99미터 높이의 동상이 구화산에 서 있다. 당나라에서 75년 수도하였다면 그가 당나라에 간 것은 719년이다. 794년에 99세였으면 그는 696년생이고 24세 된 해는 719년이다. 어떻게 보아도 그는 696년생이고 719년에 당나라에 갔다. 696년의 신라 왕은 32대 효소왕이다. 그는 효소왕의 친아들이다. 수충의 어머니는 성정왕후이므로 성정왕후는 효소왕의 왕비이다.

『삼국사기』에는 714년 당나라로 숙위 가는 왕자 김수충이 있다. 누구의 아들인지 모른다. 715년 성덕왕은 중경을 태자로 책봉하고 성정왕후를 쫓아내었다. 성정왕후는 자신의 아들 수충이 태자로 책봉되지 못한 것을 항의하다 쫓겨난 것이다. 717년 6월 중경이 죽었다. 717년 9월 수충이 귀국하였다. 수충은 중경과 태자 자리를 다툰 것이고 또 승경과 태자 자리를 다투게 된 것이다. 그 후 수충은 역사 기록에서 종적도 없이 사라졌다. 이 수충이 719년 경 숙부 성덕왕과 김순원의 딸 소덕왕후의 혼인이 추진될 때쯤에 이 땅을 등지고 당나라로 간 것이다. 그가 김교각이 되어 지장보살의 화신으로 추앙받게 되었다.)

이 3명의 신라 왕자 출신 고승(高僧)에 대한 이해, 나아가 신라 중대 왕실 사정을 올바로 파악하기 위해서는 (22)와 같은 왕, 왕비, 왕자들의 관계에 대하여 명확한 인식을 가져야 한다.

(22)
a. 31대 신문왕[정명]−김흠돌의 딸
　　　　　무자
　31대 신문왕−김흠운의 딸[신목왕후]
　(혼인 전) 32대 효소왕[이홍, 677년생], 봇내[679(?)년생], 33대 성
　　　　　덕왕[효명, 681년생]
　(혼인 후) 김사종[684년생, 제1 원자, 무상선사], 김근{흠}질[687년
　　　　　생, 제2 원자, 석 무루]
b. 32대 효소왕−성정왕후
　　　　　김수충[696년생, 지장보살 김교각]
c. 33대 성덕왕[효명, 681년생]−엄정왕후
　　　　　김원경(?)[705년(?)생, 중경[707년(?)생, 34대 효성왕[승경, 710
　　　　　년(?)생]
　33대 성덕왕−소덕왕후
　　　　　35대 경덕왕[헌영, 721년(?)생], 왕제[723년(?)생, 사소부인
　　　　　[724년(?)생, 37대 宣德王 양상 모]
(초고 살림:
d. 34대 효성왕[승경]−박 씨 왕비

　　　　　　　　무자
　　　34대 효성왕-혜명왕비
　　　　　　　　무자
　　e. 35대 경덕왕[헌영]-삼모부인
　　　　　　　　무자
　　　35대 경덕왕-경수태후[만월부인]
　　　36대 혜공왕[건운, 758년생])

　　(초고 살림: 신문왕과 신목왕후가 683년 5월 7일 정식으로 혼인하였으므로 효소왕, 봇내, 성덕왕은 혼전 출생이다. 그리고 혼인 후 684년 처음 태어난 사종이 신문왕의 원자이다. 원자는 정식 혼인한 원비의 맏아들이고 왕자는 누가 언제 낳아도 왕자이다. 그런데 사종은 700년 '경영의 모반'에 연루되어 부군 지위에서 폐위되면서 원자 자격도 박탈했다. 그 후 687년 2월생 근{흠}질을 원자로 하고 부군으로 책봉하려 했으나 그는 궁을 나가 출가하였다.

　　무상선사와 석 무루는 신문왕의 아들들로서 형제이다. 그들에게는 혼전, 혼외이면서 동복인 형이 3명이나 있었다. 이것이 무상선사 사종의 비극이고, 그 무상선사가 부군에서 폐위된 뒤 새 원자였던 석 무루 근{흠}질의 비극이다. 692년 7월 효소왕이 즉위할 때 사종은 9세이고 근{흠}질은 6세이다. 사종은 형 효소왕에게 왕위를 빼앗긴 것이다. 형 효소왕을 쫓아내려 한 700년의 '경영의 모반'의 원인은 696년의 조카 수충의 출생이었다. 이 모반에 연루되어 사종은 부군에서 폐위되고 역사에서 지워졌다. 그를 이을 사람은 아우 근{흠}질이었다. 근{흠}질은 이 골치 아픈 왕위 계승전에서 떠나고 싶었다. 형에게 양보하고 도망하여 출가하였다. 그래서 702년 효소왕이 승하한 후 왕이 된 사람이 이미 출가하여 오대산에 가 있던 681년생 신문왕의 셋째 아들 성덕왕 효명이다.

　　696년생 지장보살 김교각은 신문왕의 혼전, 혼외 첫아들 효소왕이 낳은 문무왕의 장증손자 김수충이다. 702년 효소왕이 승하하였을 때 그는 7세였다. 삼촌들인 신문왕의 원자 사종, 근{흠}질, 장손자 수충 사이에 누가 왕위 계승권자가 되어야 하는지 답이 없었다. 사종은 700년의 '경영의 모반'으로 자격을 상실하고 출가하였다. 근{흠}질도 태자 지위를 사양하고 출가하였다. 수충은 '경영의 모반'의 원인이고 나이가 어려서 보류되었다.

그리하여 702년 왕위에 오른 것이 성덕왕이다. 그가 즉위하고 704년 혼인한 후 줄줄이 왕자가 태어났다. 수충에게는 4촌 동생들이다. 당연히 성덕왕은 자신의 아들에게 왕위를 승계시키려 하였다. 714년 2월 수충은 당나라로 숙위 갔다. 715년 12월 4촌 동생 중경이 태자가 되고, 716년 3월 수충의 어머니 성정왕후가 쫓겨난 것은 큰 알력이 있었음을 암시한다. 717년 6월 중경이 사망하였다. 717년 9월 귀국한 수충은 숙부의 눈치만 보았다. 그 후 다시 성덕왕은 또 다른 4촌 승경을 태자로 책봉하려 했을 것이고 719년 김순원의 딸 소덕왕후와 재혼을 추진하고 있었다. 소덕왕후가 왕자를 낳으면 그 왕자[경덕왕]에게 왕위가 가게 되어 있다. 이것이 혼전, 혼외의 첫아들 이홍의 장자로 태어난 수충의 비극이다.)

이 세 왕자는 모두 속세의 왕위 쟁탈전에 휘말려 골육상쟁을 벌이다가 패배하거나 양보하고 어쩔 수 없이 불교에 귀의하고 이 땅을 떠났다. 신문왕의 첫 원자 사종은 동복 첫째 혼외형 효소왕에게 왕위를 빼앗겼고, 둘째 원자 근{흠}질은 동복 셋째 혼외형 성덕왕에게 왕위를 양보한 것이다. 효소왕의 아들 수충은 성덕왕의 아들인 4촌 동생 중경, 승경과 태자 자리를 다투다가 패배하고 이 땅을 떠난 것이다.

(초고 살림: 이 출가의 이면에는 요석공주로 대표되는 왕실 직계 세력과 김순원으로 대표되는 자의왕후의 친정, 신문왕의 외척 세력의 권력 다툼이 자리하고 있다. 이것이 신라 중대 정치 권력 투쟁의 핵심이다.)

이들이 부처님의 진리를 깨치기 위하여 출가하였다는 것은 그 출가 계기를 미화한 것으로 보인다. 그들은 이 땅에서 살 수 없었다. 언제 모반으로 몰리어 목숨을 잃을지 알 수 없다. 그들은 자신들의 목숨을 건지기 위하여 당나라로 간 것이다.

(초고 살림: 불교에 귀의하여 불법을 깨치는 것이 목적은 아니었다. 무상선사 김사종과 석 무루 김근{흠}질은 이미 생명을 구하러 승려가 되어 있다가 사신으로 당나라에 간 김에 돌아오지 않고 망명하여 불도를 닦은 것이다. 지장보살 김교각 수충은 717년 귀국하여 왕위를 노렸으나 4촌 동생 승경에게 밀렸다. 그리고 김순원의 딸[소덕왕후]가 새 숙모가 되려는 기미를 알고 도로 당나라로 간 것이다.)

그러나 한편으로 생각하면 왕위를 둘러싼 왕실 내부의 피비린내 나는 싸움에 깊이 절망하여 마치 석가모니처럼 이 속세의 헛됨, 공허함, 허망함을 직시하고 영원한 진리를 찾아 고국을 떠난 것도 사실이다.

(초고 살림: 이 비극의 원인은 유목민의 형사취수 전통이고, 이 시대에 이것을 추진한 국인은 신문왕의 장모 요석공주로 판단된다. 유목민은 가(家)를 이끌 가장 강한 후손을 후계자로 한다. 초원에서는 힘세고 싸움 잘 하고 용맹하고 지혜로우면 되었다. 그러나 나라를 세우고 왕실이 되면 세력이 강해야 했다. 친가의 세력은 어느 왕자나 같다. 왕위 계승 후보자의 세력의 강약은 외가의 세력이나 처가의 세력이 결정한다. 젊어서는 외가가 우선한다. 늙으면 처가가 힘을 쓴다. 그래서 장가를 잘 들어 처가가 강해야 형들을 제치고 본가의 가업을 물려받거나 처가의 가업을 물려받을 수도 있고, 아들의 외가도 막강해져서 승계도 무난하게 할 수 있다. 그러나 아버지의 처가도 강하고 아들의 처가도 강하고, 손자의 처가도 강하면 필연적으로 그 외척들 사이에 권력 다툼이 생겨나서 서로 분열하여 싸우게 된다. 이것이 고금(古今)을 막론하고 변하지 않는 모든 흥망성쇠의 진리이다.

주 나라 이래 중원 농경민의 문화는 적정자 우선이었다. 아무리 나이가 많아도 혼외나 후궁의 자식은 원자가 아니다. 당나라와 의좋게 지내게 되면서 유목민의 후예 통일 신라 왕실에는 이 농경민의 유교 문화가 유입되었다. 견당파들은 적장자 우선을 주장하였다.

처음에는 요석공주가 강하였다. 적장자보다는 큰아들, 나이 많은 아들을 우선시켰다. 효소왕, 성덕왕이 그렇게 하여 왕위에 올랐다. 이들은 외할머니 요석공주,

작은 외할아버지이면서 친가의 작은 할아버지들이기도 한 개원 등의 지원을 받았다. 이에 저항한 자의왕후 세력들은 적정자 우선을 내세워 사종을 밀었다. 700년 5월의 '경영의 모반'의 문화적 배경이다. 사종과 근{흠}질은 정식 혼인 관계에서 태어났지만, 외할머니가 민 혼외 출생의 형 효소왕, 성덕왕에게 밀린 것이다.

그러나 자의왕후 세력도 요석공주 사후에 집안의 딸 소덕왕후, 혜명왕비를 들인 후로는 원래 신문왕의 외가로서 누리던 힘을 회복하였다. 그들도 이제는 적장자 우선에 매달릴 필요가 없어졌다. 자신들이 성덕왕[35년 재위]의 처가이고 소덕왕후의 아들 경덕왕의 외가인 것이다. 그들은 엄정왕후의 아들 효성왕[5년 재위]과 알력을 빚고 자신들의 외손인 경덕왕[25년 재위]을 즉위시킨 후 그 왕비로 의충의 딸 만월부인을 들였다. 그리고 혜공왕[15년 재위] 시기에도 만월부인의 섭정으로 위력을 발휘하였다. 그 후 소덕왕후의 외손자 김양상이 외사촌 동생 혜공왕을 시해하고 37대 선덕왕[5년 재위]로 자립하는 데까지도 권력을 누렸다. 그러나 그것으로 끝이었다.)

<핵심어: 입당 구법승. 지장 교각[김수충], 무상[김사종], 무루[김근{흠}질], 신문왕, 효소왕, 성덕왕>
<투고: 2016.11.3. 심사 완료: 2016.11.28. 게재 확정: 2016.12.6.>

The Identiies and Motivations of Becoming Buddhist Monks
of the Three Shilla Princes in Tang

This paper aims to clarify the identities of three Princes of Shilla who became Buddhist Monks in Tang[唐] and their motivations to escape from their own country. The story surrounding these three Princes that has been reconstructed through *Samkooksaki*, *Samkookyoosa*, *Songkoseungjeon*, *Koohwasan Hwaseongsaki* etc. is as follows.

Monk Moosang[無相] is the 4th son of the 31st King Shinmoon[神文王]. His name in *Samkooksaki* is Kim Sajong[金嗣宗]. He was born in 684 A.D. He was the first candidate of the Crown Prince in 691 A.D., for he was the first legal son of King Shinmoon, being born after his parents married on 7th May, 683 A.D. However, his elder brother Ihong[理洪] who was born in illegal relation 677 A.D. was nominated as the Crown Prince in 691 A.D. Sajong was nominated as the vice King[副君] after his elder brother Ihong succeeded to the throne in 692 A.D., as the 32nd King Hyoso[孝昭王]. Sajong was related to the 'Kyeongyeong[慶永]'s Rebellion' in May, 700 A.D., and was deprived from the status of the vice King. He was dispatched to Tang in July 728 A.D. as a hostage[宿衛]. He had practiced asceticism at Jeonjoongsa[淨衆寺] in Seongdo[成都], Sacheon Province[四川省] of Tang, and opened a branch of Buddhism, Jeong-joongjong. His main teachings in three phrases were No Memory, No Care, No Desire. He died in 762 A.D. when he was 79 years old.

Monk Mooroo[無漏] is the 5th son of King Shinmoon. His name in

Samkooksaki is Kim Keun{Heum}jil[金釿{欽}質]. He was born in February 687 A.D. He seemed to be the first candidate of the vice King in 700 A.D., when his elder brother Sajong was deposed from the status. However, he ran away conceding the position to his elder brothers at Mt. Odae[五臺山]. After King Hyoso died in 702 A.D., the 33rd King Seongdeok[聖德王] who returned to Seorabeol[徐羅伐] from Mt. Odae succeeded to the throne. Kim Heumjil was dispatched to Tang in May, 726 A.D. as an envoy. He might have never returned to Shilla. He practiced asceticism at Baekchokok [白草谷] Haransan[賀蘭山] at Yeongju[靈州] in Tang(nowadays, Nyeongha Hoejokjachikoo[寧夏 回族自治區] in China). He took part in one hundred high lion chair Buddhist ceremony[百高座 講會] that was hosted by Emperor Sookjong[肅宗] of Tang Dynasty in 756 A.D. in order to suppress the 'Ansa[安史]'s Rebellion' at Yeongjoo. He died in 758 A.D., when he was 72 years old. He died, it was said, standing with his hands clasped in prayer and with his feet a yard away from the earth.

Samkookyoosa says that the actual strength of the political power[國人] want to bring Princes Bosnae[寶川] and Hyomyeong[孝明] from Mt. Odae as the next King of the 32nd King Hyoso. But Prince Bosnae strongly refused to return to Seorabeol. At last, Prince Hyomyeong came to Seorabeol and became the 33rd King Seongdeok. It is certain that there were five sons between the 31st King Shinmoon and Queen Shinmok[神穆王后]. Three sons were born before the legal marriage of their parents and younger two were born after the marriage.

In the Mt. Kuhwa[九華山] Ahnhwi Province[安徽省] China, there is a life-size golden Bodhisattva, the first in the world. It is the corpse of Kim Kyokak[金喬覺] who was a Prince of Shilla. His followers, it is said, made it observing his will: Make a golden life-size Bodhisattva if the corpse had not been rotten after three years of death. There now stands a 99 meter statue in memory of his dying 99 years old. This memorial work started

September 9th, 1999 and ended in the summer of 2013.

Accodring to *Mt. Kuhwa Hwaseongsaki* Kim Kyokak was born in 696 A.D. The King of Shilla at that time was the 32nd King Hyoso. Kim Kyokak must be a son of King Hyoso. His name in *Samkooksaki* is Kim Soochoong [金守忠]. King Hyoso was wounded at Kyeonyeong's Rebellion in May, 700 A.D., and died in 702 A.D. At that time Soochoong was 7 years old. He was grown-up enough to succeed the throne. However, the actual strength of the political power[國人] chose his fourth uncle Kim Heumjil as the next King. But Heumjil strongly refused to be a King. Finally, Soochoong's second uncle Hyomyeong returned to Seorabeol from Mt. Odae and became the 33rd King Seongdeok.

Soochoong was dispatched to Tang in 714 A.D. as a hostage. His mother Queen Seongjeong was expelled from the palace in March, 716 A,D. after Prince Joonggyeong was nominated as the Crown Prince in December, 715 A.D. Queen Seongjeong is the wife of King Hyoso. Joonggyeong was a son of King Seongdeok. Joonggyeong's mother is Queen Eomjeong. Queen Seongjeong was expelled from the palace because she protested that her son Soochoong was not nominated as the Crown Prince. The Crown Prince Joonggyeong died in June, 717 A.D. Soochoong returned to Shilla in September, 717 A.D. The next son of King Seongdeok was Seunggyeong who became the 34th King Hyoseong in 737 A.D. Soochoong might have struggled with his cousin Seunggyeong to be nominated as the Crown Prince. However, the political situation was not favorable for him. Soochoong might have left for Tang again in 719 A.D. He was 24 years old at that time. The short period of his staying in Shilla must have been one of a great turbulence with various changes in the political power relation. He failed in the struggle with his cousin for the position of the Crown Prince. He became a Buddhist priest Kim Kyokak.

These three princes were compelled to leave their own homeland. All of them failed in the struggle for the Crown, and couldn't live in Shilla. The legal first son Kim Sajong lost the Crown to his illegal eldest brother King Hyoso, and the legal second son Kim Heumjil conceded the Crown to his illegal third elder brother King Seongdeok. King Hyoso's son Soochoong struggled around the position of the Crown Prince with his cousins and lost the political game. In the background of their leavings was the political power game that was carried out by the power of Princess Yoseok and the power of Kim Soonwon who was the brother of Queen Jaeui.

Their goings-abroad to Tang and to be Monks might not have been decisions to get the Truth of Buddhism but to maintain their own lives. It would be certain, however, they left Shilla very much dismayed at the bloody struggle around the Crown in the royal family, deeply realizing the futility of this world just like Siddhārtha.

Key words

Buddhist Monks in Tang, Jijang Kyokak[Kim, Soochoong], Moosang[Kim, Sajong], Mooroo[Kim, Heumjil], King Shinmoon, King Hyoso, King Seongdek

국사편찬위원회(1998), 『한국사 9』 「통일신라」, 탐구당.

권중달 옮김(2009), 『자치통감』 22, 도서출판 삼화.

김수태(1996), 『신라 중대 정치사 연구』, 일조각.

김열규, 정연찬, 이재선(1972), 「향가의 어문학적 연구」, 『한국고대사탐구』, 서강대 인문과학
　　　연구소

김완진(1973), 「중세국어 성조의 연구신라」, 『한국문화연구총서』, 11, 서울대 한국문화연구
　　　소

김완진(1977), 「三句六名에 대한 한 가설」, 『심악 이숭녕 선생 고희기념 국어국문학 논총』,
　　　탑출판사.

김완진(1979), 「모죽지랑가 해독의 고구」, 『진단학보』, 48, 진단학회.

김완진(1980), 『향가 해독법 연구』, 한국문화연구총서 21, 서울대 출판부.

김완진(1985), 「모죽지랑가 해독의 반성」, 『선오당 김형기 선생 팔질기념 한국어학 논총』, 창
　　　학사.

김완진(2000), 『향가와 고려가요』, 서울대 출판부.

김완진(2008), 「향가 해독에 대한 약간의 수정 제의」, 『진단학보』, 48, 진단학회., 태학사.

김원중 옮김(2002), 『삼국유사』, 을유문화사.

김재식(블로그), http://blog.naver.com/kjschina

김종권 역(1975), 『삼국사기』, 대양서적.

김태식(2011), 「'모왕'으로서의 신라 신목태후」, 『신라사학보』 22, 신라사학회.

김희만(2015), 「신라의 관등명 '잡간(찬)'에 대한 검토」, 『한국고대사탐구』 19, 한국고대사탐
　　　구학회.

노덕현(2014), 정혜(正慧)의 세상 사는 이야기, 7. 무상선사: 사천 땅에서 동북아 불교 법맥을
　　　지키다, 현대 불교 2014. 3. 28.

박노준(1982), 『신라 가요의 연구』, 열화당.

박해현(1993), 「신라 효성왕대 정치세력의 추이」, 『역사학연구』 12, 전남대.

박해현(2003), 『신라 중대 정치사 연구』, 국학자료원.

박정진(2011), 「박정진의 차맥, 23. 불교의 길, 차의 길 1. 한국 문화 영웅 혜외수출 1호, 정중
　　　무상선사」, 세계일보 2011. 10. 24.

서정목(2013a), 「모죽지랑가의 형식과 내용, 창작 시기」, 『시학과 언어학』 25, 시학과 언어학
　　　회.

서정목(2013b), 「모죽지랑가의 창작 동기와 정치적 배경」, 『서강인문논총』 37, 서강대 인문과학연구소

서정목(2013c), 「모죽지랑가의 새 해독과 창작 시기」, 『언어와 정보 사회』 20, 서강대 언어정보연구소

서정목(2013d), 「모죽지랑가의 시대적 배경 재론」, 『한국고대사탐구』 15, 한국고대사탐구학회.

서정목(2014a), 『향가 모죽지랑가 연구』, 서강학술총서 062, 서강대 출판부, 368면.

서정목(2014b), 「찬기파랑가의 단락 구분과 해독」, 『시학과언어학』 27, 시학과언어학회.

서정목(2014c), 「찬기파랑가 해독의 검토」, 『서강인문논총』 40, 서강대 인문과학연구소

서정목(2014d), 「효소왕의 출생 시기 관련 기록 검토」, 『진단학보』 122, 진단학회.

서정목(2015a), 「『삼국유사』의 '정신왕', '정신태자'에 대한 재해석」, 『한국고대사탐구』 19, 한국고대사탐구학회.

서정목(2015b), 「「원가」의 창작 배경과 효성왕의 정치적 처지」, 『시학과언어학』 30, 시학과언어학회, 29-67.

서정목(2015c), 「『삼국사기』의 '원자'의 용법과 신라 중대 왕자들」, 『한국고대사탐구』 21, 한국고대사탐구학회, 121-238.

서정목(2016a), 『요석-「원가」에 대한 새로운 생각: 효성왕과 경덕왕의 골육상쟁』, 글누림, 700면.

서정목(2016b), 「신라 제34대 효성왕의 계비 혜명왕비의 아버지에 관하여」, 『진단학보』 126, 진단학회, 41-68.

서정목(2016c), 「신라 제34대 효성왕의 생모에 관하여」, 『한국고대사탐구』 23, 한국고대사탐구학회.

서정목(2016d), 「입당 구법승 교각[지장], 무상, 무루의 정체와 출가계기」, 『서강인문논총』 47, 서강대 인문과학연구소, 361-392.

서정목(2017a), 『한국어의 문장 구조』, 역락, 572면.

서정목(2017b), 「'기랑/기파랑'은 누구인가?」, 『국어국문학의 고전과 현대』, 계명대 한국학연계전공 엮음, 역락, 241-296.

성호경(2000/2008), 「지정문자와 향가 해독」, 『국어국문학』, 127, 국어국문학회.

성호경(2007), "사뇌가의 성격 및 기원에 대한 고찰", 진단학보 104, 성호경(2008) 소수.

성호경(2008), 『신라 향가 연구』, 태학사.

신동하(1997), 「신라 오대산 신앙의 구조」, 『인문과학연구』 제5집, 동덕여대 인문과학연구소

신종원(1987), 「신라 오대산 사적과 성덕왕의 즉위 배경」, 『최영희선생 화갑기념 한국사학논총』, 탐구당.

안병희(1987),「국어사 자료로서의「삼국유사」」,『「삼국유사」의 종합적 검토』, 한국정신문화
　　연구원, 안병희(1992) 소수.

안병희(1992),『국어사 자료 연구』, 문학과지성사.

여성구(1998),「입당 구법승 무루의 생애와 사상」,『선사와 고대』 제10호, 한국고대학회.

양주동(1942/1965/1981), 증정 고가연구, 일조각.

양희철(1997), 삼국유사 향가연구, 태학사.

이기동(1998),「신라 성덕왕대의 정치와 사회-'군자국'의 내부 사정」,『역사학보』 160. 역사
　　학회.

이기동(1986),「신라 골품체제하의 유교적 정치이념」,『신라 사상사 연구』, 일조각.

이기문(1970),「신라어의「福」(童)에 대하여」,『국어국문학』 49-50합병호, 국어국문학회.

이기문(1971),「어원 수제」,『해암 김형규 박사 송수기념 논총』, 일조각.

이기문(1972),『개정 국어사 개설』, 민중서관.

이기문(1998),『신정판 국어사 개설』, 태학사.

이기백(1974),『신라 정치사회사 연구』, 일조각.

이기백(1974),「경덕왕과 단속사, 원가」,『신라 정치사회사 연구』, 일조각.

이기백(1986),「신라 골품체제하의 유교적 정치이념」,『신라 사상사 연구』, 일조각.

이기백(1987a),「부석사와 태백산」,『김원룡선생 정년기념 사학논총』, 일지사.

이기백(1987b),「『삼국유사』「탑상편」의 의의」,『이병도선생 구순기념 사학논총』, 지식산업
　　사.

이기백(2004),『한국고전연구』, 일조각.

이병도 역(1975),『삼국유사』, 대양서적.

이병도, 김재원(1959/1977),『한국사』, 고대편, 진단학회, 을유문화사.

이숭녕(1955/1978), "신라시대의 표기법체계에 관한 시론", 서울대 논문집 2. 국어학연구선
　　서 1, 탑출판사.

이영호(2003),「신라의 왕권과 귀족사회」,『신라문화』 22, 동국대 신라문화연구소.

이영호(2011),「통일신라시대의 왕과 왕비」,『신라사학보』 22, 신라사학회.

이재선 편저(1979), 향가의 이해, 삼성미술문화재단.

이재호 역(1993),『삼국유사』, 광신출판사.

이종욱(1986),「『삼국유사』 죽지랑조에 대한 일고찰」,『한국전통문화연구』 2, 효성여대 한국
　　전통문화연구소

이종욱(1999),『역주해, 화랑세기』, 소나무.

이홍직(1960/1971),「『삼국유사』 죽지랑 조 잡고」,『한국 고대사의 연구』, 신구문화사.

이현주(2015a),「신라 중대 효성왕대 혜명왕후와 '정비'의 위상」,『한국고대사탐구』 21, 한국

고대사탐구학회.

이현주(2015b), 「신라 중대 신목왕후의 혼인과 위상」, 『여성과 역사』 22.

이희승(1932), 「지명 연구의 필요」, 『한글』 1. 2, 한글학회.

정 운(2009), 「무상, 마조 선사의 발자취를 찾아서, 2. 사천성 성도 정중사지와 문수원」, 『법
보 신문』 2009. 11. 09.

조명기(1949), 「원측의 사상」, 『진단학보』 16, 진단학회.

조범환(2008), 「신라 중고기 낭도와 화랑」, 『한국고대사연구』 52. 한국고대사연구회, 2008.

조범환(2010), 「신목태후」, 『서강인문논총』 제29집, 서강대 인문과학연구소

조범환(2011a), 「신라 중대 성덕왕대의 정치적 동향과 왕비의 교체」, 『신라사학보』 22, 신라
사학회.

조범환(2011b), 「왕비의 교체를 통해 본 효성왕대의 정치적 동향」, 『한국사연구』 154, 한국
사연구회.

조범환(2012), 「화랑도와 승려」, 『서강인문논총』 제33집, 서강대 인문과학연구소

조범환(2015), 「신라 중대 성덕왕의 왕위 계승 재고」, 『서강인문논총』 43, 서강대 인문과학연
구소

謝樹田(1993), 「慈風長春 慧日永曜」, 『佛敎大學院論叢』 1.

小倉進平(1929), 鄕歌 及 吏讀의 硏究, 京城帝國大學.

『구당서』, 『신당서』, 『자치통감』

『역주 한국고대금석문 3』, 1992.

1. 통일 신라[총 127년] 왕위 계승표

29태종무열[7년]-30문무[20년]-31신문[12년]-32효소[10년]

33성덕[35년]-34효성[5년]

35경덕[23년]-36혜공[15년]

2. 통일 신라 왕의 자녀들

29태종-30문무[원자, 법민]-소명

인문　　　　　31신문[장자]-32효소[이홍]------------------수충[김교각]

문왕　　　인명　　　봇내[보천]

노단　　　　　33성덕[효명]------------------원경(?)

개원　　　　　사종[무상, 제1 원자]-지렴　중경[효상태자]

마득　　　　　근[흠]질[무루, 제2 원자]　34효성[승경]

거득　　　　　　　　　　　35경덕[헌영]-36혜공

개지문　　　　　　　　　　왕제

고타소/품석　　　　　　　사소/효방-37선덕

요석/김흠운

지조/김유신

3. 통일 신라 왕과 배우자

29태종무열/??-고타소

무열/문명-30문무/자의-31신문/흠돌의 딸

무열/보희-요석/흠운--신목/31신문-32효소/성정----수충

33성덕/엄정----원경(?)

중경

34효성/박씨

34효성/혜명

33성덕/소덕-35경덕/삼모

35경덕/만월-36혜공/신보

36혜공/창사

4. 통일 신라 왕비 집안

가야 구형-무력-서현/만명-유신--진광, 신광, 삼광, 원술, 원정, 원망, 장이
　　　　　　　정희/달복-흠돌/진광-신문 첫왕비/31신문
　　　　　　　　　　흠운/요석-신목/31신문----32효소/성정-수충
　　　　　　　　　　　　　　　　33성덕---34효성
　　　　　　　　　　　　　　　　봇내
　　　　　　　　　　　　　　　　사종--지렴
　　　　　　　　　　　　　　　　근(흠)질
　　　　　　　文희/29태종-30문무/자의/신광
　　　　　　　보희/29태종-요석/흠운-신목/31신문-32효소/성정-수충

24진흥-구륜-선품-자의/30문무----31신문
　　　　　　　　순원---------------진종-----충신
　　　　　　　　　　　　　　　효신
　　　　　　　　　　　　　　　혜명/34효성
　　　　　　　　　　　　소덕/ 33성덕-35경덕/만월-----36혜공
　　　　　　　　　　　　　　　왕제
　　　　　　　　　　　　　　　사소/효방------37선덕
　　　　　　　운명/오기-대문-----신충
　　　　　　　　　　　의충-만월/35경덕-36혜공

달복/정희-흠돌/진광-신문 첫왕비/31신문
　　　　흠운/요석-신목/31신문------32효소----------------------수충
　　　　　　　　　　　　　　봇내
　　　　　　　　　　　　　　33성덕
　　　　　　　　　　　　　　사종[제1 원자, 부군, 무상선사]-지렴
　　　　　　　　　　　　　　근(흠)질[제2 원자, 무루]
???----------------성정/32효소------수충[김교각]
원태----------------엄정/33성덕-----원경(?)
　　　　　　　　　　　　　　중경[효상태자]
　　　　　　　　　　　　　　34효성[승경]
???--------------------------박 씨/34효성
김순정--------------------------삼모 /35경덕
김의충--------------------------만월 /35경덕-36혜공
?유성----------------------------신보/36혜공
김 장----------------------------창사/36혜공

이하 신라 중대

674	14. 1	당 고종 김인문을 신라왕으로 삼고 신라 공격
676	16. 2	의상대사 부석사 창건
677	17	효소왕[왕자 김이홍(부 정명태자, 모 김흠운과 요석공주의 딸)] 출생
678	18. 1	북원 소경[원주] 설치, 김오기[부 김예원, 자의왕후 여동생 운명 남편]을 진수시킴
679	19. 8	이찬 김군관[거칠부 증손자] 상대등 삼음
	19	왕자 보천[봇내] 태재[부 정명태자, 모 김흠운과 요석공주의 딸] 출생 추정
681	21	성덕왕[효명태자(부 정명태자, 모 김흠운과 요석공주의 딸), 융기, 흥광] 출생
	21. 7. 1	문무왕[56세] 승하, 대왕암에 장례
미상		광덕 '원왕생가' 창작
681	신문왕 원년 7. 7	신문왕[31세 추정, 정명태자, 문무왕 태자, 장자] 즉위
	8	김군관 상대등 겸 병부령 면직 추정, 진복을 상대등으로 삼음
	8. 8	김흠돌의 모반, 흠돌, 진공, 흥원 복주, 왕비[김흠돌의 딸] 폐비
	8. 28	김군관, 천관 자진 시킴
682	2. 5. 2	'만파식적' 설화 시작, 신문왕 이견대에서 용을 봄
	2. 5. 16	만파식적과 흑옥대 얻음
	2. 5. 17	태자 이홍[6세] 말을 타고 기림사 뒤 용연에 옴
683	3. 5. 7	신문왕과 신목왕후[김흠운과 요석공주 딸] 혼인
684	4	무상선사[김사종, 신문왕의 제1 원자] 출생
687	7. 2	원재[제2 원자 김근{흠}질] 출생
689	9	달구벌 천도 계획 세움[미실행]
691	11. 3. 1	왕자 이홍[15세] 태자 책봉
692	12. 7	신문왕[42세 추정] 승하
692	효소왕 원년 7	효소왕[16세, 신문왕의 태자, 이홍(이공), 원자 아님, 부모 혼인 전 출생] 즉위
		당 측천무후 효소왕을 신라왕으로 책봉
		효소왕과 성정왕후 혼인 추정, 제1 원자 김사종 부군 책립
	가을	'효소왕대 죽지랑', 부산성에서 익선의 죽지랑 모욕 사건 발생
	11월경	원측법사 제자 도증 귀국 천문도 바침
	미상	'혜통항룡' 조의 정공의 버드나무 절단 반대 사건 발생
692, 693	2. 8. 5	봇내, 효명 두 왕재[신문왕과 신목왕후의 아들들] 오대산 입산 추정

721		왕자 헌영[모 소덕왕후] 출생 추정
723		왕제 출생 추정
724	23. 봄	왕자 승경[15세 추정, 부 성덕왕, 모 엄정왕후] 태자 책봉
	23. 12	사소부인[37대 선덕왕 양상의 모, 효방의 아내] 출생 추정
	23. 12	소덕왕후 사망(출산 후유증으로 추정)
726	25. 4	김충신 당 하정사 파견
	25. 5	왕의 아우 김근{흠}질[제2 원자, 40세] 당에 파견, 낭장 받음, 하란산 백초곡의 석 무루가 됨
728	27. 7	왕의 아우 김사종[제1 원자, 45세, 효소왕 때 부군에서 폐위, 경주 군남사에 출가한 승려] 당 숙위 감, 과의 벼슬 받음, 당 나라에서 정중종을 창시한 무상선사가 됨
733	32. 7	발해가 말갈과 더불어 당 나라 등주 침공
	32. 12	왕의 조카 김지렴[김사종의 아들로 추정] 당 파견, 홍려소경원 외치 벼슬 받음
735	34. 1	김의충[경덕왕 장인]을 하정사로 당에 파견, 귀국 시 대동강 이남 땅을 받아 옴
736	35. 가을	태자 김승경 신충[김대문의 자, 병부령으로 추정]과 궁정 잣나무 아래서 바둑 두며 맹약
737	36. 2	성덕왕 승하
미상		견우노인 '헌화가' 창작
737	효성왕 원년. 2	효성왕[28세 추정, 성덕왕의 셋째 아들 김승경, 모 엄정왕후] 즉위
		김신충 '원가' 창작
		아찬 의충 중시로 삼음
738	2. 2	당 현종 효성왕을 신라왕으로 책봉
	2. 4	당 사신 형숙이 노자 '도덕경' 등을 바침
739	3. 1	중시 의충이 사망, 이찬 신충을 중시로 삼음
	3. 2	왕의 아우 헌영을 파진찬으로 삼음
	3. 3	이찬 진종[순원]의 딸 혜명을 왕비로 삼음
	3. 5	왕의 아우 파진찬 헌영을 태자로 책봉
740	4. 3	당 나라가 김 씨[혜명] 왕비를 책봉
	미상	왕비가 족인들과 모의 효성왕이 총애하는 후궁을 죽임
	4. 7	붉은 비단 옷을 입은 여인 1인이 효신공의 문 앞에서 조정의 정사를 비방하다가 사라짐
	4. 8	죽은 후궁의 아버지 파진찬 영종이 모반하여 복주

768	4. 봄	당 대종 혜공왕을 신라왕으로 책봉, 만월부인 김씨 대비로 삼음
	4. 7	일길찬 대공의 모반[33일 동안 궁궐 포위]
769	5. 3	임해전에서 잔치
770	6. 8	대아찬 김융 모반 주살
774	10. 9	이찬 김양상[성덕왕 외손자, 부 김효방, 모 성덕왕녀 사소부인]을 상대등으로 삼음
775	11. 6	이찬 김은거 모반 주살
	11. 8	이찬 염상과 시중 정문이 모반 주살
780	16. 1	이찬 지정 모반
	16. 4	상대등 김양상[혜공왕의 고종사촌]이 이찬 김경신과 더불어 군사를 일으켜 지정을 죽임
		혜공왕 승하['삼국사기': 이때 왕이 후비와 함께 난병들에게 해를 입었다. '삼국유사': (왕이) 결국 선덕왕과 김양상[경신]의 잘못에게 시해 당하였다.

이하 신라 하대

780	선덕왕 원년	선덕왕[김양상, 성덕왕의 외손자, 김효방과 사소부인의 아들, 혜공왕의 고종사촌] 혜공왕 시해 후 자립

跋文

정년퇴임을 5년쯤 앞두고 학문적 삶의 궤적을 좀 바꾸기로 하였다. 이유는 '-느-' 때문이었다. 2009년 서강대학교 국제인문학부 학장을 마치고 학교의 안식년 특별연구비를 받아 Ohio로 유곤이를 데리고 갈 때만 해도 의기양양하였다. 학문적 생애의 마무리는 문말앞 의미소들로 하기로 마음먹고 있었다. 그런데 '-느-'가 영 안 풀렸다. 2010년 복직하여 끙끙 앓다가 연구비를 반납하려고 연구처장을 만났다. '그러면, 주제를 바꾸시지요.' 그 한 마디였다.

나에게는 30여 년 동안 향가를 가르치면서 의심스러운 점들에 대하여 깨알같이 메모해 둔 강의 카드가 있었다. 퇴직 후에 그것에서 논제를 끌어내어 국사 연구 논저들과 맞추어 보면 향가의 시대적 배경을 구체화할 수 있을 것이라는 신념이 굳어진 지이미 오래 되었다. 심중의 계획보다 좀 당겨서 그 작업에 착수하여 2013년부터 논문들을 발표하기 시작하였다. 그 과정에서 필자가 부딪힌 난제는 한둘이 아니었다. 사학계의 연구 결과들이 향가 연구를 전혀 뒷받침해 주지 못하였다. 향가 해독을 살리려면 사학계의 통설을 따를 수 없고, 사학계의 통설에 따르려면 향가 해독을 포기해야 하였다. 필자는 사학계의 통설에 따르지 않기로 하였다. 그리고 신라 중대 정치사 연구, 특히 왕실 내부 사정 연구를 새로 시작하였다.

이제 발표한 글들 가운데 원자를 중심으로 왕위 계승 문제를 다룬 논문 다섯을 모아 하나의 첫 중간 결산을 한다. 이미 『향가 모죽지랑가 연구』(2014, 서강대 출판부)와 『요석-「원가」에 대한 새로운 생각: 효성왕과 경덕왕의 골육상쟁』(2016, 글누림)에서 작품별로 정리하였지만, 단행본과는 달리 논문에서 논의되거나 제기된 문제들을 되돌아보는 것이 새로운 생각을 흘러나오게 하는 데에 도움이 될 것으로 보아 한 자리에 묶는 일을 하기로 하였다. 전의 글과 후의 글이 달라진 사정을 일일이 (보충주)를 통하여 밝히고, 분량이 넘쳐서 논문 간행 시에 잘라낸 '정말로 하고 싶었던 이야기들'을 〈초고 살림〉을 통하여 회복시키는 이 일은 내 눈에 흙이 들어오기 전에 내 스스로 해 둘 수밖에 없다.

이 연작에서는 논문을, 작성된 순서대로 배열하였다. 그 이유는 논문 하나하나를 작성할 때마다 사유(思惟)의 차원이 달라졌기 때문이다. '元子(원자)'와 '王子(왕자)'의 차이를 발견하고 난 뒤의 글의 내용은, '효소왕이 6살에 즉위하여 16살에 승하하였다.'는 학계의 틀린 통설에 얽매여 있던 때의 글의 내용과 수준이 2차원으로 달라졌다. '효소왕이 무자하였다.'는 『삼국사기』의 기록에 현혹되어 있을 때의 글과, 효소왕이 16세에 즉위하여 26세에 승하하였음을 밝히고 지장보살의 화신 세계 최초의 육신불(肉身佛) 김교각(金喬覺)이 효소왕의 아들 김수충이라는 것을 논증한 뒤의 글은 3차원으로 달려갔다. 성정왕후와 엄정왕후가 동일인인 듯이 써진 『삼국사기』의 괴상한 주(註)에 미혹되어 있던 때의 사고와 그 주의 진위를 간파하고 그 두 왕비가 다른 사람이라는 것을 논증한 뒤의 사고는 4차원, 유라시아 대륙의 초원에서 놀기 시작하였다. '혜명왕비의 아버지가 이찬 김순원이다.'는 『삼국사기』의 오류를 밝혀내기 전과 '혜명왕비의 아버지가 『삼국유사』의 기록대로 진종 각간이다.'는 것을 논증한 뒤의 신라 사회는 전혀 다른 세상이 되었다. '김충신과 신충이 같은 사람일 것이다.'는 학계의 틀린 가설에 유혹되고 있을 때의 통일 신라 사회와 '김충신은 김진종의 아들이고 김신충은 김대문의 아들로서 이들이 6촌 사이다.'는 것을 밝힌 뒤의 통일 신라는 전혀 다른 외척 세도의 사회로 내 앞에 다가왔다.

앞으로 이런 공부를 하는 분들을 지난 4년 사이에 필자가 밟아온 그 변덕스러웠던 사유의 여정(旅程)으로 안내하여, 왜 그런 의문을 가졌던지, 그리고 어떤 방법으로 새로운 진리를 발견해 나갔던지를 알려 주고, 그 과정에서 필자가 느꼈던 희열(喜悅)을 그분들에게도 조금이나마 나누어 드리고 싶었다. 그리고 앞으로도 얼마나 많은 새로운 진리들을 통일 신라 역사에서 찾아낼지, 나도 모르는 그 여정을 이 이정표로부터 새로이 시작하여, 신라 중대 정치사에 관한 저 오류투성이의 온갖 우상(偶像)들을 남김없이 타파하고, 민족 앞에 새로운 신라 중대 정치사를 선보이고자 한다. 이 비참한 역사를, 어떻게 하면 나라와 회사와 집안이 망하는지를 후손들이 깨닫고 미래의 삶의 자세를 가다듬는 데에 이바지하는 유훈(遺訓)으로 여겨 주었으면 한다.

우리는 대학 1학년 때에, '학문의 목적은 새로운 진리를 발견하는 것이다. 새로운 진리는, 모르는 것에 대한 지적 호기심으로부터 출발하여 고통스러운 사유의 과정을 거쳐서 얻어진다. 학문의 즐거움은 아무도 모르는 이 새로운 진리의 발견으로부터 온다.'고 배웠다. 그러나 필자는 과거 50여 년 공부하면서 진정한 학문의 즐거움을 느끼지 못하였다. 그러면 공부가 재미가 없어진다. 그런데 이 논문들을 쓰면서 보낸 최근 4년여 동안의 세월은 시간 가는 줄 몰랐고 밤새는 줄 몰랐다. 재미있었다. 왜 공부가 재미있는지, 재미로 하는 공부가 어떤 것인지, 이 글들을 통하여 독자들이 느낄 수 있기를 바란다.

그러나 어찌 재미로만 인생을 살 수 있겠는가? 의무로도 살아야 하고, 숙명으로도 살아야 하며, 국어학을 전공한 사명감으로도 살아야 한다. 그것이 이 와중에서 틈틈이 짜증을 내며 『한국어의 문장 구조(2017, 역락)』을 집필할 수밖에 없었던 내 처지이고, 그것이 바로 재미보다는 사명감으로 살 수밖에 없었던 지난 날의 나의 학문적 삶이다.

척박한 유배의 땅에서 태어나 바닥 인생을 살아왔지만, 인류의 역사에서 최정점을 차지하며 마치 별세계 사람들처럼 여겨지던 왕과 왕비, 왕자들, 그 가운데서도 차기 왕위를 계승할 제1 순위 후보자로 선망의 대상이 되었던 원자들을 둘러싼 이 비정한 역사적 사실들을 밝힐 수 있었던 행운, '조범환 교수와의 효소왕의 나이에 대한 대화'가 우연히 제 발로 굴러들어 왔던 서강대 인문관의 엘리베이터 속을 그리워한다. 궁에서 살던 그 사람들도 탐욕에 찌든, '인간들'이었다. 이로써 30년 이상 헤매었던 통일신라 궁중 비사의 미로를 빠져나왔다. 이제 고3 담임 정재관 선생님이 '너는 국문학과나 사학과 중에서 선택하는 것이 좋겠다.' 하시던 말씀의 뜻을 이해할 것 같다.

이 책을, '광활한 유라시아 대륙의 여러 민족의 문화사 속에서 한국어와 훈민정음 창제를 생각하라.'는 원대한 학문적 지평을 열어 주신 李基文 선생님께 바칩니다.

2017년 5월 6일
심원재에서 필자

서정목

1948년 11월 15일[음력 10월 15일] 경남 창원 진해 웅동 출생
1965년-1968년 마산고등학교
1968년-1987년 서울대 문리대와 대학원 국어국문학과 수학, 문학박사(1987)
1975년-1978년 양정고, 1979년-1981년 강원대 사범대, 1981년-1983년 고려대 문리대 근무
1983년-2014년 서강대 국어국문학과 근무 후 정년퇴직, 명예교수로 추대
1989년-1990년 Harvard Yenching Institute 방문교수
1991년-1994년 국립국어연구원 어문실태연구부장
2005년-2007년 한국언어학회 부회장
2009년-2011년 국어학회 회장
2013년 10월부터 현재까지 문화체육관광부 국어심의회 위원장
2017년 3월부터 현재까지 한국 하버드-옌칭 학회 회장

주요 관심 영역 : 한국어 통사론, 문법사, 향가
저서 : 국어 의문문 연구(1987, 서울대 박사학위논문 '경남방언의 의문문에 대한 연구'와 동)
      국어 통사구조 연구 1(1994)
      문법의 모형과 핵 계층 이론(1998)
      변형과 제약(2000)
      국어국문학 연구의 반성, 쟁점, 그리고 전망(2002, 3인 공저)
      의문사 의문문의 통사와 의미(2008, 7인 공저)
      향가 모죽지랑가 연구(2014)
      한국어 어미의 문법(2014, 11인 공저)
      요석-원가에 대한 새로운 생각: 효성왕과 경덕왕의 골육상쟁(2016)
      국어국문학의 고전과 현대(2017, 10인 공저)
      한국어의 문장 구조(2017) *2017년 대한민국학술원 우수학술도서
역서 : 변형문법이란 무엇인가(1984, 3인 공역)
      변형문법((1990, 3인 공역)
      GB 통사론 강의(1992)
주요 논문 : 문말앞 형태소의 통사적 지위(2014), 한국어 어미의 문법. Topicalization and Focusing in
      Korean(2002), *Selected Papers from the twelfth Conference on Korean Linguistics*. 국어의 구절구조
      와 엑스-바 이론(1993), 언어 14-2. 계사 구문과 그 부정문의 통사구조(1992), 안병희 선생
      회갑기념논총. 한국어 동사구의 특성과 엑스-바 이론(1991), 김완진 선생 회갑기념논총.
      WH-Constructions in Korean(1989), *Harvard Studies in Korean Linguistics* 3.

서정목 사론집 ❶
삼국 시대의 원자들

초판1쇄 발행 2017년 6월 5일

지 은 이 서정목
펴 낸 이 이대현

책임편집 이태곤
편   집 권분옥 홍혜정 박윤정
디 자 인 안혜진 최가윤 홍성권
마 케 팅 박태훈 안현진
기   획 이승혜

펴 낸 곳 도서출판 역락 / 서울시 서초구 동광로46길 6-6 문창빌딩 2층(우 06589)
전   화 02-3409-2058 FAX 02-3409-2059
이 메 일 youkrack@hanmail.net
블 로 그 http://blog.naver.com/youkrack3888
등   록 1999년 4월 19일 제303-2002-000014호

ISBN 979-11-5686-879-8 94910
      979-11-5686-878-1 94910(세트)

* 정가는 뒤표지에 있습니다.

* 이 도서의 국립중앙도서관 출판예정도서목록(CIP)은 서지정보유통지원시스템 홈페이지(http://seoji.nl.go.kr)와
  국가자료공동목록시스템(http://www.nl.go.kr/kolisnet)에서 이용하실 수 있습니다. (CIP제어번호: CIP2017012374)